KB110023

근대 이후

# 유교식 상례의 변화 이해

| 이철영 지음 |

도서출판 해조음

# 펴내며

한국사회는 불과 100여 년이라는 짧은 기간에 전근대사회로부터 현대사회에 이르는 변화를 경험하였다. 죽음의례인 상례 역시 이러한 변화를 반영하여 전근대기 유교상례로부터 근대상례를 거쳐 현대장례에 이르는 변화가 진행되었다. 이런 가운데 1990년대 이후 본격화한 현대장례의 수행자들은 전통문화계승에 집중하였고, 연구자들은 유교상례의 지속의 논리에만 주목함으로써 근대상례를 논의의 대상에서 소외시켰다. 그런데 사회문화적 변화를 수렴한 문화현상으로 죽음의례를 온전히 이해하려면 전근대기 유교상례와 현대장례를 매개하는 근대상례에 대한 이해가 선행되어야 한다. 그럼에도 불구하고, 지금까지 이에 대한 논의가 미흡했기 때문에 '전근대-근대-현대'로 이어지는 상례의 통시적 전개과정을 제대로 포착할 수 없었다.

본 연구에서는 이러한 문제점을 극복하기 위해 상례의 시대구분을 통해 의례구조를 분석하고, 시기별 제도의 특성과 실천적 변화양상을 살펴보고자 하였다.

앞서 유교상례에 대한 정리를 마치고 남겨진 숙제가 그렇다면 지금과 왜 다른가 하는 부분이었다. 연구자의 글이나 산업현장의 누구를 붙잡고 물어도 전통의례를 계승하고 있다고 한다. 그런데 유교상례의 틀에서 살펴보면 의례적 맥락을 같이하는 연관성을 찾기 어렵다. 무엇이 같고 다른지 그리고 어떠한 변화를 거쳐 우리 앞에 서 있는지를 알지 못한 채 전통계승의 논리만을 앞세우고 있는 것이다. 이러한 의문에 답하기 위해 오랫동안 노력하고 고민하였던 성과를 나눌 수 있게 되었다.

본 글은 한국인의 죽음의례인 상례가 시대별로 어떻게 지속 또는 변화되었는지를 살펴보기 위해 수행한 연구인 『근대이후 유교식 상례의 변화 연구』(안동대학교 박사학위논문, 2019)를 보완하여 정리한 것이다. 즉 상례를 바라보는 관점과 인식 그리고 실천의 양상의 변화는 외세에 의해 추동된 근대화, 그리고 이에 따른 문화변동과 긴밀하게 연관되어 있다. 이에 전근대의 유교상례가 근대에 이르러 어떠한 변화를 겪었고, 그 변화가 현대상례에 어떤 영향을 미쳤는지 역사적 관점에서 파악해보고자 한 것이다. 이를 통해 전근대 유교상례와 근대상례 그리고 현대상례의 연관성에 대해 유교사회의 의례적 전통을 계승하였다기 보다 국가통제에 의한 근대상례로의 변화가 의례자본의 등장과 상업화를 통해 현대상례로 변화되었음을 알 수 있었다. 이러한 변화양상에서 근대상례의 등장과 변화는 한국인의 인식변화에 큰 역할을 담당하였으나, 전통계승의 논리를 선택적으로 활용함으로써 유교상례의 지속적 관점에서 이해를 구하였던 것이다. 결론적으로 한국인의 죽음과 죽음의례에 대한 이해는 전통계승의 논의가 아닌, 사회 및 문화변동과 연계한 인식변화의 논리 속에서 진행되어야 함을 밝히고자 하였다.

이 글 또는 근대상례와 현대상례에 대해 이해하기 위해서는 『주자가례』를 중심으로 한 유교상례의 연구가 선행되어야 함을 밝히고자 한다. 일제강점기를 통해 등장한 근대상례로의 변화는 경제문제해결을 위한 간소화의 논리를 바탕으로 함으로써, 유교적 가치와 상징을 통해 의례행위와 목적을 표현하고자 하였던 유교상례와는 논리를 달리하고 있다. 근대상례에 대한 이해를 위해 법과 제도의 시행을 중심으로 살펴봄으로써 변화양상을 온전히 이해하고자 하였다. 이를 통해 근대이후 상례에 대한 논의를 진행하고자 하는 입문자나 중급연구자 또는 관련 업종에 종사하는 이들에게는 상례변화 전반을 이해하고, 진전된 연구를 위한 기초를 쌓는데 도움이 될 것이다.

본서를 출간하면서 많은 분들의 도움을 받았다. 은사이신 안동대학교 임재해 교수님과 한양명 교수님께서는 부족한 학문의 이론을 정립하고 연마하는데 많은 도움을 주셨다. 아울러 끊임없는 지지와 성원으로 격려해주셨던 한국장례협회 박일도 회장님과 동국대학교 이범수 교수님, 대전보건대학의 최정목 교수님과 서라벌대학의 김미혜 교수님, 동부산대학의 이남우 교수님 그리고 박해연 교수님, 차미영 교수님께 감사드린다. 아울러 항상 학문적 조언을 통해 이론적 이해의 폭을 넓힐 수 있도록 도움을 주신 김선태 박사님, 이상호 박사님과 권봉관 박사, 김달현 선생 등 안동대 민속학과의 동료 및 선·후배님들의 도움도 잊을 수 없다.

끝으로 영리성 없는 본서의 출간을 흔쾌히 허락해주신 해조음 출판사의 이주현 사장님과 편집부 여러분께 감사드린다. 매사에 부족한 자식으로 인해 늘 맘고생 중이신 사랑하는 부모님, 학문의 길을 걷는 동생을 묵묵히 돌봐주신 ㈜인터벤션코리아의 이치영 대표님, 머나먼 이국땅에서 그리움과 안타까움으로 맘 졸이고 있을 착한 동생내외, 오늘도 빛바랜 사진속에서 지켜보며 삶을 되돌아보게 하고 책상에 앉을 수 있는 용기를 주는 사랑하는 딸 유림이의 밝은 모습도 필자에게 많은 힘이 되었다.

단순히 책장을 장식하고 지식을 과시하기 위한 수단이기 보다는 늘 가까이 손때 묻은 소박함으로 남겨졌으면 하는 바람을 담아 엮는다.

경자년(庚子年) 새해 아침에
남산기슭의 연구실에서 이철영

차 례

# 제1장 서문

최근까지도 오랜 기간 현장을 지키면서 상례를 진행해 왔던 분들에게 가장 많이 들었던 질문은 "전통방식으로 어떻게 진행되어야 하는가?" 하는 것이었다. 이 질문에 답하면서 늘 고민이었던 부분은 '전통'을 어떻게 이해해야 하는가 하는 부분이었다. 유교상례에 대한 연구를 어느 정도 마무리할 즈음에 던져진 화두가 아닐 수 없었다. 이를 다시 살펴보면 연구자들에 의해 연구가 진행되면서 또는 관련 산업의 현장에서 각자가 다른 관점에서 전통을 이해하고 논의하고 있다는 것이 된다. 이러한 문제의 근원이 무엇일까에 대한 고민이 깊어지면서 본격적으로 논의를 진행하게 되었다. 본 연구는 한국인의 죽음의례인 상례가 시대별로 어떻게 지속 또는 변화되었는지를 살펴보기 위해 수행되었다.

현대 한국인은 대개 유교적 관혼상제를 전통의례로 인식하고 있는데, 상례의 경우 점차 장례에 초점을 맞추는 쪽으로 변화가 일어나 마침내 장례를 상례 그 자체로 인식하는 양상이 일반화하게 되었다. 이처럼 상례를 바라보는 관점과 인식 그리고 실천의 양상이 변화하게된 것은 외세에 의해 추동된 근대화 그리고 이에 따른 문화변동과 긴밀하게 연관된다. 이에 전근대의 유교상례가 근대에 이르러 어떠한 변화를 겪었고, 그 변화가 현대상례에 어떤 영향을 미쳤는지 역사적 관점에서 파악해보고자 하였다.

한국사회는 불과 100여 년이라는 짧은 기간에 전근대사회로부터 현대사회에 이르는 변화를 경험하였다. 죽음의례인 상례 역시 이러한 변화를 반영하여 전근대기 유교상례로부터 근대 유교식 상례를 거쳐 현대상례에 이르는 변화가 진행되었다. 이런 가운데 1990년대 이후 본격화한 의례자본의 등장과 현대상례의 수행자들은 전근대기 유교상례를 통한 전통문화계승에 집중하였고, 연구자들은 유교상례의 지속과 변화의 논리에 집착함으로써 근대 유교식 상례로의 변화를 논의의 대상에서 소외시켰다. 그런데 사회문화적 변화를 수렴한 문화현상으로 죽음의례를 온전히 이해하려면 전근대기 유교상례와 현대상례를 매개하는 근대 유교식 상례에 대한 이해가 선행되어야 한다. 그럼에도 불구하고, 지금까지 이에 대한 논의가 미흡했기 때문에 '전근대 ⇛ 근대 ⇛ 현대'로 이어지는 상례의 통시적 전개과정을 제대로 포착할 수 없었다. 이러한 문제점을 극복하기 위해 유교상례의 변화양상을 상례구조의 분석을 통해 시대를 구분하고, 시기별 제도의 특성과 실천적 변화를 살펴봄으로써 통시적 시각에서의 상례변화를 이해하고자 한다.

대략적인 상례의 시대별 변화양상은 의례의 통제라는 관점에서 일제강점기 이전까지를 유교상례가 유지되었던 전근대적 유교상례시기로, 일제강점기 〈의례준칙〉이 등장한 이후 1999년까지를 국가권력에 의해 의례가 통제되었던 근대상례 시기로 구분할 수 있다. 2000년대 이후 현재까지는 새롭게 등장한 의례자본에 의해 상업화양상이 심화되면서 의례권력에 의해 통제되고 있는 현대상례기로 구분할 수 있다.

고인을 중심으로 하는 유교이념의 실천적 측면에서 진행된 유교상례는 전환기적 의례절차를 중심으로 한 중층의 구조를 상징적 의례행위를 통해 단계적으로 진행하고자 하였다. 그러나 일제강점기를 통해 등장한 근대상례는 유교상례를 가정경제 파탄과 국가발전을 막는 원인으로 지적하고, 그 대안으로 간편하고 정중하게 실천할 수 있는 새로운 상례의 표준으로 제시되면서 등장하면서 유교식 상례로 변질되는 과정을 겪게 된다. 이후 오랫동안 국가권력에 의한 의례통제가 강화되면서 다양한 제도로 시행되었다. 1998년 위헌 판결로 쇠퇴한 근대상례를 대체하면서 등장한 현대상례는 장례식장과 상조기업을 중심으로 한 상례진행공간의 변화와 상품화를 통해 변화를 주도하였다. 근대상례를 계승한 현대상례의 수행자들은 의례자본화가 심화되면서 2000년대 이후 국가권력을 대신하여 상례를 통제하면서 상업화를 더욱 심화시키고 있다. 이를 통해 유교상례가 장례식장에서 장례로 변화하게 되자, 산자들이 죽음을 맞이하는 태도는 공동체적 대응에서 개인의 문제로 전환되었다. 그리고 상조기업은 개인의 문제로 전환된 죽음을 상품화하여, 상례의 수행자였던 상주와 복친들을 상품을 소비하는 소비자로 전락시켰다. 그 결과 한국인의 죽음의례는 상례에서 장례로 변화되었고, 의례구조는 장례식장 의례와 장사시설의례로 변모하는 양상을 보이게 된다.

이상의 논의를 종합하면, 전근대사회의 유교상례는 간소화 논리에 의해 약식으로 변형된 유교식 상례로 바뀌었다가, 국가권력에 의한 통제수단이 되었던 근대상례로 변화되었다. 간소화된 근대상례는 상품화를 통해 현대상례로 변화하는 과정을 겪었음을 알 수 있다. 이 과정에서 유교상례의 전형이 고려되지 않고, 약식으로 변형된 유교식 상례를 전통으로 인식하는 오류를 범하게 되었다. 또한 상례는 전근대사회에서 사회규범으로서 통제되었으나, 근대사회에서는 국가권력에 의해, 현대사회에서는 의례자본의 상업화에 의해 통제되는 과정을 경험하고 있는 것이다. 이처럼 한국인의 죽음의례에 대한 논의는 전근대 유교상례로부터 근대상례와 현대상례로 이어지는 연속적인 변화과정을 통해서만 이해될 수 있다.

결국, 한국의 상례문화는 사회구조의 변화와 주체의 요구에 따라 절차를 생략하거나 새로운 절차를 만들면서 변화와 지속의 과정을 이어가고 있다.

한국인의 죽음 또는 죽음의례에 관한 연구는 주제의 특성상 다양한 학문 분야에서 오랫동안 연구되었다. 그러나 대부분의 연구는 유교식 상례를 연구의 대상으로 삼거나 특정한 시대의 상례에 집중함으로써 통시적 관점에서 상례의 변화양상을 살펴보는 데는 소극적이었다. 이러한 한계를 극복하기 위해 연구주제와 밀접한 연구 성과를 살펴보면 다음과 같다. 상례에 관한 연구는 유교식 상례를 대상으로 집적되었다. 이러한 연구들은 주로 종교학, 인류학, 민속학, 사회학, 역사학, 심리학, 지리학, 법학 등 다양한 학문영역에서 이루어졌다.[1] 이 가운데 가장 괄목할만한 연구의 성과는 유교식 상례를 의례적 측면에서 분석한 연구들이다.

이러한 연구들은 상례가 국가, 사회변동, 종교 및 당대 사람들의 반응 등 다양한 요인에 의해서 변화하고 있음을 밝히고 있다. 그러나 의례가 변화하는 데 영향을 끼친 요인들을 독립적으로 분석함으로써 각 요인들 간의 상관관계를 고려한 입체적인 분석까지 나아가지 못하는 한계를 보인다. 특히 통시적 관점에서 상례문화의 변화를 살펴보면, 시대의 특성과 이를 반영한 부분적 변화 요인을 문화변동의 원인으로 확대 해석하거나, 오히려 문화변동의 중요한 요인을 간과하여 지나친 일반화의 오류가 나타날 수 있는 한계를 가진다.

지금까지 살펴본 바와 같이 기존의 연구들은 대부분 전근대시기 유교상례와 현대상례에 대해 문화의 전승과 계승의 관점에서 변화양상을 분석하였다. 이처럼 근대상례를 거론하지 않은 가장 큰 이유는 의례변화에 대한 시대구분이 이루어지지 않았다는 점을 들 수 있다. 지금까지의 연구 경향이 전통과 현대의례라는 구조로 이해되면서 근대의례에 대한 개념 상정에 대한 필요를 인식하지 못하였기 때문이다. 그리고 한국 사회의 변화양상과 의례의 변화를 함께 살펴보아야 한다는 점, 식민지적 근대 또는 해방 이후 국가에 의한 의례통제 등 국가 정치와 제도의 문제를 병행하여 다루어야 한다는 점, 한국 민속학에서 상례 연구가 전통문화의 계승 논의에 집중하였다는 점 등 연구의 인식 확장에 제약이 많았기 때문이다. 특히 1990년대 이후 등장한 의례자본에 대한 연구는 맥락적 접근 없이 현상을 분석하는 데 급급하였던 점도 부인할 수 없다.

현대상례는 근대상례의 등장과 변화과정을 살펴봄으로써 이해할 수 있다. 근대상례는 전근대 유교상례와 현대상례를 연결하는 중요한 단서이자 매개체이므로, 근대상례의 역할은 매우 중요하다. 특히 유교상례에서 현대상례로 변화하는 과정에서 문화계승에 대한 논의만을 부각하여 근대상례를 부정한다면, 의례를 이해하는 데 왜곡된 시각을 제공할 수 있다.

---

1) 덕성여대 인문과학연구소 편, 『한국인의 의식과 예절문화 Ⅲ- 한국 의례문화의 이해와 평가』, 2000, 78~84쪽 참조; 덕성여대 인문과학연구소 편, 『한국인의 의식과 예절문화 Ⅰ- 한국 의례문화 연구사 및 연구방법』, 1997, 52~56쪽 참조.

연결자 없이 진행된 유교상례에서 현대상례로의 이행은 문화계승이 아닌 유교상례와의 단절에서 비롯된 현대상례의 새로운 문화의 창조나 '만들어진 전통'으로서의 죽음의례로 이해될 수 있기 때문이다.

의례연구, 특히 상례의 연구는 각 시대별로 법·제도적 시각과 의례현장에서의 실천이 세대를 달리하여 나타난다는 점에 주목할 필요가 있다. 지금까지의 이루어진 연구들은 근대상례의 정착과 변화과정을 반영하지 않고 진행되었다. 특정 시대를 대상으로 한 상례를 분석함으로써 상례의 변화양상 전체를 보지 못한 한계가 있다. 이러한 한계는 제한적인 시각과 관점을 제공할 뿐만 아니라, 제도와 실천의 간극을 극복하지 못하고 일방적이고 편향적인 논의에 그칠 수 있다. 그러므로 상례의 문화적 특질을 밝히기 위해서는 유교상례와 근대상례, 현대상례로의 변화과정과 요인들을 통해서 의례의 전통적 전형인 법, 제도, 경제, 정치 등의 논리에 따라 어떻게 변화하였는지를 살피는 연구가 필요하다. 따라서 본 연구에서는 전근대와 근대, 현대로 이어지는 통시적인 관점에서 상례에 관한 연구를 진행하면서, 전통과 현대를 잇는 연결자로서 근대상례에 주목하고자 한다.

상례는 죽음에 대한 다양한 관념을 바탕으로 한 의례적 형식의 문화적 행동이다. 그래서 한국인의 죽음에 대한 인식을 이해하는 데 중요한 실마리를 제공한다. 상례는 단순히 죽음으로 발생하는 문제들을 처리하기 위한 기능이나 수단이 아니라, 죽음으로 인한 사회관계의 공백을 극복하고 새로운 질서를 구성하며, 일상생활로 돌아갈 수 있도록 하는 재사회화의 과정이다. 이러한 목적을 위해서 고안된 상례의 절차는 가족을 포함한 사회 구성원들이 사별(死別)의 상황으로 발생하는 다양한 문제들을 극복하는 데 초점이 맞추어져 있다. 이 연구는 전근대사회부터 현재까지 전승되는 유교 및 유교식 상례를 대상으로 삼는다. 상례를 중심으로 논의를 진행하는 까닭은 대다수 한국인이 유교상례 또는 유교식 상례를 전통적인 상례로 인식하기 때문이다.

상례는 외형적으로 다양한 절차와 다수의 참여로 이루어지는 개방적 활동으로 볼 수 있다. 그러나 내부적으로 역할의 분담과 참여 인원의 제한, 행동의 엄격한 통제 등의 폐쇄적 성격이 내재되어있다. 이러한 문화적 특성이 나타나는 이유는 '다음 세대'인 상주세대가 상례를 주관하여 진행하도록 하는 개방성과 '앞선 세대'의 친족들이 가족(친족)공동체 내부에서 자신의 경험과 주장을 관철하려는 정치적 의도를 통해 폐쇄성이 공존하기 때문이다. 그래서 상례는 '앞선 세대'가 경험한 과거의 상례지식이 강요되고 '다음 세대'의 상주가 '지금 여기'에서 실천하는 양상을 보인다. 때때로 앞선 세대의 개입과 다음 세대의 실천이 충돌하면서 절차의 정당성을 확보하기 위한 투쟁이 일어난다. 그리고 상례절차를 수용하는 과정에서 과거와 현재가 공존·초월·전도 등으로 나타난다.

이러한 상례의 특성은 상례의 변화를 통해서 더욱 자세히 살펴볼 수 있다. 상례의 변화는 통시적 연구를 통해서 포착이 가능하다. 그러나 지금까지 상례에 관한 통시적 연구는 제대로 시도되지 않았다. 상례의 통시적 연구는 상례 전통과 의례 주체들의 변화를 직접 살펴보는 방법이다. 상례는 전근대사회에서 유교의 영향을 받으며 절차가 완성되었고 일제강점기와 새마을운동, 소비자본주의 등의 시대적 상황들을 만나면서 변형되었다. 여기서는 통시적 접근을 통해서 역사적으로 상례가 변화하는 과정을 밝히고 상례 전통에 끼친 영향에 대해 살펴보기로 하겠다.

우선 통시적 연구를 위해서 상례의 시대구분을 진행할 것이다. 시대구분을 위해서 역사학에서 주로 사용하는 시대구분법을 활용하기로 하겠다. 그러나 상례의 시대구분은 톰센의 방법과 차이가 있다. 그래서 상례의 지속과 변화, 상례를 통제했던 주체의 변화를 중심으로 시대구분을 시도할 것이다. 상례의 시대구분은 전근대기의 유교상례, 근대기의 근대상례, 현대의 현대상례로 나눌 수 있다. 전근대기는 『주자가례』에 의해 상례가 지속하였던 일제강점기 이전까지로, 당시 이루어졌던 상례를 유교상례로 정의한다. 근대기는 일제강점기 이후부터 1990년대까지 확대하였다. 이때 이루어졌던 상례를 근대상례라 명명한다. 근대기를 이와 같이 구분하는 까닭은 상례가 국가권력에 의해 통제되었다는 가설을 바탕으로, 국가권력이 상례를 통제했던 일제강점기부터 통제력이 쇠퇴하기 시작한 〈건전가정의례준칙〉의 도입 전까지가 해당되기 때문이다. 그리고 근대상례기는 법과 제도의 정비와 상례의 통제가 이루어지는 시대별 양상을 구체적으로 살펴보기 위해서 다시 세부적으로 시기를 구분하였다. 현대기는 2000년대 이후 의례자본에 의한 상업화가 본격적으로 이루어지는 시기로, 상례를 장례로 부르기 시작하면서 상례의 의례명칭이 사라졌기 때문에 현대상례라 부르기로 하겠다. 한편 전근대기의 유교상례와 구별하는 개념으로 현대인들이 전통적인 유교상례라고 생각하는 상례를 통칭하여 유교식 상례라고 부르기로 하겠다. 유교상례와 유교식 상례를 구분하는 이유는 전근대기에 『예서』를 기반으로 하는 상례와 전근대기 이후에 전통적인 상례라고 생각했던 상례가 서로 다르기 때문에 이를 구별하기 위해서이다.

전근대기 유교상례는 문헌자료를 중심으로 논의를 진행할 것이다. 상례는 폐쇄적으로 진행되기 때문에, 시대별 상례와 관련한 자료로 상례와 관련한 근대국가의 법과 제도를 꼼꼼히 살펴 상례를 통제했던 집단의 정치적 목적에 대해서 세부적인 논의를 전개할 것이다. 2000년대 이후 현대상례는 연구자가 장례현장에서 수집한 자료와 연구용역 과제의 수행 결과 등을 바탕으로 변화상을 살펴볼 것이다. 이 자료들은 객관적인 연구 자료로서 한계를 가지지만, 상례 현장의 실천행위를 파악하고 문헌연구를 보완하며, 조사가 제한적인 현대상례를 살피는데 유용하다고 생각한다.

이 연구에서는 새로운 의례개념을 상정한다. '의례소', '의례자본', '의례권력' 등이 그것이다. 먼저 의례소(儀禮素)이다. 의례소는 화소(話素)의 개념을 차용하여 상례의 절차분석을 위해 의례적 기능을 발휘하는 작은 요소다. 화소는 일반적으로 모티프(motif)의 번역어로, 톰슨(S. Thompson)은 "설화에서 전승하는 힘을 가진 최소의 요소."라고 정의하였다. 한국설화의 분석에서 주로 사용된 화소는 "이야기의 줄거리를 합성하고 분석할 수 있는 단위로서 이야기의 생성・전승・변이에 일정한 기능을 발휘하는 설화의 작은 요소" 라고 한다.[2] 의례소는 전근대기 유교상례에서 이루어진 의례의 각 단계를 구성하는 세부절차를 의미한다. 특히 독립적으로 의례의 기능을 담당하면서 의례단계를 구성하는 행위의 요소로 제시하였다. 의례소를 바탕으로 의례를 분석하고자 하는 이유는 전근대상례에서 근대상례로 변화하는 과정에서 의례의 단계별 변화가 발생된 것이 아니라 의례의 요소들이 통합과 분절의 과정을 겪기 때문이다. 전근대상례는 19단계와 세부 절차로 구성되어 진행되었지만, 근대상례는 법・제도의 특성상 단계의 구분 없이 항목으로 구성되었다. 그래서 상례절차의 직접적인 변화를 살펴보는데 제한적이며, 절차의 변화양상을 설명하는데 혼란을 초래할 수 있으므로 의례소를 이용하여 상례를 분석하고자 한다.

다음은 '의례권력'과 '의례자본'이다. '의례권력'은 의 개념은 전근대상례와 근대상례를 구분하는 과정에서 등장하는 국가권력에 의한 의례통제를 말한다. 근대상례는 일제강점기 〈의례준칙〉을 통해 표면화되었는데, 의례를 통제하는 주체가 국가라는 측면에서 전근대의례와 차별된다. 이처럼 의례를 통제하는 주체가 자신들의 정치적 목적을 달성하려는 의도로 의례를 조정・통제하였는데, 의례를 통해서 통치기반을 공고히 하고 미시정치를 실현하는 권력을 의례권력이라고 정의하였다. 특히 시대구분을 통해서 볼 수 있듯이, 전근대상례와 근대상례는 의례권력의 개입과 의례행위의 조정・통제하는 시기로 구분할 수 있다. 이러한 개념은 근대상례 이후 현대상례로의 변화과정에서도 나타나게 되는데, 의례권력의 주체가 의례자본이 됨에 따라 근대상례와 구별된다.

한편, '의례자본'은 근대상례가 약화되면서 1990년대 말부터 본격화한 의례공간의 분화와 상품화에 따른 새로운 상례형태를 현대상례로 구분하고, 현대상례의 통제주체로 상정된 개념이다. 의례자본은 전제적 정치질서로서 국가주도의 의례권력이 쇠퇴한 시기에 의례를 통

---

2) 임재해, 『설화의 현장론적 연구』, 영남대학교 박사학위논문, 1986, 28쪽 참조.

제하고 전통을 계승하는 것처럼 보이도록 의례를 조정하였다. 특히 의례권력이 시도했던 의례의 표준화와 대중화를 상업화를 통해서 현대상례의 의례비용 문제로 재편하는 역할을 담당하였다. 의례자본은 상례를 소비자본주의의 상품으로 내몰고 정형화시켰으며, 유교상례의 전통을 유지하는 것처럼 대중을 기만하는 고도자본주의 시대의 산물이다. 그 결과 현대상례는 의례구조와 절차에서도 근대상례와 확연한 차이를 보인다.

이처럼 죽음의례의 현장은 늘 과거의 전통과 근대의 통제, 그리고 현대의 상업주의가 끊임없이 충돌한다. 이러한 다양한 관점과 시대적 특징이 복합적으로 표현되는 상황에서 근대 이후 한국 죽음의례를 규명하기 위해서는 한 가지의 연구방법으로 온전한 이해에 도달하기 어렵다. 연구목적을 달성하기 위해 다양한 연구방법을 종합적으로 활용하여 논의를 전개함으로써 전근대부터 근대, 그리고 현대까지 이어지는 한국인의 죽음인식과 상례의 변화양상에 대해 이해하고자 한다.

# 제2장 유교상례의 절차와 구조

## 1. 전근대 상례의 이해

### 1) 죽음의례 변화와 유교상례

의례는 윤리적 관념체계를 바탕으로 형식의 실천행위가 이루어지는 문화적 산물이다. 의례는 그 사회에 축적된 다양한 형태의 경험들을 포함하며, 상징적 행위를 통해 사회적 이상을 실현하도록 구성한다. 일반적으로 문화는 어느 한 개인이나 집단의 노력만으로 형성되지 않는다. 특히 민족문화는 시간의 흐름에 따른 사회변화를 반영하고, 외부와의 교류, 그리고 이를 내면화하는 과정을 통해 형성된다. 따라서 한국인의 죽음의례는 우리 민족이 오랜 시간에 걸쳐 외부와 내부적으로 소통하면서 축적한 문화의 변화과정을 포함하고 있다.

죽음의례는 정치적 영향보다는 종교·문화적 영향이 크게 작용하여 변화했다고 보는 것이 일반적이다. 가장 이른 시기에 문화를 형성하였던 무속신앙과 이후 전래한 불교문화 그리고 현재까지 영향을 미치는 성리학적 유교문화가 한국사회의 상례변화를 이해하는 중심축이다. 이러한 영향으로 한국인은 생과 사의 문제를 서로 분리하지 않은 채 연속적·유기적 관계 속에서 죽음을 이해한다. 즉 영육이원론(靈肉二元論)과 영혼불멸론(靈魂不滅論)을 바탕으로 죽음에 대해 이해하며 육체와 영혼이 후손들의 삶에 영향을 미침으로써 지속적인 관계를 유지하는 것으로 믿는다. 삶과 죽음의 문제를 서로 모순되거나 대립적 관계로 이해하지 않고, 인간의 실존적인 문제로서의 죽음을 삶의 연속선으로 생각한다.[3)]

죽음의례는 생사관의 실천적 행위다. 그래서 생사관에 대한 이해를 바탕으로 상례에 대한 논의가 진행되어야 한다. 한국인의 생사관은 시대에 따라 서로 다른 종교 철학적 특성을 포함한다. 그래서 죽음의례의 형식화과정은 이와 유사한 변화양상을 보인다. 이러한 관점은 전통의례가 앞선 시대의 변화양상을 포함한 의례로 폭넓게 인식되어야 하지만, 현대 한국인은 일반적으로 죽음의례에 대해 유교상례만을 전통으로 인식한다. 그 결과 유교상례는 근대 이후 의례변화의 대상으로 지목됨으로써 매우 중요한 위치를 차지한다.

---

3) 이진우, 「한국사회 장묘관행 변화의 추세 연구」, 고려대학교 석사학위논문, 2004, 23쪽.

유교상례는 긴 의례기간과 복잡한 절차로, 근대이후 허례허식의 대명사로 인식되었다. 그런데 일반적인 인식과 달리 유교상례의 본질은 자신의 신분과 상황의 정도에 따라 실천할 것을 요구한다. 『예기(禮記)』 「단궁」 편에서 “자유가 상구(喪具)에 대해 묻자, 공자가 말하기를 ‘집 안의 재물이 있고 없음에 따라 알맞게 한다.’고 하였고, 자유가 ‘있고 없음이 어찌 일정하겠습니까?’라고 하자, 공자가 ‘있더라도 예에 지나치게 해서는 안 되며, 진정 없다면 수족과 형체를 염하여 곧장(還) 장사 지내되, 관을 달아 내려놓고 매장한들 어찌 비난하는 사람이 있겠는가.’라고 하였다.” 그 소(疏)에서 ‘집 안의 재물이 있고 없음에 따라 알맞게 함은 각각 그 가계(家計)의 풍성함과 빈곤함을 따름을 말한다. 예(禮)에는 절도와 한계가 있으니, 설령 집이 부유하더라도 예에 지나치게 할 수는 없다. 진정 재물이 없다면 다만 의금(衣衾)으로 머리와 발과 형체를 염(斂)하여 시신이 드러나지 않게 할 따름이다.’라고[4] 하여 유교적 시각에서 상례를 치르는 데 있어 신분과 가계의 형편에 따라 지내는 것이 근본임을 분명히 하고 있다. 유교논리를 근간으로 엄격한 신분사회를 유지하였던 조선에서 진행되었던 유교상례를 허례허식이라고 단정하는 것은 무리가 따른다. 그런데 허례허식에 대한 문제제기가 근대 이후에 등장하는 것에 주목해 보면, 식민지시기 이후 유교상례를 폄하하려는 의도가 있었음을 짐작케 하는 대목이 아닐 수 없다. 본격적으로 근대 이후 상례변화에 대해 살펴보기 전에 한국사회 죽음의례의 전형(轉形)이라 할 수 있는 『주자가례』를 중심으로 유교상례의 절차와 구조를 고찰해보기로 하겠다.

### 2) 상례의 절차와 의미

대부분의 일생의례는 의례의 대상자가 주체로서의 역할을 수행한다. 그러나 상례는 당사자가 주체로 참여할 수 없다는 특징이 있다. 고인이 된 당사자가 아닌, 산 자들이 각자의 역할에 따라 상례를 수행함으로써 보수적 성격이 강하게 나타나게 되었다.[5] 유교상례는 오랜 기간과 복잡한 절차를 요구하지만, 의례의 행위들을 보존할 수 있었던 이유는 의례의 대상인 고인과, 고인의 의사와는 관계없이 의례지침에 따라 역할을 진행하였던 수행자가 있었기 때문이다. 의례지침이 되었던 『주자가례』는 어느 일방의 의례진행이 아닌 고인과 수행자 간에 이루어진 소통과정에 대한 기준을 제시하고 있다.

---

4) 『禮記』「檀弓」 : 子游問喪具, 子曰, “稱家之有無。”子游曰, “有無, 惡乎齊?” 夫子曰 ; “有, 無過禮, 苟亡矣, 斂首足形, 還葬, 縣棺而封, 人豈有非之者哉?” 疏 : 稱家有無, 言各隨其家計豊薄也。禮有節限, 設若家富, 不得過禮。苟無財, 但使衣衾, 斂於首足形體, 不令露見而已。

5) 임재해, 『유교상례』, 대원사, 1996, 12~13쪽.

『주자가례』의 상례 편을 살펴보면 '초종(初終)→습(襲)→소렴(小殮)→대렴(大斂)→성복(成服)→조상(弔喪)→문상(聞喪)→치장(治葬)→천구(遷柩)→발인(發靷)→급묘(及墓)→반곡(返哭)→우제(虞祭)→졸곡(卒哭)→부제(祔祭)→소상(小祥)→대상(大祥)→ 담제(禫祭)'의 18개의 단계로 구성되어있다. 조선의 상례는 『예서』에 대한 이해가 심화되면서 신주의 분면(粉面)을 고쳐 쓰는 개제고유(改題告由)와 봉사(奉祀) 대수(代數)를 넘어선 5대조의 신주를 체천(遞遷)하는 절차를 대상에서 분리하여 길제(吉祭)로 구성하였다. 이에 따라 상례는 총 19단계와 239개의 세부진행절차 그리고 29개월간의 상례기간으로 구성되었다. 이를 도표화하면 다음과 같다.

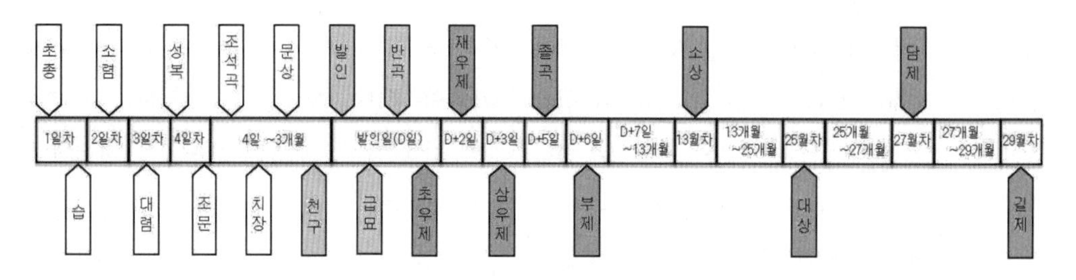


〈그림-1〉 상례진행 절차도

〈그림-1〉에 나타난 유교상례의 19단계는 고인의 죽음을 인식하고, 시신을 처리한 후 조상신으로 배향하는 과정을 순차적으로 보여준다. 이러한 단계별 진행은 유교상례를 분리・전이・통합의 과정이나 초종의례, 장송의례, 상중제례 등 기능적으로 분류되었다.[6] 그러나 이러한 분류에는 유교상례가 의례대상과 수행자로 구성되어 진행되기 때문에 의례단계와 과정을 분석하는데 한계가 있다. 분석대상에 따른 상례의 성격을 규명하고 각 단계와 절차 간의 관계성을 살펴보는 데는 제한적이다. 그래서 유교상례를 의례대상과 수행자 간의 소통과정으로 이해하고, 이런 관계성을 중심으로 단계별 진행에 따른 의례구조를 분석하고자 한다. 이를 위해서 의례소 개념을 통해 의례대상과 수행자의 진행절차를 분리하여 살펴 볼 것이다.

---

6) 아널드 반 제넵(Arnold Van-Gennep)은 1909년 『통과의례(Les rites de passage)』를 통해 '통과의례'를 정의하고, 의례를 형식면에서 이전 단계로부터 분리되는 격리기(separation), 두 단계 사이에 걸쳐 있는 과도기(transition), 새로운 상태를 획득하는 통합기(incorporation)로 분류 하였다. 유교상례에 대한 구조분석은 장철수가 『한국 전통사회의 관혼상제』에서 상례의 의례과정을 죽음을 맞이하는 과정, 죽음의 처리과정, 그리고 죽음을 삶에 받아들이는 과정으로, 이광규는 『한국인의 일생』에서 영을 다루는 영역과 체를 다루는 영역, 상주의 영역으로, 정종수는 「조선초기 상장의례 연구」에서 임종에서 대렴까지를 초종의례, 성복에서 안장까지를 장송의례, 우제에서 담제까지를 상제의례의 3단계로 분석하고 있다.

## 2. '의례소'를 통한 구조분석

유교의례는 『주자가례』를 바탕으로 집대성한 사계 김장생(沙溪 金長生)의 『가례집람』의 예학논의와 신의경(申義慶)의 『상례비요』, 도암 이재(陶菴 李縡)의 『사례편람』으로 이어지며 토착화되었다. 예서에 나타난 상례의 논리는 단순한 절차의 나열이 아니라 고인이 주검으로 해야 할 일과 이를 대신하는 과정, 죽음과 마주한 사람들의 슬픔과 두려움을 극복하도록 돕고, 죽음으로 인해 발생한 변화를 수용하여 일상적인 생활로 돌아올 수 있도록 하는 상징화된 시간을 제공하는 것으로 구성되어 있다.

〈표-1〉 유교상례의 의례소 분석

| 구분 | 儀禮素 | 구분 | 儀禮素 | 구분 | 儀禮素 |
|---|---|---|---|---|---|
| 1 | 初終 | 20 | 設冰 | 39 | 主人主婦憑尸哭擗 |
| 2 | 疾病, 遷居正寢 | 21 | 襲 | 40 | 袒括髮免髽于別室 |
| 3 | 旣絶, 乃哭 | 22 | 徙尸牀, 置堂中間 | 41 | 還, 遷尸牀于堂中 |
| 4 | 復 | 23 | 乃設奠 | 42 | 乃奠 |
| 5 | 執事者設幃及牀遷尸 | 24 | 主人以下爲位而哭 | 43 | 主人以下哭盡哀, 乃代哭, 不絶聲 |
| 6 | 楔齒綴足 | 25 | 乃飯含 | 44 | 大斂 |
| 7 | 立喪主 | 26 | 侍者卒襲, 覆以衾 | 45 | 厥明 |
| 8 | 主婦 | 27 | 置靈座設魂帛 | 46 | 執事者陳大斂衣衾 |
| 9 | 護喪 | 28 | 立銘旌 | 47 | 設奠具 |
| 10 | 司書 司貨 | 29 | 不作佛事 | 48 | 擧棺入置于堂中少西 |
| 11 | 乃易服不食 | 30 | 執友親厚之人, 至是入哭可也 | 49 | 乃大斂 |
| 12 | 奠 | 31 | 小斂 | 50 | 設靈牀于柩東 |
| 13 | 治棺 | 32 | 厥明 | 51 | 乃設奠 |
| 14 | 訃告於親戚僚友 | 33 | 執事者陳小斂衣衾 | 52 | 主人以下各歸喪次 |
| 15 | 襲 | 34 | 設奠 | 53 | 止代哭者 |
| 16 | 堀坎 | 35 | 具括髮麻, 免布, 髽麻 | 54 | 殯 |
| 17 | 陳襲衣 | 36 | 設小斂牀, 布絞衾衣. | 55 | 成服 |
| 18 | 沐浴飯含之具 | 37 | 乃遷襲奠 | 56 | 厥明 |
| 19 | 乃沐浴 | 38 | 遂小斂 | 57 | 五服之人各服其服, 入就位然後朝哭, 相弔如儀 |

| 구분 | 儀禮素 | 구분 | 儀禮素 | 구분 | 儀禮素 |
|---|---|---|---|---|---|
| 58 | 成服之日.主人及兄弟始食粥. | 89 | 乃設遣奠 | 120 | 主人以下奉靈車, 在塗徐行哭 |
| 59 | 其服之制, 一曰斬衰三年 | 90 | 祝奉魂帛升車, 焚香 | 121 | 至家哭 |
| 60 | 二曰齊衰三年 | 91 | 發引 | 122 | 祝奉神主, 入置于靈座 |
| 61 | 杖朞 | 92 | 柩行 | 123 | 主人以下哭于廳事 |
| 62 | 不杖朞 | 93 | 主人以下哭步從 | 124 | 遂詣靈座前哭 |
| 63 | 五月 | 94 | 尊長次之,無服之親又次之,賓客又次之 | 125 | 有弔者, 拜之如初 |
| 64 | 三月 | 95 | 親賓設幄於郭外道傍, 駐柩而奠 | 126 | 朞九月之喪者,飮酒食肉,不與宴樂,小功以下大功異居者,可以歸 |
| 65 | 三曰大功九月 | 96 | 塗中遇哀則哭 | 127 | 虞祭 |
| 66 | 四曰小功五月 | 97 | 及墓 | 128 | 初虞 |
| 67 | 五曰緦麻三月 | 98 | 未至, 執事者先設靈幄 | 129 | 主人以下皆沐浴 |
| 68 | 凡爲殤服, 以次降一等 | 99 | 親賓次 | 130 | 執事者陳器具饌 |
| 69 | 凡男爲人後.女適人者,爲其私親皆降一等, 私親之爲之也亦然. | 100 | 婦人幄 | 131 | 設蔬果 |
| 70 | 心喪三年 | 101 | 方相至 | 132 | 祝出神主于座, 主人以下皆人哭 |
| 71 | 弔服加麻 | 102 | 靈車至 | 133 | 降神 |
| 72 | 成服之日, 主人兄弟始食粥 | 103 | 遂設奠而退 | 134 | 祝進饌 |
| 73 | 朝奠 | 104 | 柩至 | 135 | 初獻 |
| 74 | 食時上食 | 105 | 主人男女各就位哭 | 136 | 亞獻 |
| 75 | 夕奠 | 106 | 賓客拜辭而歸 | 137 | 終獻 |
| 76 | 夕哭 | 107 | 乃窆 | 138 | 侑食 |
| 77 | 無時哭 | 108 | 主人贈 | 139 | 主人以下皆出, 祝闔門 |
| 78 | 朔日則於朝奠設饌 | 109 | 加灰隔蓋 | 140 | 祝啓門, 主人以下入哭辭神 |
| 79 | 有新物則薦之 | 110 | 實以灰 | 141 | 祝埋魂帛 |
| 80 | 遷柩 | 111 | 乃實土而漸築之 | 142 | 罷朝夕奠 |
| 81 | 發引前一日,因朝奠, 以遷柩告 | 112 | 祠后土於墓左 | 143 | 遇柔曰, 再虞. |
| 82 | 奉柩朝于祖 | 113 | 下誌石 | 144 | 遇剛曰, 三虞. |
| 83 | 遂遷于廳事 | 114 | 復實以土而堅築之 | 145 | 卒哭 |
| 84 | 乃代哭 | 115 | 題主 | 146 | 三虞後,遇剛曰, 卒哭 |
| 85 | 親賓致奠賻 | 116 | 祝奉神主升車 | 147 | 前期一日, 陳器具饌 |
| 86 | 陳器 | 117 | 執事者徹靈座遂行 | 148 | 厥明夙興, 設蔬果酒饌 |
| 87 | 日晡時, 設祖奠 | 118 | 成墳 | 149 | 質明, 祝出主, 主人以下皆入哭, 降神 |
| 88 | 厥明, 遷柩就轝 | 119 | 返哭 | 150 | 主人主婦進饌 |

| 구분 | 儀禮素 | 구분 | 儀禮素 | 구분 | 儀禮素 |
|---|---|---|---|---|---|
| 151 | 初獻 | 170 | 朞而小祥 | 189 | 設次, 陳禫服 |
| 152 | 亞獻 終獻, 侑食 闔門, 啓門 辭神 | 171 | 前期一日, 主人以下沐浴, 陳器 具饌 | 190 | 厥明行事, 皆如大祥之儀 |
| 153 | 自是朝夕至聞, 哀至不哭 | 172 | 設次, 陳練服 | 191 | 始飮酒食肉 |
| 154 | 主人兄弟疏食水飮, 不食菜果, 寢席枕木 | 173 | 厥明夙興, 設蔬果酒饌 | 192 | 吉祭 |
| 155 | 祔祭 | 174 | 質明, 祝出主, 主人以下入哭, | 193 | 禫之明日, 卜日 |
| 156 | 卒哭明日而祔, 卒哭之祭既徹, 卽陳器具饌 | 175 | 乃出就次易服, 復入哭 | 194 | 前期三日齊戒 |
| 157 | 厥明夙興, 設蔬果酒饌 | 176 | 降神 三獻, 侑食 闔門, 啓門 辭神 | 195 | 告遷于祠堂 |
| 158 | 質明, 主人以下, 哭於靈座前 | 177 | 止朝夕哭 | 196 | 設位 |
| 159 | 詣祠堂, 奉神主出置于座 | 178 | 始食菜果 | 197 | 陳器, 省牲, 滌器具饌 |
| 160 | 還奉新主入祠堂, 置于座 | 179 | 大祥 | 198 | 設次, 陳吉服 |
| 161 | 序立 | 180 | 再朞而大祥 | 199 | 厥明夙興, 陳蔬果 |
| 162 | 參神 | 181 | 前期一日沐浴, 陳器具饌 | 200 | 質明, 奉主就位 |
| 163 | 降神 | 182 | 厥明行事, 皆如小祥之儀 | 201 | 參神, 降神, 進饌 |
| 164 | 祝進饌 | 183 | 畢, 祝奉神主入于祠堂 | 202 | 初獻 |
| 165 | 初獻 | 184 | 徹靈座, 斷杖, 棄之屛處 | 203 | 亞獻 終獻, 侑食 闔門, 啓門 受胙 辭神 |
| 166 | 亞獻 終獻, | 185 | 禫祭 | 204 | 納主 |
| 167 | 侑食 闔門, 啓門 辭神 | 186 | 大祥之後, 中月而禫 | 205 | 徹餕 |
| 168 | 祝奉主, 各還故處 | 187 | 前一月下旬, 卜日 | 206 | 奉遷主, 埋于墓側 |
| 169 | 小祥 | 188 | 前期一日, 沐浴, 設位 陳器具饌 | 207 | 復寢 |

위의 〈표-1〉은 예서에 나타난 유교상례의 19단계를 세부진행절차를 기준으로 의례요소로 구분하여 의례소로 정리한 것이다. 본 연구에서는 유교상례 총 239개 의례소 중 매장준비를 위한 단계인 치장과 부고를 듣고 행동하는 절차를 설명한 단계인 문상(聞喪), 조문의 단계를 제외하고 총 207개의 의례소를 활용하여 분석하고자 한다. 분류된 의례소는 유교상례가 고인과 수행자의 상호 소통의 관계라는 점에 착안하여 고인을 대상으로 하는 의례소와 상주를 대상으로 하는 의례소로 구분하여 상례의 변화양상을 살펴볼 것이다.[7]

---

7) 임재해, 앞의 논문, 1986, 28쪽 참조.

### 1) 혼백 중심으로 본 의례구조

앞에서 언급한 바와 같이 한국인의 생사관은 영육이원론과 영혼불멸론을 토대로 한다. 이는 육체와 영혼이 인간을 구성하는 기본적인 요소임을 전제로 한다. 육체는 죽음에 따른 시신의 부패과정을 통해서 유한적 대상으로 인식한다. 그러나 영혼은 남겨진 사람들과의 관계를 유지하고 불멸하는 존재로 인식하여 사후 숭배의 대상된다. 이러한 논의에 우리사회에 많은 영향을 미친 유교적 논의가 포함 된다. 유교에서의 논의를 살펴보면, 『예기(禮記)』「교특생(郊特牲)」에서 "혼기(魂氣)는 하늘로 돌아가고 형백(形魄)은 땅으로 돌아간다."고 하였고, 『계사상전(繫辭上傳)』은 "혼은 정을 이르니 혼이 죽을 때 하늘로 돌아가 사라지고 흩어지는 뜻이다. 귀는 가서 돌아오지 않는 뜻이" 라고 하였다.[8] 또한, 공자는 효(孝)와 경(敬)을 기르는 방편으로써 귀신 섬기는 일의 중요성이 강조되었다.[9] 그래서 不可知의 세계보다 可知의 현실세계나 生者에 더 많은 관심을 기울였다. 『중용(中庸)』에서는 귀신을 좀 더 구체화한다. 『중용』에 의하면, "귀신은 천지의 功用이고 조화의 자취이며, 鬼는 陰의 신령이고 神은 陽의 신령이라 하였다. 하나의 氣로 말하면 이르러 펴는 것은 신(神)이라 하고, 돌이켜 돌아가는 것은 귀(鬼)가 되니, 그 실상은 한 물건"이라고[10] 하였다. 이와 같은 귀신관(鬼神觀)은 주자(朱子)로 대표하는 신유학자들에게 계승되어, 이기론(理氣論)을 통해서 더욱 체계화되었다. 『성리대전』에서는 귀신을 가리켜 "사람이 죽게 되면 魂의 기는 하늘로 올라가서 신(神)이 되고, 魄은 땅으로 돌아가서 귀(鬼)가 되는데, 여기서 혼(魂)은 양(陽)에 해당되고, 백(魄)은 음(陰)에 해당된다.[11] 그런데 사람이 죽기 전에는 신(神)이 주(主)가 되지만 이미 죽은 다음에는 귀(鬼)가 주(主)가 된다."라고[12] 하였다. 즉, 귀신은 사람이 죽음을 맞이한 이후, 육신과 영혼이 분리되어 변화하는 존재로 인식하였다. 그래서 유교상례는 죽음을 영혼과 육신이 분리되는 과정으로 인식하고, '기'로 변화되어 돌아가는 과정을 의례화 한 것이다. 혼과 백은 각각 고인을 상징하는 의례의 대상이다. 유교상례에서 고인에 대한 의례는 실제로 죽음으로 인해 분리된 혼과 백에 대한 의례로 진행된다. 본 장에서는 고인을 구성하였던 혼과 백에 대한 의례절차를 구분하여 구체적인 의례행위를 살펴보기로 하겠다. 이를

---

8) 『禮記』「郊特牲」: 魂氣歸于天, 形魄歸于地 ; 『繫辭上傳』「第四章」: "魂謂精, 魂其死也, 歸乎天消散之意. 鬼, 是往而不反之義.

9) 『論語』雍也 : 未能事人 焉能事鬼 … 未知生 焉知死(『論語』先進); 務民之義 敬鬼神而遠之 可謂知矣

10) 程子曰 鬼神天地之功用 而造化之迹也 張子曰 鬼神者二氣之良能也 愚謂以二氣言 則鬼者陰之靈也 神者陽之靈也 以一氣言 則至而伸者爲神 反而歸者爲鬼 其實一物而已(『中庸』16章)

11) 『性理大全』卷28, 鬼神 : 魂氣歸于天 形魄歸于地而死矣 … 陽魂爲神 陰魄爲鬼 … 魂升爲神 魄降爲鬼

12) 但未死以前則神爲主 已死之後則鬼爲主(『性理大全』卷 28, 鬼神)

통해서 고인의 육신을 처리하는 장법의례인 장례(葬禮)의 의미에 대해서도 함께 살펴보기로 하겠다.[13]

먼저 우선 혼에 대한 의례절차를 분석하면, 혼(魂)은 운(雲)의 고자(古字)인 운(云)과 귀(鬼)의 합자로 넋을 의미한다. "사람이 죽은 다음에는 귀(鬼)가 주(主)가 된다."는 『성리대전』의 논의처럼 죽은 사람을 뜻하는 鬼에 양의 기운을 뜻하는 云을 합하여 백(魄)의 대비되는 개념으로 쓰였다. 유교상례에서 혼과 관련된 의례절차와 상징은 초혼의 복의, 혼백상자의 혼백(魂帛), 신주 등이 혼의 의지처로 역할을 수행한다. 이것을 의례소를 통해 살펴보면 다음과 같다.

〈표-2〉 상례절차 중 혼에 대한 의례분석

| 절차 | 의례소 / 내 용 | 비고 |
|---|---|---|
| 초종 | 4. 復 : 복한다. | 복의 |
| 습 | 27. 置靈座設魂帛 : 영좌를 설치하고 혼백을 마련한다.<br>- 『가례원류』 종이로 복의를 싸서 상자에 넣는다. 『의절』 옷 위에 혼백을 놓는다. | 복의 |
| 우제 | 141. 祝埋魂帛 : 축관이 혼백을 묻는다.<br>- 사계가 말했다. "복의(復衣:고복에 쓴 옷)를 혼백과 함께 묻어서는 안 된다. | 복의 |
| 길제 | 206. [遺衣] 用以裹主埋安者, 有復衣則並用之 : 준비물,<br>- 유의(遺衣) : 신주를 싸서 묻는데 쓰니, 복의(復衣: 復, 초혼할 때 쓰던 옷)이 있으면 함께 쓴다. | 복의 |
| 습 | 27. 置靈座設魂帛 : 영좌를 설치하고 혼백을 마련한다. | 혼백 |
| 천구 | 82. 奉柩朝于祖 : 영구를 받들고 사당에 뵙는다.<br>- 축관이 상자에 혼백(魂帛)을 받들고 앞서 가 사당 앞에 나아가면, | 혼백 |
| 발인 | 90. 祝奉魂帛升車, 焚香 : 축관이 혼백을 받들어 수레에 올리고 분향(焚香)한다.<br>- 혼백을 모시고 향을 피우고 따로 상자에 신주를 담아 혼백 뒤에 놓고, | 혼백 |
| 급묘 | 102. 靈車至 : 영거가 도착한다.<br>- 축관이 혼백을 받들어 악좌에 나아가는데 신주 상자도 혼백의 뒤에 둔다. | 혼백 |
| 우제 | 141. 祝埋魂帛 : 축관이 혼백을 묻는다. | 혼백 |
| 급묘 | 115. 題主 : 제주(題主)한다. | 신주 |
|  | 116. 祝奉神主升車 : 축관이 신주를 받들어 수레에 올린다. 혼백상자를 그 뒤에 둔다. | 신주 |

13) 유교의례의 관점에서 '상례'는 죽음의례에 대한 통칭으로, '초종'에서 '길제'까지의 전 의례절차를 포괄하는 개념이다. 상례의 시각에서 '장례'의 범위는 '치장'과 '급묘'의 절차인 '시신을 장사하여 처리하는 의례'로 해석되어야 한다. 본 연구에서는 이러한 관점에서 상례와 장례를 구분하여 기술하였다. 단 시대적 구분에 있어서 현대의례는 '현대장례'로 논의를 진행하였다.

| | | |
|---|---|---|
| **대상** | 183. 畢, 祝奉神主入于祠堂 : 마친 뒤에 축관이 신주를 받들어 사당으로 들어 간다. | 신주 |
| **길제** | 206. 奉遷主, 埋于墓側 : 체천하는 신주를 받들어 옮겨 묘소 옆에 묻는다. | 신주 |

유교상례에서 초혼(招魂)은 복의(復衣)를 매개로 육신과 분리된 혼을 다시 불러들여 시신과 접촉하여 다시 살아나도록 한다. 초혼은 혼을 의례의 대상으로 인식하여 진행하는 첫 번째 절차로, 소생을 기원하는 의미로 이루어졌다. 습을 마치고 영좌(靈座)를 마련하여 혼백(魂帛)을 준비한다. 이때 등장하는 혼백은 육신을 떠난 혼이 의지하는 곳이다. 4일 차 성복의 절차부터 복의와 혼백은 조・석전과 상식의 대상으로 신주로 대체되기 전까지 혼이 의지하는 의례상징물이다. 급묘를 통해 신주가 등장하고 첫 의례절차인 초우제를 마치면 혼은 혼백상자에서 신주로 옮겨간다. 신주는 치장할 때 제작되며, 급묘에 제주(題主)를 통해 혼백을 대신한다. 초우제는 고인의 혼이 그동안 의지하였던 의지처를 혼백에서 신주로 대체하는 절차이다. 그래서 초우제는 상례진행단계를 제례로 전환하게 되며 혼백은 초우제를 마치면 매안(埋安)한다. 이때부터 신주는 강신의 절차를 통해 혼의 의지처로서 기능을 담당하고, 4대 봉사에 이르는 약 120여 년 동안 의례상징물이 된다. 여기에서 주목할 것은 '신주 = 고인'이 아니라는 점이다. 신주는 매번 제사 때마다 강신을 통해 모셔져 늘 신주에 의지하는 것이 아니기 때문이다. 이러한 변화양상을 의례소를 통해 〈표-2〉에서 살펴보면 혼에 대한 의례절차는 복의에서 혼백상자, 신주로 대체되면서 이어진다.

혼에 대한 의례절차가 진행되는 장소는 혼백상자와 복의에 대한 의례가 초종 때 정침에서 진행되다가, 소렴부터 천구 전까지 영좌에서 진행되고, 천구 때는 영구를 따라 사당 앞으로 이동하여 사당 앞에서 인사를 드린 후, 청사에 설치한 휘장 안으로 이동하여 진행된다.[14] 이후 견전(遣奠)을 위해 상여 앞으로 이동했다가, 영여에 모시고 장지(葬地)로 가서 영좌에 있다가 제주(題主)를 통해 신주가 의지처의 역할을 시작하면 혼백상자와 함께 반곡하며 집으로 돌아와 다시 영좌에 모시게 된다. 이처럼 혼에 대한 의례는 절차에 따라 공간적 변화가 일어난다.

초우제를 마치고 신주를 대상으로 졸곡을 지내고, 사당에 모시고 부제를 마치면 다시 영좌로 모신다. 소상 때 영좌에 모셔 제사를 하고, 대상 때 영좌에서 제사를 마치면, 사당의

14) 복의(復衣)의 사용에 대해 예서별로 차이를 보이고 있으며, 민속에서는 지붕위에 올려놓아 발상(發喪)의 의미로 쓰이는 것으로 이해되었다. 그러나 『증보 사례편람』에서 유의의 사용은 '[遺衣] 用以裹主埋安者, 有復衣則並用之'라고 하여 신주를 싸서 묻는데 쓰니, 복의(復衣:복(復), 초혼(招魂)할 때 쓰던 옷)이 있으면 함께 쓴다고 하여 그 사용에 대해 명확하게 밝히고 있다(문옥표 외, 『조선시대 관혼상제』(Ⅱ), 한국정신문화연구원, 1999, 233쪽).

안 동남쪽에 서향하도록 새 신주를 모신다. 담제 때 사당에서 대청으로 다시 모셔 제사를 지내고 마친 후에는 다시 사당으로 모시고, 길제 때 영좌로 나와 제례를 지내고 사당 안의 감실에 모신다. 이를 종합하여 절차별 변화양상을 그림으로 나타내면 다음과 같다.

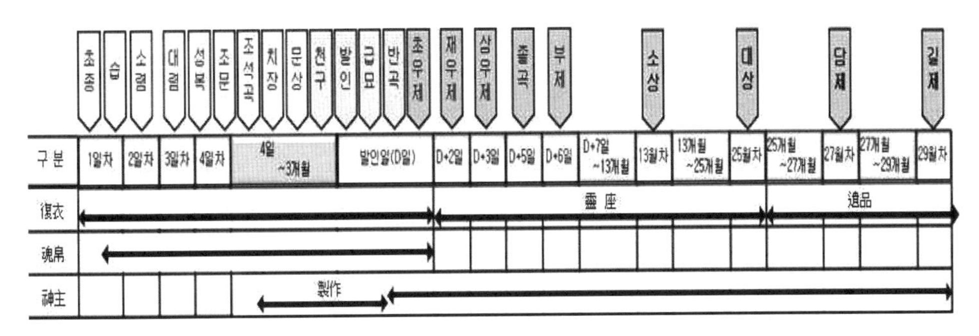


〈그림-2〉 상례절차 중 혼에 대한 의례분석

〈그림-2〉와 같이 '복(招魂)'의 절차는 유교 생사관에 의한 혼과 백의 분리의 과정과 죽음을 극복하기 위한 첫 번째 의례로 이러한 의미를 잘 나타낸다. 복(復)에서 고인의 육신과 분리된 혼을 부르는 매개로 복의가 사용되는 것 역시 같은 의미로 이루어졌다. 죽음으로 육신과 분리된 혼은 백과는 달리 곧바로 '기'로 승화되기 때문에 의례의 상징물이 요구된다. 고인을 상징하는 의례용품이 아닌 혼에 대한 의례절차를 위해 혼이 의지하는 상징으로 복의, 혼백상자, 신주 등이 사용되었다는 점은 유교상례를 유교 생사관을 실천논리로 이해되어야 함을 보여준다.

다음은 백(魄)에 대한 문제다. 유교 생사관은 혼과 백이 합하여 삶을 영위하고 분리를 통해 죽음에 이르는 것으로 인식한다. 여기서 육신은 가장 확실하고 중요한 혼의 의지처라고 할 수 있다. 백은 죽은 사람의 육체를 뜻하지만, 유교상례에서는 혼이 의지하게 되는 대상으로 인식되어 육신, 혼백, 신주 등으로 이해된다. 혼백은 습의 절차를 마치고 등장하여 초우제 이후 신주로 대체되어 땅에 묻힐 때까지 역할을 수행한다. 신주는 급묘 때 제주(題主)하여 혼과 백의 통합된 의지처로 등장하고 사당에 모셔 4대 봉사의 대상이 된다. 이처럼 백은 혼이 육신과 분리되어 죽음에 이르고, 혼백을 거쳐 신주에 이르는 과정 동안 한 대상에 의지하지 않으며 다른 대상으로 전이되어 재통합의 과정을 반복한다. 백의 의례는 망자의 육신을 상징하여 혼백상자와 신주 등으로 의례화 되었기 때문에 그 역할이 종료되면 육신처럼 매안하는 특징을 보인다.

백에 대한 의례에서 공간의 변화과정을 살펴보면, 망자의 육신은 임종 직전부터 반함 전까지 정침에 둔다. 소렴과 대렴이 끝나면 당으로 옮기는데, 천구 전까지 외빈하고, 발인하여 급묘 후 하관하여 매장한다. 백을 대신하는 혼백상자는 습을 한 뒤 천구 전까지 영좌에 모시고 급묘 때 백의 역할을 대신하는 신주에 제주한 후 초우제 이후에 매장한다. 급묘 때 제주 이후 혼백상자의 역할을 대신하는 신주는 삼우, 졸곡, 소상에서 대상 전까지 이동없이 대청에서 모시거나, 부제 때는 사당에서, 대상 후 영좌[堂]에서 사당으로 옮기며, 담제와 길제 때 영좌[堂]에서 진행한다.

고인의 머리 방향을 통해서 백에 대한 의례절차를 살펴보면, 고인의 머리방향은 임종을 확인하기 전까지 소생하기를 바라기 때문에, 태양이 떠오르는 동쪽을 바라보도록 둔다. 발인 전까지는 살아계신다는 관념에서 머리를 양(陽)의 방향인 남쪽으로 둔다. 그리고 사당에 모신 조상들에게 고인이 멀리 떠남을 아뢰기 위한 천구 때, 사당의 방향과 영구의 방향을 일치하도록 북쪽에 머리를 둔다. 급묘는 삶의 공간과 죽음의 공간을 분리하여 죽음을 인정하는 의례절차이므로 머리를 음(陰)의 방향인 북쪽으로 둔다.

백에 대한 의례는 먼저 육신을 옮길 때마다 육신에 대한 예를 행하는 것으로[15] 바뀐다. 성복 후 백의 상징인 혼백에 대하여 일상적 의례가 이루어진다.[16] 우제부터 백을 대신하는 신주를 대상으로 제사를 지낸다. 신주를 백의 의지처로 보는 이유는 제례에서 혼과 백을 부르는 강신의 의례가 진행되기 때문이다. 만약 신주가 혼 또는 백의 역할을 대신하지 않는다면, '기'로 돌아간 혼과 백을 분향과 뇌주로 신주에 의지할 수 있도록 하는 강신의 절차가 생략되어야 하기 때문이다.

〈표-3〉 상례절차 중 백에 대한 의례분석

| 절차 | 의례소 / 내 용 | 비고 |
|---|---|---|
| 초종 | 2. 疾病遷居正寢 : 병이 위중하면(병든 사람을) 정침으로 옮겨 놓는다.(東首) | 정침 |
| | 5. 執事者設幃及牀遷尸 : 집사자는 휘장과 침상을 마련하고 시신을 옮긴다. | 정침 |
| 습 | 19. 乃沐浴 : 이에 목욕시킨다. | 정침 |
| | 21. 襲 : 습(襲)한다. | 정침 |
| | 22. 徙尸牀, 置堂中間 : 시신을 모신 상(牀)을 옮겨 당의 한가운데 놓는다.(南首) | 당 |
| | 25. 乃飯含 : 이에 반함한다. | 당 |

15) 육신에 대한 의례는 시신에 대한 의례를 진행할 때마다 전을 차리게 된다. 임종 후 시사 전, 습의 절차에서 습전, 소렴에서의 소렴전, 대렴절차에서 대렴전 등을 의미한다.

16) 일상적 의례는 일상생활을 의례화한 절차로 이해되며 전과 식사의 절차를 조석전과 조석상식으로 절차화한 것을 의미한다.

| | | |
|---|---|---|
| | 26. 侍者卒襲, 覆以衾 : 사자는 습을 마치고 이불로 (시신을) 덮는다. | 당 |
| **소렴** | 38. 遂小斂 : 마침내 소렴을 한다. | 당 |
| | 41. 還, 遷尸牀于堂中 : 돌아와서 시상(尸牀)을 당의 한 가운데에 옮겨 놓는다. | 당 |
| **대렴** | 49. 乃大斂 : 이에 대렴을 한다. | 당 |
| | 54. 殯 : 빈(殯)한다. | 외빈 |
| **천구** | 82. 奉柩朝于祖 : 영구를 받들고 사당에 뵙는다.(北首) | 사당 |
| | 83. 遂遷于廳事 : 마침내 청사로 옮긴다.(南首) | 청사 |
| | 88. 厥明遷柩就轝 : 그 다음날 영구를 옮겨 대여로 나아간다. | 뜰 |
| **발인** | 92. 柩行 : 영구가 출발한다. | 상여 |
| **급묘** | 104. 柩至 : 영구가 이른다. | 北 |
| | 107. 乃窆 : 이에 폄(窆)한다.(하관한다.)(北首) | 하관 |

〈표-3〉은 위에서 설명한 백에 대한 의례절차를 의례소를 통해 구분하여 정리한 것이다. 이를 종합하여 절차별 변화양상을 그림으로 나타내면 다음과 같다.

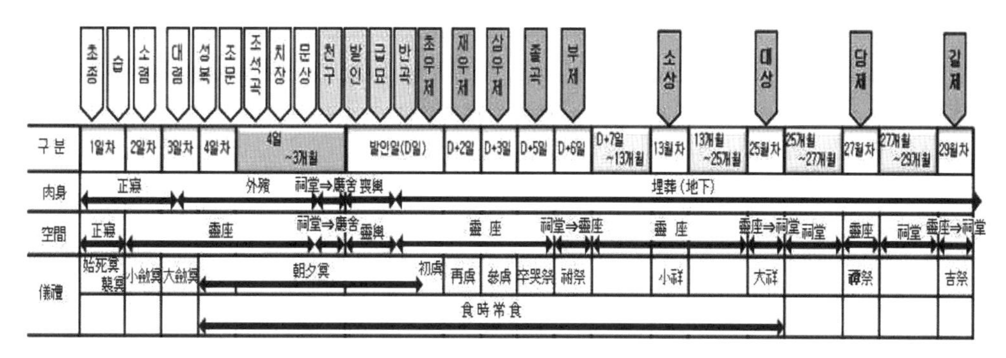


〈그림-3〉 상례절차 중 백에 대한 의례분석

〈그림-3〉의 내용을 살펴보면, 육신의 머리 방향을 북쪽으로 두는 절차가 2번 등장한다. 천구와 급묘이후 이다. 천구 때 머리를 북쪽으로 두는 것은 사당에 모신 조상들의 신주를 바라본다는 의미다. 급묘 후 머리를 북쪽으로 두는 것은 육신을 땅에 묻음으로써 죽음을 확인한다는 의미다. 이때부터 육신이 '기'로 변화하는 시점이 된다. 급묘 전까지 살아있다는 가정으로 상례단계를 진행하고, 급묘 후에는 죽음 이후의 상례단계인 제사로 전환되고 있음을 복합적으로 보여준다.

지금까지 살펴본 상례진행절차에서의 변화양상은 혼이 의지하는 육신, 복의, 혼백상자,

신주로 전환하는 과정과 백을 상징하는 고인의 육신과 혼의 의지처인 혼백상자와 신주로 전환되는 과정을 중심으로 상례진행에 변화가 이루어지고 있음을 보여준다. 이는 육신이 존재하는 과정에서 혼에 대한 의례가 먼저 진행되고, 혼백에 대한 의례가 이어지다가 급묘 후에는 신주에 대한 의례로 전환됨을 알 수 있다. 이와 같은 절차의 변화는 유교상례가 고인을 중심으로 하는 의례임을 알 수 있다. 다음은 상례의 주제자인 상주의 의례행위 변화과정을 통해서 의례구조를 분석하고자 한다.

### 2) 상주 중심으로 본 의례구조

상주는 입상주의 절차를 거쳐 상례를 주관하는 주체로 선정된다. 상주가 되면 모든 상례절차에서 중추적인 역할을 수행하게 된다. 지금까지 상례에서 행위의 주제자로서 상주에 관한 연구는 주관자로서 역할에 집중되었다. 본 장은 상주를 중심으로 한 의례구조 분석을 의식주의 변화를 통해 살펴보고자 한다. 먼저 의복의 변화에 대해 의례소를 통해 살펴보면 다음의 도표와 같다.

〈표-4〉 상례절차 중 상주복식에 대한 분석

| 절차 | 의례소 / 내 용 | 비 고 |
|---|---|---|
| 초종 | 11. 乃易服不食 : 옷을 갈아입고 음식을 먹지 않는다. | 喪主 |
| 소렴 | 40. 袒括髮免髽于別室 : 단(袒:어깨 벗음)하고, 괄발(括髮:머리 묶음)하고, 복머리 하는 것은 다른 방에서 한다. | 喪主 |
| 성복 | 59. 其服之制, 一曰斬衰三年 : 복을 입는 제도는 첫째, 참최 삼년이다. | 喪主 |
| 소상 | 175. 乃出就次易服, 復入哭 : 대기소로 나아가 옷을 갈아입고 다시 들어와 곡한다. | 喪主 |
| 대상 | 181. 設次, 陳祥服 : 상복(祥服:대상복)을 늘어놓는다. | 喪主 |
| 담제 | 189. 設次, 陳禫服 : 대기소를 마련하고 담복을 늘어놓는다. | 喪主 |
| 길제 | 198. 設次, 陳吉服 : 대기소를 마련하고 길복을 늘어놓는다. | 喪主 |

〈표-4〉와 같이, 상주는 초종에 저고리 옷깃을 풀어 띠에 꽂고 신을 벗어 맨발을 한다. 소렴 후에 별실에서 단(袒)하고 괄발(括髮)하여 성복의 절차대로 참최복을 입고 생활한다. 이후 소상 때 연복을 입고, 대상 때 상사복을 입는다. 담제 때는 담제를 지내기 전에 담복을 입는다.[17] 길제 때는 입고 있던 담복을 길복으로 갈아입는다. 이러한 상주의 의

복변화를 그림으로 나타내면 다음과 같다.

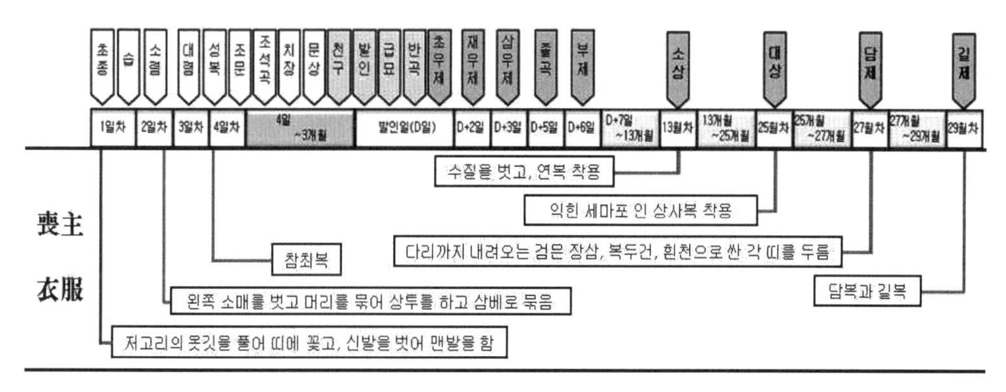


〈그림-4〉 상례절차 중 상주복식에 대한 분석

〈그림-4〉와 같이 상주의 복식은 총 7단계의 변화를 거친다. 소렴에서 단하고 괄발하는 절차와 성복에서 참최복을 입는 절차, 소상 이후 각 제례에서 각각의 제례복식으로 갈아입는 절차 등을 통해 일상복으로 전환된다. 복식은 단순히 신체를 보호하는 것이 아니라, 장식성과 사회성을 반영하며 변화되었다. 의례에서의 복식은 상징적 의미를 전달하는 매개로서 기능을 부여한다. 그래서 유교상례의 복식은 상주의 상황을 전달하는 상징적 의미를 나타낸다. 성복을 통해 참최복을 착용하면서 자신이 상주임을 알리고 비일상적인 상황에 처해 있음을 나타낸다. 그리고 상례의 진행과정에서 연복과 상사복, 담복 및 길복으로 변화하면서 시간경과에 따른 상례의 단계변화를 드러내며, 점차 비일상적 시간에서 일상적 시간으로 복귀하는 과정을 나타낸다.

다음은 상주의 식생활변화 양상이다. 임종 후 상주는 불식(不食)한다. 식사를 하지 않는 것으로 그 기간은 고인과의 친등 관계에 따라 달리 나타난다. 상주는 3일을 불식하고, 4일차 성복 이후 죽을 먹고, 약 100일 후인 졸곡 후에 간장과 거친 밥, 물을 마시되 과일은 먹지 않는다. 사망 후 1년이 지나 소상을 치르면, 비로소 채소와 과일을 섭취하고 2년이 지난 대상을 치르면 젓갈이나 장과 같은 염분이 있는 음식을 섭취한다. 마지막으로 사망 후 27개월 이후인 담제 후에 술과 고기를 먹어 일상으로 복귀했음을 나타낸다. 이를 절차로 구분하여 도표로 나타내면 다음과 같다.

17) 소상제에 입는 연복은 흰 직령, 천 띠, 흰 갓, 흰 신이며, 대상제에 입는 상사복은 세마포로 제작된 복식이다. 담제에 입는 담복은 검은 장삼, 복두건, 흰 천으로 싼 각띠로 구성된다.

〈표-5〉 상례절차 중 상주의 식생활에 대한 분석

| 절차 | 의례소 / 내 용 | 비 고 |
|---|---|---|
| 초종 | 11. 乃易服不食 : 옷을 갈아입고 음식을 먹지 않는다. | 혼백 |
| 성복 | 72. 成服之日, 主人兄弟始食粥 : 성복(成服)하는 날 주인의 형제가 비로소 죽을 먹는다. | 혼백 |
| 졸곡 | 154. 主人兄弟疏食水飮, 不食菜果, 寢席枕木 : 주인 형제는 거친 밥에 물을 마시되, 나물·과일을 먹지 않고, 기적 자리에서 지고 나무토막을 벤다. | 혼백 |
| 소상 | 178. 始食菜果 : 비로소 나물과 과일을 먹는다. | 혼백 |
| 대상 | 184. 徹靈座, 斷杖, 棄之屛處 : 영좌(靈座:궤연)를 거두고 지팡이를 꺾어 외진 곳에 버린다. - 혜(醯), 장(醬)을 먹는다 | |
| 담제 | 191. 始飮酒食肉 : 비로소 술을 마시고 고기를 먹는다. | |

〈표-5〉와 같이 상주에 대한 통제는 총 6단계에 걸쳐 진행된다. 임종과 성복, 졸곡을 거쳐 제례로 바뀌는데, 불식 하다가 성복 후 처음으로 죽을 먹음으로써 일상으로 돌아가는 과정을 시작한다. 그리고 3개월 후 졸곡 때 거친 밥과 물을 마시는 주요한 전환점을 계기로 상례단계가 다른 국면으로 전환되었음을 뜻한다. 이러한 변화양상을 그림을 통해 종합하면 다음과 같다.

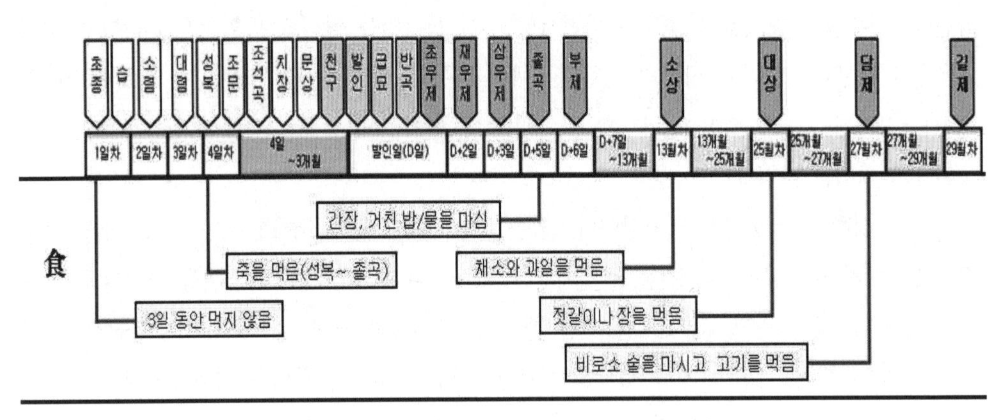


〈그림-5〉 상례절차 중 상주 식생활에 대한 분석

〈그림-5〉와 같이 상주의 식생활을 단적으로 나타내면 '금식→죽→거친 밥과 간장→채소와 과일→젓갈이나 장→술과 고기'등으로 변화하고 있음을 알 수 있다. 상례기간 동안 음식에 대한 통제는 복친들까지 모두에게 이루어지는데, 자최복과 대공복의 경우 임종이후 세끼를 금식하도록 하고, 성복 때 거친 밥과 물만 허용되며, 나물과 과일을 불식하고 초우제 이후에 술과 고기는 허용하되 잔치에는 참여하지 않도록 통제한다. 소공 및 시마복의 경우는 임종이후 두 끼를 금식하고, 성복 후에는 술을 마시고 고기를 먹되 잔치에는 참여하지 않도록 한다. 그리고 우제 후에 귀가하도록 한다.

이러한 의례통제는 성복을 기준으로 상주는 죽을 먹고, 대공복은 거친 밥과 물을 먹되 나물과 과일을 먹지 못하도록 하며, 소공 및 시마복의 경우에는 술을 마시고 고기를 먹되 잔치에는 참여하지 않도록 하여 친등 관계에 따라 식생활의 통제강도를 달리하고 있음을 보여준다. 이처럼 상주를 중심으로 한 복인의 복식과 식생활의 변화는 상례의 단계별 진행에 따라 죽음과 동일시되는 최고의 통제로 시작하여 단계적으로 음식물 섭취의 통제를 완화시켜 일상으로 복귀하는 과정임을 알 수 있다. 이 과정에서 성복과 우제 및 졸곡은 상례의 단례를 전환시키는 절차로서 중요한 역할을 담당한다.

다음은 상주의 위치와 침소의 변화로 이를 종합하여 도표로 살펴보면 다음과 같다.

〈표-6〉 상례절차 중 상주침소에 대한 분석

| 절차 | 의례소 / 내 용 | 비 고 |
|---|---|---|
| 습 | 24. 主人以下爲位而哭 : 주인 이하가 제 자리를 정하고 곡한다.<br>- 삼년상에는 밤이면 시신 곁에서 자되 짚을 깐다. | 침소 |
| 대렴 | 52. 主人以下各歸喪次 : 주인이하가 각각 상차(喪次:거상하는 자리)로 간다. | 침소 |
| 발인 | 96. 塗中遇哀則哭 : 도중에 슬픔이 복받치면 곡한다.<br>- 밤이 되면 주인 형제가 모두 영구 옆에 자고 친척이 함께 지킨다. | 침소 |
| 길제 | 207. 復寢 : 복침한다. | 신주 |

〈표-6〉과 같이 상주는 초종에 정침에서 시신 옆에서 곡한다. 습 때는 고인의 목욕을 할 때는 밖에 나와 있다가 습의를 입힐 땐 자리하여 확인한다. 직접 고인에게 반함하고, 소렴과 대렴 때 당에 위치하여 염을 지켜본다. 단, 대렴 때 상주는 입관과 빈을 할 때 곡을 그치고 의례행위에 참여한다. 성복부터 천구 전까지 영좌 앞에서 조문을 받으며 치장 때는 장지에 가서 땅을 정하고 후토신에게 드리는 제사를 지켜본다. 천구 때는 구(柩)의 옮김을 아뢰는 고축을 하고, 영구를 모시고 사당 앞에서 인사를 드리고 조전(祖奠)을 차린다. 발인이 진행되는 날 아침 상주는 영구를 상여에 싣고 견전을 올린다. 장지에 도착하여 급묘가 이루어지면 하관을 지켜보고 마지막에 현훈을 드리며, 신주의 분면에 글을 쓰는 제주의 과정을 살펴본 후, 곡하며 영여를 따라 집으로 돌아오는 반곡을 진행한다.

이후 우제, 졸곡, 소상은 당에서 제사를 모시며 제례 전에 몸을 정결히 한다. 신주를 내

올 때와 다시 모실 때 곡한다. 부제 때 재계한 뒤 사당에서 고조비와 함께 제례를 모시고 고인의 신주는 영좌로 다시 내온다. 대상에서는 몸을 정결히 한 후 당에서 제례 후 사당으로 신주를 모신다. 담제 다음날 길제의 날을 점치고 고유(告由)한다. 3일 전에 재계하고 2일 전에 사당에서 조상의 신주를 개제(改題)한다. 사당에 5대 고조고비 이하의 자리를 설정하고 다음 날 새벽에 신주를 모셔간다. 길제 후 사당으로 신주를 모셔가고 체천할 신주를 모셔 묘지 옆에 매안(埋安)한다. 이를 종합하여 그림으로 나타내면 다음과 같다.

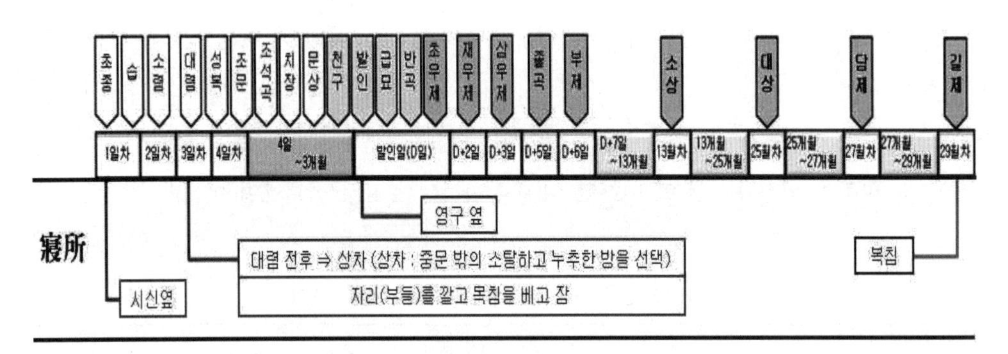


〈그림-6〉 상례절차 중 상주침소에 대한 분석

〈그림-6〉에서 상주는 소렴까지 시신 옆에서 자며 대렴 이후부터 상차(중문 밖 비루한 곳)에서 자는데, 졸곡 이후부터 상차에 부들을 깔고 목침을 베고 잔다. 길제 이후에 침소로 돌아와 일상으로 복귀하고 있음을 보여준다.

상주가 상례의 각 절차에 임하면서 겪게 되는 복장과 음식, 침소의 변화는 임종 이후의 의례적 상황이 일상생활과 분리된 비일상적 통제 상황에 처하도록 한다. 죽음과 동일시하는 통제 상황인 금식과 시신 옆에서 자는 행위 등을 통해 고인과 같은 상황에 처하도록 하고, 시간이 경과하고 고인에 대한 상례절차가 진행됨에 따라 점차 통제를 완화하여 점진적으로 일상생활로 복귀하도록 구조화되어 있다. 다음은 지금까지 고인과 상주를 대상으로 한 의례 분석을 통합적 시각에서 의례구조를 분석하고자 한다.

### 3) 통합적으로 본 의례구조

상례는 죽음을 맞이한 고인에 대한 의례를 중심으로 이루어진다. 상주가 상례를 행하는 과정에서 적절한 통제가 이루어지며, 상주에 대한 통제는 고인에 대한 의례의 단계적 변화에 따라 진행된다. 본 장에서는 앞서 살펴본 고인과 상주의 역할에 대해 단계적 변화를 중심으로 살펴보고자 한다.

고인에 대한 상례절차의 진행과정과 상주의 통제 상황을 분석한 결과 고인에 대한 의례공간, 혼백, 머리의 방향, 복의의 변화, 신주 등에 대한 의례절차를 종합하여 변화과정을 살펴보면 다음과 같다.

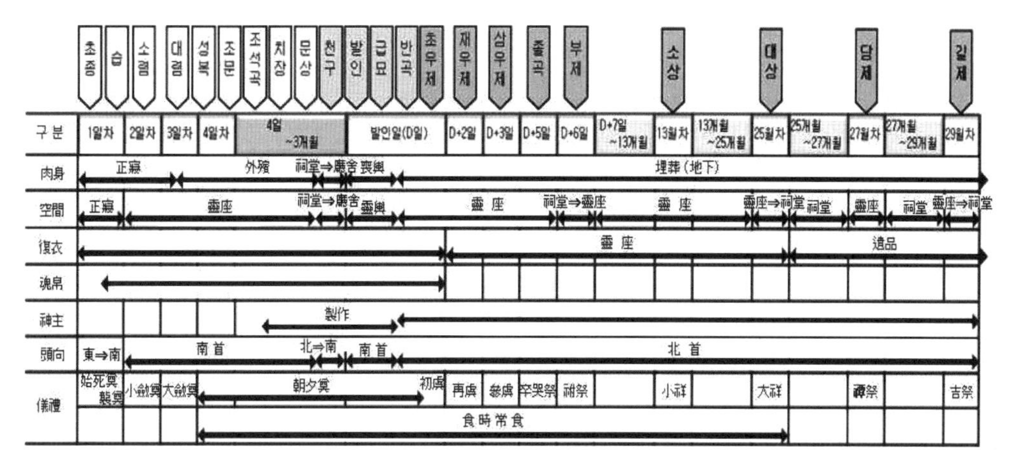


〈그림-7〉 상례절차 중 혼백에 대한 의례분석 종합

상례는 삶과 죽음을 연결하는 전이기의 의례이다. 그래서 전혀 다른 두 개의 세계를 연결하고, 망자와 생자의 관계를 정리하는 형식으로 진행된다. 그러나 망자는 삶과 죽음의 영역 중 특정한 영역에 속하지 않는다. 〈그림-7〉과 같이 삶과 죽음의 영역은 의례의 과정을 통해서 영역의 전이가 이루어진다. 망자의 육신이 급묘를 통해 매장되는 순간이 삶의 영역과 죽음의 영역이 분리되는 것을 뜻한다. 이 시기를 계기로 제사의 의례로 전환되면서 매일 진행되었던 조석전(朝夕奠)의 의례가 폐지된다. 죽음의 공간으로 전이는 발인 이후에 진행되지만, 발인 이전의 의례는 삶의 영역에서 진행됨을 알 수 있다. 특히 발인 이후 죽음의 영역에서 이루어지는 의례행위는 상중제례로 전환되어 상례 후에 진행되는 제례와 구별된다.

한편 상주의 의례는 고인에 대한 의례를 주관하여 진행한다는 측면에서 의례적으로 고인에게 종속되어 변화한다. 그 결과 고인의 의례적 변화는 상주의 역할과 위치에 영향을 미친다. 그러나 상주는 죽음으로 인한 급박한 상황변화에서 고인이 처한 상황과 동일한 경험을 통해 효를 실천하는 의례적 의도를 표현한다.

인간이 삶을 영위하는 가장 기본적인 수단은 음식물을 섭취하는 것이지만, 상례에서 상주는 음식의 섭취를 차단하는 불식을 통해 의례적 지향점이라고 할 수 있는 고인과의 동일시를 통해 죽음을 경험하도록 강요당한다. 음식의 통제는 고인의 경우에는 성복 이후 전과 조석상식을 진행하였다가 초우제 이후에 전을 폐하고 제례로 전환된다. 대상 이후에 조석상식을 폐하고 길제를 통해 조상제례와 통합된다. 그렇기 때문에 상주는 불식 이후 성복에서 죽을 먹고, 졸곡에 거친 밥과 물을 마시고, 소상에 나물과 과일을, 대상에서는 젓갈이나 장을 먹도록 하여 일상으로 되돌아올 수 있는 것이며, 이러한 과정이 의례절차로 형식화한 것이 유교상례인 것이다. 상주의례를 종합하여 그림으로 나타내면 다음과 같다.

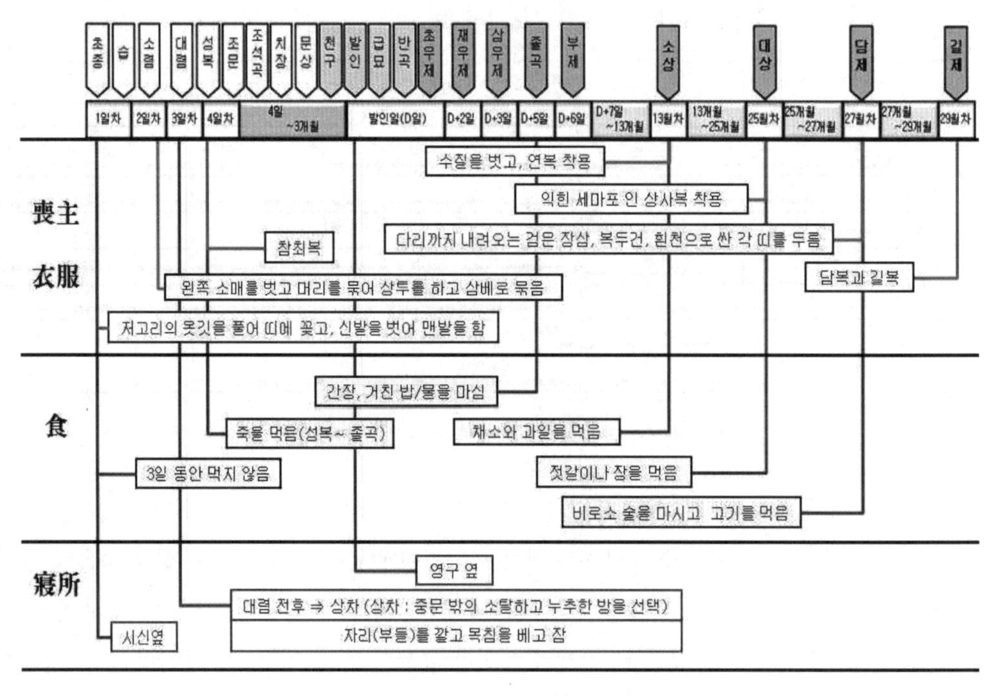


〈그림-8〉 상례절차 중 상주의례 분석 종합

〈그림-8〉과 같이 고인의 의례와 비교하여 분석하면 유교상례에서 중요한 전환점으로 인식되는 단계는 죽음을 확인하는 임종과 급묘하여 매장하는 절차이다. 이 단계를 중심으로 고인의 의례적 전환이 진행되고, 상주의 행동절차 역시 변화되면서 일상으로의 전환을 준비한다. 이처럼 고인의 의례를 중심으로 상주의 의례는 의·식·주 등 생활을 통제하게 되면서, 유교상례의 기본적 성격을 고인 중심의 의례로 구성한다. 또한, 상주의례는 가장 강력한 통제로 복인의례의 기준이 되면서 기타 참여한 복인들인 자최복, 대공복, 소공복, 시마복 등 근친들의 일상을 통제한다. 고인에 대한 의례절차가 변화하면서 상주에 대한 통제도 점차 완화되어 일상으로 복귀하는데, 가장 먼 친척인 시마복을 입은 사람들부터 일상으로 복귀하고, 이어서 소공복과 대공복을 입은 친척들이 순차적으로 일상으로 복귀하여 최종적으로는 상주의 일상복귀가 상례의 종료시점이 되는 것이다.

### 4) 곡의 변화양상

상례절차가 진행되면서 고인의 죽음에 대해 유족 등의 슬픔을 표현하는 수단으로 가장 대표적인 것이 울음인 '곡(哭)'이다. 곡의 자형은 외친다는 뜻을 가진 '吅(훤)'과 '犬(견)'으로 이루어진 회의문자이다. 자형을 살펴보면 개가 짖는 것은 폐(吠)라고 하고, 이보다 더한 상태인 울부짖는 것을 곡이라 하여 사람이 슬픔에 겨워 울다는 뜻으로 쓰였다.

곡은 상례의 전 기간에 걸쳐 고르게 분포 된 의례의 형식으로 나타난다. 주요 단계별로 방법과 정도를 달리하여 유족의 슬픔을 표현하기 때문에 곡에 대한 분석을 통해 상례의 변화양상을 살펴볼 수 있다.

곡은 크게 질적인 분류와 상례진행과정에 따른 곡의 변화로 나누어 볼 수 있는데, 먼저 질적인 분류는 슬픔의 정도를 반영한 哭盡哀, 哀至哭, 哭으로 구분할 수 있다. 가장 슬픈 울음인 '哭盡哀'는 '곡하여 슬픔을 다하는 것'을 의미하는데 주로 초종의례의 절차와 장송의례중 고인에 대한 의례를 진행하는 과정에 보인다. '哀至哭'은 성복에서 우제까지의 울음으로 '슬픔이 일어나게 되면 우는 것'을 말한다. 마지막 '哭'은 상례중의 일반적인 울음의 형식을 의미한다.

상례절차의 진행과정에 따른 곡의 변화를 살펴보면, 대략 26가지의 울음으로 구분되는데, 먼저 초종의례에 나타난 곡에 대해 살펴보면 다음과 같다.

〈표-7〉 상례절차 중 초종곡 분석

| 절차 | 의례소 / 내 용 | 비 고 |
|---|---|---|
| 초종 | 4. **복(復)** : 남녀가 가슴을 치며 통곡하기를 수없이 한다. | 哭盡哀 |
| 습 | 24. 主人以下爲位而哭 : **주인 이하가 제 자리를 정하고 곡한다.** - 습하기 전에는 남녀가 곡하며 가슴치기를 무수히 하니… 습한 뒤에야 산 사람이 비로소 자리를 정할 수 있다. | 哭盡哀<br>儀禮哭 |
| | 30. 執友親厚之人, 至是入哭可也 : **친한 친구나 가까운 사람은 이 때에 이르러 들어와 곡해도 괜찮다.** - 심의를 입어야 하고, 시신에 다가가서 곡하여 슬픔을 다하고 나와서 영좌에 절한다. | 哭盡哀 |
| 천구 | 81. 以遷柩告 : **발인 하루 전에 조전(朝奠)을 지내면서 영구를 옮기겠다고 고한다.** - 주인 이하가 곡하여 슬픔을 다하고 재배한다. | 哀至哭 |
| 급묘 | 115. 題主 : **신주를 쓴다.** - 주인은 재배하고 곡으로 슬픔을 다하고서 그친다. | 哀至哭 |
| 반곡 | 124. 遂詣靈座前哭 : **드디어 영좌에 나아가 앞에서 곡한다.** - 슬픔을 다한 뒤에 그친다. | 哀至哭 |

| | | |
|---|---|---|
| **우제** | 142. 罷朝夕奠 : **조·석전(朝夕奠)을 그만한다.** - 조석곡(朝夕哭)을 하되, 슬픔이 복받치면 곡하기를 처음과 같이 한다. | 哭盡哀 |
| **초종** | 3. 旣絕乃哭 : **숨이 끊어진 뒤에 곡한다.** - 남녀가 가슴을 치며 통곡한다. | 初終哭 |
| **소렴** | 39. 主人主婦憑尸哭擗 : **주인(主人)과 주부(主婦)는 빙시(憑尸:시신에 기댐)하고 곡하고 벽(擗:가슴 침)한다.** | 初終哭 |
| | 43. 主人以下哭盡哀, : **주인 이하는 곡하여 슬픔을 다하고,** | 初終哭 |
| | 43. 乃代哭, : **대곡(代哭:대신 곡을 시킴)하여 곡하는 소리가 그치지 않게 한다.** | 初終哭 |
| **대렴** | 53. 止代哭者 : **대곡(代哭:대신 곡함)을 그치게 하다.** | 初終哭 |
| **성복** | 77. 無時哭 : **아무 때나 곡(哭) 한다.** | 初終哭 |

이를 도표화하여 살펴보면 다음의 그림과 같다.

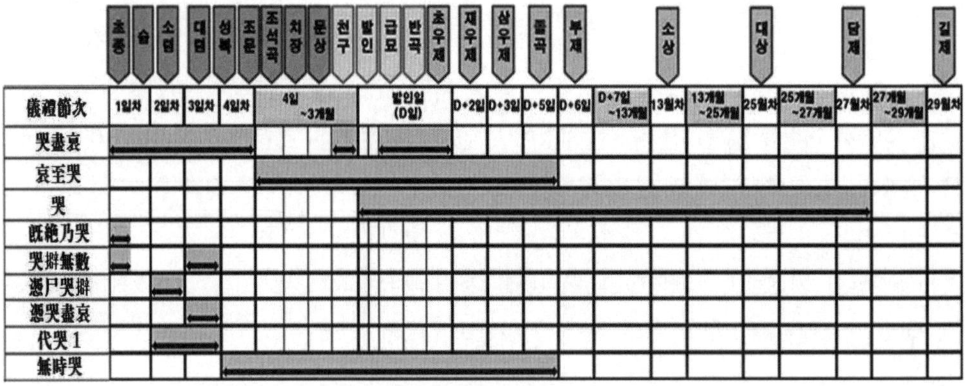

초종 습 소렴 대렴 성복 조문 조석곡 치장 문상 천구 발인 급묘 반곡 초우제 재우제 삼우제 졸곡 부제 소상 대상 담제 길제

儀禮節次 1일차 2일차 3일차 4일차 4일 ~3개월 발인일 (D일) D+2일 D+3일 D+5일 D+6일 D+7일 ~13개월 13월차 13개월 ~25개월 25월차 25개월 ~27개월 27월차 27개월 ~29개월 29월차

哭盡哀
哀至哭
哭
旣絶乃哭
哭擗無數
憑尸哭擗
憑哭盡哀
代哭 1
無時哭

〈그림-9〉 상례절차중 초종 곡 분석

초종의 절차에서 진행되는 곡의 종류를 살펴보면 〈표-7〉과 〈그림-9〉와 같다. 세부적으로는 숨이 끊어지면 가슴을 무수히 치며 하는 곡인 旣絕乃哭이 있고, 습의 절차에서 각자의 위치에서 곡 하는 위위이곡, 소렴에 시신에 기대어 가슴을 치며 하는 곡인 憑哭에는 憑尸哭擗이 있고 곡소리가 끊이지 않게 계속 이어서 하는 곡인 代哭이 대렴이후까지 이어진다. 대렴을 마치고 관의 천판을 닫기 전에 하는 곡인 憑哭盡哀가 있다. 성복에 각자의 복을 입고 자기 위치에서 하는 '각취위곡(조곡)'을 한 후 복친끼리 서로 조문하면서 '곡진애재배'(슬픔을 다하여 곡하고 재배한다.)하고 이때부터 조석곡과 삭망곡(초하루와 보름에 하는 곡이다.) 그리고 슬픔이 이르면 곡 하는 '무시곡'이 이어진다. 이후 치장 때 묘역을 만들고 후토신에게 제사를 지내는데 이때 '곡진애 재배'한다. 다음은 장송의례에서의 곡이다.

〈표-8〉 상례절차중 장송 곡 분석

| 절차 | 의례소 / 내 용 | 비고 |
|---|---|---|
| 천구 | 81. 以遷柩告 : **발인 하루 전에 조전(朝奠)을 지내면서 영구를 옮기겠다고 고한다.** - 주인 이하가 곡하여 슬픔을 다하고 재배한다. | 葬送哭 |
| 견전 | 83. 遂遷于廳事 : **마침내 청사(廳事:대청)로 옮긴다.** - 주인 이하는 곡하며 따라가 대청에 이른다. | 葬送哭 |
| 천구 | 84. 乃代哭 : **이에 대곡(代哭:대신 곡하게 함)한다.** - 발인(發引) 때까지 한다. | 葬送哭 |
| 발인 | 93. 主人以下哭步從 : **주인 이하가 곡하고 걸어서 따라간다.** | 葬送哭 |
| | 96. 途中遇哀則哭 : **도중에 슬픔이 복받치면 곡한다.** | 葬送哭 |
| 급묘 | 105. 主人男女各就位哭 : **주인 남녀가 각각 자리에 나아가 곡한다.** | 葬送哭 |
| | 115. 題主 : **신주를 쓴다.** - 주인은 재배하고 곡으로 슬픔을 다하고서 그친다. | 葬送哭 |
| 반곡 | 120. 主人以下奉靈車, 在途徐行哭 : **주인 이하가 영거(靈車)를 받들어 길에서 천천히 가면서 곡한다.** | 葬送哭 |
| | 121. 至家哭 : **집에 이를 때까지 곡한다.** | 葬送哭 |
| | 121. 至家哭 (望門哭) : - 문(門)이 바라보이면 곡한다. | 葬送哭 |
| | 123. 主人以下哭于廳事 : **주인 이하는 대청에서 곡한다** | 葬送哭 |

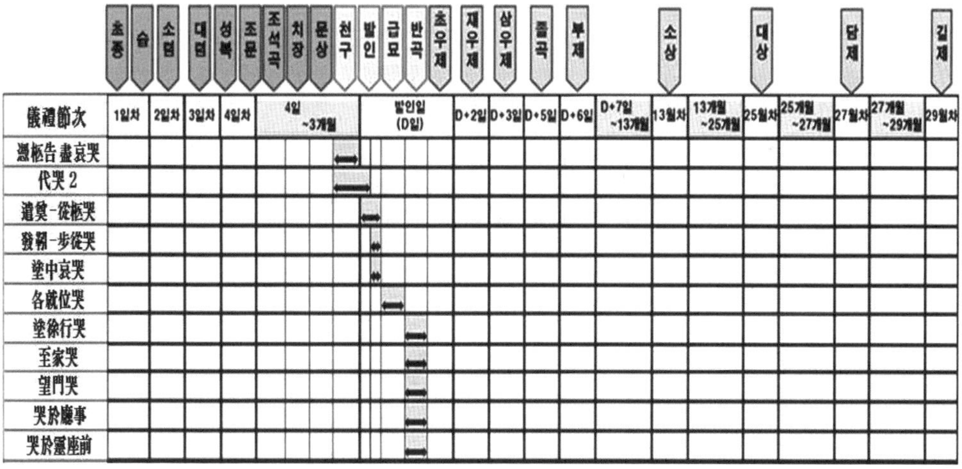

초종 / 습 / 소렴 / 대렴 / 성복 / 조문 / 조석곡 / 치장 / 문상 / 천구 / 발인 / 급묘 / 반곡 / 초우제 / 재우제 / 삼우제 / 졸곡 / 부제 / 소상 / 대상 / 담제 / 길제

| 儀禮節次 | 1일차 | 2일차 | 3일차 | 4일차 | 4일 ~3개월 | 발인일 (D일) | D+2일 | D+3일 | D+5일 | D+6일 | D+7일 ~13개월 | 13월차 | 13개월 ~25개월 | 25월차 | 25개월 ~27개월 | 27월차 | 27개월 ~29개월 | 29월차 |
|---|---|---|---|---|---|---|---|---|---|---|---|---|---|---|---|---|---|---|
| 遷柩告 盡哀哭 | | | | | ↔ | | | | | | | | | | | | | |
| 代哭 2 | | | | | ↔ | ↔ | | | | | | | | | | | | |
| 遣奠-從柩哭 | | | | | | ↔ | | | | | | | | | | | | |
| 發靷-步從哭 | | | | | | ↔ | | | | | | | | | | | | |
| 塗中哀哭 | | | | | | ↔ | | | | | | | | | | | | |
| 各就位哭 | | | | | | ↔ | | | | | | | | | | | | |
| 塗徐行哭 | | | | | | ↔ | | | | | | | | | | | | |
| 至家哭 | | | | | | ↔ | | | | | | | | | | | | |
| 望門哭 | | | | | | ↔ | | | | | | | | | | | | |
| 哭於廳事 | | | | | | ↔ | | | | | | | | | | | | |
| 哭於靈座前 | | | | | | ↔ | | | | | | | | | | | | |

〈그림-10〉 상례절차중 장송 곡 분석

의례절차에 따른 곡의 종류를 살펴보면, 천구를 고한 후 슬퍼하며 재배하는 遷柩告(盡哀哭), 천구에서 발인전까지 곡소리가 끊이지 않게 계속 이어서 하는 곡인 代哭, 遣奠시에 구를 따라가며 곡하는 從柩哭, 發靷후 주인이하는 영구의 뒤를 따르며 곡하며 걸어서 장지에 이르는 步從哭, 도중에 슬픔에 이르면 하는 塗中 哀哭, 주인이하 자기 자리에서 곡으로 슬

픔을 다하는 各就位哭, 반곡 때는 주인이하 영거를 받들고 길을 천천히 가며 곡하는 도서途徐行哭, 집에 이르러 곡하는 至家哭, 문이 보이면 곡하는 望門哭, 집에 도착하여 주인이하는 대청에서 곡하는 哭於廳事, 영좌 앞에 가서 곡하는 哭於靈座前이 있다. 다음은 상중 제의례에서의 곡이다.

〈표-9〉 상례절차중 제례 곡 분석

| 절차 | 의례소 / 내 용 | 비 고 |
|---|---|---|
| 반곡 | 124. 遂詣靈座前哭 : **드디어 영좌에 나아가 앞에서 곡한다.** | 祭禮哭 |
| 우제 | 132. 主人以下皆入哭 : **축관이 신주를 영좌에 모셔내거든 주인 이하가 모두 들어가 곡한다.** | 祭禮哭 |
| | 135. 初獻 (哭再拜) : **초헌(初獻)한다.** – 주인은 곡하고 재배하고 | 祭禮哭 |
| | 136. 亞獻 (哭四拜) : **아헌(亞獻)한다** – 예절은 초헌과 같이 하되, 축문은 읽지 않고, 네 번 절한다. | 祭禮哭 |
| | 137. 終獻 (哭再拜) : **종헌(終獻)한다** – 영좌(靈座:궤연)를 거두고 지팡이를 꺾어 외진…. | 祭禮哭 |
| | 140. 祝啓門, 主人以下入哭辭神 : **축관이 계문(啓聞)하면, 주인 이하가 들어가 곡하고 사신(辭神: 신을 작별하여 보냄)한다.** | 祭禮哭 |
| 부제 | 168. 祝奉主, 各還故處 : **축이 신주를 받들어 각각 있던 곳에 돌려놓는다.**<br>– 문을 나오면 주인 이하는 곡을 하면서 따라가는데 | 祭禮哭 |

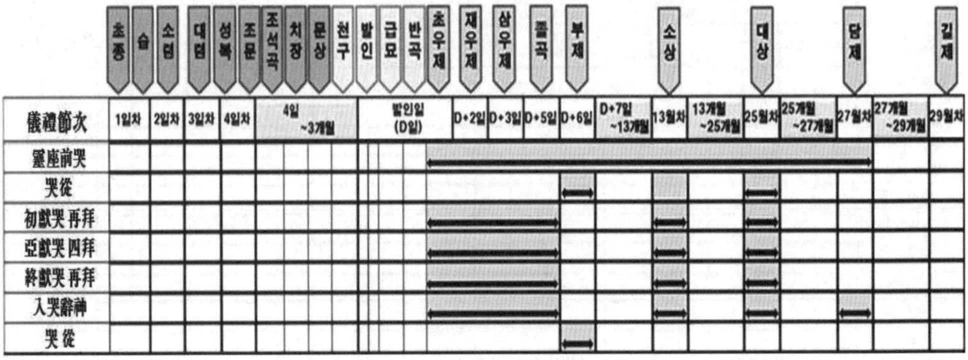

초종 습 소렴 대렴 성복 조문 조석곡 치장 문상 천구 발인 급묘 반곡 초우제 재우제 삼우제 졸곡 부제 소상 대상 담제 길제

儀禮節次 1일차 2일차 3일차 4일차 4일 ~3개월 발인일 (D일) D+2일 D+3일 D+5일 D+6일 D+7일 ~13개월 13월차 13개월 ~25개월 25월차 25개월 ~27개월 27월차 27개월 ~29개월 29월차

靈座前哭
哭從
初獻哭再拜
亞獻哭四拜
終獻哭再拜
入哭辭神
哭從

〈그림-11〉 상례절차중 제례 곡 분석

의례절차에 따른 곡의 종류를 살펴보면, 우제 때는 축관이 영좌로 신주를 모셔 내오면, 주인이하 모두 들어와 곡하는 靈座前 哭, 주인이 初獻 哭 再拜, 주부가 亞獻 哭 四拜, 친척이 終獻 哭 再拜, 이후 사신하러 들어가며 곡하는入哭 辭神, 주인이하 모두 곡하는 절차로 이어진다. 졸곡 때는 우제 때와 같이 곡하되, 슬픔에 이르면 곡하는 무시곡을 멈춘다. 부제 때는 축관이 영좌로 신주를 모셔 내오면, 주인이하 모두 들어와 곡

하는데 이를 영좌전 곡이라 한다. 이후 조고비의 신주를 사당에서 내오고 돌아와서 새 신주를 모시고, 사당으로 가 자리에 두는데 이때 영좌전 곡을 하고 주인이하는 곡하며 신주를 뒤따라 사당으로 가는데 이를 哭從이라 하며, 삼헌, 사신 때 곡을 하지 않고 축관이 다시 사당에서 영좌로 돌아갈 때 주인이하는 곡하며 신주를 뒤따라가는데 이 역시 哭從 한다. 소상 때는 우제 때와 같이 곡하되, 조석곡을 멈추고 복을 벗지 않은 자들이 초하루와 보름에 곡하는 삭망곡을 시작한다.

대상 때는 우제 때와 같이 곡하되, 제의례를 마치고 축관이 신주를 모셔 사당에 들일 때 주인이하 곡하며 따르는데 이를 종곡이라 한다. 담제 때는 주인이하 사당에 나아가 신주를 모시러 가되 곡하지 아니하며, 신주를 내어 영좌에 놓고 주인이하 모두 곡하며 재배하는데 이를 영좌전 곡이라 하며, 삼헌 때는 곡하지 않고, 사신 때는 곡하는데 이를 입곡 사신이라 한다. 이후 제의례가 끝나면 다시 사당으로 가되 곡하지 않는다. 다음은 상중 의례절차에서 진행되는 일반적인 울음인 곡이다.

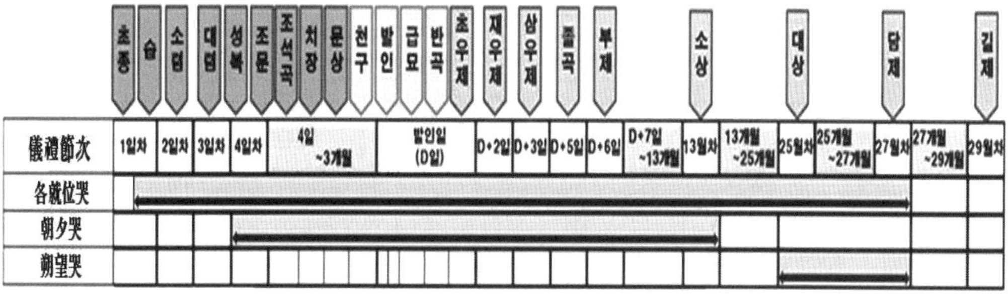

〈그림-12〉 상례절차 중 의례적 곡 분석

의례절차에 따른 곡의 종류를 살펴보면, 각자의 복을 입고 자기 위치에서 하는 各就位哭, 아침과 저녁으로 곡하는 朝夕哭, 초하루와 보름에 하는 朔望哭 등이 있다.

〈표-10〉 상례절차 중 의례적 곡 분석

| 절차 | 의례소 / 내 용 | 비 고 |
|---|---|---|
| 습 | 24. 主人以下爲位而哭 : 주인 이하가 제 자리를 정하고 곡한다.<br>- 습하기 전에는 남녀가 곡하며 가슴치기를 무수히 하니… 습한 뒤에야 산 사람이 비로소 자리를 정할 수 있다. | 哭盡哀<br>儀禮哭 |
| 성복 | 76. 夕哭 : 석곡(夕哭:저녁 곡)한다. | 儀禮哭 |
| 소상 | 177. 止朝夕哭 : 조곡(朝哭)・석곡(夕哭)을 그친다.<br>- 삭망(朔望)에는 복은 벗지 않은 사람이 ((기년복 이하의 사람으로 (초상 때) 밖에 있어 뒤늦게 복을 입은 사람)) 모여 곡한다. | 儀禮哭 |

이상의 논의를 종합하여 상례중 곡의 변화양상을 종합하여 살펴보면 다음과 같다.

초종 습 소렴 대렴 성복 조문 조석곡 치장 문상 천구 발인 급묘 반곡 초우제 재우제 삼우제 졸곡 부제 소상 대상 담제 길제

| 儀禮節次 | | 1일차 | 2일차 | 3일차 | 4일차 | 4일 ~3개월 | 발인일 (D일) | D+2일 | D+3일 | D+5일 | D+6일 | D+7일 ~13개월 | 13월차 | 13개월 ~25개월 | 25월차 | 25개월 ~27개월 | 27월차 | 27개월 ~29개월 | 29월차 |
|---|---|---|---|---|---|---|---|---|---|---|---|---|---|---|---|---|---|---|---|
| 質的哭 | 哭盡哀 | | | | | | | | | | | | | | | | | | |
| | 哀至哭 | | | | | | | | | | | | | | | | | | |
| | 哭 | | | | | | | | | | | | | | | | | | |
| 初終禮哭 | 旣絶乃哭 | | | | | | | | | | | | | | | | | | |
| | 哭擗無數 | | | | | | | | | | | | | | | | | | |
| | 憑尸哭擗 | | | | | | | | | | | | | | | | | | |
| | 憑哭盡哀 | | | | | | | | | | | | | | | | | | |
| | 代哭 1 | | | | | | | | | | | | | | | | | | |
| | 無時哭 | | | | | | | | | | | | | | | | | | |
| 葬送禮哭 | 憑柩告盡哀哭 | | | | | | | | | | | | | | | | | | |
| | 代哭 2 | | | | | | | | | | | | | | | | | | |
| | 遣奠-從柩哭 | | | | | | | | | | | | | | | | | | |
| | 發靷-步從哭 | | | | | | | | | | | | | | | | | | |
| | 塗中哀哭 | | | | | | | | | | | | | | | | | | |
| | 各就位哭 | | | | | | | | | | | | | | | | | | |
| | 塗徐行哭 | | | | | | | | | | | | | | | | | | |
| | 至家哭 | | | | | | | | | | | | | | | | | | |
| | 望門哭 | | | | | | | | | | | | | | | | | | |
| | 哭於廳事 | | | | | | | | | | | | | | | | | | |
| | 哭於靈座前 | | | | | | | | | | | | | | | | | | |
| 喪中祭儀禮哭 | 靈座前哭 | | | | | | | | | | | | | | | | | | |
| | 哭從 | | | | | | | | | | | | | | | | | | |
| | 初獻哭 再拜 | | | | | | | | | | | | | | | | | | |
| | 亞獻哭 四拜 | | | | | | | | | | | | | | | | | | |
| | 終獻哭 再拜 | | | | | | | | | | | | | | | | | | |
| | 入哭辭神 | | | | | | | | | | | | | | | | | | |
| | 哭從 | | | | | | | | | | | | | | | | | | |
| 儀禮的哭 | 各就位哭 | | | | | | | | | | | | | | | | | | |
| | 朝夕哭 | | | | | | | | | | | | | | | | | | |
| | 朔望哭 | | | | | | | | | | | | | | | | | | |

〈그림-13〉 상례절차 중 곡 분석 종합

〈그림 13〉을 분석하여 상례에서 곡의 변화양상을 살펴보면 초종에서의 곡과 급묘를 전후로하여 곡의 형식과 울음의 강도가 매우 강화되고 있음을 알 수 있다. 이를 통해 유교상례에서의 전환점은 죽음을 맞이하는 절차인 초종과 장법을 통해 혼과 육신의 공간을 분리하는 급묘의 절차를 중심으로 진행되고 있음을 알 수 있다.

### 5) 복친(服親)의 오복착용과 변화양상

『의례(儀禮)』 「상복(喪服)」 편에 '황제(黃帝) 때에는 소박하고 간략하여 질박함을 숭상하였으므로 심상(心喪)의 예(禮)를 행하여도 종신(終身)토록 변하지 않았다. 당우(唐虞)의 시대에는 순박함이 점차 없어져 비록 심상(心喪)을 행하고도 다시 삼년으로 상기(喪期)를 삼았다. 삼왕(三王) 이래로 경박함이 점차 생겼기 때문에 상복(喪服)을 제정하여 슬픈 감정을 표

현하게 하였다.'ᄀ 하였다.

그렇다면 무엇 때문에 기년(期年)으로 정하는가? '지친(至親)은 기년으로 마친다. 천지(天地)가 바뀌었고, 사시(四時)도 이미 변하였으니 천지(天地)사이에 있는 자(者)는 다시 시작하지 않는 것이 없다. 이로써 그것을 상징한 것이다.' 그러면 무엇 때문에 삼년으로 하는가? '융후(隆厚)함을 더했을 뿐이다. 거기에 배를 더하기 때문에 재기(再期)하는 것이다.' 이미 이렇게 기년으로 끊었으면 어찌하여 삼년으로 하는가? '효자는 부모에게 융후(隆厚)함을 더하기 때문에 이와 같다.' 구월 이하는 무엇 때문인가? 그것은 은혜가 미치지 못하기 때문이므로 3년은 융후(隆厚)를 더했고 시마와 소공은 감쇄(減殺)한 것이라 하며, 기년(期年)과 구월은 중간이라고 한다. 위로는 하늘에서 상(象)을 취하고 아래로는 땅에서 법(法)을 취하고 중간으로는 사람에게서 법칙(法則)을 취한 것이다.

〈표-11〉 상례절차중 복친의 오복착용 분석

| 절차 | 의례소 / 내 용 | 비고 |
|---|---|---|
| 성복 | 59. 一日斬衰三年 : 첫째가 참최삼년이다. | |
| | 60. 二日齊衰三年 : 둘째는 자최삼년이다. | |
| | 65. 三日大功九月 : 셋째는 대공 구월이다. | |
| | 66. 四日小功五月 : 넷째는 소공 오월이다. | |
| | 67. 五日緦麻三月 : 다섯째는 시마 삼월이다. | |
| 초종 | 11. 乃易服不食 : 옷을 갈아입고 음식을 먹지 않는다.<br>- 아들들은 사흘 동안 먹지 않고, 일년복과 9개월복을 입는 사람은 세끼를 먹지 않고, 5개월복과 3개월 복을 입는 사람은 두끼를 먹지 않는다. | |
| 성복 | 58. 成服之日.主人及兄弟始食粥. : 성복하는 날 주인의 형제가 비로소 죽을 먹는다.<br>- 여러 아들이 죽을 먹고 아내와 첩과 일년복과 9개월 복을 입는 사람은 거친 밥에 물을 마시고, 나물과 과일은 먹지 않는다.<br>- 5개월복과 3개월복을 입는 사람은 술을 마시고, 고기를 먹되 잔치에는 참여하지 않는다. | |
| 우제 | 126. 朞九月之喪者,飮酒食肉,不與宴樂,小功以下大功異居者,可以歸 ; 일년이나 9개월복을 입는 사람은 술을 마시며 고기를 먹으나, 잔치에는 참여하지 않는다. 소공(小功) 이하와 대공(大功)으로서 함께 살지 않는 사람은 집으로 돌아가도 된다. | |
| 졸곡 | 154. 主人兄弟疏食水飮, 不食菜果, 寢席枕木 : 주인과 형제는 소식(蔬食)에 물을 마시고 채과(菜果)를 먹지 않으며, 잘 때 돗자리를 깔고, 나무토막을 벤다. | |
| 소상 | 178. 始食菜果 : 비로소 나물과 과일을 먹는다. | |
| 담제 | 191. 始飮酒食肉 : 비로소 술을 마시고 고기를 먹는다. | |
| 길제 | 207. 復寢 : 복침한다. | |

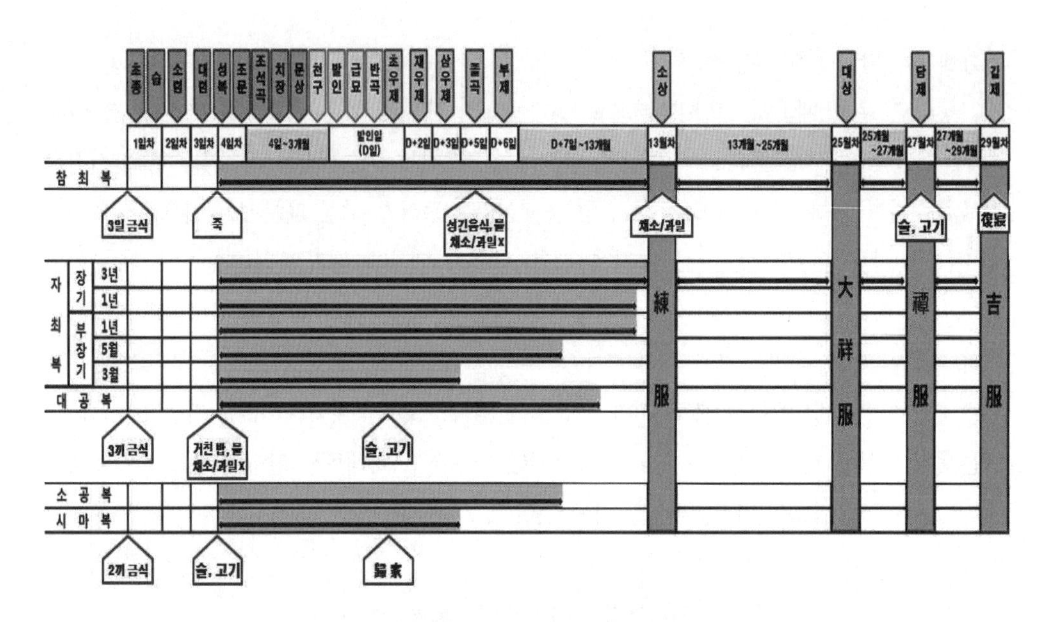


〈그림-14〉 상례절차중 복친의 오복착용 분석 종합

또한, '친지(天地)의 상(象)에서 취했다고 하는 것은 3년은 윤년(閏年)을 상징하는 것이고, 기년은 1년을 상징하며, 9월은 사물이 세 계절 만에 완성됨을 상징하고, 5월은 오행(五行)을 상징하며, 3월은 한 계절을 상징한 것이다.'고 하였다. 또한, '사람에게서 법칙(法則)을 취했다고 하는 것은 처음 낳아 3개월 만에 머리털을 자르고, 3년이 되어서 부모의 품에서 벗어나게 되는 것이다.'고 하였다. 또한, 엄릉방씨가 말하기를 '혹은 3월로, 혹은 5월로, 혹은 9월로, 혹은 기년, 혹은 3년이라 하니 상(喪)은 흉례(凶禮)인데 양(陽)의 수(數)인 기수(奇數)로써 한 것은 무엇 때문인가?' 하니 '대개 음(陰)은 죽는 것이고 양(陽)은 사는 것인데, 죽었는데 살았다고 하는 것은 효자가 차마 그 부모가 죽었다고 하지 못하는 뜻이다.'고 하였다.

이상의 논의를 종합하여 살펴보면, 의례의 진행절차를 분석한 〈그림-1〉의 유교상례 19단계 절차에 대한 분석은 유교상례의 순서와 절차의 분석에 머물러 있는 수준이다. 그래서 의례구조와 대상의 관계성을 분석하는데 제한적이었다. 유교상례에서 표현하고자 하였던 의례의 상징성과 구조를 이해하기 위해서는 죽음에 대한 인식과 고인에 대한 의례의 진행과정, 의례 주관자인 상주의 역할과 행동 변화를 함께 살펴보아야 한다. 고인에 대한 의례와 상주에 대한 통제의 관계를 분석함으로써 유교상례에 영향을 미친 철학과 종교사상, 시간과 공간개념 등을 포함하는 포괄적 시각에서의 분석이 가능하다. 이를 위해 유교상례의 일정별 변화를 시간의 흐름에 따라 단계별 진행절차와 연관하여 분석하면 다음의 그림과 같다.

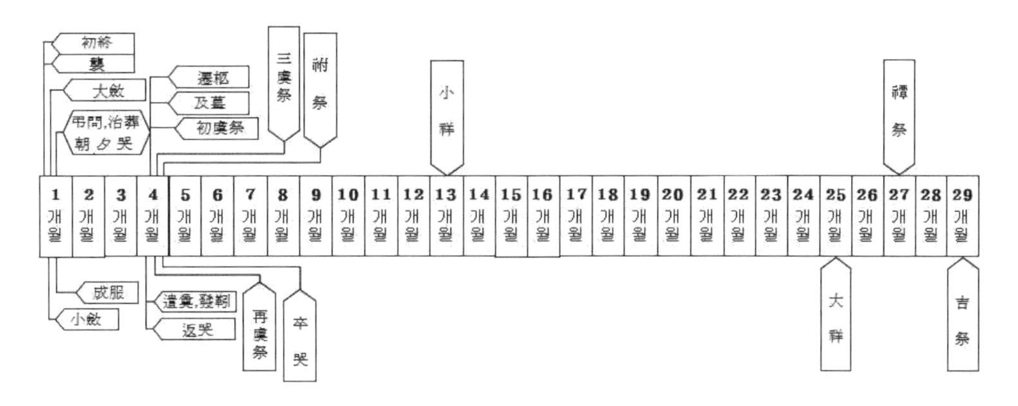


〈그림-15〉 일정별 상례진행 절차도

유교상례의 일정별 변화를 반영한 〈그림-15〉는 〈그림-1〉과 달리 상례단계의 구성이 사망 당일과 3개월 차에 상례절차가 집중되어 분포되어 있음을 보여준다. 이를 세부적으로 살펴보면, 시간의 변화에 따라 죽음을 인식하는 단계인 초종에서 성복까지의 절차에 집중적으로 분포되어 있고, 매장을 중심으로 발인에서 졸곡까지의 절차에 집중되어 있음을 알 수 있다. 이러한 특징은 상례를 초종에서 치장까지의 의례와 천구에서 반곡까지의 의례, 초우제에서 길제까지 3단계로 변화하고 있음을 나타낸다. 이러한 단계별 구분은 고인의 죽음을 통해 발생하는 상징적 변화과정을 의례에 반영함으로써 유교상례가 산 자의 의례가 아닌 고인을 위한 의례로 구성되어 있음을 보여준다. 이러한 전환적 절차를 중심으로 단계별 변화를 살펴보면 다음의 그림과 같다.

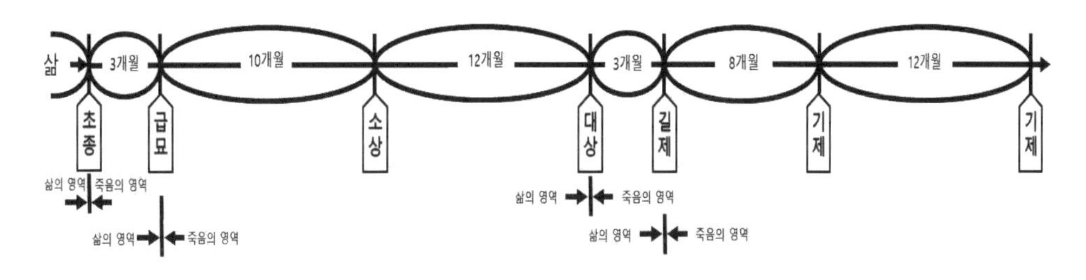


〈그림-16〉 상례절차 및 의례 개념

〈그림-16〉은 삶과 죽음의 영역이 반복적으로 나타나는 모습을 주요절차를 중심으로 나타낸 것이다. 여기서 나타나는 유교상례의 구조는 초종, 급묘, 대상, 길제를 중심으로 각 단계가 이전상황과 이후의 상황을 구분하는 전환적 시점에서 진행되고 있음을 보여준다. 초종은 혼백의 분리를 통해 죽음의 영역에 진입하는 절차이고, 급묘는 육신을 땅에 묻어 혼과 백을 공간적으로 분리시킴으로써 조금 더 진전된 죽음의 상황에 이르게 한다. 대상의 절차를 통해 영좌를 철(撤)하고 신주를 사당에 합사하면서 전환점을 맞이하며, 대상의 의례적 전환 역시 이전의 상황보다 죽음에 더욱 가까워진 상황으로 의례를 전환하게 된다. 이와 같은 변화 양상은 유교상례 전체를 통해서도 이해할 수 있는데, 상례 이전의 상황이 삶의 영역이고, 상례 이후의 상황이 죽음의 영역이라고 가정하면, 전환적 의례인 유교상례는 삶의 영역과 죽음의 영역 또는 준비의 영역과 통합의 영역을 구분하는 기준이 되며, 전환적 의례로서의 성격을 드러내고 있는 것이다. 이러한 논의를 통해 유교상례가 전환적 시점을 중심으로 단계화되었음을 알 수 있다. 이를 의례구조를 통해 살펴보면 다음과 같다.

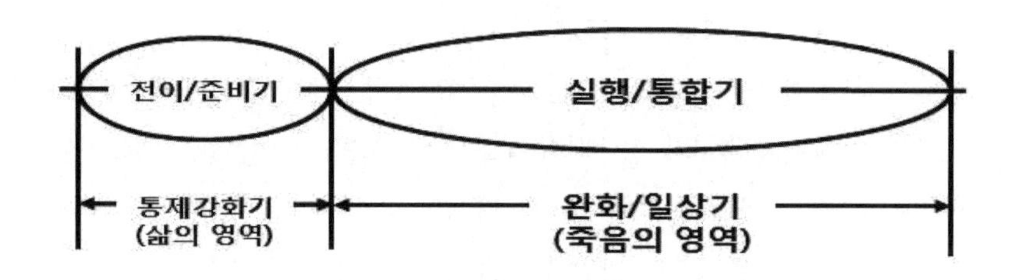


〈그림-17〉 상례의 의례 구조

〈그림-17〉은 유교상례가 전환적 시점의 절차를 통해 단계 변화로 작동하고 있음을 말해준다. 전환기 의례는 시행하기에 앞서 준비 및 전이의 기간을 필요로 하고, 전환기 의례의 실행을 통해 다음 의례상황으로 통합되는 과정이다. 상주의례는 전환기 의례를 중심으로 이전 단계에서 일상생활을 강력하게 통제하는 시기이며, 전환기 의례절차가 진행된 후에는 통제완화의 과정을 거치는데 이러한 변화가 단계적으로 나타나면서 일상으로 복귀하는 형식을 취하게 된다. 이러한 유교상례의 구조를 상례 전 기간에 대한 구조변화의 과정으로 살펴보면 다음과 같다.

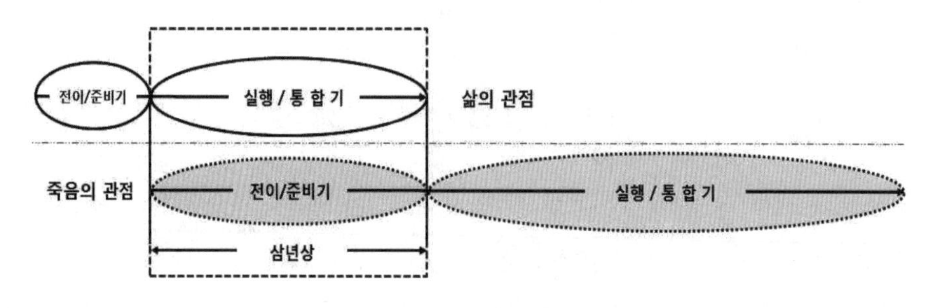


〈그림-18〉 삼년상의 상례구조 분석

〈그림-18〉과 같이 삼년상의 기간은 삶의 시각에서 죽음을 인식하고 상례를 진행하는 실행 및 통합기의 과정이지만, 반대로 고인의 시각에서 삼년상이 지나 조상신으로 좌정하기 위한 전이 및 준비기이다. 즉 유교상례의 기간을 전이 및 준비기라고 볼 때 길제 이후에 사당에서 제사봉사의 대상으로 봉안되는 기간은 실행 및 통합기가 된다. 전환적 단계를 중심으로 유교상례의 구조를 분석하면 삼년상이 실행 및 통합기적 성격과 전이 및 준비기적 성격을 동시에 가지고 있음을 알 수 있다. 이를 전환기적 단계에 적용하여 변화를 구체화하여 살펴보면 다음의 그림과 같다.

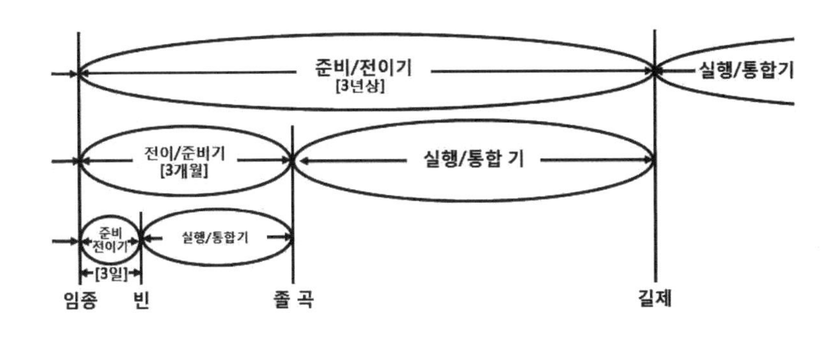


〈그림-19〉 유교상례의 의례구조 분석

〈그림-19〉은 유교상례구조를 분석한 것이다. 임종 이후 3일 만에 대렴을 진행하고, 이어 빈을 진행한다. 대렴 이후 빈은 죽음을 인식하였음을 드러낸다. 지금까지 고인을 살려내기 위한 마지막 노력이 다하였지만 살아나지 않았기 때문에 다음 단계로 전환되는 상황을 의례 절차에 반영한 것이다. 다음날 이어지는 성복 후 조석전과 상식을 올리는 절차는 고인을 살려내기 위한 노력이 죽음을 인정하는 것으로 전환되었음을 뜻한다. 전환기적 절차인 빈은 '전이 및 준비기'가 되며, 치장까지 약 3개월의 기간이 죽음을 인식하고 의례를 진행하는 '실행 및 통합기'가 된다.

두 번째, 졸곡을 중심으로 중간단계의 전환기 의례가 진행된다. 예서에서 급묘와 우제는 일정에 따라 변화가 가능하지만, 졸곡의 일정은 임종한 후 3개월 이후에 진행하도록 확정하고 있다. 이것은 졸곡단계를 전환기적 의례로서 중요하게 인식하였음을 보여준다. 그리고 졸곡은 이전과 달리 현주(玄酒)를 사용하고, 축관의 위치가 변화되는 등 이전까지 흉례로 진행되었던 제례를 길례(吉禮)로 전환하여 진행하는 제사로써 전환적 의례의 성격을 나타내고 있다. 중간단계의 전환적 의례인 졸곡은 조상신으로 변화되어 가는 '전이 및 준비기'가 되고, 이후에는 길례로 전환되면서 조상신으로 통합되어 안정화되는 '실행 및 통합기'가 된다.

세 번째, 최종단계의 전환적 의례인 길제는 4대 봉사의 대상으로 고인을 사당에 모시는 절차이다. 삼년상이라는 상례기간이 종료되었으며, 고인은 이 과정을 통해 조상신으로서 안정적인 제사봉사의 대상으로 통합된다. 마지막 전환적 의례인 길제를 중심으로 삼년상의 '전이 및 준비기'를 거쳐 조상신으로 통합되는 '실행 및 통합기'의 과정으로 구분되는 것이다.

이상의 논의를 종합하면 〈그림-17〉과 같이 유교상례는 모든 의례의 과정에서 '전이 및 준비기'를 거쳐 '실행 및 통합기'로 진행되어, 유교상례의 구조가 전이 및 준비단계의 역할을 담당하고 전환적 단계에 배치된 의례절차를 통해서 실행 및 통합의 과정으로 구성됨을 보여준다. 그래서 임종 이후 3일 → 3개월 → 3년의 변화과정은 육신이 기(氣)로 환원되면서 조상신으로 전환되고 죽음의례가 완성되는 것이라고 할 수 있다. 또한 유교상례는 고인을 중심으로 진행되지만 수행자인 유족과 친족들이 단계별로 참여하는 구조로 구성되어 있다.

전근대사회의 엄격한 신분제도 속에서 진행된 유교상례는 '효 사상'과 '예치'를 통한 통제라는 시각에서 이해할 수 있다. 그리고 주요 상징체계를 이루었던 음양오행론의 시간과 공간에 대한 논리적 기반 위에 생업구조를 이루고 있던 농경사회의 특징을 포함한 의례적 상징성을 바탕으로 형성되었다. 유교상례에 포함된 이러한 다양성을 통해 시대의 변화양상과 종교 철학의 변화, 생업구조와 가족관계의 변화까지도 살펴 볼 수 있는 것이다.

다음 장에서는 유교상례의 구조분석을 통해서 이해한 의례절차가 근대사회로의 변화과정에서 어떠한 변화를 겪게 되는지 살펴보고자 한다.

# 제3장 유교상례의 변화와 일본의 영향

## 1. 근대 초기에 시작된 의례의 변화

### 1) 근대화와 예(禮)에 대한 인식의 변화

시민의 주도로 진행된 근대는 17세기 유럽에서 처음 등장하여 점차 세계적으로 영향력이 확장되었다. 시민들은 스스로를 이성적으로 판단하고 행위하는 주체적인 개인들로 불렸다.[18] 근대의 시민들은 상호협의와 계약에 의거하여 새로운 제도와 법을 만들었다. 이런 변화는 전근대사회의 봉건적인 제도뿐만 아니라 위계적이며 권위적인 가족주의 및 지역공동체의 질서를 바꾸었다. 근대의 이성적인 주체인 시민은 개개인의 합리적이며 타산적인 사유방식과 행위 패턴을 강조함으로써 공동체보다는 개인을 우선시하였다.[19] 이처럼 근대는 이전과 다른 사유방식과 사회생활의 변화를 인식하는 것에서 출발했다. 그리고 이러한 근대성은 제도적 차원에서 자본주의와 산업주의, 국민국가로 나타났다.

한편 조선에서는 1876년 개항과 갑오개혁을 통해 근대화의 움직임이 일었다. 고종은 광무개혁을 통해 대한제국으로 국호를 정하고, 근대 국민국가로 변화하고자 노력하였으나 일제의 침탈로 실패하였고 식민 지배를 통한 근대화가 진행되었다.[20] 역사적으로 유교적 근대의 토대 위에 일본을 통한 서구적 근대와 1945년 이후 미국적 근대의 영향을 받은 것으로 변화되었다.[21] 그런데 근대사회의 형성이 일제강점기를 통해 이루어졌다는 점은 문화영역의 시각에서 근대를 이해하는데 중요한 시사점을 제공한다. 근대사회의 전환은 전근대사회 유교문화에 기반을 두었던 문화적 상징성과 보편성을 '전통'이라는 이름의 하위적 상징으로 전락시켰음을 의미한다. 이로 인해 근대사회로 이행 이후 더 이상 유교문화의 문화적 실천은 그 기능을 발휘하기 어렵게 되었다.

근대화를 통한 가장 중요한 변화는 신분제도의 붕괴이다. 서구에서는 시민계급의 등장을

---

18) 권용혁, 「한국의 근대화와 근대성」, 『사회와 철학』34, 사회와 철학 연구회, 2017, 210쪽.
19) 권용혁, 위의 논문, 210쪽 및 Walter Reese-Schaefer, 1995, 162쪽 참고.
20) 김일영, 「한국의 근대성과 발전국가」, 『사회과학』39-1, 성균관대학교 사회과학연구소, 2000, 38쪽.
21) 미야지마 히로시, 『나의 한국사 공부』, 너머북스, 2013, 347쪽.

통해 근대화가 이루어졌다. 그러나 한국에서는 전혀 다른 양상으로 전개되었다. 근대적 국민 대다수를 차지하던 백성들은 양반 중심의 사회질서와 가치관을 모방·수용하면서 양반화를 시도하였다. 당시 백성들은 친족체계의 강화와 의례 양식의 모방을 시도하면서 양반사회의 전유물로 여겨졌던 제사문화를 일상화하고 족보의 보존 및 확산과 종친회 등 문중 문화의 복원, 부계 조상숭배 문화와 부계 혈연 중심의 가족주의를 강화하는 등 양반층의 문화를 일상화하였다.[22]

이러한 양반 예법의 일상화는 전근대적 관점에서 왜곡과 변형이 시작되는 전환점이다. 특히 이들은 의례를 전통으로 생각하여 전통을 따르려고 노력했지만, 이들이 생각하는 전통은 이미 전통이라고 규정된 행위규범이었다. 그래서 전통을 따르려는 노력은 유교의례와 구별되는 다른 문화적 실천으로 작동했다. 결국, 전통을 따르려는 생각과 의례전통을 좇는 문화적 실천이 함께 나타나기 시작하였다. 이처럼 전통에 대한 긍정적 인식과 전통을 따르려는 행위는 전통과 구분되는 새로운 전통으로서 기능을 담당했고, 이 시기를 기준으로 이전까지의 의례를 전통의례로, 이후를 근대의례로 나눌 수 있다.

전근대와 근대의 시대구분은 근대 이후 한국사회의 문화변동, 특히 상례의 변화와 전승에 대한 상관성을 밝히는데 중요한 단서를 제공한다. 그 이유는 문화의 구성요소 중 하나인 사회제도가 관습과 서로 연관을 맺으며 변화하기 때문에 상례의 문화양식에도 영향을 끼쳤기 때문이다. 그래서 근대 이후 한국 사회가 경험한 사회변동을 살펴보는 것은 상례변동을 밝히는데 매우 중요하다.

조선은 개항과 함께 서구문물의 유입과 사회제도의 변화를 요구받았다. 그중 가장 두드러지는 것은 예(禮)에 대한 관념의 변화였다. 유교 국가인 조선에서 예는 정치·경제·군사 등 사회의 전 영역과 가족·사회·국가윤리를 포함한 전 층위의 공·사생활 등 전 분야에서, 예치(禮治)라고 하는 윤리 규범을 통해서, 국가 질서를 유지하는 기능을 담당하였다. 조선에서는 법(法)부터 형(刑)에 이르기까지 예의 관념적 지배를 받았다. 이러한 사실은 사계 김장생(沙溪 金長生)이 자신의 문집에서 "법으로 규제하면 피동적인 백성이 되고, 예를 가르치면 스스로 알아서 행동하는 상식적인 백성이 된다."라며 예를 강조했던 것으로 알 수 있다.[23]

조선의 왕실에 서구의 근대문물이 소개된 것은 신사유람단(紳士遊覽團)으로 알려진 조사시찰단(朝士視察團)에 의해서였다. 이들은 명치유신 이후의 일본을 시찰한 뒤, 고종에게 보

---

22) 권용혁, 앞의 논문, 212쪽.

23) 『沙溪全書』卷48, 行狀.

고서를 올렸다. 보고서에 의하면, 엄세용은 일본 사법성(司法省)을 시찰하고 '서구의 법은 '형명법술(形名法術)의 법'이 아니라 치국(治國)의 계약(契約)'이라고 하였다.[24] 이로써 조선의 법체계와는 다른, 근대법에 대한 최초의 논의가 시작되었다. 이후 서구의 법과 제도가 소개되었고 이것은 예의 자리를 대신하며, 근대법 체계로 빠르게 변모하게 되었다.

법치(法治)의 변화가 가속화된 것은 1905년 을사조약이었다. 조선이 외교적 자주권을 잃자, 일본의 식민지화는 빠르게 진행되었다. 이 때 유교가 나라를 망하게 하였다는 '유교망국사론'이 제기되었는데, 일단의 학자들은 조선멸망의 원인을 유교에서 찾고자 하였다. 이 과정에서 유교의 허례허식에 관한 내용은 빠지지 않고 등장하였다. 특히 최남선은 『조선상식문답(朝鮮常識問答)』에서 다음과 같이 주장하였다.

> … 儒敎의 名分論이 우리 社會에 階級差를 甚하게한것과 儒敎의 繁文縟禮가 우리의 生活을 煩鎖하게하고 生活意識을 形式化方面으로 이쓰러가서 어느틈 非實際的, 非價値的 生活樣式에 얽어매고, 특히 冠婚喪祭와 가튼 純形禮節이 桎梏枷鎖처럼 우리의 모든 것을 拘束傷害하얏슴과 ….[25]

이처럼 유교적 예에 대한 이해가 번문욕례(繁文縟禮)로 이해되면서, 필연적으로 변화의 요구는 확대되었다. 1907년 5월 19일자 『만세보(萬歲報)』에는 중추원 부찬의 이응직의 유교상례를 변화해야 한다는 주장이 게재되었다. 이응직의 이러한 요구는 상례개선에 대한 최초의 논의였다.

> 婚喪禮節獻議　正三品李膺직氏가現時의行用ᄒᆞᄂᆞᆫ婚喪禮節의煩文을刪削更張ᄒᆞᄌᆞ고中樞院에獻議ᄒᆞᆫ條件이如左ᄒᆞ더라 …
>
> 喪禮
>
> 發인時에大小輿를廢止하고四人喪輿로代用할事, 方相氏와魂車魂馬와火具等ㅁ을一切嚴禁홀事
>
> 只犯昏則只許燈籠炬火一二雙할事 返虞時亦同, 初昏에發인之謬習을一切嚴禁홀事
>
> 方笠은廢止하고以平凉子로代用홀事, 下等人喪行時에歌舞吹打之惡習을一切嚴禁홀事
>
> 祭禮
>
> 成服朝奠及大小朞時에祭品物은不過三色이오高不遇五寸홀事
>
> 外道人의留連討祭等弊習을一切嚴禁홀事[26]

---

24) 이원택, 「개화기 '예치'로부터 '법치'로의 사상적 전환」, 『정치사상연구』14-2, 한국정치사상학회, 2008, 68쪽.

25) 최남선, 『朝鮮常識問答』, 동명사, 1948, 132쪽.

26) 만세보, 〈婚喪禮節獻議〉, 1907년 5월 19일자 기사 참조.

위의 기사와 같이, 이응직의 '혼상예절헌의(婚喪禮節獻議)'는 혼례 10항목, 상례 6항목, 제례 2항목 등 총 18항목으로 작성되었다. 그리고 혼상예절의 번문(煩文)을 현실에 맞게 바꾸기 위하여 중추원에 보고하였는데, 유교의례에 대한 인식변화가 점차 확대되었음을 보여준다. 그 내용을 살펴보면, 상여의 크기와 방상씨, 영여, 혼마(魂馬)의 사용을 금지하고, 방립과 행상(行喪)시 취타가무를 엄금하고, 성복 이후 대소상에 이르는 전과 제의 제물을 세 가지로 하고 높이를 5촌(15cm) 이하로 제한하는 등의 의견을 제출하였다. 이에 『만세보』는 5월 28일과 5월 30일 2회에 걸친 사설을 통해서 이응직의 '혼상례절헌의'에 대해 다음과 같이 의견을 제시하였다.

> 論說, 婚喪祭禮議改良
>
> 李膺직氏의婚喪祭禮改良案件으로中樞院에獻議全文은本紙에揭載ᄒᆞ얏거니와且其旨意ᄅᆞᆯ研究ᄒᆞᆫ則風俗의痼疾되고習慣의淨華ᄒᆞᆫ一種社會上新改良ᄒᆞ기로主意ᄒᆞᆫ宏論을提出ᄒᆞ얏스니吾儕도同情을表ᄒᆞ야大贊成ᄒᆞᄂᆞᆫ바이라. …
>
> …吾儕의一種愚見으로揣摩ᄒᆞ건ᄃᆡ此等改革維新의時代ᄅᆞᆯ際ᄒᆞ야禮式의一範圍을改良ᄒᆞ여야泥古ᄒᆞᆫ風習을可히一變할지니冠禮ᄂᆞᆫ剃髮…代ᄒᆞ고, 婚禮ᄂᆞᆫ執手禮ᄅᆞᆯ行ᄒᆞ고, 喪禮ᄂᆞᆫ火葬을行ᄒᆞ고, 三年喪은短縮하고
>
> 祭禮ᄂᆞᆫ廢止하기로一種民法을頒布ᄒᆞ야國民風俗을嚴正히改良ᄒᆞ자ᄒᆞ야도未爲不可어ᄂᆞᆯ其議案所陳이皆是隔靴과痒ᄒᆞᄂᆞᆫ細說瑣談에不過ᄒᆞᆫ지라. …[27]
>
> 噫라今日形勢로論할진ᄃᆡ民族社會의風俗改良이非但婚喪祭禮에ㅁᄒᆞᆯ지라.
>
> 雖然이나民族風俗의最先改良ᄒᆞᆯ者ᄂᆞᆫ婚喪祭禮인즉不得不婚喪祭禮ᄅᆞᆯ先論ᄒᆞᆯ거이오婚喪祭禮의最先改良ᄒᆞᆯ者는繁文濫式을先論ᄒᆞᆯ지니婚喪祭禮의腐敗한古俗을改良할진ᄃᆡ
>
> 吾儕의汎論에冠禮ᄂᆞᆫ剃髮로代ᄒᆞ고喪禮ᄂᆞᆫ火葬으로用ᄒᆞ자ᄂᆞᆫ等議가適合ᄒᆞᆷ과如ᄒᆞ나五百年古俗을一朝에改ᄒᆞᆯ지면世上에異義ᄅᆞᆯ煽動ᄒᆞ고非難을惹起ᄒᆞ야民心이大不服ᄒᆞ난境遇에至ᄒᆞᆯ거이니此ᄂᆞᆫ吾儕도改良의必要로提論함이不是어니와
>
> 萬事ᄅᆞᆯ做去ᄒᆞᄂᆞᆫ地頭에中道ᄅᆞᆯ用ᄒᆞ니만貴ᄒᆞᆷ이無한則古代遺俗의繁文濫式도不適當ᄒᆞ다謂ᄒᆞ깃고今日習慣에猝然變革ᄒᆞᆷ도不適當ᄒᆞ다謂ᄒᆞ깃슨則何等裁制한新面目을用ᄒᆞᆯ고 然則中樞院副贊議李膺직氏의獻議한一案이其中道 得ᄒᆞ얏다謂할지나… …此一件에對ᄒᆞ야改革ᄒᆞᄂᆞᆫ實地ᄅᆞᆯ見ᄒᆞ면其他億千萬事의可이改良ᄒᆞᆯ者ᄅᆞᆯ次第實施ᄒᆞ깃기로反復說去ᄒᆞ야此獻議의實施與否ᄅᆞᆯ觀望ᄒᆞ노라[28]

이응직이 제기한 헌의에 대해서 『만세보』는 더욱 개혁적인 모습을 보인다. 특히 관례(冠禮)에서는 체발(剃髮)을 장려함으로써 1895년 단발령 이후 변화상을 반영하고 있다. 상례는

---

27) 만세보, 〈論說, 婚喪祭禮議改良〉, 1907년 5월 28일자 기사 참조.

28) 만세보, 〈論說, 婚喪祭禮議改良(續)〉, 1907년 5월 30일자 기사 참조.

삼년상은 단축하고, 장법은 매장에서 화장(火葬)으로 변경하도록 주장하였고, 제례는 폐지하는 것 등으로 민법을 고칠 것을 주문하고 있다. 또한, 이러한 논의는 하루아침에 바뀔 수 없으며 이로 인한 혼란으로 민심이 불복할 것을 염려하면서, 이응직의 헌의가 중도(中道)에 맞는 안을 제시하였다고 하고 제안의 실시 여부를 관망할 것이라는 의견을 제시하였다.

이와 같은 시도들은 식민지 상황을 맞이하며 실천되지 못했다. 그러나 일제강점기 이전부터 유교상례를 변화하고자 하는 자발적인 노력이 진행되었음을 알 수 있다. 특히 화장제도는 1470년 성종 1년 화장의 금지조치 이후, 약 430년 만에 다시 논쟁의 소재가 되었다. 장법의 변화에 대한 새로운 논의가 이루어졌다는 점만 보더라도 매우 급진적이었다고 평가할 수 있다. 그리고 삼년상의 단축과 제례의 폐지 등에 대한 의견은 더욱 확대되는 양상을 보인다. 이처럼 사회변화와 '유교망국사론'은 유교적 가치관이 크게 흔들리던 시대 상황을 반영한 것이라 볼 수 있다. 유교상례는 기존 질서를 유지했던 대표적인 상징이었지만, 유교적 사회질서가 크게 흔들리고 의례간소화가 제기되면서 근대화의 조류를 벗어날 수 없었다. 그리고 최남선 등 지식인들에 의해 주장된 '유교망국사론'은 점차 이러한 요구를 더욱 확대하였다. 의례변화에 대한 요구는 결국 1934년 〈의례준칙〉의 반포와 시행으로 이어졌고 근대의례로 전환되는 계기가 되었다. 다음 장에서는 이러한 변화과정에 대한 논의에 앞서 근대 초기 유교식 상례의 실천양상에 대해 살펴보고자 한다.

### 2) 근대 초기 상례의 양상

근대 초기 서구인들의 조선 방문은 조선 국왕의 요청 또는 종교 활동이나 개인 여행 등 다양한 목적으로 이루어졌다. 이들은 교사, 선교사, 외교관, 의사 등의 직업에 종사했으며, 직업에 따른 방문 목적도 다양했다. 미국, 영국, 캐나다 출신의 선교사들이 가장 많았으며, 이들은 여러 경로를 통해 조선의 실상을 경험하면서 조선의 자연과 풍속에 대해 기록하였다. 이러한 이들의 기록은 조선의 존재와 실상을 외부세계에 알리는 중요한 자료로 활용되었다.[29] 이 기록들은 부족한 근대 초기 국내자료를 보완하며, 당대의 유교식 상례 변화과정을 살피는데 중요한 단서를 제공한다. 이들의 기록 가운데 근대 초기 조선의 유교식 상례에 대한 기사를 종합하면 다음과 같다.

---

29) 한경수, 「개화기 서구인의 조선여행」, 『관광학연구』26-3, 한국관광학회, 2002, 235쪽.

〈표-12〉 근대 초기 외국인 조사자료 목록

| 성명(국적) | 직 업 | 기록(출판) | 방문지역 |
| --- | --- | --- | --- |
| A.H. 새비지(영국) | 탐험가/화가 | 『고요한 아침의 나라 조선』(1895) | 서울주변(북한산) |
| L.B. 비숍(영국) | 왕립지리학회 회원 | 『조선과 그 이웃 나라들』(1897) | 관서지방, 북한강 |
| H.B. 헐버트(미국) | 육영공원 교사 | 『대한제국 멸망사』(1906) | 마니산, 경주, 송도, 금강산 |
| W.E. 그리피스(미국) | 과 학 자 | 『은자의 나라 한국』(1907) | 서울 일원 |
| H.A. 알렌(미국) | 주한미국공사관 서기관, 의사, 선교사 | 『조선 견문기』(1908) | |
| 우스다 잔운 | | 『암흑의 조선』(1908) | |
| 이마무라 토모 | | 『조선 풍속집』(1914) | |

〈표-12〉와 같이, 근대 초기 유교식 상례에 대한 외국인들의 기록은 1895년 A.H. 새비지로 부터 시작되었다. 방문 목적과 지역이 상이하지만 당시 조선에서 진행된 유교식 상례의 일반적인 제도나 형식, 장법 등에 관한 설명들이 주목된다. 이방인의 눈에는 유교식 상례에 대한 조선인의 관념이나 절차와 방법들이 매우 특이하게 보였을 것이다. W.E. 그리피스, A.H. 새비지, 이마무라 토모 등의 기록을 통해서 살펴보자.

> 장의는 혼인과 함께 일가 사례(四禮)의 하나로, 이것을 중시하는 것은 내지(內地-일본)와 다르지 않다.[30]
> 조선에서는 화장의 방법이 있기는 하지만 대개의 경우는 매장을 한다.[31]
> 언덕진 땅은 대부분의 조선 사람들이 사랑스러운 사람의 뼈를 묻기 위한 마지막 안식처로서 선호하는 곳이다.[32]
> 예법에 따라서 언제, 어느 곳에서 울어야 하고, 조문은 어떻게 하는가 등의 상제(喪祭)는 정부에서 발표한 관제상규(官制喪規)에 엄격하게 규정되어 있다.[33]
> … 이 상례에는 유교의 의식에 따라서 초혼, 휘장, 향촉, 공궤 등과 함께 평소의 거상방법, 세수, 빗질, 손톱깎이, 상복 등이 포함되어 있다.[34]

이상의 자료는 조선에서 유교식 상례가 매우 중요한 의례이며, 유교식 절차에 따라 매우 엄격하게 진행되고 있음을 보여준다. 그리고 매장위주의 장법과 초혼, 휘장 등 거상방법과

30) 이마무라 토모/홍양희 역, 『조선풍속집』, 민속원, 2011, 83쪽.
31) W.E. 그리피스/신복룡 역, 『은자의 나라 한국』, 집문당, 2015, 360쪽.
32) A.H. 새비지/신복룡 역, 『고요한 아침의 나라 조선』, 집문당, 2013, 115쪽.
33) W.E. 그리피스, 위의 책, 359쪽.
34) W.E. 그리피스, 위의 책, 360쪽.

상복 등을 이용하였던 당시 유교식 상례의 형식을 알 수 있다.

> 한국에서 장례는 돈이 많이 드는 의식이다. 자신의 아버지와 어머니에게 정말로 훌륭한 장례를 치러 드리기 위해 자식은 때로 스스로에게 일생 동안의 빚을 지우기도 한다.[35)]
> 흔히 이런 경우에는 가정 형편 이상으로 돈을 쓰게 된다. 지위가 높고 돈이 많은 사람의 경우에는 매장의 길일을 택하느라고 장례식이 몇 달씩 늦어지는 경우가 있다. 가족 묘지가 정해지지 않은 경우에는 적당한 묘소를 선택하느라고 바쁘다. 물론 가난한 사람들은 훨씬 간소하게 장례를 지내야 한다. 먼 성묫길에 드는 비용을 절약하기 위해 그들의 묘지는 될 수 있는 대로 서울에서 가까운 곳에 써야한다. 서울 주변에 있는 벌거숭이산에는 가난한 사람들의 무덤이 많이 있어 마치 심하게 얽은 사람의 얼굴과 같다.[36)]
> … 상사가 있으면 엄청난 비용을 쓰고 젊은이들은 혼기까지 놓친다. 심지어는 약혼을 했다가도 상을 당하면 부모나 조부모를 위해 3년간 상복을 입어야 하는데 이는 실제로도 그렇고 사회도 또한 그렇게 기대한다. 이밖에도 상사로 인해 가산이 기울고 마땅한 계절에 결혼하지 못하는 등 어리석고 고집스러운 상례로 인해 인구가 증가하지 않는다.[37)]
> 친척이나 조상이 많은 경우에는 경비가 많이 드는데, 그 비용은 장자와 그 상속자가 맡는다.[38)]

위의 기사는 3년의 상례기간을 설명하고 있다. 기사는 조선인들에게 죽음의례가 중요하다는 것을 보여준다. 그러나 혼기를 놓치거나 엄청난 비용으로 일생의 빚이 되는 경우가 있다거나, 과도한 의례형식은 사회적 요구에 의한 것이고 어리석은 의례의 진행으로 인구가 증가하지 못한다고 의견을 제시하고 있다. 이러한 의견들은 작성자의 생각인지 통역자의 의도를 반영한 것인지 알 수 없지만, 조선을 처음 접한 서구인에게 3년의 긴 기간과 복잡한 절차는 이해하기 어려웠을 수도 있다. 유교식 상례절차에 대한 본격적인 설명을 살펴보자.

> 일반적으로 장례식은 야간에 행해지며, 서울의 양쪽에 있는 두 문의 어느 한쪽을 통해 도성 밖으로 나간다. 조선에서 장례식은 거의 밤에 치러지며, 시신은 늘 도시로부터 외곽으로 운반되어 묻힌다.[39)]
> 서울에서는 매장이 금지되어 있으며 수구문(水口門)과 서소문(西小門) 이외의 성문으로는 상여가 통과할 수 없다.[40)]

---

35) 우스다 잔운, 『암흑의 조선』, 일한서방, 1908, 55쪽. 아울러 이후 본문과 인용문에서 사용되어진 '---'은 연구과정에서 연구자의 의견을 반영하여 표기한 것임을 밝혀둔다.

36) H.A.알렌/신복룡 역, 『조선견문기』, 집문당, 2015, 129~130쪽.

37) W.E. 그리피스, 앞의 책, 364쪽.

38) I.B. 비숍/신복룡 역, 『조선과 그 이웃 나라들』, 집문당, 2017, 284쪽.

39) A.H. 새비지, 앞의 책, 114쪽.

> 장례행렬은 오후 늦게 채비하며 땅거미가 질 무렵에 떠난다. 이렇게 늦게 떠나는 것은 이 시간이 되면 거리가 조용하게 되기 때문이다. 즉 이 시간이 하루 중에 가장 조용한 시간이어서 고인의 넋이 행상인의 고함이나 거리의 소음으로 괴로움을 덜 당한다.[41]
> 장례식은 슬픔보다는 오히려 호사스러움을 느끼게 했다.[42]

위의 인용문은 발인에 대한 설명이다. 예서에서는 발인의 절차를 아침에 진행하도록 하였는데, 이방인의 기록에는 야간에 발인하였다고 적혀 있다. 이러한 차이가 나타나는 이유를 해명하기 위해서 유교식 상례의 진행과정에 대한 서술을 살펴보기로 하겠다.

> 조선의 관습은 가난한 사람의 경우 3일장을 하도록 되어있으며, 중간계층은 9일장, 귀족 또는 고위관료들은 3월장을 치르며 왕족의 경우 9월장을 치르는데 이 경우에는 왕의 기호에 따라 줄일 수도 있고 늘릴 수도 있다.[43]
> 장례는 3일장, 5일장, 9일장이 보통이지만 고인이나 상제의 벼슬이 높은 경우 또는 돈이 많은 경우에는 보통 3월장으로 한다. 이 경우에는 장례를 좀 더 정성스럽게 치를 기회가 생긴다.[44]
> 서민은 3보다 9, 사대부(士太夫)는 유월, 제후는 3월, 황제는 5월로한다. 조선도 이것을 본받은 것으로, 왕가는 종래 3월장을 사용하고 사민(士民)은 빈부에 따라 장단이 있지만, 3에서 9까지 중에서 사용하고, 대체로 5일의 복(服)을 한다.[45]

위 기사에 따르면, 상민 이하 계층의 상례는 3일장에서 9일장으로 진행되었다. 기존의 연구에서 다루지 않았던 평민계층의 상례를 알 수 있는 중요한 단서다. 이를 바탕으로 유교식 상례일정을 도표화 하면 다음과 같다.

〈표-13〉 근대 초기 조선인 상례일정표

<table>
<tr><th>구분</th><th>1일차</th><th>2일차</th><th>3일차</th><th>4일차</th><th>5일차</th><th>6일차</th><th>7일차</th><th>8일차</th><th colspan="2">9일차</th></tr>
<tr><td>의례절차</td><td>초종/습</td><td>소렴</td><td>대렴</td><td>성복</td><td colspan="4">치장 / 조문</td><td>발인</td><td>급묘</td></tr>
</table>

〈표-13〉과 같이, 천민이나 평민은 3일장을, 상민은 9일장을 진행했다. 상민들은 예서의

---

40) H.B. 헐버트/신복룡 역, 『대한제국멸망사』, 집문당, 2015, 518쪽.
41) H.B. 헐버트, 위의 책, 517쪽.
42) I.B. 비숍, 위의 책, 282쪽.
43) I.B. 비숍, 앞의 책, 283쪽.
44) H.B. 헐버트, 앞의 책, 514쪽.
45) 이마무라 토모, 앞의 책, 84~85쪽.

설차대로 5일간 성복하고 임종 후 8일이 되는 저녁에 발인하여 9일에 매장하는 절차를 따랐던 것으로 보인다. 유교상례의 삼년상과 달리 9일 동안 진행된 유교식 상례는 일제강점기와 해방 이후 상례일정 변화에 일정한 영향을 미쳤다. 일제강점기에 발표된 〈의례준칙〉에서 5일장으로 상례기간을 엄격히 통제하는데, 대중적인 저항 없이 이루어질 수 있었던 이유가 여기에 있다. 근대화 이행과 신분제 붕괴로 양반화가 진행되었던 점을 고려하면, 조선 말기에 이미 유교식 상례로 변화하기 시작하였으며, 근대 초기 9일장의 상례가 일반적인 의례절차였음을 알 수 있다.

근대 초기 외국인의 기록에서 유교식 상례의 기사들을 종합하여 살펴보면, 〈표-14〉[46], 〈표-15〉[47]의 결과를 찾을 수 있다. 특히 이들의 기록에 나타난 초종에서 대렴까지 유교식 상례절차는 의례소 ①~⑭의 초종과 입상주와 주부를 제외하고 지속되었음을 알 수 있다.

① '임종이 임박하면 병의 원인으로 인식하였던 악귀를 쫓기 위해 무당을 불러 굿을 한다'는 기사의 내용은 '의례소 1-초종'의 절차와 관련하여 예서의 내용과 정면으로 배치되는 내용이다.[48] '의례소 23, 부작불사'의 내용에서처럼 불교의례의 배제를 논의하고 있는 것이 기본적인 논리이다. 기사에서처럼 임종 전 굿을 진행하였다거나 불교의 유풍이 남아 나무아미타불을 낮은 소리로 세 번 부르는 자도 많다는 내용 등은 민간에서 진행된 유교식 상례절차에 무속적 사고가 지속적으로 계승되고 있다는 점을 보여준다.

② '의례소 2-疾病遷居正寢'과 관련하여 '환자가 임종에 가까워졌음이 분명하면 그를 다시 그가 쓰던 방으로 옮기고 그의 모든 직계가족들이 와서 조용히 그의 주위에 둘러앉는다.'[49]고 하여 유교상례의 절차가 비교적 잘 진행하고 있음을 보여주고 있다.

③ '의례소 3-旣絕乃哭'에 대한 내용이다. 旣絕乃哭의 절차 중 임종을 확인하는 절차인 속굉(屬纊)과 곡에 대한 설명에 해당한다. 호곡의 시기와 관련하여 예서에서는 숨이 끊어지면 곡한다고 하였으나 헐버트의 기사의 내용은 '임종 후 1시간쯤 지나 가족이 모이면 호곡하는 것'으로 기록하고 있다.[50]

④ '의례소 4-복(復)'에 대한 설명에서 유교생사관에 기초하여 복(復)의 절차는 혼백의 분리를 통해 맞이한 죽음을 극복하고 다시 살려내고자 하는 목적에서 복의를 통해 혼을 불러 백을 합치시키려는 노력이다. 그렇기 때문에 복의는 반드시 고인에게 덮어 주어야 한다. 그러나 내용을 살펴보면 H.B. 헐버트의 『대한제국멸망사』를 제외하고, I.B. 비숍의 『조선과 그 이웃 나라들』과[51] 이마무라 토모의 『조선풍속집』과[52] 우스다 잔운의 『암흑의 조선』에

46) 〈표-14〉 근대 초기 상례 중 초종~대렴 절차의 진행 양상 비교는 55쪽을 참조
47) 〈표-15〉 근대 초기 상례 중 성복~반곡 절차의 진행 양상 비교는 56쪽을 참조
48) I.B. 비숍, 앞의 책, 282쪽.
49) H.B. 헐버트, 앞의 책, 509쪽.
50) H.B. 헐버트, 위의 책, 509~510쪽.

서는[53] 모두 복의 절차를 마치고 복의를 지붕에 던져두는 것으로 기술하고 있어 유교식 상례에서 본래의 목적과는 달리 형식만 전승되고 있음을 보여주고 있다.

⑤ '의례소 5-執事者設幃及牀遷尸' 절차에 대한 분석의 경우, H.B. 헐버트의 『대한제국멸망사』와 우스다 잔운의 『암흑의 조선』, 그리고 이마무라 토모의 『조선풍속집』의 내용은 예서와 큰 차이가 없다. 단지 『조선풍속집』의 기사에 설명된 사자상에 대한 기사는 예서에서 언급되지 않은 내용이지만, 유교식 상례 일반적으로는 사자상에 대한 의례가 널리 행해지고 있음을 확인할 수 있다.[54] 아울러 앞서 살펴보았던 '임종시 병의 원인으로 인식하고 있는 악귀를 쫓기 위해 무당을 불러 굿을 한다.'는 기사의 내용과 함께 유교식 상례에 포함된 무속적 사고가 계승되고 있음을 보여준다.

⑥ 다음은 첫 번째로 죽음을 맞이한 시신을 다루는 절차인 '의례소 6-수시(楔齒綴足)'에 대한 기사분석이다. I.B. 비숍의 『조선과 그 이웃 나라들』과 이마무라 토모의 『조선풍속집』의 기사에서 확인할 수 있다.

⑦ 당시 일반적으로 진행되었던 유교식 상례과정에서 예서와 다른 특이한 점으로는 칠성판과 관을 소각(燒却)하고 북침하였다는 기사이다. 이는 유교상례의 변화과정을 보여주고 있어 주목된다. 칠성판의 의례적 목적은 『주자가례』의 치장조에 '불에 익힌 조와 쌀가루를 그 바닥에 깔아 두께가 4치쯤 되게 하고 칠성판을 놓는다.'고 하여 관 속에 사용하는 용구이다. 그러나 유교식 상례에서는 3일 동안 놓아둔다고 한 기사의 내용을 볼 때 습에서 습상, 소렴에서의 소렴상과 대렴에서의 대렴상등 절차마다 사용되었던 상(牀)이 칠성판으로 대체되었음을 보여준다. 그리고 관의 사용에 있어서도 예서는 관을 함께 묻어 장사지내는 것으로 기술하고 있으나, 기사에서는 관을 태우는 것으로 기술하고 있어 차이를 보인다.

또한, 고인을 칠성판에 북침하여 모신다고 하였는데, 예서에서 머리의 방향이 북침하는 것은 천구시 사당에서 조상을 뵙는다는 의미로 북침하고 매장지에서 북침하도록 하고 있다. 이외의 모든 절차에서 머리 방향은 살아계신 것으로 간주하여 동침 또는 남침하는 것이 원칙다. 이마무라 토모의 『조선풍속집』에서만 북침으로 기록되어 있어 유교식 상례에서 의례적 변화가 있음을 보여준다. 다만 기사가 1914년인 점과 일본인에 의한 기록이라는 점에서 일본의 장례풍습이 반영된 것을 의심해 볼 수 있다.

⑧ 다음은 H.B. 헐버트의 『대한제국멸망사』에서만 기록하고 있으나, 임종일 상례절차 중 가장 중요한 절차라고 할 수 있는 직책선정과 관련된 기사이다. 고인의 가까운 친척 중에 한 사람을 뽑아 호상을 삼고 충복 중의 하나를 뽑아 모든 장례비의 관리를 맡긴다[55]고 하고 있다. 이는 '의례소 9, 10-호상, 사서, 사화'의 절차에 대한 설명이다. 특이한 점은 가장 중요한 '의례소 7, 8-입상주, 주부'에 대한 내용이 언급되어 있지 않다는 점이다.

---

51) I.B. 비숍, 위의 책, 283쪽.
52) 우스다 잔운, 앞의 책, 51쪽.
53) 이마무라 토모, 앞의 책, 83쪽.
54) 이마무라 토모, 앞의 책, 83~84쪽.
55) H.B. 헐버트, 앞의 책, 511쪽.

## 〈표-14〉 근대 초기 상례 중 초종~대렴 절차의 진행 양상 비교

| 구분 | 전통의례 儀禮素 | 『고요한 아침의 나라 조선』 (A.H새비지, 1895년) | 『조선과 그 이웃나라들』 (I.B비숍, 1897년) | 『대한제국 멸망사』 (H.B헐버트, 1906년) | 『은자의 나라한국』 (W.E그리피스, 1907년) | 『조선견문기』 (H.A알레, 1908년) | 『암흑의 조선』 (우스다잔운, 1908년) | 『조선 풍습집』 (이마무라토모, 1914년) |
|---|---|---|---|---|---|---|---|---|
| 1 | 初終 |  | 병을 앓을 때, 무당이 와서 굿으로 악귀를 쫓음. 죽음이 임박할 경우, 가장 가까운 친척만 제외하고는 모든 여성조문객들은 방에서 물러남. 여자의 경우 남편, 아버지, 오빠를 제외한 모든 남자들은 물러남. |  |  |  |  | 임종에 들면, 처자 돌보는 가족은 머리맡에 모여 앉아 내외를 안정시키고, 숨이 끊어지는(氣息絶) 것을 기다려 조용히 눈꺼풀(眼瞼), 입술(口唇), 수족 등을 어루만진다. |
| 2 | 疾病 遷居正寢 |  |  | 절망적인 병이 들면 쓰던 방에서 별실로 옮김. 임종에가까워졌으면쓰던방으로옮기고,모든직계가족들이조용히그의주위에둘러앉음 |  |  |  |  |
| 3 | 旣絶 乃哭 |  |  | 숨을 입에 대어 숨결에 의해 사망시간을 기록. 죽음이 발표되면 홑이불로 시신을 덮고 고인의 넋을 번거롭게 하지 않기위해 호곡하지 않음 한시간쯤 지나 가족들이 모이면 곡이 시작. |  |  |  |  |
| 4 | 復 |  | 시신의 웃옷을 벗겨 그것을 허공에 흔들면서 상전의 이름을 부름. 친척들과 친구들은 한동안 크게 통곡. 잠시후 고인의 옷들은 지붕위로 던져짐. | 친한 이웃사람이 고인의 속저고리를 들고 지붕위로 올라가 시신이 누워있는 바로 위에 서서 왼손에는 깃을 바른손에는 아랫부분을 잡고 북쪽을 향해 세 번 흔듦. 이 의식이 끝나면 옷을 들고 내려와 고인의 시신 위에 덮음. |  |  | 가장 지극한 사이였던 사람이 고인의 옷 조각을 가지고 그것을 그 집의 지붕위로 던지거나 그것을 들고 지붕위로 올라감. 지붕위로 올라가는 경우에 그는 그 옷을 세 번에 걸쳐 흔들면서 그의 이름을 부름. | 친척 중 한사람이 사자(死者)가 생전에 착용하던 의류를 흔들고, 북쪽을 향해 사자의 주소 본 성명을 3번 부르고 옥상에 던진다. |
| 5 | 執事者設幃及牀遷尸 |  |  | 시신의 주위에는 휘장을 두름 |  |  | 통곡이 시작되는 것도 이즈음에 한때이며 긴 울음소리만 남는다. | 이어 저택 내의 공지에 사자상을 차리고 시신 앞에 정렬한 근친일동은 목소리를 높여 운다. |
| 6 | 楔齒綴足 |  | 시신이아직경직되지않았을때,특히관절부분을깨끗이세척하며,관에3일동안놓아두고그판위에일곱개의별을그림.관은 무덤 앞에서 소각. |  |  |  |  | 麻絲로 수족 拇指를 반듯이 해서 묶고 시체를 마포로 싸고,칠성판이라 칭하는 목판위에 두고 사체를 北枕으로 눕힘. 안면에 백지를 덮고 머리 맡에 화폐를 두고, 병풍을 두르고, 방문을 닫고 시체가 있는 온돌의 불을 끄고 문안과 尸室에 짚을撤布 |
| 7 | 立喪主 |  |  |  |  |  |  |  |
| 9 | 護喪 |  |  | 준비절차가 모두 끝나면 친척중에 한사람을 뽑아 호상, 축복을 뽑아 장례비의 관리를 맡김. |  |  |  |  |
| 11 | 乃易服不食 |  |  | 고인의 죽음이 상주들의 죄 때문이라고 생각, 삼베나 무명옷을 입고 머리를 풀어 헤치며 익은 쌀을 먹지않지만 묽은 죽으로 대신. |  |  |  |  |
| 12 | 奠 |  |  |  |  |  |  | 사자의 머리맡에는 향, 주, 포를 올리고 염습 전 長子는 매일 3, 4번 들어가서 곡. |
| 13 | 治棺 |  |  |  | 시신은 두터운 목관에 넣고, 송진으로 공기가 밀폐되어 있고 관속에 다시 관을 넣어 이중으로 입관하는 경우도 있음. |  | 관은 매우 두꺼운 목판으로 만들어 진 것으로 직사각형의 상자모양이었다. | 관은 대개 소나무이지만, 오동나무, 느티나무의 좋은 재료를 골라서 만들어 두는 일도 있다. 모양은 方形으로 해서 나무못으로 하고 내외 옻칠을 하여 시체의 보존을 확실하게 함. |
| 14 | 訃告於親戚僚友 |  |  | 호상이 고인의 가족들과 친한 사람에게 부고, 부고는 50장에서부터 500장까지 다양, 부고를 받으면 상주를 찾아보고 조위를 드림. |  |  |  | 부(訃)를 받은 자는 사자의 집에 달려가 위곡(慰哭)하거나, 혹은 위장(慰狀)을 발송 |
| 15 | 襲 |  | 상을 당한 기간 동안 좋은 재질의 수의를 준비 | 다른 사람들은 시신에 입힐 수의를 만듦. 수의에 필요한 부분품과 관에 사용 물건들은 새 것. 특별히 마련된 침상위에 시신을 올려놓고 그 앞에는 넋이 먹고 갈 음식을 푸짐하게 차림. 시신을 지키고 있는 사람들은 뜨뜻한 물을 떠다가 깨끗한 종이로 시신을 씻기며, 고인의 이와 손톱과 발톱을 주머니에 넣어 시신 옆에 둠. |  |  | 시신을 관에 눕히기 전 가장 좋은 의복을 입힘. 한국의 수의는 거친 삼베로 만든 옷. | 다음 습의를 입힘. 地衾(내포외주(內布外紬), 시신아래 깐다) 天衾(상동, 시신 위에 덮는다) 등을 사용하여 입관하고, 관의 공극에는 백지, 주단 볏짚(紬緞藁) 등을 진충. |
| 27 | 置靈座設魂帛 |  | 탁자를 문밖에 놓고 그위에 밥 세 그릇과 호박을 차려놓고 그 옆에 짚신 세 켤레를 놓음. | 혼백궤를 만듦. 혼백궤을 고인의 머리맡에 놓으며 그 밑에는 고인이 입던 옷을 깔아놓음. 시신에 수의를 입히고 특별히 마련된 침상위에 눕힌다. 주위에 휘장을 두르고, 그 위에는 고인의 이름과 직위를 적은 표지를 붙임. |  |  | 죽은 사람의 이름이 새겨 있는 작은 상자가 묘소까지 운반. 상자는 묘소에서 집으로 공손히 가져오고 애도의식은 다음 3년동안 상자 앞에서 주기적으로 행해짐. 일정기간 상자 앞에는 매일 음식을 차림 |  |
| 31 | 小斂 |  | 관은 장방형으로 매장이 늦어지면 관에 여러 번 옻칠을 하여 밀폐. | 3일째가 되는 날 아침에 염습을 하는 사람은 널을 가지고 오는데 나무로 쐐기를 침. 손톱, 발톱, 이빨을 넣는다. 널 안의 나머지 공간은 고인의 헌 옷으로 채워서 시신이 움직이지 않도록 한 다음 뚜껑을 씌워 나무로 쐐기를 침. |  |  |  | 관속에는 사자가 애용 애독하던 의복 기구, 서적을 넣고, 혹은 옥외에 가매초빈(假埋草殯)하는 일도 있고, 가난한 자는 곧바로 장사(葬)하고 빈(殯)하지 않음 |
| 44 | 大斂 |  |  |  |  |  |  |  |
| 28 | 立銘旌 |  |  |  |  |  |  | 염습하여 입관하면, 표면에 官姓名之柩라고 쓰거나, 헝겊조각에 써서 붙이고 殯床에 안치. |

## 〈표-15〉 근대 초기 상례 중 성복 ~ 반곡 절차의 진행양상 비교

| 구분 | 전통의례 儀禮素 | 『고요한아침의나라조선』 (A.H새비지,1895년) | 『조선과그이웃나라들』 (I.B비숍,1897년) | 『대한제국멸망사』 (H.B헐버트,1906년) | 『은자의나라한국』 (W.E그리피스,1907년) | 『조선견문기』 (H.A알레,1908년) | 『암흑의조선』 (우스다잔운,1908년) | 『조선풍습집』 (이마무라토모,1914년) |
|---|---|---|---|---|---|---|---|---|
| 55 | 成服 |  | 장례식 전까지 초상집에서는 매일 세끼니 때마다 곡을 함. | 죽은지 나흘째가 되는 날에 상복을 입음. | 상례 시작전 상제는 특별한 상복을 입음. 삼주는 상복을 입고 해가 뜰무렵의 아침과 매 식사전에 빈소에 들어가 곡이 끝나면 상제들은 빈소에서 나와 상복을 벗고 음식을 먹음. 초하루와 보름이면 모든 친척들이 초대되어 예식에 참여. 이러한 예는 장례를 치른 후에도 다소간 계속. 몇 년 동안에 간격을 두고 진행. |  |  | 喪이 있는 근친은 상복으로 갈아 입고, 시신 앞에 祭床을 설치하고 靈筵을 만듬. 신위를 상자에 넣고 향로시대를 세우고 적색의 명정을 만들어 세우고, 輓章을 늘어놓고 성복제를 행하고 執事가 축문을 낭독하고 慰哭 참배. |
|  | 治葬 |  |  |  |  |  | 중요한 문제는 시신이 묻힐 장소를 고르는 것. 이를 목적으로 전문가를 고용. | 묘지의 선정은 지사(地師)에 의뢰하고, 발인전날 친척은 축문을 낭독하고 開土祭를 행 함. |
| 91 | 發引 | 두 사람이 행렬 선두에 서는데, 각 각 커다랗고 노란 우산을 들고 간다.<br>천개(天蓋) 밑에 관이 있는데 .망자의 사회적 신분에 따라 둘, 넷 혹은 그 이상의 사람들이 그것을 운반함.<br>'죽음의 문'에 이르면 이 행렬은 해산된다. 명구를 좇아 온 친구들은 불을 끄고 노래와 기도를 멈춤. | 앞서서 걸어가는 두 사람은 누구누구의 아내라고 비단에 적은 작은기를 듬.<br>화사한 천으로 둘러 싼 관 아래의 시신은 12명의 장정들이 멘 상여위에 안치<br>상여의 윗부분에는 불사조를 닮은 신비한 두 마리의 새가 있음. 12명의 장정이 앞에서 본 것과 같은 방식으로 운구하는데 상여의 위에는 쭉 뻗은 팔을 가진 용이 있었고 꿩과 비슷한 4마리 새가 서로 교차 되어 있음. 모든 사람들은 넓은 모자를 써서 얼굴을 가리고 삼베 옷을 입음. | 장례의 앞 줄에는 두 사람이 나란히 걸으며 그 뒤는 나뭇단 횃불을 든 사람들이 천천히 따름. 뒤에는 초롱을 든 두 줄 사이로 장례행렬이 지남. 장례행렬의 맨 앞에는 護喪 말위에 높이 앉아 지나가며 그 뒤에는 古人의 이름과 벼슬을 적은 銘旌이 따름. 긴 초롱의 행렬이 거리를 가로질러 따르고, 뒤에 혼백궤와 신주를 넣은 일종의 궤가 따름. 양편에는 머리를 풀어 헤친 고인 婢僕이 따름. 그 다음에 또 다른 초롱의 행렬이 지나가고 그 뒤에 무거운 듯이 여러사람의 어깨위에 천천히 흔들거리며 상여가 따름. 상여의 양 옆에는 고인의 위업을 적은 깃발. 상여의 바로 뒤에는 고인의 맏아들인 맏상주가 거친 삼베로 둘러 싸인 가마를 타고 따름. 양 옆에는 부리던侍婢들과 뒤에는 유족들이 따르는고, 다음에는 먼 친척들과 친구들이 따름 | 아들들은 걸어서 상여를 따르며 고인의 작위나 벼슬이 적힌 빨간 깃발이 장례의 맨 앞에 감. 귀신을 쫓아보내기 위해 흉악한 가면을 쓴 방상시를 앞세운다. 벼슬을 하지 않았을 경우에는 고인의 이름만 깃발 위에 씀. | 장례행렬은 상여와 흰 천으로 씌운 가마에 탄 백의의 유족들. 곡을하기 위해 고용된 사람들. 말을 타든가 걸어가는 남녀들. 먼 성묫길에 드는 비용을 절약하기 위해 묘지는 될 수 있는 대로 서울에서 가까운 곳. | 매우 부유한 사람이 묻힐 경우에는 장례행렬에서 두 개의 관이 운반. 첫 번째 관은 악귀가 그 관에 시신이 있는 줄로 속아서 두 번째 관에는 관심을 두지 않게 하려는 소망을 담고 있음. 한국 사람은 아버지가 돌아가신 후 3년 동안 상주임을 의미하는 커다란 삿갓을 쓴다. 어머니가 돌아가시면 2년 동안 쓴다. | 발인날은 일정하지 않지만, 통상 기수일을 골라서 습렴후 4일로 한다. 이날 遷柩就轝하고 사당에서 고사(告謝)하고 遣奠祭를 행 함.<br>순서는 (1)방상(方相)2명, (2)곡비(哭婢)2명, (3)시자(侍者), (4)명정(銘旌), (5)영여(靈輿), (6)혼교(魂轎), (7)만장(輓章), (8)공포(功布), (9)운삽(雲翣)대여(大轝)불삽(黻翣), (10)주상(主喪)이하근친도보, (11)존장(尊長), (12)무복친(無服親), (13)우인지인 |
| 98 | 未至,執事者先設靈幄 | 가장 가까운 친족 중에 두 세 사람만이 관을 계속해서 따라 감. |  | 상여가 장지에 도착하면 임시로 만든 천막아래 안치한 다음 주막에서 밤을 새우며 술을 마심. |  |  | 조문객은 또한 무덤가에 가서 소리 내어 곡 함 | 장렬이 묘지에 도착하면, 主喪이하 친척은 致奠하고 축문을 낭독, 壙바닥에 판자 1장을 넣고 관을 내리고, 그 위에 橫隊라 칭하는 6장의 판자를 나란히 하고, 마지막에 사자의 두부위에 해당하는 곳에 까는 1장은 주상이 예배하고 이것을 둠. 정중한 것은 誌石을 별도로 만들고 이것을 묻음 |
| 107 | 乃窆 | 적당한 지점에 이르면 이들은 시신을 묻기 시작. |  | 아침 일찍 명정으로 관을 덮고 약간의 음식을 바침. 모든 사람이 절하고 곡한 다음 두 개의 가로지른 막대로 관을 묘지로 운반. 관이 정확한 方位대로 安葬되는가를 확인하려고 석회 사용.<br>검은 비단으로 관을 덮고 그 위게 다시 얇은 널빤지를 깔고, 석회로 사광의 틈을 메우고 관 위로도 2인치 두께로 석화를 덮음. 그런 다음 흙과 석회의 혼합물로 채움. |  |  |  |  |
| 118 | 成墳 | 관이 묻히면 조그마한 흙 두덩이를 그 위에 쌓음. | 매장을 하고 봉분을 만든 후에 제주(祭酒)를 붓고 제사를 지낸 후 함께 음식을 먹음. | 양지바른 남향의 언덕을 파헤쳐 공지를 만듬. 초승달 모양의 둑을 만들어 동, 서, 북을 만듬. 이 초승달의 품안에 구덩이를 파며, 흙으로 그곳을 덮거 封墳을 만들며 반원구와 흡사. |  |  |  |  |
| 119 | 返哭 | 음력 초하루, 즉 설날에도 흔혀 무덤에서 의례가 치러 짐.<br>조선 사람들은 묘지에 대해 최고의 경의 표함. | 위패는 똑같은 절차를 밟아 집으로 돌아와 빈방에 의자와 탁자위에 모시고 그 앞에는 제물이 제공되어 고인의 영혼이 흡족하다고 믿음.<br>친구들이 부조금을 내는 것도 관습. 위패를 사당으로 모시고 居喪기간이 끝나면 한 달에 한 번씩 사당에 음식을 차림. 고인의 기일에 후손들이 모이는데 5대 선조까지 거슬러 올라가 진행. 선친의 기일은 3년동안 성대하게 지켜 짐. 돌아가 신 날의 하루 전 날에 위패앞에서 제사를 지내고 다음 날 자손들은 고인의 무덤을 찾아가 고인의 영혼/산신께 제사 |  |  |  | 3년 미지나면 1년에 한 번만 묘소를 찾아 감. | 주상이하 친척은 영여혼교를 봉하여 귀택하여 그 다음날 初虞祭를 행하고, 제3일 三虞祭를 행하고, 그 후 매월 1일 15일에 朔望祭를 행함. |

이런 내용을 살펴볼 때 상주에 대한 논의는 당연히 장자가 그 역할을 수행하는 것이기 때문에 필요가 없었기 때문인지, 아니면 유교상례에 대한 이해가 부족하여 관찰자가 특이하게 생각한 호상과 호상소에 대한 언급만 진행된 것인지는 추가적인 연구가 필요한 부분이다.

⑨ 다음은 '의례소 11-역복불식(乃易服不食)'에 대한 기사는 이마무라 토모의 『조선풍속집』에서만 보인다.[56] 유교상례에 대한 이해가 가능한 한자문화권으로 인해 역복불식의 세부적인 절차에 대한 기술이 가능하였던 것이라고 할 수 있다. 아울러 불식의 절차에 대해 『주자가례』는 '모든 자식들은 3일 동안 먹지 않는다. 기년과 9월의 상복을 입는 사람은 세 끼를 먹지 않는다. 5월과 3월의 상복을 입는 사람은 두 끼를 먹지 않는다. 친척이나 이웃 마을 사람들이 죽을 쑤어 먹이는데, 어른이 강권하면 조금 먹어도 괜찮다.'고 하여 불식의 대상과 기간에 대해 세부적으로 설명하고 있으나, 불식(不食)의 절차가 묽은 죽을 먹는 것으로 기록되어 유교식 상례에서 변화되었음을 보여주고 있다.

⑩ 다음은 '의례소 12-설전(設奠)'으로 시사전(始死奠)에 대한 기사이다. 이마무라 토모의 『조선풍속집』에 기록된 시사전에 대한 기사 내용은 비교적 그 절차가 잘 진행되고 있음을 설명하고 있다.[57] 그러나 이마무라 토모의 『조선풍속집』에서만 언급된 고양이에 대한 기사는 예서에서 언급된 부분이 없이 처음 나타나고 있으며, 특히 유교식 상례에서 나타나는 고양이에 대한 금기는 고양이 금기가 강조된 일본의 장례풍습을 고려할 때 변화양상에 대한 추가적인 연구가 필요한 부분이라고 할 수 있다.

⑪ 다음은 에서 '의례소 13-치관(治棺)'에 대한 설명으로 관의 형태와 크기에 대해 우스다 잔운의 『암흑의 조선』과 W.E. 그리피스의 『은자의 나라 한국』, 이마무라 토모의 『조선풍속집』에서는 대부분은 매우 두꺼운 장방형 목관을 사용하고 있음을 설명하고 있다.[58] 관재에 대해서는 소나무, 오동나무, 느티나무 등이 사용되고 있다고 기록하고 있다.[59] 예서에서 관재로 유삼(油杉)을 상등이라고 하여 예서의 기준과는 다른 견해를 보이고 있다.

⑫ 다음은 '의례소 14-부고어친척료우(訃告於親戚僚友)'에 대한 논의이다. 부고에 대한 내용 중 부고를 알리는 규모에 대하여 50~500건으로 다양하다고 한 것을 고려할 때 신분이 낮은 사람은 50여건을 신분이 높은 경우에는 500 여건을 발송함으로써 조문객의 규모역시 50~500여 명에 이른다는 의미로 해석된다. 유교식 상례과정에 신분별 참석인원에 대한 전체적인 규모를 가름 할 수 있는 자료이다.[60]

이상의 내용은 1일차 초종에 해당한다. 초종의 유교식 상례절차는 잘 지켜지고 있으며 임종 전 굿이나 사자상 차림 등 일부에서 무속의 형식이 계승되고 있음을 확인할 수 있다. 또한 유교상례의 중요한 절차 중 하나인 입상주와 주부 등을 확인할 수 없고, 유교식 상례에

56) H.B. 헐버트, 앞의 책, 511쪽.
57) 이마무라 토모, 앞의 책, 85쪽.
58) 우스다 잔운, 앞의 책, 52쪽.
59) 이마무라 토모, 앞의 책, 85쪽.
60) H.B. 헐버트, 앞의 책, 511쪽.

서 역복불식에 변화가 있음을 확인할 수 있다. 다음은 습에 대한 기사로 '의례소 15- 습(襲)'과 관련된 내용이다.

⑬ 습에 대한 기사는 '의례소 15-습(襲)'에 대한 논의이다. 우스다 잔운의 『암흑의 조선』, I.B. 비숍의 『조선과 그 이웃 나라들』, H.B. 헐버트의 『대한제국멸망사』, 이마무라 토모의 『조선 풍속집』 등에서 내용을 설명하고 있다. 기사내용을 볼 때 예서에서 언급한 습의 절차가 목욕→습→반함의 절차로 진행되었던 것에 비해 유교식 상례에서 많은 변화가 있었음을 알 수 있다. 현재 일부의 논의와는 달리 습의(襲衣) 즉 수의(壽衣)의 재질과 관련하여 명주수의가 사용되고 있음을 알 수 있다. 이에 비해 우스다 잔운 『암흑의 조선』의 기사에서는 삼베수의가 사용되고 있음을 설명하고 있어 이 시기에 명주 수의와 삼베수의가 혼용되어 사용되었음을 보여준다.[61] 이마무라 토모의 『조선 풍속집』에서 '관의 공극에는 백지, 주단 볏집 등을 진충한다'고 하였는데, 예서를 기준으로 볼 때의 소렴에 19벌, 대렴에 30~100여벌의 옷을 더해 충진 하였던 것에서 백지와 볏짚으로 빈 공간을 충진 하는 것으로 변화되고 있음을 알 수 있다.[62] 이후 보공(補空)이 장례용품으로 사용되는 계기가 근대 초기의 상례변화와 관련되어 있음을 보여준다.

⑭ 다음은 '의례소 27-치영좌설혼백(置靈座設魂帛)'의 절차에 대한 논의이다. '치영좌설혼백(置靈座設魂帛)'에 대해서는 다양한 논의가 진행되고 있는데, 특히 주목할 점은 첫 번째 기사인 I.B. 비숍, 『조선과 그 이웃 나라들』의 내용에서 사자상의 절차가 순서를 바꾸어 등장하고 있다는 점이다.[63] 이러한 변화는 일제강점기 〈의례준칙〉에서도 나타나고 있는 내용으로 비록 사자상의 절차가 무속의 형식에 기인한 절차이기는 하지만 초종에서 진행되었던 것이 습 이후로 변화된 것은 예서에서 3일간 진행되었던 습→소렴→대렴의 절차가 유교식 상례를 통해 습 절차를 통해 준비가 완료된 상황에서 저승으로 이동하는 것으로 이해되면서 변화된 것으로 보인다. 아울러 H.B. 헐버트의 『대한제국멸망사』 기사에서 이야기하는 心자와 같이 묶는다는 것은 동심결(同心結)의 매듭방법을 잘못 해석한 것이다.[64]

⑮ 다음은 '의례소 31-소렴(小斂)'와 '의례소 44 - 대렴(大斂)'절차에 대한 논의이다. 앞서 습의 절차에서 살펴본 바와 같이 예서에서 습→소렴→대렴으로 3일간 진행되었던 상례절차가 유교식 상례에서 통합되어 진행되고 있는 양상을 보이고 있다. 외국인들의 기록에서는 소렴과 대렴을 구분하여 기술하지 않고 있으며, 습 이후에 관을 준비하고 입관절차를 진행하는 것으로 기술하고 있다. I.B. 비숍의 『조선과 그 이웃 나라들』에서 장방형의 관을 사용한다고 하였고, H.B. 헐버트의 『대한제국멸망사』와 이마무라 토모의 『조선풍속집』에서는 앞서 논의한 바와 같이 습→소렴→대렴의 절차가 습염으로 통합되고, 대렴 세부절차 중 관에 모시는 절차만을 입관절차로 이해하고 있음을 알 수 있다. 작성자가 이마무라 토모인 점을 고려할 때 일본 장

61) 우스다 잔운, 앞의 책, 53쪽.
62) 이마무라 토모, 앞의 책, 85쪽.
63) I.B. 비숍, 앞의 책, 283쪽.
64) H.B. 헐버트, 앞의 책, 513쪽.

례풍습의 영향을 받아 기록한 것이라고 할 수 있나.[65] 그러나 이마무라 도모의 기사내용이 사실이었다면 〈의례준칙〉에서의 습급렴의 절차가 새롭게 만들어진 절차가 아니라 실행되고 있었던 절차를 제도화한 것으로 이해될 수 있어 중요한 자료라고 할 수 있다.

⑯ 다음의 절차는 '의례소 28-입명징(立銘旌)'과 관련하여 깃발의 형태로 제작되었던 명정이 천개 또는 천판이라고 하는 관의 덮개에 안료를 써서 명정을 작성하는 차이를 보이며, 제작시기와 관련하여 염습하고 입관하면 작성한다는 설명은 예서에서는 습 단계에서 진행되었던 것과 차이를 보인다.[66] 이는 앞서 언급한 것과 같이 3일간 진행되었던 습→소렴→대렴의 절차가 통합되면서 나타난 현상이라고 할 수 있다.

유교상례는 '초종→질병천거정침→기절내곡→복→천시→수시→호상→역복불식→전→치관→부고→습→치영좌설혼백→소렴/대렴→입명정'순서로 진행하도록 하였다. 이를 외국인의 기사와 비교하면 절차의 상당부분이 생략되어 진행되었음을 알 수 있다.

다음은 성복~반곡에 이르는 절차의 비교분석이다. 〈표-10〉[67]의 도표는 외국인 기록에 나타난 성복에서 반곡까지 유교식 상례에 대한 분석이다. 『주자가례』의 4일부터 3개월까지 진행되었던 상례단계에 해당하는 절차다. 주요 내용은 유교식 상례의 진행을 위한 상복의 착용, 매장지와 부장품 등의 준비, 발인하여 매장하고 되돌아오는 것이다. 이 가운데 발인만 모든 자료에서 나타나고 있는데, 방상씨, 영여와 상여, 만장과 복인들이 줄지어 이동하는 상여의 행렬이 외국인들에게 매우 인상적이었던 것으로 보인다.

① 다음은 '의례소 55-성복(成服)'에 대한 논의이다. I.B. 비숍의 『조선과 그 이웃 나라들』과 H.B. 헐버트의 『대한제국멸망사』, W.E. 그리피스의 『은자의 나라 한국』, 이마무라 토모의 『조선풍속집』에서는 조선의 유교식 상례에서 상복이 가지는 중요성과 특이성에 대해 기술하고 있다. '나흘째가 되는 날에 상복을 입는다. 상복은 완전히 갖추어 입는 사람은 고인의 아내, 아들, 딸, 며느리이다.[68] 상례에 들어가기 전에 상제는 특별한 상복을 입어야 한다.[69] 상주는 이와 같은 상복을 입고 해가 뜰 무렵의 아침과 매 식사 전에 빈소에 들어간다.'[70]는 기사를 살펴볼 때 앞서 초종에서 상주와 주부 등에 대한 언급이 없었던 데에 반하여 많은 내용을 기술하고 있다. 유교식 상례에 들어가기 전 특별한 의복을 입어야한다고 기술한 것처럼 외국인들에게 상복의 복식은 매우 이상한 모양이었으며 이

---

65) 이마무라 토모, 앞의 책, 85쪽.

66) 이마무라 토모, 위의 책, 85쪽.

67) 〈표-10〉 근대 초기 상례 중 성복~반곡 절차의 진행양상 비교 비교는 42쪽을 참조

68) H.B. 헐버트, 앞의 책, 514쪽.

69) W.E. 그리피스, 앞의 책, 360쪽.

70) W.E. 그리피스, 위의 책, 359쪽.

러한 복장을 갖추는 것이 비로소 유교식 상례의 시작 또는 상주로서의 직책이 부여된 것으로 이해되었던 것으로 보인다.

② 다음은 장례 즉 매장의례를 준비하는 절차인 '치장(治葬)'과 관련된 내용으로 상례에서 가장 중요한 특징 중에 하나라고 할 수 있는 풍수지리에 대한 기사를 다루고 있다. 유교상례의 시각에서 풍수지리는 비의례적 요소라고 할 수 있다. 그러나 유교식 상례의 경우 오랜 기간 토착화한 관념에서 풍수지리는 의례적으로 매우 중요한 요소로 간주되었다. 위의 기사에서처럼 매장지를 선택하는 것은 매우 중요한 문제였으며 이를 전문적으로 수행하였던 '지사(地師)'의 의견에 따라 매장되었고,[71] 그 결과에 의거 살아있는 사람들에게 행복과 불행을 가져다 줄 원천으로 이해됨으로써 풍수관련 문화가 지속되고 있음을 보여주고 있다.[72]

③ 다음은 '의례소 91-발인(發靷)'의 절차이다. 대부분의 책자에서 가장 많은 분량을 할애하여 기록한 것으로 볼 때 중요한 상례절차로 인식하였던 것으로 보인다. 이 중 특이한 사례는 우스다 잔운이 『암흑의 조선』에서 설명하고 있는 2개의 장례행렬과 관련된 내용이다. 이러한 사례는 앞서 논의하였던 이응직의 『만세보(萬歲報)』 기사에서 "發인時에大小輿를廢止하고四人喪輿로代用할事"라고 한 것이 악귀를 혼란스럽게 할 목적으로 2개의 상여를 사용하였다는 기록과 연관성을 보이고 있어서 조선후기 유교식 상례의 변화과정에서 무속적 행위가 지속적으로 진행되면서 유교상례에 많은 변화가 진행되고 있음을 보여주는 자료이다.[73] 이러한 과정에 발인이전에 진행되었던 견전의 절차인 '의례소 80-내설견전(乃設遣奠)에서 90번'까지의 절차는 『조선풍속집』에서 간략하게 견전제가 진행되었다고만 설명되고 있다.[74]

④ 다음은 급묘하여 매장지를 조성하는 절차에 대한 논의이다. A.H. 새비지의 『고요한 아침의 나라 조선』의 기록에서 '가장 가까운 친족 중에 두 세 사람만이 고용된 운반인들이 나르는 관을 계속해서 따라간다.'고 하였는데 이는 장지까지 많은 사람들이 이동하여 산역을 도왔다는 일반적인 논의와 상충되는 부분이다.[75] '의례소 98-미지, 집사자선설영악(未至, 執事者先設靈幄)'의 내용에 대한 설명이다. 앞서 초종에서 장지로 출발하는 시각이 저녁 어두운 때라고 하였는데, 이어서 매장지에 도착한 후 준비를 마치고 주막에서 밤새 술을 마신다고 기술한 것은 앞선 초종에서의 논의와 연결되어 조선후기 발인의례에 대한 연구가 필요한 부분이다. 이마무라 토모의 『조선풍속집』에서는 비교적 하관의 절차를 상세히 기술하고 있고 지석의 제작과 매안에 대한 설명도 보인다.[76]

⑤ 다음은 하관과 관련된 '의례소 107-내폄(乃窆)'의 절차이다. 기록을 살펴보면, 하층민의 묘지 조성과 관련된 내용[77]과 양반가에서 진행하였던 급묘에 대한 내용으로 '고인에게 전을 올린

---

71) 이마무라 토모, 앞의 책, 86쪽.
72) 우스다 잔운, 앞의 책, 54쪽.
73) 우스다 잔운, 앞의 책, 55쪽.
74) 이마무라 토모, 앞의 책, 86~87쪽.
75) A.H. 새비지, 앞의 책, 115쪽.
76) 이마무라 토모, 위의 책, 88쪽.

후 안장하고 석회를 이용하여 사방의 틈을 메꾸고 횡대를 사용하여 매장을 진행'하고 있음을 설명하고 있다.[78] 이러한 매장지에서의 의례는 다른 절차와는 달리 유교상례의 기준을 잘 유지하고 있음을 알 수 있다.

⑥ 다음은 매장을 마무리하는 절차인 '의례소 118-성분(成墳)'에 대한 내용이다. H.B. 헐버트의 『대한제국멸망사』에 기록된 성분(成墳)과 관련된 내용은 다른 자료들에 비해 매우 자세하고 정확하게 기록되어있다.[79] 비록 높은 신분의 사람들에게 한정되기는 하였지만, 조선의 특이한 무덤형태인 반원구형 봉분의 조성에 대해 동·서·북을 연결하는 초승달 모양의 둑을 만들어 방위까지를 언급하고 있다. 그러나 대다수의 일반적인 무덤이 관리가 소홀하다는 언급은 신분적 차이에 의해 묘지조성과 관련하여서도 차이가 있었음을 보여주고 있다.

⑦ 다음은 성분 이후 상례절차에 대한 기사내용을 종합하여 살펴보면, I.B. 비숍의 『조선과 그 이웃 나라들』에 기록된 '의례소 119-반곡(反哭)'에 대한 기사에는 위패를 모시고 반곡하여 별도의 방에 모시고 제물을 차리며, 이후 거상기간까지 한 달에 한 번씩 제사와 기일에 제사를 지낸다고 하고 있다.[80] 반곡의 절차에 대한 이해보다는 형식에 대한 설명으로 제한되어있다. 이어 이마무라 토모의 『조선풍속집』에 나타난 초우제와 삭망제에 대한 기록은 반곡 이후 삼우제와 삭망제를 지내고 상류는 더욱 정중하게하고 하류는 약식으로 진행한다고 하고 있다.[81] 이후의 유교식 상례절차와 관련하여서는 명칭의 구분이 없으나, 소상과 대상에 대한 설명이 보인다.[82]

이상의 자료에서 삼우제, 졸곡과 부제, 1주기 의례인 소상과 2주기 대상, 담제와 길제 등에 관한 기사는 나타나지 않는다. 이것은 유교식 상례가 상당히 오랜 시간 동안 진행되는 특성 때문에 비교적 오랫동안 조선에 머물렀던 H.B. 헐버트와 조선에서 경찰로 근무했던 민간 민속학자인 이마무라 토모의 『조선풍속집』에서만 찾아볼 수 있다. 외국인들은 1일차 초종과 발인에 대해서 비교적 상세히 묘사하였고 성분부터 초우제까지의 기록은 이마무라 토모의 자료에 일부 나타난다. 단시간 조선을 방문한 여행자들은 오랜 시간이 필요한 유교식 상례의 전 과정을 관찰하는 것이 제한적이었을 것이다. 그래서 전 과정을 세부적으로 기록하기는 어려웠던 것으로 생각된다.

이를 종합하여 살펴보면, 〈표-1〉 유교상례의 의례소 분석에서 초종은 의례소 ①~⑭번에 해당한다. 외국인의 기록에서 '의례소 ⑦~⑧'인 입상주와 주부에 대한 설명이 없고, '의례소

77) A.H. 새비지, 위의 책, 115쪽.
78) H.B. 헐버트, 앞의 책, 520쪽.
79) H.B. 헐버트, 위의 책, 520쪽.
80) I.B. 비숍, 앞의 책, 285쪽.
81) 이마무라 토모, 앞의 책, 88쪽.
82) I.B. 비숍, 위의 책, 285쪽.

④복'의 절차가 변형되었다. 또한 '의례소 ⑥ 설치철족'은 칠성판에서 진행하였다고 기록하였고 '의례소 ⑪ 역복불식'은 묽은 죽을 먹는 것으로 변화하였다. 습은 '의례소 ⑮~㉚까지 16단계로 진행하도록 하였으나, 수의와 수의 착용에 대한 대략적인 설명만 다루고 있다. 여기서 명주수의와 삼베수의가 혼용되어 사용되는 특징을 찾아볼 수 있는데 삼베수의로 변화한 모습이 이때부터 이루어졌던 것으로 보인다.

유교상례 2일과 3일차에 진행된 소렴과 대렴은 구분되지 않고 입관에 주목하여 기록되어 있다. '의례소 ㉛ 소렴(小斂)'과 '의례소 ㊹ 대렴(大斂)'은 예서에서 습→소렴→대렴으로 3일 동안 진행되었던 것이 통합되어 진행되는 양상을 보인다. 그리고 '의례소 ㉘입명정(立銘旌)'은 예서에서 습 이후에 진행해야 하는 절차로 명시하고 있지만, 습·소렴·대렴의 의례가 습렴으로 통합되어 변화했음을 알 수 있다. 또한 성복은 오복제를 구체적으로 언급하지 않고 있으나, 외형적인 복에 대한 기사를 싣고 있으며, 성복을 마지막으로 초종례를 마무리하고 있다. 장송의례는 발인(發靷)·내폄(乃窆)·성분(成墳)·반곡(反哭)의 절차로 설명하였다. 반곡 이후 진행되는 상중제례에 관해서는 이마무라 토모의 『조선풍속집』에서만 다루고 있으며, 실행여부에 대해서는 추가적인 연구가 필요할 것으로 보인다.

당시 유교식 상례 변화의 요인이 근대 초기 서구문물의 유입에 의해서인지, 아니면 내부적으로 신분제의 변화에 따른 것인지에 대해서 추가적인 연구가 필요하다. 다만, 근대 초기 의례가 초종례와 장송의례의 중요성을 유지하면서 무속의례가 발견되는 특징을 보인다. 그리고 상중제례의 자료가 제한적이어서 실천양상에 대해서 단정하기 어렵다. 그러나 시대가 변화함에 따라서 중요성과 실천양상이 쇠퇴하는 것으로 보인다. 다만, 그러나 중요성은 유지되어 상례 이후의 제례와 통합되는 모습을 보인다. 근대 초기의 이와 같은 변화는 일제강점기 의례의 규범화 과정에서 일정 부분 그 역할을 담당하여 반영된 것으로 이해할 수 있다. 다음은 일제강점기의 유교식 상례의 변화에 앞서 일본의 장례문화에 대해 살펴보고자 한다.

## 2. 1920년대 상례에 미친 일본장례의 영향

일제는 1910년 8월 29일 〈한일합병조약〉을 통해 대한제국의 주권을 강탈하고 식민지통치 기구인 조선총독부를 설치 운영하였다. 일제에 의해 진행된 식민통치의 목적은 경제적 수탈과 효율적인 식민 지배를 위한 탄압과 영구예속화를 위해 고유성(固有性) 말살 및 우민화(愚

民化) 정책의 추진 등으로 요약할 수 있다. 35년간에 걸쳐 진행된 일제강점기는 3・1운동을 전후로 큰 변화를 보이는데, 1910~1919년까지를 무단통치시기로, 1919~1931년까지를 문화정치시기로, 마지막으로 1931~해방까지의 시기를 병참기지화 및 전시동원 시기로 구분하고 있다.

식민지 조선의 운영을 담당한 조선총독부는 설치 초기에 1관방 5부 9국으로 구성되었으며, 1911년 3월말 기준으로 15,115명의 관리가 배치되어 근무하였다. 이들 관리의 대부분이 일본인이었으며, 특히 고급관리는 더욱 그러하였다. 이러한 배경에서 일제에 의해 진행된 〈의례준칙〉의 제정과 반포 그리고 실행과정에서 일본의 죽음에 대한 인식과 풍습이 지식인을 중심으로 자연스럽게 우리문화에 반영되었으며, 이를 통해 조선의 유교적 의례의 해체는 가속화되었다.[83] 1934년 병참기지화 및 전시동원 초기의 상황에서 일제는 〈의례준칙〉을 반포[84]하고 의례에 대한 통제를 강화하였다. 이시기 일제가 〈의례준칙〉이라는 제도적 장치를 통해 조선의 의례를 통제하고자 한 궁극적인 목적은 식민지배를 공고히 하려는 데 있었다는 것이 일반적인 견해이다. 〈의례준칙〉의 등장은 의례의 변화과정이 사회변화를 반영한 자연스러운 과정이 아니라 지배집단의 특수한 목적에 의해 의례를 통치수단화한 첫 번째 사례라고 할 수 있다.

근대상례의 출현과 의례의 변화는 〈의례준칙〉을 통해 설명할 수 있다. 〈의례준칙〉 이전과 이후의 양상이 극명하게 대비되기 때문이다. 일제가 진행한 〈의례준칙〉을 통한 통제는 일본인의 장례풍습과 근대화과정에서 변화된 의례에 대한 인식이 많은 영향을 끼쳤다. 특히 1920~30년대 식민지 조선의 의례변화와 전시동원체제에서 의례변화 양상은 일본의례의 영향을 파악하는 중요한 실마리를 제공한다. 그 이유는 이러한 영향이 일제에 의해 진행된 〈의례준칙〉에 반영됨으로써 의례통제의 목적과 의례절차의 변화양상에 대해 이해할 수 있기 때문이다. 본 장에서는 일본의 장례풍습과 근대화과정에서 일본의 의례변화 양상을 살펴보고자 한다.

---

83) 당시 조선지식인들의 조선의 상례관습에 대해서 매우 부정적이었으며, 일제에 의해 진행된 근대화와 일본의례의 수용을 적극적으로 주장하고 있다. 이러한 지식인들의 인식은 이후 의례준칙과 해방후 의례규범류에 지속적으로 반영됨으로써 전통의례문화와는 다른 모습의 근대의례로 정립되었다. (「전시하 혼상의례좌담회」, 조선춘추사, 1941. 36~49쪽. 참조)

84) 현재 일반적으로 법과 제도의 시행에 대해서는 '반포(頒布)'라는 용어가 사용되어 지고 있다. 그러나 〈의례준칙〉을 제정한 1934년 당시에는 '발포(發布)'의 용어가 사용되었다. 용어의 의미와 이해를 위해 본 연구에서는 반포(頒布)의 용어로 대체하여 사용하였다.

### 1) 전근대 일본의 죽음의례와 장례풍습

일본신앙체계의 특징은 삼라만상에 영혼이 깃들어있다는 애니미즘(animism:靈魂信仰, 萬有精靈說)을 기본으로 한다. 영혼은 신(神)이며, 신은 만물에 깃들어있다고 믿는다.[85] 일본의 '800만의 神(八百萬の神)' 존재설은 이러한 사실을 단적으로 드러낸다. 사람도 영혼을 갖고 있어서 살아 있는 사람에게는 생령이 있고, 죽은 사람에게는 사령이 있다고 믿는다. 사람이 죽으면 육체는 썩지만 사체에서 사령이 분리된다. 분리된 사령은 불안정하고 난폭한 영혼으로 가족과 근친자들의 주위를 맴돌며 해를 끼치는 두려운 존재다. 하지만 자손이 장시간에 걸쳐서 선조공양(제사)을 올리면 완전히 정화되어 자손을 지켜주는 조상신(祖靈, ご先祖樣)이 된다. 조상신으로 승화된 사령은 먼 곳에 있지 않고 산에 깃들게 되는데, 봄이면 후손이 사는 마을로 내려와 논의 신, 밭의 신이 되어 농사를 돕고 가을 수확이 끝나면 다시 산으로 돌아간다.[86] 일본인의 생사관은 조상신이 곧 마을의 수호신이 되어 후손의 행복이나 안전을 지켜준다고 믿었던 조령신앙을 바탕으로 한다. 그래서 고대 일본에서는 가족이나 연고자의 시체나 유골에는 관심이 없었다. 헤이안 시대(794-1185) 중반까지 천황가(天皇家)나 극히 일부의 귀족, 신분이 높은 승려 등 한정된 사람들을 제외하고 묘지를 조성하지 않았다. 유해를 분묘에 매장하여 공양하는 것은 한정된 특권 계급에서만 행하였으며 유복한 사람들 가운데 일부가 매장하고 흙 만두 모양(土饅頭型)의 분묘를 만들었다.[87]

민중들은 특정한 장례지에 옮겨지면 묘지를 설치하지 않고 간단한 의식을 행한 후 유해를 특정한 곳에 방치하여 개나 까마귀들이 뜯어 먹게 하였다. 유해나 유골은 한차례 장례의식을 마친 후 단순한 사물로 취급되었다. 유족이 정기적으로 방문하는 관습이 없었으므로 연고자의 방문이 끊어진 묘지는 초목이 우거진 채로 방치되어 사람들의 기억으로부터 점점 멀어져갔다.[88] 『삼국지(三國志)』 「위지왜인전(魏志倭人傳)」을 통해 3세기 전반 고대 일본인들

---

85) 만물에 깃들어 있는 神을 대접하는 행사가 일본의 각종 마츠리(祭り)이다. 모든 것에 신이 있다는 믿음과 그 신을 받드는 마츠리 및 연중행사가 일본인의 사상과 행동을 지배하는 행동규범이 되었다(한국일어일문학회, 『게다도 짝이 있다』, 글로세움, 2010, 205쪽).

86) 죽은 사람의 靈魂은 산으로 간다는 믿음은 地藏菩薩 신앙으로 발전한다. 즉 영혼이 있는 영험한 산에는 반드시 중생을 지옥으로부터 구제하여 극락으로 인도한다는 지장보살이 있다는 신앙이다. 일본에서 지장보살이 민간신앙으로 자리 잡은 것은 12세기경으로 추정하고 있다.

87) 佐藤弘夫, 「日本列島の死生観の歴史-怪異の時代としての歴史」, 大韓日語日文学会2011年度、秋季国際学術発表会

88) 그러나 시체는 처음부터 나체가 아니고 장송(葬送)에 관계한 히닌(非人)들이 묘지에 옮긴 시체의 의복을 취득하였다. 또 얼핏 보기에는 무작위로 방치된 것 같은 시체라도 풀이 많은 자리 주변에 토기 모양의 그릇이 놓여 있는 것으로 보아 간소한 형식이지만 장례 의식이 행하여졌다고 한다. 오륜탑나 목제 탑파가 서 있는 무덤도 있어 추선공양(追善供養)의 흔적도 남아 장례의식을 집행한 후

의 장례풍속을 알 수 있다.

관은 있으나 곽은 없다. 흙으로 무덤을 만든다. 사람이 죽으면 10일간 장사를 치르는데, 이때는 육식을 하지 않고, 상주는 곡을 하지만 타인들은 가무음주를 한다. 장사를 지내면 집안사람들 모두가 물속에 들어가서 목욕을 하는데 연목(練沐)과 같다.[89]

위와 같이 10일간 정상(停喪)을 한다는 것은 빈(殯)을 의미한다. 10일간 시신을 별도의 장소에 임시로 안치하고 상주는 곡을 하지만 문상객들은 가무・음주를 한다. 이때 빈을 하는 장소는 아마도 모야(喪屋)였을 가능성이 크다.[90] 7세기에 발간된 『수서(隨書)』「동이전(東夷傳)」「왜국」조에 의하면 바깥에 3년간 빈을 하는 것으로 기록되어 있다.[91] 이 두 기사를 참고해 볼 때 일본에서도 빈장의 전통이 있었음을 알 수 있다. 빈장의 전통은 단순히 시신의 유기나 귀족들의 세련된 풍장이 아니었다. 일본 신화에 등장하는 장례나 소생설화에서 알 수 있듯이, 정화되지 않는 아라미다마(荒魂)를 니기미다마(和魂)로 정화하여 케가레(穢れ)를 방지하고, 고인과 생자를 동시에 위무한다.[92]

후장(厚葬)의 전통이 단절된 계기는 다이까 2년(646)에 공포된 박장령(薄葬令)이다. 박장령은 순장과 빈의 풍속을 금하기 위한 것임과 동시에 장・묘제에 관한 일대 혁신이었다. 박장령은 "우리 백성이 가난한 것은 묘를 조영하기 때문이다. 그러므로 그 제도를 정하여 존비의 구별을 명확히 하겠다." 라고 제정 목적을 명시하고 있다.[93] 그러나 박장령을 제정한 이유는 백성들이 묘를 조영하기 때문에 가난해지는 것이 아니라, 매장묘(埋葬墓)를 조영할 능력이 없어서 시신을 들판이나 계곡, 해변에 내다 버린 채 방치하였기 때문이라고 보는 것이 타당하다.[94] 즉 시신을 유기(遺棄)하지 못하게 하고 매장을 유도하기 위해 박장령을 공포한 것이다.

---

가능한 정성스럽게 장사지내야 한다는 사회통념이 존재하지만 헤이안 시대에는 한차례 장례의식을 마친 시체에 대해서는 거의 관심을 가지지 않았다.

89) 『三國志』卷30 「魏志倭人傳」30 「倭」條, "其死有棺無槨, 封土作冢, 始死停喪十餘 日, 當時不食肉, 喪主哭泣, 他人就歌舞飮酒, 已葬, 擧家詣水中澡浴, 以如練沐"

90) 김후련, 「민속신앙과 불교가 습합된 일본의 장례문화」, 『세계의 장례문화』, 한국외국어대학교 출판부, 2010, 375쪽.

91) 『隨書』「倭國傳」, "貴人三年殯於外"

92) 아라미타마(荒靈)를 무엇보다 두려워하는 일본인들은 아라미타마를 봉쇄하기 위해서 편평한 큰 돌을 가슴 위에 얹은 상태로 풍장하는 포석장(布石葬)이나 도끼와기(常磐木)를 한다고 한다.

93) 『日本書紀』卷25, 「第36世孝德天皇」「甲申」"我民貧絶 專由營墓 爰陳其制 尊卑使別"(田溶新 譯, 『完譯 日本書紀』, 일지사, 2000, 451쪽 참조).

94) 김후련, 앞의 논문, 388쪽.

헤이안 시대 후반부터 불교의 본격적인 수용과 정토신앙의 침투가 가속화되었다. 그래서 중세적 전환이 완료되는 12세기를 전후하여 일본인의 영혼관은 사람의 영혼을 신(神)으로 승화시켜 신앙의 대상으로 삼는 조상숭배와 불교가 결합하여 의미가 만들어졌고, 다양한 형식과 절차를 갖는 복잡한 의례로 발전하였다.[95]

일본의 전통 장례문화는 이때 나타난 민중불교와 조상숭배 신앙이 결합하여 형성되었다. 이후에 근대의 난가제도를 통해서 제도적으로 정착하게 되었다.[96] 불교가 사자의례와 조상숭배의 종교적 기능을 담당하며 일본문화의 근간을 형성한 것은 근세 에도시대(江戸時代, 1603-1868) 이후로 알려져 있다.[97] 카마쿠라 시대부터 에도시대를 거치면서 불교식으로 정형화되어 전승되는 상례와 제사의례를 살펴보면 '혼(魂) 부르기→임종의 물(末期の水)→유칸(湯灌)→북침(北枕, 기타마쿠라)→침반(枕飾, 마쿠라카자리)→침경(枕經, 마쿠라교)→염가까운 친지들의 조문→계명(法名, 法號)→입관식→통야(通夜, 츠야)→고별식(告別式)→장례식→출관 독경 등의 순서로 진행되었다. 세부적인 내용과 순서는 다음과 같다.

① 일본에서 사람이 죽으면 상례는 집에서 치르는 경우가 대부분이었고, 간혹 절에서 상례를 진행하기도 하였다. 관례적으로 집이 아닌 병원과 같은 집 밖에서 죽는 경우에도 시신은 집으로 옮겨져 상례를 진행하였다.
사람의 임종이 다가오면 먼저 가족이나 친지들은 곁에서 혹은 지붕이나 우물을 향해 그 사람의 이름을 부르는데 이것을 '혼(魂) 부르기'(たまよび)라고 한다. 혼 부르기는 죽은 사람의 영혼이 육체에서 이탈하는 것을 막기 위한 주술적인 행위로 인식되었다.[98]

② 사람의 죽음이 확인되면, 주위의 가족은 가제에 물을 축여 죽은 사람의 입술을 적셔주는데 이것을 '임종의 물(末期の水)'이라 한다. 이것은 사자(死者)가 저승에 갈 때 물을 반드시 가져가야 한다는 생각에서 하는 의식으로 이승 사람들과의 마지막 이별의식이기도 했다.

③ 다음은 유칸(湯灌)으로 시신을 따뜻한 물로 깨끗이 씻게 된다. 일본에서는 죽음의 사예(死穢)를 부정한 것으로 여기는 습속 때문에 탕관 때 사용한 물은 마루 밑이나 묘지에 버렸고, 또 참여한 사람은 냇가에 나가 손을 씻거나 소금으로 몸을 정갈히 하였다.[99]

---

95) 靈肉二元論에 기초한 祖靈信仰은 야나기타 쿠니오(柳田國男)가『先祖の話』(1945)에서 주장하며 민속학의 정설이 됐을 뿐, 이것이 일본 고유의 민간신앙임을 증명할 수 있는 근거는 없다는 비판적 견해도 있다. 岩田重則, 『お墓の誕生』(東京: 岩波書店, 2009), 54-109쪽 참조.

96) 윤기엽, 「일본 전통의 불교식 葬禮文化와 그 변화 양상」, 『불교학연구』28, 불교학연구회, 2011, 262쪽

97) 허남린, 「祈禱와 葬禮式 -日本 佛敎文化의 두 중심축-」, 『일본사상』2, 한국일본 사상사학회, 2002), 104쪽.

98) 김후련, 앞의 논문, 70쪽.

99) 윤기엽, 앞의 논문, 277쪽.

④ 죽은 사람의 시신은 양손을 합장한 형태로 가슴에 모으고, 이불을 깐 위에 베개를 북쪽으로(北枕, 기타마쿠라) 하여 눕히고 하얀 천을 덮는다.[100] 북침(北枕)의 풍습은 석가모니가 머리를 북쪽으로 하고 입멸한 모습에서 유래한 것이다. 시신 앞에 병풍을 칠 때는 고인이 죽음의 세계로 떠난 것을 상징하여 병풍은 거꾸로 세운다. 그리고 병풍 밖에는 상을 놓고 임시 제단인 '枕飾(마쿠라카자리)'를 차린다. 침반(枕飾)은 보통 출관과 함께 묘지까지 가져가 밥을 사방에 뿌려 아귀(餓鬼)가 먹을 수 있도록 하는 한편 악령의 근접을 막았다고 한다.[101]

⑤ 시신이 안치되면, 이전부터 조상을 모시고 있는 사원(檀那寺)의 승려를 모시고 고인의 머리맡에서 독경하는 침경(枕經, 마쿠라교)의식을 행한다. 원래 침경은 임종 때 고인의 머리맡에서 하는 의식이지만, 요즘은 시신을 안치한 후에 행하는 경우가 많다.[102]

⑥ 일본의 전통적인 염에서는 복장이 승려의 여행 복장과 유사하다는 점이 큰 특징이다. 시신의 옷을 다 벗긴 다음 흰 두루마기 같은 옷(壽衣)을 입히고, 팔에는 염주를 걸어주고, 손에는 흰 장갑(手匣)과 발에 흰 버선(脚絆)을 신기고, 보시 주머니에는 실, 가위, 바늘, 동전, 쌀, 고인이 좋아했던 물건 등을 넣고, 짚신에 지팡이를 들도록 한다.[103] 이러한 복장은 사람이 죽으면 부처(佛, 호토케)가 된다는 불교의 사후관(死後觀)에서 비롯한 것이다. 염을 한 시신 위에 이불을 덮고, 얼굴을 흰 천으로 가려 마치게 된다. 염은 보통 가족이나 가까운 친족이 하였지만, 요즘은 장의사가 맡아서 하는 경우도 많다. 침식이 마련되고, 염이 끝나면 고인의 유족은 가까운 친지들의 조문을 받는다.[104]

⑦ 시신을 입관하기 전에 고인은 부처의 제자가 되었다는 표시로 승려로부터 계명(法名, 法號)을 받는데 이는 고인의 사후출가(死後出家)를 의미한다.[105] 승려에게서 받은 고인의 계명은 위패에 적게 되는데, 장례 때 사용하는 위패는 칠을 하지 않은 목재에 먹으로 쓴다. 장례 후에도 고인의 계명이 적힌 위패는 집의 불단(佛壇)에 안치해두고 아침・저녁이나 기일, 오본(お盆), 히강(彼岸) 때 선조 공양을 위한 도구로 사용한다.[106]

---

100) 故人의 시신을 집에 안치할 경우에는 佛壇 이나 神棚이 있는 방에 모시게 되어있다.

101) 쌀은 사자와 생자의 안전을 위해 필요했고, 양자의 이별에도 필요했다고 한다(新谷尙紀, 「일본의 죽음과 장송의 민속」, 『종교와 문화』14, 서울대 종교문제연구소, 2008, 61쪽).

102) 윤기엽, 위의 논문, 278쪽.

103) 일본의 전통 수의는 고소데(小袖)나 가타비라였지만, 현재는 겉이나 안을 흰 감으로 지은 옷이나 家紋을 새긴 옷, 고인이 애용했던 잠옷이나 욕의를 입힌다고 한다(아이쿠라 하루타케 지음/허인순 외 옮김, 『일본의 연중행사와 관습 120가지 이야기』, 어문학사, 2010), 169~170쪽 참조.

104) 윤기엽, 앞의 논문, 278쪽.

105) 부처님의 제자임을 상징하는 계명을 붙이는 방법은 종파와 지역에 따라 차이가 있지만 공통점은 院號, 道號, 法號(戒名), 位號 순으로 붙인다. 禪宗의 경우 도호, 법호, 위호의 6문자를 기본으로 하고 망자의 연령에 따라 법호, 위호의 4글자만 기록한다. 정토진종에서는 戒名을 法名이라 하며 남자는 釋○○, 여자는 釋尼○○로 이루어지고 생전의 이름에서 한 글자를 넣게 된다(마쓰오 겐지 지음/김호성 옮김, 『인물로 보는 불교사』 동국대학교출판부, 2005, 24~27쪽 참조). 계명은 절에 기부한 금액, 신앙심의 정도, 생전의 지위 신분 등에 따라 등급으로 구분되어 있다. 최근 적지 않은 戒名料가 비난의 대상이 되고 있다.

106) 位牌는 유교에서 유래한 것으로 조상의 魂魄이 머무는 곳이다. 일본의 장례나 선조공양에서 위패를 모시는 것은 불교와 유교가 습합되었음을 의미하는 것으로 이것은 중국으로부터 전해진 것이

⑧ 입관식은 염을 마친 시신을 관에 넣는 절차로서, 소속 사원(檀那寺)의 승려가 주관한다. 승려는 유족들에게 입관의 시간이나 절차 등을 지시한다. 입관은 먼저 요를 깐 관에 염한 시신을 반듯이 눕히고, 그 위에 이불을 덮는다. 이때 관 안에 고인이 생전에 사용하던 물건 즉 안경, 틀니, 빗 등을 함께 넣어주기도 한다. 관 뚜껑을 닫고, 관 위에 명정을 덮고 병풍을 바로 세우는 것으로 입관식을 마무리 한다. 그런데 시신을 염하는 일과 입관식을 구분 지어 염이 끝난 후 어느 정도 시간이 지난 후에 입관식을 하는 경우가 있는가 하면, 입관식 때 바로 염하여 시신을 관에 안치하는 경우가 있다. 대개 장의사가 시신을 염할 경우 가족들에 의해 진행되는 입관식은 염과 분리되어 시행되고, 가족이 직접 염을 할 경우에는 입관식때 염을 하여 입관하는 경향을 보인다. 어떤 경우이든 입관식은 지금까지도 거의 가족들에 의해 진행되고 있다.[107]

⑨ 승려는 상례를 주관하면서 입관식이 진행될 때 시신을 향해 염불한다. 입관식이 끝난 후에는 임시 제단을 향해 경문을 읽지만, 염이나 입관의 작업에는 직접 관여하지 않는다. 이것은 장의에 관여하는 혈연적 관계자(가족, 친족)의 임무와 무연적 관계자(승려)의 임무가 엄격히 분리되고 있음을 말해준다. 시신을 염해서 입관을 끝내게 되면 그날 밤 유족과 가까운 친지들은 함께 밤을 새는 통야(通夜, 츠야)를 한다.[108]

본래 통야는 사망 당일에 시신을 그대로 이불로 덮어둔 상태에서 유족이나 가까운 친척들이 함께 하룻밤을 새우는 것이었다. 야생동물로부터 시신을 지키고, 밤이 되어 나쁜 혼령이 침입하는 것을 막기 위한 토속적 관습이었다.[109] 일반적으로 통야는 보통 장례식(고별식) 전야(前夜)에 고인의 집에서 하는 경우가 많았다. 통야에 온 조문객의 일반적인 복장은 상하 모두 검은색 예복에, 손에는 염주를 들고, 검은 구두와 양말을 신는다. 이러한 차림의 조문객은 먼저 접수처에 들러 조의금을 낸 후 고인의 제단 앞에서 향을 피우고(焚香), 묵념하고, 목례 한다. 그리고 자리에 돌아와 유족들과 인사를 나눈다. 이때 승려는 제단 앞에 앉아 계속 독경한다. 통야 의식이 끝나면 상주와 유족들은 조문객에게 술과 음식을 권한다. 장례식은 통야 다음날 낮에 고인의 가족과 친지, 그리고 일반 조문객이 참석한 가운데 거행된다. 장례식은 소속 사원의 승려 주재에 의해 이루어지며, 시간에 맞추어 온 조문객은 이때 조의금을 낸다.

⑩ 장례식은 본래 고인의 죽음을 애도하는 의식으로서 고별식(告別式)과는 구분되었던 의례이다.

---

다. 위패가 서민에게 보급된 것은 에도시대이고, 서민은 2~3대, 귀족 계급은 7대, 천자는 33대에 걸쳐 모신다(김후련, 「민속신앙과 불교가 습합된 일본의 장례문화」, 『세계의 장례문화』, 한국외국어대학교 출판부, 2010, 68쪽).

107) 윤기엽, 위의 논문, 279쪽.

108) 血緣的 관계자는 사자와 같은 자리에서 湯灌, 入棺, 通夜 등의 일을 분담하고 無緣的 관계자인 승려는 전문적 직능자로 염불, 독경, 설법 등을 맡는다. 그리고 地緣的 관계에 있는 이웃은 死者葬送, 장례 물품의 준비, 식사 제공, 매장 등의 임무를 분담한다(新谷尚紀, 「일본의 죽음과 장송의 민속」, 『종교와 문화』14, 서울대 종교문제연구소, 2008, 61쪽).

109) 통야의 원초적 모습은 유족이 생활 공간과 떨어진 곳에서 喪屋을 짓고 음식을 따로 지어먹으면서 사자와 함께 잠을 자는 것이었다. 현재에도 이러한 유습이 효고현(兵庫縣) 북부에서 돗토리현(鳥取縣) 동부에 걸쳐 남아있다고 한다(김후련, 「민속신앙과 불교가 습합된 일본의 장례문화」, 『세계의 장례문화』, 한국외국어대학교 출판부, 2010, 73쪽).

장례식은 승려가 중심이 되어 고인의 성불(成佛)을 기도하는 의식으로 상주를 비롯하여 유족이나 가까운 친척, 생전에 고인과 가깝게 지냈던 사람들이 참석한 의식이었다. 반면 고별식은 일반 조문객이 참여해 분향하며 고인과의 마지막 인사를 나누는 의식이다. 즉 장례식과 고별식은 전혀 별개의 의식으로 장례식이 고인을 저승으로 보내는 종교의례였다면, 고별식은 살아있는 사람들이 고인에게 이별을 고하는 세속의례였지만 점차 이러한 구분이 없어졌다.[110)]

집(喪家)에서 통야를 하고 다음 날 출관하여 장례행렬을 통해 사원과 같은 장례식장으로 이동한다.[111)] 과거 집에서 장례식을 마치고 출관할 때는 현관이 아닌 툇마루(緣側)를 지나가고, 고인이 사용했던 밥그릇(茶碗)을 깨거나, 절구를 굴리기도 하였다. 이것은 산 사람이 사령이나 사예(死穢)를 두려워하고 기피하는 관념에서 나온 관습들이다.[112)]

⑪ 먼저 장례식에 참여한 일동이 합장하여 고인의 명복을 빈다. 가족과 친지, 조문객 전원이 합장하고 묵념을 올린다. 이어 승려의 독경이 있고, 다음에 고인을 애도하는 조사 또는 조전(弔電)이 있으며 가족과 친지들의 분향이 이어진다.[113)]

일본의 장례식은 불교의식에 따르고 있어서 분향의 순서가 엄격하게 정해져 있는 것이 특징이다. 혈연관계의 순서에 따라 상주의 가족, 고인의 형제・자매 조카의 순으로 한다. 그리고 친지들의 분향이 끝나면 일반 조문객들의 분향이 있다. 분향을 모두 마치면 승려가 퇴장하고 폐식 선언으로 장례식을 마치게 된다. 마지막으로 유족 대표는 의식에 참석해 준 조문객들에게 감사의 인사말을 전하게 된다.

⑫ 장례식을 마친 조문객은 고인의 가족과 친지들에게 인사를 나누고 답례품을 받아 간다. 유족은 조문객들에게 조의금 즉 향전(香典, 고덴)을 받게 되면 그것에 대한 답례로 물품을 보내는 관습에 따른 것이다.[114)] 이러한 답례품은 부정을 물리치는 의미로 조문객에게 소금(淸鹽)을 함께 주기도 하고, 답례품 대신 점심식사를 대접받기도 한다.

⑬ 장례식이 끝나면 승려는 출관독경을 한다. 그리고 관을 끄집어내어 뚜껑을 열고 먼저 유족들이 고인의 얼굴을 마지막으로 대면한다. 이때 꽃을 한 송이씩 헌화하며 관 속에 넣

---

110) 1901년(明治34) 12월 17일 나카에 쵸민(中江兆民, 1847-1901)의 고별식이 최초였다. 이것은 나카에(中江)가 無宗教이고 종교의례의 생략을 유언했기 때문에 세속의례인 고별식을 행한 것이다(村上興匡, 「葬儀の變遷と先祖供養」, 『葬送のかたち』, 佼成出版社, 2007, 37쪽;윤기엽, 앞의 논문, 283쪽).

111) 山田愼也, 「葬列 告別式」, 『葬送のかたち』, 佼成出版社, 2007, 25쪽.

112) 산자가 죽음의 세계를 공포의 대상으로 여기며 그곳에 끌려가지 않으려는 관습으로 귀막기, 湯灌酒, 穴掘酒, 장지로 가기 전 먹는 밥, 밥그릇 깨트리기, 질긴 떡 등이 있다. 이러한 관습은 현재 급속히 줄어들고 있는데, 이것은 이전과는 달리 죽음을 개인 생명의 종언으로 보게 되었기 때문이라고 한다(新谷尙紀, 「일본의 죽음과 장송의 민속」, 『종교와 문화』14, 서울대 종교문제연구소, 2008, 68쪽).

113) 장례식에서의 분향은 향로에 抹香이나 線香을 피우는 의식으로 중국에서 전해진 것이다. 말향은 주로 불공을 드릴 때에 사용하는 가루 향이다. 선향은 향료 가루를 가늘고 긴 선 모양으로 만들어 풀로 굳힌 향이다.

114) 유족은 받은 조의금의 절반 또는 3분의1 정도의 물품으로 답례를 한다고 한다(香典返し). 답례품은 상품교환권, 차, 도자기, 담요 등이다.

어준다. 이어서 가까운 친족, 이웃 그리고 조문객의 순으로 고인을 대면하고 헌화한다. 고인과 마지막 대면이 끝나면 관 뚜껑을 덮고 못을 박는다. 예전에는 못질할 때도 순서가 정해졌다고 하는데 최근에는 특별한 순서 없이 진행한다. 장례식 후 출관식이 끝나면 화장이 일반화된 요즘은 관을 장의차에 싣고 화장장으로 이동한다.[115]
장의차에는 관과 함께 장의사, 유족 1, 2명이 타고, 다른 가족들은 승용차나 버스로 뒤따른다.

지금까지 일본의 전통장례와 현재의례에 대해 살펴보았다. 고대부터 일본인의 죽음의례는 불교의 유입과 정착에 이은 근세 단가제도(檀家制度)에 근거한 불교의 개입이 중요하게 작용하였다.[116] 단가제도는 게죠(慶長)18년(1613) 바테렌 추방령(伴天連追放令) 공포로부터 시작되었다.[117] 그리고 도꾸가와막부(徳川幕府)가 1670년대 크리스천 소탕을 위해 마을 주민들에게 크리스천이 아님을 증명하기 위해서 데라우께(寺請)를 자신의 단나사(檀那寺)로부터 매년 확인받도록 하였고, 이단금지(離檀禁止), 일종일사(一宗一寺)의 원칙을 세워 한 집안의 상제(喪祭)는 특정 사원인 단나사에서 담당하도록 하여 불교장례가 정착되었다. 이것이 일본 장례문화의 근간으로 형성되었으며, 에도시대 이후 일본의 장례풍속으로 정착되었다. 일제강점기에 일본의 장례풍습이 조선에 영향을 미치게 되자, 한국에서는 유교식 상례 전통과 일본장례풍습이 혼재되어 나타나게 되었다. 현대 한국사회에서 일본의 장례풍습을 전통문화로 잘못 인식하고 있는 대표적인 사례를 살펴보면 다음과 같다.

死衣 바느질인데, 또한 실 <u>끝을 맺지 않고</u> 칼라없이 꿰매고 <u>좌전으로 입는다</u>. … 집에서 관을 내는 곳은 평상시의 출구를 사용하지 않고, 대나무와 갈대로 임시 문을 만들고 … 잘 알려진 풍속이다. 또한 문에서 <u>관을 낼 때에는 밀짚 불을 피우는 습관</u>이 지금도 남아있는 곳이 있다. … 장례 행렬에 <u>여성이 흰색 "선 밧줄 '또는 '인연의 끈 '을 끄는 습관이 있는 곳</u>은 많이 볼 수 있다. … 매장은 가장 많이 볼 수 있었던 장법이다. 묘지에 도착하면 <u>관을 왼쪽으로 3번 돌아 사자 머리를 북쪽으로 향해 무덤에 묻었다.</u> 그 후 <u>상주 사망자와 피가 진한 순서대로 흙을 덮었다.</u>[118]

---

115) 2006년 통계자료에 따르면 일본의 화장율은 99.7%이다. 일본에서 화장율이 50%를 넘어선 것은 1930년대 중반이었고, 江戸時代(1603-1868)에는 화장율이 20% 정도였을 것으로 추정한다. 메이지정부는 1873년(明治6) 화장금지령을 내리기도 하였지만 2년 후 이것을 철회하였고, 1897년(明治30) 전염병 예방법을 제정한 이후 화장을 본격적으로 시행해 갔다(박전열, 「일본의 화장 풍속」, 『일본학보』, 한국일본학회, 2003). 참고로 한국의 화장율은 2010년에 65%를 넘어선 것으로 추정된다.

116) 芳賀登, 앞의 책, 131쪽.

117) 바테렌추방령은 천도교 추방령을 말한다. 圭室文雄, 『葬式と檀家』, 東京: 吉川弘文館,, 1999, 6~8쪽 참조.

118) 江戸時代の葬儀風俗, http://www.osoushiki-plaza.com/institut/dw/199805.html, "死衣を縫う

통야(通夜)란 글자대로 "밤새"라는 것이며, 밤새 사망자 함께 지낸다는 것이다. 그래서 장례 일을 야간에 하는 지역도 많다. 즉 죽은 사람을 위로하며 마지막 작별 인사를 하기 위해 함께 지내게 된다.[119)]

베개 수선 때 시신을 병풍으로 둘러싸는데, 거꾸로 하기 때문에 "거꾸로 병풍"이라고 말합니다.… 죽음의 세계는 세상과는 반대 방향으로 되어 있기 때문에 반대로 하는 것이다라고 이해합니다. … 무엇보다 그것뿐만 아니라 죽음이라는 것은 비일상이기 때문에 통상과는 반대로 하는 이해도 있습니다.[120)]

그러나 이전 湯灌라는 의식은 일반적인 것으로 거행했습니다. 시신은 탕수에서 … 눈과 입을 닫고 자세를 갖추고, 남성이라면 수염을 면도 여성이라면 가벼운 화장을 합니다. 이러한 일련의 내용을 실시하는 것은 이전에는 극히 근친 사람의 일에 사랑하는 사람에의 마지막 헌신을 의미하고 있었습니다. … 그것이 차츰 외부 사람들의 손에 넘어 화장실 술, 몸 세척 술 등을 도운 사람에게 내게 되었습니다.[121)]

이처럼 에도시대 이후 정착된 일본의 장례풍습이 현대 한국사회의 죽음의례에서 전통의례로 대체되어 있음을 확인할 수 있다. 이러한 현상은 일제강점기 지배 권력의 문화로 유입된 일본의 장례문화가 의례절차에 포함되면서 전통문화의 일부로 자리하게 된 것으로 보인다. 위의 기사에서 나타나듯이 사의(死衣) 즉 수의를 입힐 때 일상적인 우임이 아닌 좌임으로 착용하게 하는 점, 죽음의 세계가 일상의 현재와 반대라는 관념, 관을 매장하는 과정에 왼쪽으로 세 번 회전한 후 매장하는 점, 사망자와 피가 진한 순서대로 흙을 덮는 취토의 절차 등이 대표적이다. 특히 삶과 죽음이 반대라는 인식은 『예서』에서 언급되지 않고, 유교적 관념이나 상례절차, 제례에서도 나타나지 않는다. 그래서 일제강점기를 거치면서 일본 장례풍

---

のに、また糸の端を結ばず、襟なしに縫い、左前に着せる。家から棺を出す所は、平常の出口を使わず、竹や葦で仮門を作り、そこから出すことがよく知られている風俗である。葬列に女性が白の 「善の綱」、あるいは「縁の綱」を曳く習慣のあるところは多くみられる。 墓地に到着すると、棺を左向きにに3回回し、死者の頭を北に向けて墓穴に埋めた。”

119) 葬祭研究所, 葬儀 · お葬式の民俗学, https://translate.google.co.jp/translate?hl=ko&sl=ja&u=https://www.koekisha.co.jp/ssk/minzoku/&prev=search, “通夜というのは字の通り、「夜を通して」ということであり、夜を通して死者とともに過ごすということである。”

120) 葬儀と習俗の問題 —日本人の死に方の過去と現在—, https://translate.google.co.jp/translate?hl=ko&sl=ja&u=http://www.sogi.co.jp/sub/kenkyu/sougitoshi.htm&prev=search, “枕直しのとき遺体を屏風で囲みますが、上下反対にするので「逆さ屏風」と言います。 死者の世界はこの世とは逆向きになっているから反対にするのだという理解です。 もっともそれだけではなく、死というのは非日常ですから通常とは逆にするという理解もあります。”

121) 葬儀の知識 | 冠婚葬祭の知識 | 結婚式 · ご葬儀 · 互助会のユウベル, http://u-b.jp/knowledge/ funeral/, “しかし以前は湯灌という儀式は、一般的なものとして執り行われていました。 遺体は、湯水で浄めた後、目と口を閉じ、姿勢を整え、男性なら髭を剃り、女性なら薄化粧をします。 こうした一連の内容を行うのはかつてはごく近親の者の仕事で、愛する人への最後の献身を意味していました。 それがしだいに外部の人たちの手に移り、手洗い酒、身洗い酒等を手伝った人に出すようになりました。”

습이 매우 폭넓게 유입되었다고 볼 수 있다. 또한, 탕관은 근친자들이 사랑하는 사람에게 마지막 헌신을 다하는 관점에서 진행하였다는 점 역시 유교의례에서 그 실행 근거를 찾아볼 수 없는 절차이다.

한편 정화의 의미로 소금을 사용하였다거나 출관에 밥그릇을 깨는 행위, 밤샘문화 등 최근까지도 전통문화로 인식하는 상당수의 의례적 행위는 일본의 장례풍습과 연관되어있다. 이와 같은 일본 장례풍습의 전파는 일제강점기 초기부터 유입되어 〈의례준칙〉으로 통제되면서 전국적으로 확산되었다.

### 2) 메이지유신 이후 근대적 의례의 모색

일본은 동아시아에서 가장 먼저 근대화와 서구화를 지향함으로써 사회전체의 구조를 바꾸기 위해 위로부터 사회개혁을 진행하였다. 이러한 변화과정에서 메이지 20년(1887)부터 쇼와(昭和) 초기까지 전국각지에서 진행된 '정촌시운동(町村市運動)'은 농촌자치를 자각하고, 농촌사회를 주체적으로 재편하려는 시도로 진행되었다. 메이지 후기에는 '지방개량 운동'으로 이름을 바꾸어 진행되었다. 초기에는 농민이 주제가 되어 농촌사회를 조사하고, 농촌의 재편을 도모하였다. 농촌개량사업 중에는, 서구식의 생활 리듬으로의 변화, 예를 들면 구력(음력)에서 신력(양력)으로 바꾸는 것이나 휴가의 일정화, 위생교육 외 정촌(町村)에서 이루어졌던 관혼상제의 개선 및 다양한 농촌 행사도 포함되었다.

'생활개선운동'은 1920년 1월에 문부성의 외곽조직인 '생활개선동맹회'가 설립되면서 시작되었다. '생활개선동맹회'는 결혼, 연회, 증답(贈答) 및 의례간소화의 개선 및 외국인에 대한 작법 등에 대한 개선 운동을 전개하였다. 다음은 의례개선과 관련된 1922년 사업개요 중 일부분이다.

三, 결혼 그리고 상의(喪儀)에 관한 사항
  1. 결혼에 관한 세간 및 피로회(披露會)는 소박함을 취지로 하고 의식은 가능한 한 자택에서 행할 것
  2. 상의는 간소를 취지로 하고 가능한 한 도중 행렬 및 산과자(山菓子)를 폐할 것
四, 연회에 관한 사항
  1. 연회는 소박함을 취지로 좌석은 주최자의 지정에 따르고 술잔을 주고받는 것은 폐할 것
  2. 자택의 연회에는 가능한 한 가족도 초대할 것
五, 증답에 관한 사항
  1. 세뱃돈, 중원(中元), 세모(歲暮), 전별(餞別), 조의답례(香典返し) 등 금품의 증답은 가능한 한 제(際)할 것

기타

1. 음주 및 흡연을 허용할 것
2. 공사회합(公社會合)에 있어서 복장은 화미허식(華美虛飾)에 흐르지 않을 것을 대신할 것

'생활개선운동'의 추진내용에는 '상의(喪儀)는 간소를 취지로 하고 가능한 도중 행렬 및 산과자를 폐할 것과 조의 답례 등 금품의 증답은 가능한 한 제(際)할 것' 등을 주문하고 있다. 이것은 상례에 대한 전반적인 통제라고 이해하기보다는 일상생활을 개선한다는 수준에서 서구식 문명화를 지향하는 사회개선이었다. 이러한 경향은 1930년대부터 경제적 측면에 중점을 두고 진행하게 되었다. 경제적 측면에서 진행했다는 것은 1929년 미국으로부터 촉발된 세계대공황이 일본경제에 막대한 형향을 끼치게 되었고, 경제위기를 극복하기 위한 절약, 간소화가 '생활개선운동'으로 대표될 수 있다는 의미이다. 1933년에 간행된 『이상향의 신건설』 제 6장 「자력갱생과 생활 간이화」의 내용을 살펴보면 아래와 같이 당시의 상황을 반영하고 있다.

> 물질문명은 결코 인생의 행복을 증진시키는 것이 아니다. … 간이생활을 체험할 수 있는 행복은 좀처럼 해보지 않으면 알 수 없는 귀한 것이 있다. 편하다, 기분이 좋다, 심신도 점점 건강하게 된다. 세상은 참으로 극락이 된다. 감사보은의 관념이 엷어진다. 현대의 2대 국난도, 이것을 구하는 것은 생활의 간이화를 제하고 달리 없다.

인용문과 같이 '자력갱생'의 슬로건을 내건 '생활개선운동'은 근세 일본의 경제발전을 이룩하는데 원동력이 되었던 '도덕경제일원론(道德經濟一元論)'의 보덕사상을 핵심으로 삼았다. 교화중심의 보덕사법은 대규모 자본을 투입하지 않고 추진되었던 근세 일본의 개발패러다임(paradigm)이었다. 그리고 1933년부터 식민지 조선에서 '농촌진흥운동'의 수준으로 진행된 '심전개발운동(心田開發運動)'으로 드러나게 된다. 실제로 생활 간이화는 (1) 오락의 개선 (2) 미신의 타파 (3) 사회의례의 개선 (4) 집안일(家務)의 정리와 가정의 개선 (5) 행사의 개량 등을 추진하는 것이었다. 일제는 경제문제를 정신적 결집을 통해 극복하도록 강조하였다. 즉 일본 식민정부는 경제적 위기상황을 해결하기 위해서 절약정신을 강조함으로써, 현안문제를 극복하고자 하였다. '자력갱생'의 '생활개선운동'이나 '농촌진흥운동'이 의례 변화와 직접적으로 관계되었다고 단정하기 어렵다. 그렇지만 의례개선의 문제가 '사회상태 개선'에 속하는 중요 항목으로 다루어졌다는 측면에서 검토가 요구된다.

일본예법의 변화는 근대화정책의 하나였던 풍속교정정책을 통해 진행되었다.[122] 풍속교정정책은 "서구의 근대적인 시선을 가진 집단이 공공장소에서 '품위가 없음(下品), 외설(猥褻),

오예(汚穢), 무법(無法)'등으로 간주되는 것을 배제하려고 한 것으로, 이를테면 근대 일본 예법의 하부구조를 형성하는 것"이었다.[123] 메이지유신 이후 서구의 근대문명이 수입되면서 사람들의 의식도 변하기 시작했고, 이것을 '정책'으로 반영하고자 한 국가의 노력의 결과였다. 에도시대부터 행해졌던 종래의 풍속은 "문명개화의 진행은 마찰과 반동을 낳을 수밖에 없었으며, 문명개화 그 자체가 일반적으로는 '중절모를 써야 문명, 양복을 입어야 개화, 사치와 호사는 영국풍, 방탕은 프랑스의 흉내'라 여기는 천박하고 피상적인 유행에 머무는 경향이 강했다는 것도 사실이다."라는 지적에도 불구하고 강압적인 "순사들의 단속"에 의해서 정부의 풍속정책과 함께 사람들의 의식을 변모시켰다.[124] 이러한 풍속교화정책의 성공적인 안착은 일제가 식민지 조선에서 추진하였던 의례통제와 일정한 연계성을 가진다.

메이지 말기에는 "타락학생 3명 술 마시고 칼을 빼고 난동", "여학생 타락의 현황- 두꺼운 화장, 몰 예의"등과 같은 학생들의 범죄와 폭력에 관한 기사들이 심심치 않게 실렸다.[125] 이처럼 메이지 말기의 "도덕의식이나 사회규범 붕괴의 위기감"은 이른바 '에로・그로・넌센스'라고 일컬어지는 다이쇼 문화・풍속으로 이어졌다.[126] 다이쇼 시대의 신문들은 "요코하마 항구를 배회하는 엔택시걸(圓タクガール)이나 키스걸(キッスガール) 혹은 모던보이・모던 걸의 품행을 전했고, 매일같이 '분방한(flapper)'여학생의 집단 도색 사건이나 경찰관의 부녀자 폭행사건, 여교사의 매춘 등 스캔들을 쫓느라고 지칠 줄을 몰랐다."라고 전하였다. 이처럼 다이쇼 시대의 일본 사회는 남녀, 학생을 구분하지 않고 도덕의식이나 사회규범이 붕괴하고 있었다.[127] 이러한 사회적 배경을 바탕으로 신문에서 "예법의 일정(一定),

---

122) 풍속의 본래 의미는 상층의 훌륭한 스타일을 하층의 세속에 옮겨 유교의 덕목을 갖고 교화시키는 것이다. 풍속정책의 목적은 여기에 있다. 그러나 이때,'상층의 스타일'이란 무엇인가 그 기준이 되는 것이 애시 당초 달랐던 것이다. 무사에게는 무사사회에서의 '상층의 스타일'이 있고, 이것을 마을사람들이 흉내 내면 분수를 모르는 행동이라고 비난받을 것이다. 이에 대해서는 앞의 '熊倉功夫, 『文化としてのマナー』, 159쪽' 참조.

123) 薄井明, 「〈日本近代礼法〉の形成過程」1, 58쪽.

124) 이에나가 사부로(家永三郎)엮음/연구공간 '수유+너머'일본근대사상팀 옮김, 『근대일본사상사』, 소명출판, 2006년, 53쪽; 「〈論議〉肌出しはご法度、暑さに向かい十₩分気をつけよう」(『読売新聞』明治9年5月16日). 이외에도 「裸体による罰金と呵責が81人」(『読売新聞』明治13年7月16日), 「暑さに閉口の雇い人、裸体で店に出、運悪く巡査が通り拘引」(『読売新聞』明治14年6月19日), 「温泉、滝浴びでは男女の仕切りがあいまいで風俗の乱れが心配で、厳しくなりそう」(『読売新聞』明治11年6月19日)등과 같은 신문기사를 통해서 전통적인 풍속에 대한 당시의 강압적인 단속 상황을 알 수 있다.

125) 読売新聞, 〈堕落学生3人酒を飲み抜刀して暴₩れる〉, 1898년 6월 14일 기사참조; 読売新聞, 〈女学生堕落の現況、厚化粧、無作法、ニセ恋文〉, 1902년 6월 27일 기사참조.

126) 薄井明, 위의 논문, 6쪽.

127) 이에나가 사부로(家永三郎)엮음, 앞의 책, 305쪽.

사회의 실정에 맞는 '국민예법'의 제정을 희망한다. 문부성은 부디 깊이 생각하여 현재 사회의 실상을 고려하고 앞날에 있어서 일반 국민의 예법이 되는 기초를 만들고 현재에 있어서도 바로 사회의 일반예법에 활용할 수 있는 예법을 제정해야 한다."라는 주장이 나오는 등, 여론도 '국민예법'의 제정을 요청하였다. 이러한 당시 정황은 근대화에 따른 의례의 혼란이 극심했었음을 보여준다.[128] 이 과정에서 다양한 예법서들이 출간되었는데, 쇼화 5년 1930년 『현대 국민작법정의』에 "우리나라에 있어서 예의작법의 현황과 목하(目下)의 급무"라는 제하의 기사에서 당시 일본의 의례에 대한 상황을 다음과 같이 논하고 있다.

> 유례(有禮)로 말하면, 우리나라의 현재에 있는 것처럼, 예의작법의 난잡한 시대는 없을 것이라고 생각한다. 물론 궁중에 있어서의 제(諸)의식과 같이, 이미 정연하게 정해져, 문명제국의 그것에 비교해서 동등하고 손색없지만, … 그래서인지 눈앞의 급무는 주로 우리가 현재의 나라모습과 장래의 추세를 살펴보고 일면에 있어서는 고래의 예법 중 넓게 국민의 관습이 되어 있는 듯한 것으로 하여 더군다나 우리나라의 미풍이라고도 해야 할 것 및 현재의 의식주의 상태로서는 폐기하지 않을 것은 이것을 보존하고, 또 도덕사상의 변천 그 외의 사정에 의해서 고래의 예법에 다소 변개(變改)를 요해야 할 것은 이것을 고치고 일면에 있어서는 문명제국의 예의작법 중 우리나라에도 채용해야 할 것은 이것을 채용하고 만약 또 양쪽 모두 서로 때로 받아들여야 할 것은 이것을 때로 받아들이고 해서, 가능한 한 형식을 간단하게 하고 누구라도 배우기 쉽도록 해야 할 것이라고 생각한다. 그리고 이것은 하루라도 속히 누군가가(혹은 어떤 기관이) 솔선해서 이것을 연구하고 그 규준을 보이지 않으면 안 된다.[129]

위와 같이 당시 일본에서 이루어진 의례적 혼란은 '현재처럼 예의작법이 난잡한 시대가 없었다.' 라고 극단적 표현으로 묘사할 수 있다. 이러한 상황을 보완하고 개선하기 위해 '본래 일본의 전통 미풍은 보존하고 고쳐야 할 것은 고치되 문명제국의 예법 중 수용할 것은 수용하여 간편하게 누구나 배우기 쉬운 예법을 새롭게 정립해야 할 것'이라는 주장이 제기되었다. 이처럼 의례적 혼란이 가중된 일본의 상황을 고려한다면, 1934년 식민지 조선에서 〈의례준칙〉을 제정 반포하여 번문욕례(繁文縟禮)를 해소하고 간소화를 통한 근대상례의 제도화를 시도했다는 것은 일본 근대의례의 도입보다 매우 빠르게 진행되었음을 알 수 있다. 즉 일제의 〈의례준칙〉의 시도는 간소화를 통한 근대의례의 제도적 시행이라는 목적 이외에 다른 목적을 가지고 있었음을 짐작하게 하는 대목이다. 일본이 근대의례로 전환되는 상황에서 발표된 '생활개선동맹회'의 결의사항 중 상례와 관련된 사항을 살펴보면 다음과 같다.

---

128) 読売新聞, 〈礼法の一定、社会の実情に合う国民礼法の制定を望む〉, 1910년 7월 20일 기사 참조.
129) 郎三亀島相, 『現代 國民作法精義』, 東洋圖書株式合資會社, 1930, 46쪽.

● 사교의례의 개선…

(2) 장의에 관한 사항

- 사망의 통지는 근친자에 한하고, 신문광고는 간략을 취지로 하고, 함부로 다수의 이름을 열거하거나 또는 몇 번이나 이것을 하지 않도록 할 것.
- 영전의 공물은 소박을 취지고 하고, 향전은 주지 않는 것을 본체(기본)로 하고, 특별한 사항이 있는 자는 향료(香料)의 실비에 상당하는 정도의 소액에 그칠 것.
- 通夜는 근친자에 한 할 것.
- 출관 및 의식의 시각은 반드시 이것을 지켜 행할 것.
- 과거의 풍습인 장식전후의 식사 및 음주는 폐지할 것.
- 장식에는 일체 술을 사용하지 않을 것.
- 도중의 장렬은 폐지할 것.
- 장식 및 이것을 대신하는 고별식의 시각은 가능한 한 회장자에게 지장이 없는 시간을 선택할 것.
- 장식은 엄숙을 취지로 하고 간단하게 할 것.
- 향전답례 및 기명의 나누어주는 것 등을 폐할 것.[130]

『현대 국민작법정의』에 게재된 '생활개선동맹회'의 장의와 관련된 결의사항에는 사망의 통지, 영전의 공물, 향전, 통야, 출관의식, 장식 전・후의 식사, 장렬(葬列), 고별식의 시간, 장식(葬式), 향전답례 등에 대한 통제가 나타났다. 10개의 결의사항은 일본식 장의의례 전체의 절차 가운데 '비용이 많이 들어가는 것'이라는 특징이 있다. 즉, 결의사항을 통한 통제가 경제적 문제를 해결하기 위한 방편이었음을 말해준다. 당시 일본의 상황을 비추어 보면, 앞서 논의한 바와 같이 국가 경제적 위기상황을 해결하기 위해 절약정신을 강조하면서 나타난 결과라고 할 수 있다.

본 장에서는 일본의 장례풍습 변화와 근대화기 일본의 의례변화과정에 대한 논의를 진행하였다. 결론적으로 '장의불교(葬儀佛教)'로 대표하는 일본 장례풍습의 전통과 메이지유신의 근대화를 통해 경험한 의례적 혼란 상황은 1930년대 '세계대공황기'를 극복하기 위해 절약정신을 강조하고 국가적 위기를 극복하고자 했던 일본 제국주의의 노력으로 근대의례가 이루어졌다는 것을 방증한다. 다음 장은 식민지 조선에서 의례의 변화양상에 대해 살펴보고자 한다.

---

130) 郎三亀島相, 앞의 책, 58쪽.

### 3) 조선 지식인의 일본장례 수용양상

일제는 조선을 식민지화하고 효율적인 식민 지배를 강화하기 위한 탄압과 영구예속화 정책을 시행하면서 한민족의 고유성을 말살하고 경제적 수탈을 지속하였다. 초대총독인 데라우치 마사타케(寺內正毅)에 의해 진행된 무단통치는 1919년 3·1운동을 거치면서 문화통치로 바뀌었다. 제3대 조선 총독에 부임한 사이토 마코토(齋藤實)는 '일선융화(日鮮融和)', '일시동인(一視同仁)'의 명분을 내걸고, 일본인과 한국인 간의 차별대우 철폐, 지방분임(分任)주의, 재래문화 및 습관의 존중, 언어·집회 및 출판의 자유, 인재 등용의 문호개방 등의 시정방침을 제시하였다. 그리고 조선일보, 동아일보 등 조선말 신문의 간행을 허가하였고 헌병경찰제를 보통경찰제로 대체하였다. 그러나 1918년 일본에서 발생한 식량 폭등의 문제는 본토의 식량 결핍문제 해결을 위한 '산미증식계획'의 시행을 촉진함으로써 조선은 심각한 식량문제에 직면하게 되었다. 일제의 식민지배가 날로 심각해지는 상황에서 조선 민중이 실행한 일생의례에 대한 자료는 매우 제한적이다. 다음의 신문기사를 통해 당시 시대 상황과 의례의 변화과정을 살펴보고자 한다. 먼저 장도빈은 『서울, 제3호』에 게재된 「우리 改造의 一斑」이라는 기사에서 다음과 같이 주장하였다.

> [第 二] 우리는 喪祭의 慣習을 改良하야야 한다 近世以來 우리社會는 喪祭를 人生의 莫大한 事件으로 알엇다 그럼으로 父母가 死하면 그 子女는 罪人이라하야 社會萬事를 停止하고 三年의 間에 葬祭의 禮가 極히 煩難하얏다 이 葬祭의 禮에는 多大한 金錢을 要하얏다 家屋이나 田土를 賣하야 父母의 葬祭에 費盡한다 全社會의 이 葬祭에 消費하는 金額이 아마 全體國稅負擔額과 兄弟가 될 것이다 참 可驚할 事이다 父母의 喪에 그리 煩難한 禮를 쓸 것이 아니다 金錢을 濫費할 必要가 업다 父母가 死하거던 若干布木을 用하야 歛葬에 備하고 葬地의 設備도 若干의 金錢을 用함이 可하다 小祥이나 大祥에 大設備할 必要가 업다 다만 追悼의 哀禮를 行하면 될것이다 父母의 忌日에 追悼하며 父母의 墓所에 尋訪함이 美事이나 金錢을 浪費할 必要는 업다 喪祭로 因하야 家産을 蕩破하는 多數人民의 愚狀은 참 可憐하다 이것을 어서 改良하여야 한다 …[131]

『대한매일신보』의 논설위원이자 사학자였던 장도빈은 위의 기사에서 조선의 유교식 상례와 제례에 대한 관습의 개량을 주장하면서 장례와 제례에 소요되는 막대한 비용의 문제를 지적하였다. 장도빈은 사회적 비용이 국세부담액과 대등할 정도로 심각하다고 하면서 상·제례를 위해 가산을 탕진하는 행위의 개량을 주문하였다. 당시까지만 하더라도 소상과 대상의 의례가 지속되었음은, 위의 기사에서 '소상과 대상에 대설비할 필요가 없다.'고 하는 대

---

131) 張道斌, 「우리 改造의 一斑」, 『서울, 서울社 제 3호』, 한성도서, 1920, 13쪽.

목을 통해 알 수 있다. 당시 조선의 상황은 일제의 '산미증식계획'을 통한 극심한 수탈의 여파로 만주 및 일본으로 이주가 진행되고 있었다. 특히 위의 기사와 같이 유교식 상례와 제례를 진행하는 과정에 막대한 비용을 지불하였다는 논지는 이러한 현실과는 괴리되는 부분이었지만, 유교의례의 허례허식을 비판하는 과정에서 '혼상제례의 막대한 비용으로 인해 가산을 탕진하였다'라는 주장은 이방인들의 조선기록과 같이 일반적인 인식으로 확대 재생산된 것으로 보인다. 다음은 실제 유교식 상례의 진행과 관련된 『동아일보』의 기사다.

> 生前에 囹圄 葬式까지監視 全協葬禮問題
> 보통의식으로 속히 행하라는 경찰명령, 간단하게나마 금십삼일로 거행할 예뎡
> 대동단(大同團)단장(團長)전협(全協)의 장례에 대하야는 그의친우들사이에 여러가지 의식(儀式)을 좀갓초자는의견이만핫스나 소관종로 경찰서에서 전씨종약소(全氏宗約所)에잇는사람을소환하야『보통사람보담 다른무슨의식을갓초는것은 절대로 금지할뿐아니라 빨리장사를 지나지아니하면우리가 가매장(假埋葬)에붓칠권리가 잇슨즉알아서하라』고주의를식히엇슴으로할수업시그의친우와 가족은 초라한 모양으로나마 정성것장사를 빨리지나기로 작명하고만약비가오지 아니하면 금십삼일 오전 열시에창성동(昌成洞)일백삼십이번디전씨조약소에서발인(發靷)을하기로되엿다는데장디(葬地)는남대문밧리태원(梨泰院)으로작명되엿디더라132)

기사 내용은 의친왕 이강을 망명시켜 임시정부에 참여시키려 하였던 '조선민족대동단'의 단장을 지낸 '전협(全協)'의 사망에 따른 장례식에 관한 기사이다. 내용 중 특이사항으로는 "그 친구들이 여러 가지 의식을 갖추고자 하였으나, 종로경찰서에서 '보통사람과 다른 의식을 갖추는 것을 금지하고 빨리 장사지내기를 강권'하여 금일 이태원으로 장지를 결정하였다"고 하고 있다. '전협'의 사망은 1927년 7월 11일이었으며, 발인 및 장례를 진행한 것이 7월 13일로 3일장으로 시행한 것이라고 할 수 있다. 소관 종로경찰서에서 '보통사람보다 다른 무슨 의식을 갖추는 것을 절대 금지한다'는 내용으로 볼 때 당시 일반적으로 3일장 형태가 보편적으로 진행되었음을 알 수 있다. 이러한 현실과는 달리 식민지 조선에서의 의례가 매우 복잡하고 형식적이라는 기사가 지속적으로 게재되면서 유교식 상례에 대한 변화를 요구하고 있다. 다음의 기사들은 이러한 내용의 기사이다.

> 일본 상례로 말하면 우리나라 모양으로 번잡치안코 비교덕간편하다고 할 만 합니다 그중에 우리가 취할 것도 잇고 벌일 것도 잇지만은 형식을버리고 실제를취하는데에서는 다쇼참작할필요도잇슬줄암니다말하자면 우리나라에서 친부모상(喪)에는『아이고』그외다른상에는『어이』라고구별잇는곡

---

132) 동아일보, 〈生前에 囹圄 葬式까지監視〉, 1927년 7월 13일 기사 참조.

> 성으로형식덕울음을 우는것보다 일본사람모양으로제읍(涕泣)으로자긔마음것 슬픈눈물을흘려우는 것이차라리나을것갓습니다 우리풍속모양으로상주(喪主)가복(服)을입어도여러가지구별로들어안젓거나 나다니거나 형식으로 오래ㅅ동안볼을임는것보다사십구일이나 백일동안에 남달으게근신(勤愼)으로지나는것이도로혀 조흘것갓습니다 그 외에대상(大祥)이니소상(小祥)이니하야잇는것 업는것으로 음식을작만한다 또는남부럼지안케 례식을차린다하야대소가친척이모히여 음식이나 난우워먹는 상례보다도 날마다 혹은다달이죽은그날에형세대로정성껏아츰밥으로숫의것을 불단(佛壇)(혼백모신데)압헤노앗다가먹는것이 … 나날이 달나가는이때 모든 것이복잡한이사회에서남의것이나마참작하야 간편한례식으로 조선(祖先)을숭배하고 종족을보전하는것만 이저바리지안는것이조흘줄암니다[133]

1926년 『동아일보』에는 조선의 유교식 상례가 너무도 형식적인 허례이기 때문에 모두 폐지되어야 한다는 주장이 실렸다. 일본의 의례가 비교적 간편하여 조선의 유교식 상례를 바꾸면서 형식을 버리고 실제를 취해야 하는 것을 강조하였다. 그러나 당시 일본은 의례와 관련하여 근대화로 인한 과도기적 상황에 있었음에도 불구하고 식민지 조선의 지식인들은 일본의 제도와 의례를 높게 평가하였다. 조선의 유교식 상례를 비판하면서 폐단으로 여겼던 것은 '곡'과 '오복제도', '소상과 대상'이었다. '곡'의 폐지에 대한 문제는 일제강점기 이후의 의례변화와 유교의례를 비판하는 논지에서 지속적으로 제기되었으며, 특히 '대곡(代哭)'을 형식적인 허례로 규정하고 있다. 오복제도도 마찬가지였다. 상주와 복친들이 입는 상복과 관련하여 복의 형식과 제작의 어려움, 근친 관계에 따라 복장과 기간을 달리하여 상복을 착용하는 절차 등을 허례허식으로 간주했다. 그리고 '소상과 대상'의 3년의 긴 의례절차를 문제로 삼았다. 그러나 소상과 대상을 사망 후 1주기와 2주기의 제사라는 관점에서 본다면 이는 일본에서도 진행되었던 의례의 절차였다. 즉 상례기간 중 진행하는 것으로 여겼던 소상과 대상은 기제사로 이해했을 수도 있다. 그러나 일제는 당시 유교식 상례의 기간을 단축하고 간편화시키기 위한 목적으로 소상과 대상의 폐지문제를 다루었으며, 소상과 대상에 대한 비판은 일제의 정치적 목적에 찬동하는 결과로 나타났다.

1920년대에 시작된 의례간소화의 담론은 1930년대 접어들면서 더욱 강화되었다. 이러한 변화는 '농촌진흥운동'과 〈의례준칙〉의 등장 등 의례변화의 과정에 직접적인 영향을 끼치게 되었다. 당시 유교식 상례에 대한 비판이 포괄적이고 전체적으로 이루어졌다면, 1930년대 유교식 상례에 대한 비판은 구체적이고 세부적인 양상으로 변화된 점에서 큰 차이를 보인다.

---

133) 동아일보, 〈조선의제도는 너무도형식투성〉, 1926년 1월 1일 기사 참조.

# 제4장 근대 상례의 등장과 의례통제

## 1. 의례간소화와 근대상례의 변화

### 1) 농촌진흥운동과 의례의 간소화

조선을 침탈한 일제는 주요 경제정책의 일환으로 자국 내의 만성적인 쌀 부족 현상을 해결하고 식량·원료 공급기지로 전환하기 위하여 식민지 지주제를 통해 '산미증식계획'을 실행함으로써 미곡증산에 전력하였다. 그 여파로 조선농촌 사회는 급속히 분화되었다.[134] 1929년 시작된 세계 경제대공황의 영향은 일본을 심각한 경제공황에 이르게 하였다. 특히 일본 국내의 수요를 초과한 조선과 대만의 쌀 수입은 쌀값이 더욱 큰 폭으로 하락하게 하였고, 일본의 농가경제가 파탄 상태에 직면하는 농업공황으로 이어졌다. 그 결과 식민지역의 쌀 수입을 제한하고 조선의 쌀 이출에 대한 통제 정책을 실시함으로써 농업공황을 극복하고자 하였다. 한편 조선의 지주들은 농업공황의 타개책으로 소작농에 대한 수탈을 더욱 강화함으로써 조선의 농촌경제를 위기로 몰아갔다. 반대로 농민들은 자신들의 경영기반을 안정화하고, 지주의 일방적 수탈을 거부하기 위해서 농민운동을 활발히 전개하였다. 총독부는 이러한 농민들을 식민지 체재 내로 끌어들이기 위한 '체제유지적 개량 정책'을 시행하지 않을 수 없는 상황에 이르렀다.

1931년 6월, 제7대 조선 총독으로 부임한 우가키 가즈시게(宇垣一成)는 "일본제국의 성쇄가 조선에 달려 있다"라고 할 정도로 사태의 심각성을 인식하고 있었다. 우가키는 조선통치의 위기를 극복하고 전시동원의 기반을 조성하기 위한 식민정책의 일환으로 농촌진흥운동(農村振興運動)을 계획하여 진행하였다. "공사기관, 모든 계급, 전민중이 협력일치하여 수행할 일대 국민운동"의 성격으로 진행된 농촌진흥운동은 1932년 7월 우가키 총독이 도지사회의석상에서 운동의 취지와 방침을 밝히고, '조선총독부농촌진흥위원회규정'과 정무총감통첩 '농산어촌의 진흥에 관한 건'을 공포하면서 시작되었다.[135] 그리고 구체적인 지침은 '농

---

134) 농촌은 농토의 3.5%가 지주에게 집중되고, 자작농은 16.3%에 불과하며 순소작이 52%, 자소작 25%로 농민층이 급속히 분해되었다(조기찬, 『한국자본주의 성립사론』, 1926, 390쪽).

135) 우원총독, 「농촌진흥운동 지도주임자타합회 연설요지」, 조선총독부, 1934; 조선농회, 「조선총독부

산어촌의 진흥에 관한 건'의 문서를 통해서 각 노지사에게 전달되었다.[136] 이 통첩에는 운동의 이념으로 '농도본의, 도의정신'의 진작이 제시되었고, 운동을 지도할 각급 '농촌진흥위원회'의 조직과 자연마을 단위로 운동을 실행할 '마을진흥회'조직결성의 지시가 포함되었다.[137] 특히 하부조직에 관하여 다음과 같이 구체적으로 지시하고 있다.

> "관내 각 읍·면으로 하여금 각각 그 사정에 따라 주도한 진흥계획을 수립케하고 부락을 단위로 한 실행조합을 설치한다거나 혹은 기설된 단체를 이용하는 등 유효·적절한 실행의 방도를 강구하여 순서를 좇아 견실한 성과를 거두게 함을 요한다."[138]

이 지시를 근거로 농촌진흥운동은 급속히 진행되어, 1933년 말 현재 전국에 29,383개의 조직이 결성되었다.[139] 농촌진흥운동은 우선 '색의 보급, 관혼상제의 간소화, 단발장려, 금주·금연, 도박금지, 미신타파' 등의 생활개선사업을 전면에 내세웠다. 특히 색의 보급에 치중하였는데, 당시의 상황을 살펴보면 다음과 같다.

> "색의 장려를 실행할 목적으로 면장과 면직원 일동이 장날마다 총출동하여 색옷 입은 사람은 상등사람, 흰옷 입은 사람은 하등사람이라는 삐라를 돌리며 한편으로는 물총을 가지고 다니면서 흰옷 입은 사람에게는 반드시 먹물로 물총을 놓고 흰옷 입은 사람은 변소출입을 엄금 … 백의 입은 사람은 하나도 없다."[140]

총독부의 또 다른 갱생정책은 '소비절약'과 '생활개선'이었다. 전가노동(全家勞動)을 통해 가계수입을 극대화하고 소비절약을 통해 지출을 극소화하여 가계수지의 균형을 맞추고 나아가 고질적인 부채를 청산하는 방식이었다. 특히 흉년을 대비하기 위해서 쌀을 저축하는'비황저축'제도를 실시했다.[141] 농업정책의 변화와 농촌진흥운동의 전면적 시행은 당시 조선농촌사회가 당면한 농가부채의 문제를 극복하기 위한 것이었다. 1933년 '조선경제현황조사'에 따르면 호당경지면적이 2정보 정도인 자소작농의 85.6%가 농가부채를 가지고 있었으며, 순

---

관보」, 『조선농업발달사 정책편』, 1932, 670쪽.

136) 농제157호, 「농산어촌진흥에 관한 건」, 『농제157호』, 1932.

137) 양 영환, 「1930년대 조선총독부의 농촌진흥운동」, 『숭실사학』6, 1926, 126쪽.

138) 양영환, 위의 논문, 126쪽.

139) 김정명, 『조선독립운동』, 1926, 409쪽.

140) 동아일보, 〈遠來客의喪主面會까지, 敎化主事가拒絶〉, 1932년 12월 12일자 기사 참조.

141) 양영환, 위의 논문, 141쪽.

소작농의 88.7%가 부채에 시달리는 상황이었다. 당시 소작농의 부채 현황을 살펴보면 다음과 같다.

〈표-16〉 소작농의 부채현황(1933년말)

| 구 분 | 부채호수 | | 부채총액 | | 원인별 부채 | |
|---|---|---|---|---|---|---|
| | 호 수 | 총호수대비 | 금 액 | 부채농가당 | 생산부채 | 비생산부채 |
| **남 선** | 583호 | 89.4% | 41,704원 | 72원 | 36.7% | 63.3% |
| **중 선** | 475호 | 84.8% | 29,062원 | 61원 | 27.9% | 72.1% |
| **서북선** | 474호 | 91.9% | 44,418원 | 94원 | 32.0% | 68.0% |
| **전 국** | 1,532호 | 88.7% | 115,184원 | 75원 | 32.7% | 67.3% |

〈표-16〉과[142] 같이 소작농의 대부분은 무거운 부채에 시달리고 있었다. 이 가운데 생산적 부채가 약 30% 이상에 달하여 농촌의 부채문제가 매우 심각했음을 알 수 있다. 그러나 더 큰 문제는 심각한 부채에 시달리고 있는 소작농들의 경작규모가 소규모였다는 점이다. 경작면적 2정보 미만인 소작농의 호수가 75.2%, 1정보에도 미달하는 소작 농가수가 40.8%였다.[143] 당시 농민들의 부채는 상당부분이 생산적 부채였고, 비생산적 부채라고 하더라도 그것은 식량을 비롯한 기본 필수품에 관련된 것이었다. 조선의 농민들은 경제적으로 낭비할 수 있는 상황이 되지 못했고 궁핍한 생활을 벗어나기 어려운 상황에 처해 있었던 것이다. 1937년 농가부채의 현황을 세부적으로 살펴보면 다음과 같다.

〈표-17〉 소작농가의 호당 연간수지(1937)

**부안군 백산면 금판리 姜辰價의 경우**

**농가개황**
- **가족** 8인(남 5인, 여 3인, 남자 가운데 머슴 1인 포함)
- **토지** 답 3.7정보(고부 수리조합내의 동석소작지, 10년간 경작, 그 위에 2모작으로서 0.7정보의 보리재배)
- **농구** 가래 1, 수차 1, 탈곡기 2(회전1, 벼훑이1), 도급기 2, 삽 2, 괭이 4, 낫 5, 호미 4, 지게 4)
- **축우** 1두(사료구입 없음)
- **부채** 비료대 386원 62전(농장으로서 1할 이자 364원 42전, 개인으로부터 연3할 22원 20전), 농사자금 210원(농장으로부터 이자 30원, 130원, 금융조합으로부터 이자 12원, 80원), 식량벼 7석

| 구 분 | 금 액 | 내 역 |
|---|---|---|
| | 원전 | 벼 85석(1석당 13원 509전, 매각 30석), 보리 13석 |

142) 조선총독부, 「自作兼 小作農家部」, 『農家經濟의 槪況과 그 變遷』, 1938, 75쪽 참조.

143) 양영환, 앞의 논문, 136쪽

| 영농수입 | 1,193,00 | |
|---|---|---|
| | | (1석당 3원 50전, 매각 4석) |
| 겸업수입 | | 없음 |
| 기 타 | 30,00 | 소임대 30원 |
| 수 입 계 | 1,223,00 | |
| 영농지출 | | 소작료 675원(벼 50석, 1석당 13원 50전), 종자대 14원 50전 |
| | 1,285,87 | (단보당 5근반, 1근당 7전), 비료대 386원 62전, 고용노임 |
| | | 120원(임시고용 70원, 作男 50원), 購牛年賦還金 45원, 자본 |
| 조세공과 | | 이자 42원, 농구 갱신비 3원, 학교비 1원 50전, 戶稅 4원, |
| | 9.20 | 가옥세 60전, 농회비 30전 |
| 가계지출 | 278.00 | 가축세 80전, 국방비 2원, 식량벼 148원 50전(11석, 1석당 13 |
| | | 원 50전), 식량보리 31원 50전(9석, 1석당 3원 50전), 의복비 |
| | 1.70 | 20원, 고무신 4원 50전, 석유난로 8원 50전, 음식비 10원, |
| 기 타 | 1,574,77 | 기호비 10원, 제례비 20원, 교육비 15원, 잡비 10원, 금융조 |
| 지 출 계 | | 합저축 1원 70전 |
| 손 익 | △351.77 | |

〈표-16〉과 〈표-17〉[144]를 통해 당시 농촌경제가 얼마나 곤궁에 처해있었는지를 알 수 있다. 이러한 상황에서 농촌진흥운동의 전개는 가난한 농민들을 더욱 힘들게 하였다. 특히 소비절약의 주요대상이 관혼상제비 절약, 절주·절연, 고무신 폐지, 흰 옷 폐지, 간식 폐지 등이었는데, 전체 수입대비 가계지출 비율이 22.7%였다. 이 중 의례비가 차지하는 비율은 1.6%로 그치고 있어, 그 비율과 비용이 매우 미비함을 알 수 있다. 이러한 통계는 일제가 농촌사회의 통제를 강화하였지만, 그 성과가 미비하게 나타날 것을 예측할 수 있는 것이었다. 앞서 살펴보았던 장도빈의 「우리 改造의 一斑」의 주장이 1920년대에 등장했다고 하지만, 장도빈의 주장처럼 장례와 제례에 소요되는 사회적 비용이 국세 부담액과 대등할 정도로 심각하고, 상·제례를 위해 가산을 탕진하고 있다는 주장은 이러한 현실을 고려할 때 허구적 성격을 드러내는 것이다. 그러나 일제는 소비절약운동을 적극적으로 시행하기 위해서 시가행진, 전단 살포 등의 선전공작과 벌금제 등 강압정책을 동시에 구사하였다. 일제는 직접적인 개입 외에도 마을진흥회를 통한 벌금제 등으로 관·혼비 절약, 절주·절연, 흰옷입기, 짚신신기 등, 소위 '소비절약' 내지 '생활개선' 운동을 강제함으로써 농민에게 가해지는 압박은 더욱 심화되었다. 한편 일제는 열악한 농촌 현실을 외면하고 신문 등을 통해 의례비용의 절감을 지속적으로 주장하였다. 다음은 1933년 『동아일보』에 실린 의례비용과 관련된 기사이다.

144) 이용만, 「일제강점기에 전북농업구조에 관한 연구」, 『지역개발논총』4, 1996, 69쪽 참조.

전남강진군(康津郡)의 일년동안 관혼장례 비용으로 엄서지는금액이 평균 상류급으로 싸지고 보면 七백八十七원가량이며 중류급평균이면 三백六十九원이며 하류금평균이면一백六十七원 五十전이라는바 이를상중하로논아서 낫낫치지상으로 소개하면 다음과갓다한다[145]

| 結婚費平均 | 葬事費平均 | 祭禮費平均 |
|---|---|---|
| 上流 三六○圓 | 上流 四一○圓 | 上流 一七圓 |
| 中流 一九○圓 | 中流 一七○圓 | 中流 九圓 |
| 下流 九○圓 | 下流 七五圓 | 下流 二五○錢 |

위의 기사는 조사대상을 상・중・하류 등 삼등급으로 구분하고, 각각 의례에서 사용된 비용을 산정하여 제시하고 있다. 현재의 금액으로 환산할 경우 상류에 속한 사람들의 결혼비 평균금액이 3,705,360원, 장사비 평균금액이 4,219,994원, 제례비 평균금액이 174,975원이 된다.[146] 그런데 신문기사는 상류급의 평균비용의 산정에 있어서 결혼비용과 장사비용 그리고 제례비용을 합산하여 '七백八十七원'으로 발표하였다. 그러나 결혼과 장사 비용은 일생의례와 관련된 비용으로 매년 반복되는 주기적 의례가 아니기 때문에 그 피해가 크지 않았다. 그러나 제례비용과 모두 합산하여 의례비용을 부풀려 보도함으로써 마치 농가부채 대부분이 의례비용으로 인해 발생하는 것으로 해석하고 있다. 다음은 1934년 『매일신보』에 게재된 평안남도에서 표준의례비용의 산정에 관련된 기사다.

平南道와平壤府에서는目下知事의三大諭告에對하야民心作興 民風改善運動의宣傳과染色實施中이나三大諭告의一인冠婚喪祭에關하야經費節約 弊害矯正과改善할必要가잇슴으로아래와갓흔標準으로制限할려고目下考究中이다[147]

| 納幣費 | 結婚費 | 葬式費 | 祭禮費 |
|---|---|---|---|
| 上流 一一○圓 | 上流 一六○圓 | 上流 七○圓 | 上流 四○圓 |
| 中流 五○圓 | 中流 四○圓 | 中流 四○圓 | 中流 二○圓 |
| 下流 二○圓 | 下流 二○圓 | 下流 二○圓 | 下流 五圓 |

당시 조선농촌의 경제적 파탄의 책임은 수탈정책의 추진과 농업정책을 실패한 총독부에 있었다. 그러나 총독부는 그 책임을 조선 농민들에게 전가하여 농촌의 문제를 해결하고자

145) 동아일보, 〈婚葬祭費用 七百餘圓式〉, 1933년 3월 15일자 기사 참조. 도표는 기사의 이해를 위하여 별도로 작성한 내용임.

146) 현재의 통화가치로 환산한 것은 한국은행 경제통계시스템의 화폐가치 계산식에서 쌀값 기준 방식을 통해 환산한 자료이다(http://ecos.bok.or.kr/).

147) 매일신보, 〈平南道의標準〉, 1934년 11월 9일자 기사 참조. 도표는 기사의 이해를 위하여 별도로 작성한 내용임.

하였고, 일본의 근대하과정에서 진행되었던, 경제적 지원 없는 '자력갱생 운동'을 통해 극복하고자 하였다. 일제는 당시 농민들의 가난이 '식민지 지주제' 라는 구조적인 착취 메커니즘 때문에 발생한 것이 아니라, 농민들의 게으름과 무식 때문이라는 '사사화(私事化) 이데올로기'를 강조하며, 조선의 농민 스스로에게 문제가 있는 것으로 왜곡하였다. 그렇기 때문에 해결방안 역시 근면·절약이라는 농민들의 개별적 노력에 의해서 극복할 수밖에 없는 상황을 조성하였다. 다시 말하면, 농촌갱생운동은 일제의 수탈로 야기된 조선농촌의 경제적 파탄에 대한 책임을 농민에게 전가시키고 노동착취를 극대화하기 위한 기만정책이었던 셈이다.[148]

농촌진흥운동의 과정에서 추진된 관·혼·상·제의 간소화는 이후 〈의례준칙〉으로 변경되어 진행되었다. 다음은 '농촌진흥운동' 과정에서 조선 사회가 어떻게 대응하면서 의례의 변화과정을 주도하였는지를 살펴보고자 한다.

### 2) 1930년대 조선 지식인의 의례간소화 추진

앞서 살펴본 바와 같이 1930년대 조선의 상황은 세계 경제대공황의 여파로 극심한 경제적 타격을 입고 어려움에 처한 상황이었다. 이때 조선총독부를 중심으로 진행된 '농촌진흥운동'과 '생활개선운동'은 시작 전부터 구조적 한계를 가지고 있었다. 그러나 의례는 다른 양상으로 전개되었다. 앞서 논의한 『동아일보』「婚葬祭費用 七百餘圓式」의 기사와 같이 의례는 복잡하고 많은 비용을 소모하는 특징을 가지는 것으로 인식하였고, 유교의례의 허례허식과 문제점들을 열거함으로써 개선의 필요성을 제시했다. 가난의 원인을 찾고 문제를 해결하는 책임은 모두 조선 농민의 몫이었다. 일제는 오로지 자신들의 목적달성을 위해 이러한 논리를 개발하였다. 이러한 맥락에서 '농촌진흥운동'이 시작되자, 언론들은 끊임없이 유교식 전통의례의 문제점을 지적하고 개선을 요구하는 기사를 쏟아내었다. 그 중 대표적인 것은 『동아일보』에 게재된 「상례를 간편히하라」는 제호의 기사이다.

> 누구나子孫된者는돌아간그祖先의靈을慰安하고 십지안는者잇스랴마는 그慰安方式이合理化한것이라야 그靈도生存하여잇는自己子孫의 참된待接에安心하고깃버할 것이다 萬一分數에넘치는 費用과衛生에해로운일을할째에는 그靈의憂慮는얼마나하랴 그런데德川邑內에서喪輿를運搬, 卽發弟할째에赤手의無産者는 簡單히채려가지고오든길로 共同墓地까지가버리지만돈량이나잇서서 相當한準備가되면 百餘개의輓章을林列시키고 酒池肉林에 泥醉鼓腹케한 喪輿軍들로하여금 一種의輓歌를 불으게하고 遠近子孫들은 無淚 虛哭을하면서 고든길로가도 넉넉할것을 우정 안거리,박갓거리,웃거리,아래

148) 양영환, 앞의 논문, 128쪽.

ㅅ거리를 모조리빙빙돌다가共同墓地로 떠나가는것은 實로反時代的이요非衛生的의 끄로行進이라 아니할수업다 그子孫된者는 그祖先을 慰安하고 이만큼 世上에 내노하도 부끄러움이업다는 자랑거리로하는일이겟지만 祖先이야 死後에무엇을알랴 上下內外거리에 송장내를 피우고 도라가는꼴이 어찌非衛生的이아니랴

그러고 出喪三日만에 다시祭禮하는것이잇는데 그때는扶助하든 一般吊客을 共同墓地에 請하되 小쓰르級에나屬한者들은 邑洞五館妓生을 불러다노코 亂醉狂歌를 마음대로한다 이런것은 結局 그祖先을慰安함이아니오 도리혀그冗費와謹愼때문에 걱정을시키는데不過한다 돈만흔것이 그러케자랑하고십거든 굶어죽을지경에빠진 無産大衆에게 쌀한되씩이라도 논아주는것이 그先祖에대한 慰安이되고 人間本義에 맛는일이될것이다 農村振興을부르짓는 當局으로서도이러한非衛生的이요 虛禮的인儀式을警戒할일이 아닐까생각한다[149]

위 기사는 전근대 조선의 유교상례가 비합리적인 행동으로 상여 행렬은 막대한 비용이 드는 비위생적인 일이라고 설명하고 있다. 당시 일본에서는 근대화에 따른 부작용으로 근대상례를 시행하고, 예의서를 발행하는 등의 노력이 진행되었다. 일제는 식민지 조선의 유교상례를 비판적 시각에서 바라보고, 개량의 대상으로 주목하였는데 의례간소화의 목적이 다른 곳에 있었기 때문이다. 위생은 식민지 조선의 전근대성을 이야기할 때 자주 등장하는 주제이다. 상례의 발인행렬이 비위생적이었다는 기사는 총독부가 추진했던 목적에 호응하는 논리였다. 특히 마지막에 '농촌진흥을 부르짖는 상황'이라는 설명은 기사작성과 조선의례의 비판 목적이 '농촌진흥운동'에 있음을 반증한다.

… 다음은冠婚喪祭의消費制限이니 從來에이러한等事에朝鮮사람은 너무도만히因襲에억매이어 浪費를하엿다 통틀어冠婚喪祭라하나 冠에는그러케費用이만히드는 것이아니요 婚喪에第一費用이 만히든다 鄕村에서는子女의婚姻이나 父母의喪事때문에진 債金이一生을억매게하는桎梏이된다 자녀의婚姻은그들子女에게對하야 一平生의慶事로운일이니 되도록그儀式과祝典을盛大히하고 십흘거이요 만일餘裕잇는생활이라면여긔에自己生活相應하게費用을쓴대도 조흔일이라고할것이다 그러나無理하게負債를어더서까지 過分하게꿈이는것은不可하다 또父母의喪事도人生一代에 한번잇는일이니 所謂養生送死에無憾라는뜻으로 子孫된이가 遺憾업기를期할것이다 그러나 苟且히負債를어더서할必要는업는것이다 朝鮮에는中國朱子家禮에基하야 金長生의喪禮備要와 李縡의四禮便覽등이 잇어이方面에對한禮文과節目이 까다롭고 一步나가서는 이것이民間의風俗化하고道德化하엿다 時代가밧귀어서이에對한道德의觀念은稀薄하여젓으나 內心에도반갑지안은일은因襲에끌리어하게되는일이만타 이미內心에반갑지안은일을한다면 이는禮의根本精神에 버스러진다 禮出於情이라하야 禮의根本은人情에둔것이다 그러면이人情에 인맛는禮는 벌서그存在의意義를일은것이다 마치魂업는송장이사람을괴롭게하는모양으로 純全히 虛禮로서남게된것이다

149) 동아일보, 〈喪禮를簡便히하라〉, 1932년 11월 4일자 기사 참조.

그러나이런줄알면서도이를 矯正치못하는것은 因襲과風俗에얽매이는 것이다 이띠한個人이입든옷으로茶菓나노코婚禮를한다든지 父母의喪祭를簡略히하면 반듯이衆人의指目을밧는다 그럼으로꼭多數人과團體의힘이아니고는改良할수업는 것이다 이實生活에旣한矯正은 上記內容업는虛孝虛悌奬勵와相反하는 것이다 …150)

위의 기사는 앞의 기사보다 더욱 노골적으로 조선의 유교식 상례를 비판하고 있다. 「농촌진흥회 비판」이라는 글에서 '관혼상제와 관련하여 종래 조선 사람들은 인습에 억매이어 낭비하였다.'라는 전제로 주장을 제기하고 있다. 특히 기사는 혼인과 상례에 대해 혼·상례를 통해 생겨난 부채로 인해 일생을 질곡 속에서 지내게 되며, 인습과 풍속에 얽매이지 말고 다수인의 힘으로 개량할 것을 주문하였다. 이처럼 당시 기사들은 의례간소화나 의례의 개선 자체에 목적이 있는 것이 아니라, 기존의 의례를 비판하고 조선의 폐습을 버리자는 논리를 따르고 있다.

위 두 편의 기사가 공통으로 하는 주장은 조선의 풍습이 허례적이고 낭비가 심하기 때문에 개선하여야 한다는 것이다. 그러나 당시 유교식 상례가 3~9일장으로 진행되었던 점을 고려하면 설득력을 얻기 어려운 부분이다. 더욱이 무엇을 어떻게 고치고 바꿔야 할 것인지에 대한 방법과 대안을 제시하지 않고 무조건 개량을 이야기하는 것은 기사의 목적과 의도가 의례간소화나 개선에 있다고 보기 어렵다. 1933년 2월 19일 『동아일보』의 「一切의 虛禮를 廢止 喪禮變改案을 決議」라는 기사는 이전과 달리 '계명구락부'에서 유교식 상례개선의 실천적 대안으로 상례변개안(喪禮變改案)을 제시하고 있다.151)

一切의 虛禮를 廢止 喪禮變改案을 決議
총회석상에서사안을토의후 啓明俱樂部에서 七項目決定
…(중략) 조선에서 현행하는상례는 허례에 흐를쁜아니라 때로는 경건하여야할장식이 훤화하야저서도로혜례를 욕되게함으로 동구락부에서는 오래전부터 연구부원이 책임지고 연구한결과전긔한변개안을 제출결정케된것이라한다. 변개안은 총七항목으로 이안을통과시키는 즉시연구위원십일명을 선거하야 이 연구위원십싱명이각방면을통하야가지고이에대한것을 조사연구한후 시행안으로서 오는 정긔총회에 제출키로하얏다
전긔한 七항목의 변개안을 전임간부가 총회에 제출하는동시 동구락부 연구부 주임간사 박성빈(朴

150) 정세권, 「農村振興會 批判」, 『實生活』4-11, 奬産社, 1933, 6쪽.
151) 계명구락부는 1918년 서울에서 조직된 애국계몽단체로, 민족계몽과 학술연구를 목적으로 최남선(崔南善)·오세창(吳世昌)·박승빈(朴勝彬)·이능화(李能和)·문일평(文一平) 등 당시 지식인 33명이 발기하여 우리 문화 증진에 공헌하고 구락부원간의 친목도모를 목적으로 설치하였다(『한국민족문화대백과』2, 한국정신문화연구원, 1995, 260쪽 참조).

勝彬)씨로부터 제안설명이 잇고 계속하야 박씨의사안(私案)인 전긔七항에 대한 구체안까지 토의한바잇섯다하며 제출통과된 변개안은 다음의것과갓다

喪禮變改案

一, 喪期 居喪期間을 短縮.

二, 喪服 喪服을 簡易通俗의 方法으로 함.

三, 哭 哭을 全廢함.

四, 葬儀 葬儀는 敬虔節略의 方針을 取하고 繁華盛大를 崇尙하는 風習을 防止 함.

五, 祭奠 祭需의 設備에 精略을 要하며 祭의 數를 減少함이 可, 右는 祭奠의 禮를 行하는 人에게 限한 規定임

六, 供饋 喪葬時와 祭時에 他人에게 酒食을 給與하는 風習을 全廢함. 공궤

七, 態度 喪家의 人이 哀悼敬虔의 態度를 지킴은 勿論이고 他人도 哀悼敬虔의 態度를 지킴을 要하며 一面으로는 喪家의 經濟上保護에 留意함을 要함.[152)]

계명구락부에서 제시한 조선의 유교식 상례에 대한 비판과 개선안의 논리는 앞선 기사처럼 조선의 상례는 허례이며 개선해야 할 대상으로 보고 있다. 그러나 위의 기사는 총 7개 항목의 변개안을 제시하며 연구원들의 조사연구를 통해 정기총회에 상정하기로 하였다고 한다. 제출한 7개 항목의 '상례변개안'은 각각 '상기, 상복, 곡, 장의, 세전, 공궤(供饋) 그리고 태도'와 관련하여 가이드라인을 보여준다. 당시 지식인들이 설립한 민족계몽단체인 '계명구락부'가 유교식 상례를 변화하고자 하는 논의를 구체적으로 진행했다는 점에서 상례의 지속과 변화의 양상을 규명하는데 중요한 전환점이라고 할 수 있다.

계명구락부가 제안한 개선안에는 조선 지식인들이 인식한 유교식 상례의 문제들을 담고 있다. 삼년상으로 대표하는 긴 상례기간과 전통복식과 형식의 번잡함, 근친관계에 맞추어 세부적으로 구분된 오복제도, 상례기간 중 졸곡 이전까지 약 3개월간 거의 매일 울려 퍼지던 '곡성(哭聲)'과 최대 38여 회에 걸쳐 진행된 제사의 문제, 상례를 진행하면서 마을 전체가 상갓집에 모여 먹고 마시는 접대로 인한 폐해 등을 개선의 대상으로 파악했다.[153)] 특히 변개안에는 거상(居喪)기간을 단축한다는 부분과 상복을 간단히 하여 풍습에 맞도록 개선하고, 유교식 상례의 가장 큰 특징이라고 할 수 있는 곡(哭)을 폐지함으로서 장의(葬儀)를 경건하게 하되 절약하여 진행하기를 권장하고 있다. 그리고 제전에는 제례의 횟수를 제한하고 제수의 진설 품목을 조정하면서 유교식 상례의 진행과정에서 타인에게 음주를 제공하는 것

152) 동아일보, 〈一切의 虛禮를 廢止 喪禮變改案을 決議〉, 1933년 2월 19일 기사 참조.

153) 여기에서 제시한 연간 제례의 횟수는 4대 봉사를 기준으로, 기제사 8~10회, 사시제 4회로 14회와 매월 삭망(朔望)에 사당에 고하는 삭망전 24회를 합하여 산정한 것이다.

을 폐지하도록 하고 있다. 마지막으로 이러한 개선의 과정에 고인의 죽음에 대한 애도의 태도를 지키면서 상가에 경제적 곤란을 최소화하는 방향으로 연구가 진행될 것임을 예고하고 있다. 이러한 논의를 거쳐 계명구락부의 상례변개안 최종안이 1933년 7월 30일 34회 정기총회에 상정되었다. 다음은 총회와 관련된 기사이다.

> 啓明俱樂部 喪禮變改案
> 지난二월十八일 계명구락부(啓明俱樂部)총회에서 상례(喪禮)변개안이제출되어 이래이에 대한 전문위월들이 연구를 거듭하고잇드니 二十九일 오후 시내국일관(國一館)에서 동구락부 총회를열고 이 변개안을 결정하였다.
> 그요지는 상기(喪期)와복기(服期)를 단축하되 일등복과 이등복 삼등복으로 구분하야 일등복은백일, 이등복은삼십일, 삼등복은십일로 정한 것이다. 그외에 상복과상장 복제(服制) 장의(葬儀) 습과염 성복 영좌 장지와장일 발인 운구제 제수 참배 등에 관한것등 전후二十八조의성문으로된것도 전기함과같이결정한 것이다.[154]

위의 기사는 1933년 2월 19일 7개 항목의 상례변개안을 상정하고 11명의 연구원을 통해 조사연구를 진행한 결과, 7월 30일 총회에 보고되었다는 내용이다. 그러나 안타깝게도 계명구락부의 '상례변개안'의 전문은 확인되지 않는다. 다만 위의 신문기사에서 대략적인 내용을 전하고 있을 뿐이다. 그 내용은 상례변개안에서 제기된 7개 항목으로 먼저 상기의 단축에 관해서 상기(喪期)와 복기(服期)를 단축하되 일등복과 이등복, 삼등복으로 구분하여 일등복은 백일, 이등복은 삼십일, 삼등복은 십일로 정하도록 하고 있다. 내용상으로 상기와 복기의 구분이 명확하게 드러나지 않지만, 삼년상의 상기를 100일로 단축하는 것으로 제시하고 있다. 두 번째 안건이었던 상복을 간단히 하여 풍습에 맞도록 개선하는 부분에 대해서는 상복과 상장, 복제(服制)를 수정하였다고 하지만 그 범위에 대해서는 파악하기 어렵다. 단지 풍습에 맞도록 개선하고자 한 것에서 '굴건제복'의 복식이 두루마기 또는 양복의 복식으로 변경된 것에 대한 논의가 있었을 것으로 추정된다.

다음으로 장의(葬儀)를 경건하게 하되 절약하도록 하는 방법으로 진행할 것에 대해서는 장의(葬儀), 습과 염, 성복, 영좌, 장지와 장일, 발인, 운구제 등을 제시하여 전체적인 의례의 순서와 절차가 삭제 또는 변형되었음을 보여준다. 그리고 장의 명칭에서 보이듯이 일본의 영향이 반영된 것으로 보인다. 마지막으로 제전에는 제례의 횟수를 제한하고 제수의 진설 품목을 조정하는 것은 변경조항에 제수와 참배 등에 관한 것 등이 변경되었다고 하여 의

---

154) 동아일보, 〈啓明俱樂部 喪禮變改案〉, 1933년 7월 30일 기사 참조.

도를 반영한 것으로 보인다. 이러한 내용을 포함하여 상례변개안에는 모두 28조의 성문으로 작성되었다고 하고 있다. 처음 제기된 7개 항목을 기준으로 세부적인 검토를 통해 작성되었음을 짐작케 한다. 그리고 상례변개안의 7개 항목 가운데 곡(哭)의 폐지와 술과 음식 제공의 폐지에 대해서는 아무런 언급이 없는데 이 항목은 유지하도록 조치한 것으로 보인다.

1933년 7월 30일에 발표된 계명구락부의 '상례변개안'은 유교식 상례의 변화과정을 밝히는 데 매우 중요한 자료이다. 그러나 관련 자료를 찾을 수 없어서 본 연구에서 변화과정을 밝히는데 제한이 따른다. 이에 대해서는 차후에 관련 자료에 대한 심도 있는 연구가 진행되어야 할 것이다. 그리고 계명구락부의 '상례변개안'은 조선 지식인들 스스로가 의례의 문제점을 파악하고, 자주적 관점에서 유교식 상례의 개혁을 시도했다는 점에서 시사하는 바가 크다. 그러나 계명구락부의 구성원들이 총독부와 밀접한 관계를 맺었다는 점에서 계명구락부의 개혁의 의도와 평가에 대해서는 추가적인 논의가 필요하다.

한편 조선인들의 유교식 상례에 대한 인식과 달리, 당시 조선에 오랫동안 거주하였던 외국인들의 시각에서는 어떻게 이해되었는지를 살펴보고자 한다. 1934년 1월 초 조선총독부의 '시정연구회'와 중추원에 설치되었던 〈의례준칙〉 제정을 위한 '의례준칙 심사위원회'는 의례준칙의 본격적인 작업을 마무리하고 결과 안을 마련했다. 1934년 1월 2일 『동아일보』는 신년을 맞이하여 "婚喪儀禮와 各國의 珍風異俗"이라는 제하의 특집기사를 게재하면서 「外人의 눈에 비친 朝鮮의婚喪祭儀」라는 기사를 통해 재조선 외국인의 시각에서 조선의 유교식 상례를 평가한 의견을 실었다. 기사 작성자는 미국인 Koons로 한국 이름은 군예빈(君芮彬)이었다. 군예빈은 당시 경신학교장과 위중부영사 그리고 미국 감리교단의 후원으로 세워진 우리나라 최초의 사회복지기관인 태화여자관의 껜조부인과 인터뷰를 통해 유교식 상례에 대한 기사를 작성했다.

> 非經濟的 쿤 儆新校長談, 삼십년 동안이라는 긴세월을 우리 조선에서 지내온 경신학교장 쿤쓰씨는 아래와같이말한다.
> 혼상의례의는 형식과 방법에잇어서는 각국이 다다른풍속습관을가지고 잇는만큼 다다를줄로암니다 따라서 미국사람은 미국법식대로거행하며 조선사람은 조선법식대로거행함이 으로운일이 겟으되될수잇으면 경비도 덜들고보기도좋으며 또 영구히 기념할수잇는 형식으로거행함이 좋겟지요. 조선혼상례의에 대하야반 듯이 개혁할만한점에 관하야서는 조선의 풍습을 잘알고잇지아니한 외국사람으로서는 함부로 말할수없을것 입니다. 나로는 조선풍속중에 가장 중요한 이두가지 례식에대하야될수잇는대로 속히 간단하고도 영원이 기렴할수잇는 례식이 새로히 발표되기를 바람니다.
> 非現實的 魏中副領事談
> 내가몇번 피상적으로나마 본바 …… 그예식은 다소옛날중국의예식을모방한점이 많은것같습니다.

옛날 조선사회에는 적합하엿을는지몰으겟습니다마는 오늘 조선사회에서는 아마 적합하지않는것같습니다. 즉재례의 구식은 너무나복잡하며 비경제적입니다. …… 마땅이현실조선에 적합한 새로운례식을만드러내는것이 좋을듯십습니다. ……

純傳統的 껜조夫人 談, 태화여자관(泰和女子館) 껜조부인은

『나는 이십여년동안을 조선서 지냇읍니다. 그동안에 조선의 풍속을 알러보기위하야 힘도써보앗읍니다마는 그것은 외국사람인 나보담은 여러분이 더 자세이할으실것입니다. 나로써는 미약하나마 나의 한몸을 조선에 이미받힌이상 여러분께서 조선의 혼례식과 장례식에대하야 개혁할만한 의견을 주시면 어대까지든지 힘써보겟읍니다. 나역시 개혁할점이 많은것마는 늣기고 잇읍니다. 이와 같은 례식일구늘 될수잇으면 남보기도 좋고 또 경비도 적게드는 예식이 좋겟읍지요. 미국의 역사와 전통속에서 자라 그랜식만을 보든나는 조선에 처음와서 조선의 례식을 볼 때 다소 이상한점이 잇엇으나 오랫동안 보는동안에 조선의 예식에도 조선의 역사와 전통의 힘이 잠재하고잇는것을 발견하엿읍니다.[155]

중국인 1명과 미국인 2명의 인터뷰 기사가 공통으로 말하는 담론은 '조선의 현실에 맞는 간편하고 경비가 절약되는 새로운 의례가 만들어 졌으면 좋겠다.'는 것이다. 그러나 껜조부인은 조선의 예식에는 조선의 역사와 전통의 힘이 잠재하고 있는 것을 발견했다고 하였다. 결국, 신문기사를 통하여 대중에게 조선의 유교식 상례는 너무 형식적이고 번잡하며 비용이 많이 들어가는 것이므로 개선하기를 바란다는 메시지를 전달하고 있다. 이와 같은 기사의 등장 이후 1934년 2월 시정연구회에서 준비한 〈의례준칙〉의 성안(成案)이 발표됨으로써 일제에 의해 기획된 일련의 과정들이 모두 〈의례준칙〉을 통해 조선의 유교식 상례의 개선과 이를 통한 경제회복에 초점이 맞추어져 있다는 것을 알 수 있다. 다음 장에서는 본격적으로 〈의례준칙〉의 반포와 배경, 진행 과정에 대해서 논의를 진행하고자 한다.

## 2. 〈의례준칙〉과 근대상례의 출현

### 1) 〈의례준칙〉의 반포와 근대상례의 실행

식민지 조선의 제6대 총독에 취임한 우가키 가즈시게는 1931년의 도지사 회의에서 훈시를 통해 다음과 같이 말하였다.

155) 동아일보, 〈婚喪儀禮와 各國의 珍風異俗〉, 1934년 1월 2일 기사 참조.

사상의 통합, 도의심을 높이고 성실, 정직, 선량을 키우고 나아가서 내선(조, 일) 상호가 이해하고 서로 사랑하기를 철저히 도모하고, 만일 국가의 존립과 양립이 이루어지지 않는 사상을 껴안고 정도의 길이 아닌 운동에 참가하는 일은 엄격히 징계하고 절대 이것을 피해야만 한다.…이렇게 하여 정신생활에 안정을 꾀한다.[156]

위와 같이 우가키 가즈시게 총독은 사상문제를 특히 우려하였다. '정신생활의 안정'에 역점을 두었으며, 1932년 6월 도지사 회의 훈시에서도 사상운동에 대한 측면에서 정신생활 대책을 강조하였다.

…… 그 까닭에 지금의 난국을 타계하기 위해서는 바르게 정신생활을 높히 격려하고, 물질 편중의 속박으로부터 빠져나가는 것이 중요하다. 특히 조선에 있어서도 문화, 경제, 사회 각 방면의 실정에서 볼 때 크게 교육을 개선하여 종교, 예술을 진흥하고 이것들에 힘써 정신적 방면의 각성을 촉진, 그 수양을 장려하는 것이 필요하다고 믿는다.[157]

이처럼 우가키 총독은 조선이 처한 난국의 타개책으로 사상운동에 대한 필요성과 정신생활에 집중하였으며 이를 정책의 중요한 과제로 제시하였다. 1933년 7월에 열린 제14회 중추원 회의에서 〈의례준칙〉의 제정과 관련하여 가장 중요한 논의가 진행되었다. 중추원 회의 자문사항에 대한 결과는 다음과 같다.

1. 지방의 상황에 비춰봐 농산어촌 진흥상의 특히 시설을 요하는 사항
2. 의례준칙 제정에 관한 사항[158]

이 중 제2 항목의 '의례의 준칙제정'에 대해서 검토한다는 항목에 대한 첨부한 내용으로 다음과 같이 설명되어있다.

현재 조선에 있어서 행해지고 있는 관혼상제에 관한 의례는 번거롭고 복잡한 것이 많고 무용의 시간의 허비 막대한 비용을 던지며 집과 재산을 기울게 하지말자.[159]

---

156) 우가키 카즈시게, 「도지사회의에 있어서 총독훈시」, 『연설집』, 조선총독부, 1931, 107쪽.

157) 우가키 카즈시게, 「도지사회의에 있어서 총독훈시」, 『연설집』, 조선총독부, 1932, 119쪽.

158) 조선총독부 중추원편, 「우가키 카즈시게(훈시)」, 『제14회 중추원회의 의사록』, 조선총독부, 1933, 12쪽.

159) 조선총독부 중추원편, 앞의 자료. 12쪽.

그러나 이러한 논의와는 달리 중추원 참의 박상준을 중심으로 신중론이 제기되었다. 박상준은 의사규칙 제8조를 따라 고문과 참의로 구성된 심사위원회를 구성할 것을 제의하였다. 이에 8월 1일에 〈의례준칙〉을 본격적으로 제정하기 위해 중추원에서는 이운용 이외 12명의 친일파로 구성된 '의례준칙 심사위원회'를 설치하여 논의를 시작하게 된다. 이에 대해 중추원 의장인 이마이다 정무총독은 총독부 당국에 의해 설치되었던 시정연구회에서 먼저 입안시킬 것을 결정하고, 박상준의 의향을 들어 입안 후에 심사위원회에서 심의하도록 하였다. 시정연구회는 제도부에서 입안하도록 하여 성안(成案)이 이루어질 때까지 14회의 회합이 있었고, 심사위원회에서도 최종 주심회의 이외에 5~6회의 회합이 진행되었다.[160]

이러한 〈의례준칙〉에 대한 총독부 논의의 영향으로 각 도에서도 의례표준의 제정에 많은 관심을 가지게 되었다. 1933년 12월 6일자 『매일신보』의 '儀禮標準制定前에 飮食費制限督勵, 等級을定하야經費를節約토록'의 기사는 이러한 경향을 보여준다.

> 慶南道의 更生計劃
>
> 旣報와가티慶南道當局에서는自力更生과生活改善及冗費의節約을도코저 目下冠婚喪祭儀禮標準을制定코저調査準備를進行中인데 이의成案을엇기까지는아즉相當한日字를要함으로第一着手로서먼저地方의自力更生運動上가장緊急且必要를感하고잇는事項即直接儀式에要하는것보담飮食接待等에要하는費用의增嵩를制限할必要가緊急함에鑑하야이의一定한標準을定하야各地의實行團體로서地方에適切한것을制定케하야徹底的으로實行을督勵하기로方針을作定하얏는대實行에當하야는婚禮費, 喪禮費, 祭禮費等의三項으로分하야等級을 一, 二, 三, 四等程度로하야經費의節約을期하리라한다.[161]

위의 기사에서 경상남도는 관혼상제 의례표준의 제정 이전에 관련 조사를 준비 중에 있으며, 위생적으로 실행을 독려하고 자력갱생과 생활개선운동에 부응하고자 함을 밝히고 있다. 아울러 각 지방에서는 음식접대 등에 필요한 비용의 기준을 제시하도록 하여 혼례와 상례, 제례의 비용을 4등급으로 하여 경비를 절약하고자 한다고 하고 있다. 기사에서 주목되는 부분은 '자력갱생계획의 일환'으로 의례표준이 제정되고 있다고 기술한 것이다. 이는 앞서 논의한 바와 같이 〈의례준칙〉이 별도의 목적으로 진행된 법・제도가 아니라, '농촌진흥운동'의 일환으로 진행되었음을 밝힌바 있다. 〈의례준칙〉이 준비되는 과정에서 '의례준칙'의 명칭도 '의례표준'으로 의례의 기준을 제시하고자 하는 의도가 반영된 것이라고 할 수 있다. 이후

---

160) 조선총독부 중추원편, 『제15회 중추원회의 의사록』, 조선총독부, 1935, 112~116쪽 참조.

161) 매일신보, 〈儀禮標準制定前에 飮食費制限督勵〉, 1933년 12월 6일 기사 참조.

〈의례준칙〉으로의 명칭 변경은 통제적 성격을 강화하였다는 측면에서 중요한 의의를 가지는 부분이다.

1934년 2월 〈의례준칙〉의 성안을 마련하고, 4월에 개최된 제15회 중추원회의에 제출하게 된다.[162] 제15회 중추원회의에서는 입안 심의된 〈의례준칙〉의 성안이 낭독되었다. 발표된 성안의 원안통과를 강력하게 주장한 것은 심사위원회 설정을 제의하고 주도적인 역할을 담당한 박상준 참의였다.[163] 그러나 성안 낭독 후 3명의 참의로부터 세부수정이 요청되었다.[164] 회의내용은 서면으로 총독부에 제출되었고, 총독부에서는 수정의견을 고려해서 '진중한 심의를 거듭하여 발표할 것'이라는 의견을 제시하였다.[165] 『매일신보』에 따르면 1934년 7월에는 총독부 학무당국은 〈의례준칙〉에 관한 중추원 안을 기초로 각 도에 따라 풍속이 다른 점을 고려하여 이에 대한 의견을 보충하기 위해 각 도지사에게 중추원 안을 보이고 의견을 들어 이를 참고하였다는 기사가 보인다.[166]

이러한 과정을 거쳐 조선총독부는 1934년 11월 10일 '국민정신작흥기념일'에 〈의례준칙〉을 반포하였다. 그리고 총독부 학무국 사회과에서 제출된 〈의례준칙〉(사회교화자료 제10집)에 수록되어 배부하였다. 반포된 〈의례준칙〉에는 제15회 중추원회의의 수정요구는 받아들이지 않고, 시정연구회안으로 공포된 것으로 보인다. 반포된 〈의례준칙〉에는 우가키 총독의 '유고(諭告)'와 와타나베 토요히코 학무국장의 '의례준칙의 발포에 있어'라는 담화를 게재하였으며, 혼례, 상례, 제례의 삼례(三禮)로 구성하였다. 후반부에는 「의례해설」을 게재하고, 일본어판과 조선어판으로 구분하여 정리하였다. 이러한 일련의 과정과 각 도의 의견을 보충하고자 한 것은 〈의례준칙〉시행에 따른 조선인들의 반발이나 오해 등을 사전에 방지하기 위한 조치로 보인다. 〈의례준칙〉시행의 시행과 관련하여 조선인들의 반발이 예상되었다는 것은 일제에 의해 추진된 〈의례준칙〉이 의례의 통제라는 목적 이외에 다른 목적을 가지고 시행되었기 때문이라는 의구심을 가지게 하는 대목이다.

일제는 피폐된 조선의 농촌경제를 진흥하기 위한 '농촌진흥운동'과 '생활개선운동'의 과정

---

162) 매일신보, 〈儀禮準則 委員會通過〉, 1934년 2월 27일 기사 참조.

163) 박상준은 평안남도 출신으로, 평안남도 각지의 군수를 지냈고, 그 후 도의 참여관이 되고, 강원도, 함경북도, 황해도 지사를 역임했다. 그 후, 중추원의 참의에 선임되었다. 일본 지배하에 오랜 기간 지방행정에 관여하였다([조선공로자명감] 참조).

164) 3명 중 한사람은 현준호이다. 현준호만 서면으로 수정안을 제출했으나 다른2명은 같은 완성 안에는 의견이 포함되지 않았다. 수정 후는 앞에 게재된 「제15회 중추원회의의사록」에 수록되어 있다.

165) 조선총독부, 「제15회 중추원회의의사록」, 1935, 125쪽.

166) 매일신보, 〈儀禮準則은 總督諭告로-中樞院案의 大綱을 取하야 八月中旬內로 發表〉, 1934년 7월 22일 기사 참조.

에서 일시에 많은 비용을 소비하는 조선의 유교의례에 주목한 것으로 보인다. 의례와 관련된 일련의 기사 대부분에서 많은 비용을 소비하며 형식적인 의례를 개선해야 한다는 취지로 유교의례에 대한 비판을 가하고 있다. 그러나 이러한 비판적 기사와는 대조적으로 〈표-12〉 소작농가의 호당 연간수지의 사례에서와 같이 당시 농가에서 혼례 또는 상·제례와 관련하여 과도한 부채에 시달렸다는 기록은 보이지 않는다. 오히려 부채의 대부분은 농업생산과 관련된 생산부채였으며, 비생산부채라고 하더라도 농업과 관련된 것이 대부분이었다. 이처럼 현실과 동떨어진 언론 보도는 〈의례준칙〉의 목적이 '농촌진흥운동'과 '생활개선운동'을 통해 파탄 직전에 이른 조선농업 경제의 재건에 있었음을 설명하고 있다. 더욱이 〈의례준칙〉의 반포와 동시에 제출된 유고(諭告)에서 우가키총독은 다음과 같이 말하고 있다.

> … 최근(最近) 자력갱생(自力更生)농산어촌(農山漁村)진흥(振興)의 시설(施設)이 착(着) 기서(其緖)에 취(就)하야 도비(都鄙)를 통(通)하야 다못 물질(物質)방면(方面)뿐 아니라 인문교화(人文敎化)방면(方面)에도 역기(亦其)발달(發達)이 현저(顯著)하야 민풍(民風)이 점차(漸次)혁신(革新)되고 있다 할지나, 일반(一般)생활양식(生活樣式)중(中) 각종의례(各種儀禮)와 여(如)한것에 지(至)하야는 구태(舊態)가 의연(依然)하야 오히려 개선(改善)할 여지(餘地)가 불소(不少)하다.… 금(今)에 당(當)하야 차(此)의 혁정(革正)개역(改易)을 도(圖)함이 아니면 민중(民衆)의 소실(所失)을 불가측(不可測)일 뿐아니라 지방(地方)의 진흥(振興)과 국력(國力)의 신장(伸張)을 조해(阻害)하는 바 실(實)로 불소(不少)할 것이다.[167]…

우가키총독은 현재 조선의 상황을 '진행 중에 있는 농산어촌 진흥운동을 통한 인문교화를 통하여 민풍이 점차 혁신되고 있다'는 취지로 설명하고 있고, 이어서 '일반 생활양식에서 구태가 의연하여 개선의 여지가 적지 않다'는 취지를 통해 혼·상·제례의 삼례를 지적하고 있다. 이를 살펴보면 기존의 〈의례준칙〉에 대한 연구 성과가 '우리나라 고유의 특성을 말살하여 정신적인 면까지도 철저히 일본의 지배 밑에 두고자 하는 식민정책의 일환'이라는 분석과는 달리 1930년부터 진행된 '농산어촌 진흥운동'의 시행이 한계에 이르면서 새로운 추진동력을 얻기 위한 수단으로 계획된 것이라 점을 고려 할 수 있다.[168] 조선인의 시선을 구태가 만연하여 개선을 요하는 유교의례에 초점을 맞추어 개선에 전력하게 함으로써 '농산어촌 진흥운동'의 성과를 극대화하기 위한 보조적 수단으로 〈의례준칙〉을 활용한 것이다.

---

167) 우가키 카즈시게, 「유고」, 『의례준칙』 조선총독부 학무국사회과편, 1934.

168) 〈의례준칙〉의 목적과 관련하여서는 조선전통 의례를 해체함으로써 민족의 정체성과 긍지를 분열하는 민족말살정책의 일환으로 진행되었다는 관점에서의 연구가 일반적이다.(김혜영, 「조선총독부 제정 〈의례준칙〉의 보급과 시행실태」, 『민속학연구』39, 2016, 참조)

일제가 〈의례준칙〉의 적극적으로 시행하고자 한 것은 '농촌진흥운동'과 '생활개선운동'의 추진과정에서 개인적 또는 농가별로 실행하기가 어려운 의례문제에 집중하여 통제를 강화하고자 하였던 것이라고 할 수 있다. 일제는 이러한 부분에 초점이 맞추어 〈의례준칙〉을 추진하였고, 제정배경과 관련하여 우가키 가즈시게 총독은 다음과 같이 설명하고 있다.

> '일반(一般)생활양식(生活樣式)중(中) 각종의례(各種儀禮)와 여(如)한것에 지(至)하야는 구태(舊態)가 의연(依然)하야 오히려 개선(改善)할 여지(餘地)가 불소(不少)하다. 취중(就中)혼장제(婚葬祭)삼자(三者)의 형식(形式)관례(慣例)와 여(如)한 것은 도(徒)히 번문욕례(繁文縟禮)에 기번(其煩)을 승(勝)치 못하며 인습(因襲)의 구(久)함이 뢰호(牢乎)하야 발(拔)키 난(難)함으로 저간(這間)제종(諸種)의 폐루(弊累)가 자연(自然)족생(簇生)하야 수(遂)히 엄숙(嚴肅)하여야 할 의례(儀禮)도 왕왕(往往) 형식(形式)의 말절(末節)에 포니(拘泥)되야 기(其) 정신(精神)을 몰각(沒却)하지 아니할가를 우려(憂慮)케함에 지(至)하였다. 금(今)에 당(當)하야 차(此)의 혁정(革正)개역(改易)을 도(圖)함이 아니면 민중(民衆)의 소실(所失)을 불가측(不可測)일 뿐아니라 지방(地方)의 진흥(振興)과 국력(國力)의 신장(伸張)을 조해(阻害)하는 바 실(實)로 불소(不少)할 것이다.'[169]

개인의 차원으로 해결하기 어려운 것이 사회적 관계로 연결되어 있는 의례의 문제이다. 일제는 조선인들에게 절약을 강조하기 위해 일생의례의 과비용에 대한 문제제기를 통해 의례비용이 많이 소요된다는 선입관을 형성하게 함으로써 조선인 스스로가 문제를 인식하도록 하였다. 그 결과 대중은 당시 경제문제의 본질인 일제의 농업정책실패에 주목하기보다, 조선에서 시행되었던 전근대적 유교의례를 경제문제의 원인으로 인식하게 됨으로써 의례의 간소화와 절약에 매진하게 되는 결과로 연결되었다. 이러한 논의는 〈의례준칙〉을 반포하는 세 가지 목적을 설명하는 가운데 여실히 들어난다.[170]

일제는 조선의 의례를 개선하는 것과 관련하여 생활개선문제와 자력갱생운동의 성공여부를 위선의례의 개선에 두고 있음을 자인하였다. 즉 〈의례준칙〉의 성공여부가 생활개선문제와 자력갱생운동 및 농촌진흥운동과 연결된다는 점을 밝히고 있다. 그러나 의례개선의 문제가 중요하였다면 1920년대부터 진행된 생활개선운동이나 1932년 농촌진흥운동 이전에 시행되었어야 하는 것이 올바른 방향일 것이다. 그런데 일제는 세계경제대공황의 여파로 경제적으로 타격을 입고 있던 1934년 〈의례준칙〉을 반포하고, 앞서 진행되었던 모든 문제의 근원

---

169) 조선총독부, 『의례준칙』, 조선총독부, 1934, 186~187쪽.

170) 세 가지 목적은 '첫째는 조선의 생활개선 문제도 자력갱생 운동도 그 기조(基調)는 위선의례(爲先儀禮)의 개선에 두지 아니하면 불가하다. 둘째, 생활을 합리화하고 민풍(民風)을 작흥한다. 셋째, 엄숙하여야 할 의례도 때때로 형식의 끝마디에 얽매여 그 정신을 몰각하지 아니할가를 우려함에 이르렀다'는 것이다.

이 전근대 유교의례의 개선에 있나고 주장하고 있는 것이다. 이러한 논리적 모순은 경제적 문제가 심각해지는 상황에서 지속적으로 재현됨으로써 당시 일제의 주장에 이의를 제기하게 된다. 아울러 '의례해설'에서 〈의례준칙〉을 반포하려는 의미에 대해 명확히 밝혀놓았는데 이를 살펴보면 다음과 같다.

> 현재 조선의 예속은 시대의 기세에 적합지 못한 것이 많으므로 오래 동안 지식인들이 그 정리개선의 필요를 주장하여 왔었다. 총독부에서는 이에 느낀 바가 있어 이번 혼장제에 관한 의례준칙을 제정하여 일반적으로 좇아 따를 표준을 세워 보았는데 그 취지는 우원 총독의 발한 유고에 명백하다. 이는 시대의 요구에 적응한 것으로 우리의 생활개선과 문화향상에 이바지할 바가 많을 것으로 믿어 의심치 않는다.'[171]

기사에서 일제는 오랫동안 지식인들의 지속적인 요구에 의해 〈의례준칙〉을 반포하여 의례의 '표준'을 세운다고 주장하고 있다. 또한 미개한 조선의 풍속을 일제의 식민지 통치체제 아래에서 새롭게 규정하고자 표준의례의 제정을 통해 조선의 문명개화와 더불어 일제의 통치체제에 부합하는 규정을 전 조선인을 대상으로 동일하게 규율하고자 한 것이라고 주장하고 있다. 이러한 과정에 일제는 자신들이 이러한 제도적 장치를 강요한 것이 아니라 앞서 말한 바와 같이 오랜 기간 지식인들의 지속적이 요구가 있었다는 점을 강조하고 있다. 또한 총독의 '유고'에서 다음과 같이 이야기 하고 있다.

> 여(予)이 자(玆)에 견(見)한바잇서 낭(曩)에 중추원(中樞院)에 자간(諮間)하기를 여상(如上)의 삼종(三種)의례중(儀禮中) 특(特)히 긴급(緊急)개혁(改革)을 요(要)할 점(點)으로써 하엿다. 관계(關係)의관(議官)은 신중(愼重)심의(審議)하야 광(廣)히 구관(舊慣)을 사핵(査覈)하고 간절(懇切)히 사회(社會)의 요구(要求)를 고려(考慮)하야 시세(時勢)에 계(稽)하고 민도(民度)에 조(照)하야 형식(形式)을 간소(簡素)히하고 정신(精神)에 치중(置重)하야 최(最)히 적절(適切)함으로 인(認)한 바를 집적(緝績)하야 원안(原案)을 작성(作成)하고 갱(更)히 본부(本府)에서 각도(各道)유사(有司)에 의견(意見)을 참작(參酌)하야 별도(別途)로 시(示)한 바의 준칙(準則)을 득(得)하엿다.[172]

〈의례준칙〉의 혼상제례의 삼례를 긴급하게 만들게 된 이유가 중추원의 자문을 통해 신중한 심의 하에 정신에 치중하여 형식을 간소하게 원안을 만들었다고 하였다. 이러한 논리를 통해 일제는 의례개선의 직접적인 책임에서 벗어나 조선의 문제를 해결하고 극복하도록 돕

---

171) 우가키 카즈시게, 앞의 책. 1934.

172) 우가키 카즈시게, 위의 책. 1934.

는 조력자의 역할을 충실히 하고 있다는 논리를 펼친다. 이런 논리는 예상되는 조선민중의 반발에 대비하고자 한 것이라고 할 수 있다. 이는 〈의례준칙〉의 실행과 관련하여 지방의 풍속을 가미하여 지방의 실정에 맞는 〈의례준칙〉을 마련하여 보급할 것을 강조하는 과정에서도 나타나게 된다. 즉 각 지방에서는 일제의 식민지 지배정책에 부합한 형태로 재편하여 간행할 것을 요구하게 된다. 다음은 유고의 관련 부분이다.

> '즉(卽) 자금(自今)으로 혼장제(婚葬祭)에 관(關)한 의례(儀禮)는 주(主)로 차(此)에 칙(則)케하야 지방(地方)유사(有司)로하여금 극(克)히 관내(管內)의 실정(實情)에 계(稽)하야 갱(更)히 차(此)를 지방화(地方化)에 노(努)케하기로하야써 다년(多年)의 적폐(積幣)를 삼제(芟除)하랴한다.'[173]

일제는 〈의례준칙〉의 실행으로 예상되는 조선민중의 저항을 극복하고자 지방화를 추진하였던 것으로 보인다. 조선총독부는 성안후 학무국장으로부터 심의에 회부하여 국장회의를 거쳐 의견을 결정하고, 국민정신(國民精神)작흥(作興)에 관(關)한 조서환발기념일(詔書渙發記念日)인 1934년 11월 10일을 기해 발령하였다.[174] 〈의례준칙〉의 반포와 시행을 통해 일제는 조선의 의례를 통제할 수 있는 제도적 근거를 마련하게 된다. 일제에 의해 진행된 〈의례준칙〉의 반포는 해방까지, 혹은 〈가정의례준칙〉으로 이름을 바꾸어 현대까지 영향을 미치고 있는 중요한 전환점이라고 할 수 있다.

〈의례준칙〉의 반포 이후에는 당연한 칭송과 정착을 위한 조치 등이 시행된다. 먼저 〈의례준칙〉의 반포 및 시행과 관련하여 각계각층의 의견을 다룬 기사 내용을 살펴보고자 한다. 〈의례준칙〉이 반포된 당일 『매일신보』의 「儀禮統一은 適切」의 기사에, '〈의례준칙〉의 반포에 대하여 일반 민간에서는 종래의 허례폐습을 개정하고 형식에 구속되지 않고 시대에 적합한 준칙이 반포된 것에 찬성하면서, 오히려 더욱 간이하게 변경될 것을 바라고 있다'고 하고 있다. 찬성의 의사를 표시한 인사들로는 계명구락부를 대표하여 박승빈, 천도교를 대표하여 이종린, 유교를 대표하여 명륜학원 총재인 정만조의 기사를 살펴보면 다음과 같다.

> 形式打破가 第一緊要
> 내가관게하는게명구락부(啓明俱樂部)에서는 벌서부터이에대한것을작경하야 실행하고잇습니다 물론四천년력사가잇는풍곳을 갑자기고치는것은 어려운일이나 인구가조밀하고경제조직이 이가티변동된이상 마음에업는형식에억매여 억지로함은 부자연한일일가합니다 이런데대하야 남이이래라저래

173) 조선총독부, 앞의 책, 186~187쪽.

174) 김혜영, 「조선총독부 제정 〈의례준칙〉의 보급과 시행실태」, 『민속학연구』39, 2016, 168쪽.

라함은 찬성할수업는것이다 친상의상기만하여노코칠바에는 일년반이라하는것이 찰아리긴감이잇서 계명구락부에서제정한백일이 조흘줄암니다(啓明俱樂部 朴勝彬氏)

더一層簡略트면

벌서부터우리민간에서는 이러한번잡한형식을페할생각을하고잇서나개인만은간단하게만드러실행하고 잇습니다 혼기에대하여서는 여자二十세이상 남자三十세가량이 생리적으로충분히성숙이된시긔라 이것이적당할가합니다 상제(喪祭)라는것도 추원의도리(追源之道理)인바에는 고조부모즉 四대조제사까지지낼필요는업고 각각부모의제사만지내는것이조흘가합니다 하여간이에대한 가부는말하지아니하겟스나 계급적이아니고빈부에차이가업는 만인에게타당한형식으로간이하게함은필요하다고생각합니다 짜러서장례에오일이내리는것은기간이너무진감이잇습니다(天道敎 李鍾麟氏)

實行에힘스도록 정신은종래와갓다,

의례(의례)가 한표준을세워가지고 통일이되는것은 국민생활에 큰뜻잇는일이라고생각합니다 이는 경제상을로나 또는 생활형식의정리로나 필요한일입니다 상례에잇어서서 그복기를 일년반으로 단축하엿는데 소상(소상)과대상(대상)이다가티 제정되엇스니 종래것과 다를것이업다고생각합니다 혼례식도 종래의것과대동소이하나 간략하게된것은 밧분오늘에 매우조타고생각합니다 그런데문제는 이준측이 오랜 생활전통을 깨트리고곳일반에게 실시되도록하는이필요할것이다.(明倫學院總裁 鄭萬朝氏)175)

계명구락부의 '상례변개안'작성을 주도하였던 박승빈은 〈의례준칙〉의 반포와 관련하여 위의 기사에서 '세월이 변화되어 경제여건이 변화된 시대에 마음에 업는 형식에 억매여 억지로 함은 부자연한 일'이라고 하여 의례의 본질이 형식에 있는 것이 아니라 마음에서 우러나는 것이라는 주장과 함께 상기(喪期)와 관련하여 '부모의 상에 일 년 반의 기간도 긴 감이 있어 계명구락부에서 제정하였던 백일로 조정하였으면 좋겠다'는 의견을 제시하여 그 형식의 기간을 대폭 줄이고자 하였다. 이어 천도교를 대표하여 천도교 교령 및 장로로 활동하였던 친일인사인 이종린은 '더 일층 간략트면'이라는 제하의 기사에서 '상제(喪祭)는 추원의 도리(追源之道理)인바 四대까지의 제사를 폐지하고 부모의 제사만 지낼 것과, 상례의 기간이 5일이 너무 긴 감이 있다'고 하고 있다. 다만 형식의 문제에 있어서 모두에게 적용 가능한 타당한 형식이 필요하다고 하고 있다. 마지막으로 조선사편수회 회원이며 경학원내 명륜학원 총재를 지낸 친일반민족행위자인 정만조는 '實行에힘스도록 정신은 종래와 갓다'는 제하의 기사에서 '의례가 표준을 통해 통일되는 것은 경제나 생활형식에 필요한 일이다'고 하면서 상례가 단축되기는 하였으나, 소상과 대상이 정해져 있으니 종래의 유교식 의례와 다를 것이 없다고 하면서 오랜 전통생활의 틀을 깨고 실천에 노력하여야 한다는 취지로 발언하고 있다. 이상의 논의를 살펴보면 친일행적의 학자와 종교지도자를 대상으로 〈의례준칙〉의 취

175) 매일신보, 〈儀禮統一은 適切, 準則制定發布에 對한 各方面의意見〉, 1934년 11월 10일 기사 참조.

지에 찬동하는 기사를 통해 대중의 이해와 참여를 요구하고 있다.

일제는 이러한 노력과 병행하여 〈의례준칙〉의 철저한 보급을 위해 노력하였는데, 다음은 총독부에서 각 지방에 〈의례준칙〉의 철저한 실시를 위해 학무국장의 명의로 「의례준칙 제정에 관한 건」의 공문을 하달하게 된다.

> 제1차 소속관서의 長(도지사를 제외) 귀하에게 제목에 관하여 별도로 총독 및 정무총감께서 유고 및 官通牒을 發하신 바, 이 준칙은 따로 인쇄하여 추후에 송부하겠으니 널리 반포하고, 그 취지를 주지시킬 때 아래의 여러 가지 점에 유의하기 바랍니다.
>
> 1. 官公吏에게 충분히 취지를 이해시키고, 率先躬行하여 모범을 보이게 할 것.
> 2. 사회교화단체, 사회사업단체, 청년단체, 부인단체, 농촌진흥회, 矯風會 기타 각종 단체 조합 등의 공동의 힘을 이용할 것에 노력하고, 또한 각 단체원으로 하여금 본 준칙의 실천을 위한 협의를 하게하며, 또는 새로 實行組合을 설치하게 할 것.
> 3. 학교에서는 직원, 학생, 생도, 아동 등에 대하여, 또 부형회, 모자회 등을 개최하여 본 건 취지의 철저한 보급을 기할 것.
> 4. 순회강연 촉탁원 등으로 하여금 본 건 실행에 관한 순회강연, 이동좌담회 등을 행하게 할 것(본 항에 대해서는 추후에 다시 통지한다).
> 5. 의례 용구는 가능한 한 단체·조합·부락 등에서 구입하고, 공동 사용하는 것을 장려할 것.
> 6. 종래 지방적으로 행하여져온 의례상의 형식으로 특별히 존치시키는 것이 타당하다고 인정되는 것은 정신을 중시하고 형식을 간소히 한다는 본 준칙 제정의 취지에 반하지 않는 한도 내에서 이것을 가미할 것.
> 7. 의례 집행에 즈음해서 이에 수반하여 종래 지방적으로 행해져오던 각종 풍습 중 삼가야 할 것은 단연코 이것을 배제하는데 힘쓸 것.
> 8. 본 건 취지를 철저하게 보급시키기 위해서는 확고한 신념과 부단의 노력을 요하므로 장려할 지위에 있는 자는 이 점을 충분히 주의해야만 할 것.[176]

위의 기사에서와 같이 일제는 〈의례준칙〉의 실행을 위해 매우 적극적이었으며, 지방의 경우에는 더욱 강화된 형태로 나타나게 된다. 조선시대 의례의 기준을 제공하였던 『주자가례』에서 〈의례준칙〉으로의 변화는 근대화에 따른 시대적 요구였을지라도 이러한 변화의 주체가 '일제'였다는 점에서 민중적 저항이 예상되는 것은 당연한 결과이다. 일제는 이러한 민중의 저항에 적극적으로 대응하기 위해 적극적인 실천을 독려하고 통제를 강화하였다. 『동아일보』에는 당시 대구에서 〈의례준칙〉의 시행과 관련하여 교화주사가 상주(喪主)의 면회까지 거절하여 불평이 자자하다는 기사가 게재되기도 하였다.[177] 기사의 말미에는 경상북도 사회과장

---

176) 조선총독부, 「의례준칙 제정에 관한 건」, 『사제261호』, 조선총독부, 1934.

의 의견으로 "그것은 장려시키는 한과도긔의 수단이겟지요 예컨대난발령(斷髮令)에 의한 강제단발과 색복장려(色服奬勵)에대한 물총과같은 피치못할사정인줄 압니다 하여간 민간의심한 불평이 없도록 긔회잇는대로 주의시키지여"라고 말하고 있다. 이러한 기사 외에도 '군면직원이 출동하여 장례를 마칠 때까지 지시 및 권고'하였다는 기사가 게재되는 등 일제는 〈의례준칙〉의 실천을 위해 전국적으로 교화주사, 면과 군의 행정원, 경찰 등의 행정력을 동원하여 조직적으로 통제하였음을 알 수 있다.[178] 이러한 내용과 관련하여 실질적인 실천과정에서 함경북도 경성의 '농진좌담회'에서 논의되었던 사례를 살펴보면 다음과 같다.

> 鏡城郡主催農村振興懇談會는去二十六日午後三時부터羅南邑事務所樓上에서開催出席者는各邑面長, 警察署長及駐在所首席等三十餘名이고其外鏡城郡選出本田, 金定錫 黃鎭汶三道議도參列되아頗히緊張裡에左記要項을懇談議定하얏다.
> 懇談要項
> 一, 儀禮準則의實施에 關한件
> 1. 官公吏及公職者가率先躬行함으로써一般民衆의게示範할 것
> 2. 鄕約, 農振委員會, 靑年及婦人團體等各機關이共同力을利用하야必行事項을規定하고未行者에對하야는適宜하게自治的으로制裁하도록此의勵行을期할 것
> 3. 昭和十年四月一日以降婚喪祭發生의時는邑面에서警察官憲과緊密한連絡을取하야當該家에出張하야必히大準則에依하야共히指導의徹底를期할事
> 4. 儀禮用具는可成的共同購入으로使用할 것
> 5. 婚姻年齡을準則대로男二十歲 女十七歲以上으로實行할事
> 6. 儀式은可及的所謂現代的을廢하고準則에基하야醮禮에依하도록勵行할事
> 7. 喪禮에는喪服及喪章의着用期間을嚴守식히고苟히喪期以外의服喪을藉口하고白衣를着用함과如한境遇가有할時는一般白衣着用者와同樣으로着做하고色服의着用을奬勵할事
> 8. 舊禮에依하야現在實施하고잇는喪家는最近來追의小祥祭 大祥祭를限하야그대로行하고爾後는必히諸般行爲를準則에基하야實施할事
> 二, 農村振興 關한件,
> … 7. 婚姻喪祭費의節約을圖할 것[179]

「官公吏가率先 農村振興에垂範, 婚喪節次는 儀禮準則을 實行」라는 제하의 『매일신보』의 기사에는 총독부에서 「의례준칙 제정에 관한 건」에 의거 지시한 바에 따라서 이를 적극적으

---

177) 동아일보, 〈대구, "遠來客의 喪主面會까지 敎化主事가 拒絶〉, 1935년 7월 11일 기사 참조.

178) 동아일보, 〈예천, "의례준칙을 지시"〉, 1935년 03월 27일 기사 참조; 일제에 의해 진행된 「의례준칙」의 실행과 관련하여서는 '김혜영, 「조선총독부 제정 〈의례준칙〉의 보급과 시행실태」, 『민속학연구』39, 2016'를 참고하기 바람.

179) 매일신보, 〈官公吏가率先 農村振興에垂範, 婚喪節次는 儀禮準則을 實行〉, 1935년 3월 30일 기사 참조.

로 실천하고 있음을 보여준다. 기사에서 언급된 내용으로는 '관리(官公吏)의 솔선수범, 지방의 각 단체를 활용한 적극적 실천, 의례용구의 공동구매와 사용 등을 의결하고 있고, 특히 상복과 상장의 착용기간을 엄수시킨다던지 색의 착용을 독려할 것'을 결정하고 있다. 특이사항으로는 '2항 농촌진흥 관련 건의 7조에 婚姻喪祭費의 節約을 圖할 것'이라는 조항은 앞서 〈의례준칙〉이 형식의 변화와 실행에 관한 제도적 측면에서 시행되었다면 〈의례준칙〉의 경제적 효과와 통제는 농촌진흥운동의 차원에서 지속적으로 관리되었음을 나타내고 있다는 점에서 중요하다. 〈의례준칙〉의 시행과 관련하여 일제가 우려하였던 조선인의 반발은 일상의 감시와 통제에 따른 불편은 물론 『주자가례』로 대변되는 유교의례의 전통문화가 일시에 변화되면서 겪게 되었던 가치관과 의례적 혼란으로 인해 더욱 크게 작용하였을 것이다.

총 20개의 항목으로 구성된 〈의례준칙〉은 조선사회가 『주자가례』를 기초로 인식하고 있었던 유교상례의 단계와 절차를 통합 또는 폐지, 간소화함으로써 500여 년간 지켜온 의례적 자존심에 커다란 충격을 준 일대의 사건이었다. 〈의례준칙〉을 통한 의례의 변화는 앞서 일본의 '생활개선동맹회의 결의사항'중 장의관련 사항과 매우 유사점을 보이고 있다. 『주자가례』를 비롯한 예서의 의례절차 서술은 일자별로 기술하는 형식을 기본으로 절차를 진행하면서 각 세부내용을 기술하고 있다. 그러나 〈의례준칙〉은 내용기술 형식에 일정과 관련되어 장일의 항목에서 '葬式은 特殊한 事情이 無한 限은 五日以內에 此를 行함.'등 장례식 일정만을 밝히고 있어 의례의 일정별 진행순서를 파악하는데 어렵게 기술되어 있다. 의례 진행절차는 유교상례의 분석과정에서 제기한 '의례소'와 비교하여 본다면 19단계 239개의 의례소로 구성되었던 유교상례의 단계와 절차가 〈의례준칙〉에서는 20개의 항목으로 조정되어 축소되었다.

〈의례준칙〉에서 변화된 내용을 세부적으로 분석하면 초종과 관련된 절차를 1. 臨終, 2. 喪主, 3. 護喪(葬儀委員), 4. 訃告로 통합 및 조정하였고, 습과 소렴 및 대렴으로 구분되어 진행되었던 절차를 통합하여 5. 襲及歛, 6. 靈座, 7. 銘旌으로 조정하였다. 오복제도로 이해되었던 성복은 8. 喪服及喪章과 세부항목으로 (1) 喪服, (2) 喪章으로 변경되었다. 다음으로 발인과 급묘를 살펴보면 발인과 관련하여서는 9. 葬日, 10. 永訣, 11. 發引으로, 급묘와 관련하여서는 12. 穿壙及灰隔, 13. 下棺及成墳, 14. 慰安祭로 변경하였다. 우제 이후 상례 중에 진행되는 제례와 관련하여서는 15. 虞祭, 16. 上食, 17. 朔望展拜, 18. 小祥祭及大祥祭로 변화되었고, 참고사항으로 19. 弔慰, 20. 喪期及服期 등으로 정리되었다. 이러한 유교식 상례의 변화양상을 〈의례준칙〉과 비교하기 위하여 '임종의 단계, 습렴의 단계, 성복의 단계, 장식의 단계 및 급묘의 단계, 상중제례의 단계와 기타의 7개의 단계로 구분하여 분석하고자 한다.

먼저 항목의 변화만으로도 유교식 상례에서 얼마나 많은 변화가 진행되었는지 알 수 있다. 상례 변화양상에서 외형적으로 가장 크게 변화를 인식할 수 있는 부분이 상례의 기간, 상주와 상복제도의 변화, 습과 렴의 개념변화, 장례의 등장과 상중제례의 축소 등이라고 할 수 있다. 유교식 상례의 변화는 거의 모든 절차에 대해 근대화라는 미명하에 간소화가 진행되었다. 이러한 변화는 전통의 계승이라는 관점에서 분석할 수 없는 전혀 새로운 형식의 의례라고 할 수 있다. 일제가 기획한 〈의례준칙〉으로의 변화에서 그들이 목적으로 한 바는 상례의 통제를 통해 경제적 비용의 축소에 초점이 맞추어져 있다는 점이다. 유교상례에서 3일에 걸쳐 진행되었던 습, 소렴, 대렴의 단계는 습과 염의 항목으로 통합되면서 그 경계가 없어졌고, 3개월의 치장을 통해 진행되었던 발인은 5일 이내에 진행되도록 하였다. 삼년상의 의례가 5일장과 1년의 소상으로 변화되면서 조문객을 위한 접객의 절차는 제한되었고, 비용의 지불이 최소화 될 수 있는 항목들로 변화되었다. 〈의례준칙〉의 변화내용을 앞서 제시한 7개 단계별 구분을 통해 살펴보면, 먼저 임종의 단계에 대해서 〈의례준칙〉의 내용은 다음과 같다.

一. 臨終
病氣危篤에陷한時는近親者侍側하야內外를安靜히하고맛참내隕命하면死者의身體及手足等을整齊하야辟戾되지안케함.
二. 喪主
長男(長男이無하면長孫이此에當함).
三. 護喪(葬儀委員)
親族知舊中經驗잇는者此에當함.
四. 訃告
護喪者의名으로써親戚知舊에게通知함.

유교상례에서의 진행되는 초종절차는 疾病, 遷居正寢→旣絕, 乃哭→復→執事者設幃及牀遷尸→楔齒綴足→立喪主→主婦→護喪→司書 司貨→乃易服不食→奠→治棺→訃告於親戚僚友으로 진행하도록 되어 있으나, 〈의례준칙〉에서는 유교식 상례에서 가장 중요한 임종, 수시(收屍), 상주, 호상과 부고만을 유지하고 나머지 절차는 폐지되었다. 유교상례를 번문욕례(繁文縟禮)로 규정하고 간소화를 목적으로 추진된 〈의례준칙〉의 이러한 조치는 일본식 장례풍습으로의 전환을 목적으로 진행되고 있음을 의미한다. 아울러 호상과 혼용되어 사용되어진 장의위원이라는 용어의 등장은 조선에서의 의례가 더 이상 유교식 상례가 아니라 일본식 '장의'임을 분명히 하고자 하는 의도임을 말하고 있다. 다음으로 습렴의 단계 변화를 살펴보면 〈의례준칙〉의 내용은 다음과 같다.

五. 襲及斂

死亡의翌日에喪主及近親者若干人(男喪에는喪主及男子, 女喪에는主婦及女子) 幃內에서死者의 病衣를除去하고衾을覆하고香湯으로屍體를洗拭하고(浴巾을 使用함)襚衣(幅巾(女는 掩)充耳, 幎目, 握手, 衣袴, 周衣(女는裳), 襪)를着케함. 此에斂衾으로屍體를裹하고棺에納한後棺內의空隙에는生前에着用하든衣服을充塡함.[180]

六. 靈座

幃前에靈座를設하고紙榜又는寫眞을揭함. 喪主以下靈前에서奠禮 (供物은酒・果・脯) 를行함.

七. 銘旌

絹・紬又는綿布를用하고杠은竹又는木으로作하야靈座의右側에立함. 書式은左와如함. 某官某之柩

유교상례에서 고인을 위한 가장 중요한 상례단계이며 3일에 걸쳐 진행되었던 습, 소렴 대렴이 습급렴(襲及斂)의 항목으로 통합되어 진행하는 것으로 변화되었다. 일정의 축소와 통합은 각 절차의 진행내용도 변화시켰는데, 해설에서 '襲이란沐浴식히는것 小斂이란옷닙히는것 大斂이란棺에넛는것을謂함이니'라고 하여 몸을 씻는 절차를 습이라 하고, 옷을 갈아입히는 절차를 소렴, 입관하는 절차를 대렴으로 왜곡하여 유교상례와는 전혀 다른 의례로 변화시키고자 하였다.[181] 그 결과 이러한 습・소렴・대렴의 왜곡된 정의는 지금까지도 이어지고 있다. 습의 절차에 있어서도 '襲斂은死者에대한最後의奉仕임으로 夫婦, 親子, 兄弟等의 肉親이 此에當할것이요 俗稱斂匠等雇人의손을借함은 死者에對한禮가안이다.'고 하고 있다. 그러나 이 역시 유교상례에서는 보이지 않는 절차이다. 『주자가례』를 비롯한 각 종 예서에서 고인에게 습과 염의 절차는 '집사자(執事者)'가 진행하도록 하고 있다. 이와는 달리 가족에 의해 습렴의 절차를 진행하도록 한 것은 제2장에서 살펴보았던 '습'의 절차가 가족이 마지막의 정성을 다해 진행하는 절차로 인식한 일본의 장례풍습에 기인한 것이다. 이는 일제가 〈의례준칙〉을 통해 일본의 장례풍습으로 전환시키고자 하는 의도가 있었음을 보여주는 예이다.

아울러 수의(襚衣)와 관련하여 살펴보면, 『주자가례』를 비롯한 각 종 예서에서 고인에게 옷을 입히는 절차를 '습(襲)'이라고 하고, 이때 고인에게 입히는 옷을 '습의(襲衣)'라고 하였다. 〈의례준칙〉에서 이야기하고 있는 '수의(襚衣)'는 소렴과 대렴의 절차에서 관속에 함께 넣었던 옷을 의미하였다. 그런데 〈의례준칙〉에서 고인에게 입히는 옷에 대해 '수의(襚衣)'라는 명칭을 사용하면서 용어의 혼란과 해방이후 '수의(壽衣)'라는 용어로 변화하게 되는 원인을 제공하였다. 또한 『주자가례』에서는 '습' 이후 진행되었던 영좌 설치, 혼백 및 명정의 설

180) 조선총독부, 앞의 책, 4쪽.

181) 조선총독부, 위의 책, 30쪽.

치 등을 '습급렴(襲及斂)'의 절차통합으로 습급렴을 마친 후에 영좌를 설치하고 지방 또는 영정사진을 놓도록 진행순서가 변경되었다. 이후 명정을 만들어 영좌의 우측에 세운다고 하고 있다. 다음으로 성복단계의 변화를 살펴보면 〈의례준칙〉의 내용은 다음과 같다.

八. 喪服及喪章

喪主以下喪에服할親族은襲殮終了日부터喪服又는喪章을着用함.

喪服은父・母・夫・妻・子 (長男) 는相互間에喪期中此를着用함.

喪章은前記한者는服期第一期中其他의喪에服할親族은喪期及服期第一期中此를附함.

喪服及喪章은左의制式에依함.

(一) 喪服

布(麻・木) 素周衣 (女는衣・裳) 同頭巾 (女는 皀色唐只・黑角簪)

(二) 喪章

가・朝鮮服<br>나・和　服　縱約一寸橫約二寸五分의蝶形結의黑布를左胸에附함.

다・洋　服 幅約三寸의黑布를左腕에纏함.[182]

『주자가례』에서 성복절차는 임종 후 4일차에 망자와의 근친관계에 따라 오복제도에 의해 상복을 착용하는 것이었으나, 〈의례준칙〉에서는 사망한 다음날 습렴을 마친 후 상복 또는 상장을 착용하도록 하였다. 굴건제복을 폐지하고, 두루마기에 두건을 쓰고 蝶形結의 黑布를 左胸에 착용하거나 양복의 경우에는 幅約三寸의 黑布를 左腕에 착용하도록 하고 있다. 복장의 변화는 당연히 시대변화를 반영하여 변화되었어야 하는 사항이지만, 유교상례를 기준으로 고인과의 관계에 따랄 달리하였던 굴건제복의 형식에서 일상복에 가까운 두루마기로 복장이 변화되었다. 아울러 상주 등 복인의 관계를 나타내었던 오복의 제도는 상장착용을 통해 구분함으로써 일제가 목적으로 하였던 경제적 관점에서도 매우 의미 있는 조치였을 것이다. 〈의례준칙〉을 통해 도입된 검정색 나비형 매듭의 상장이나, 三寸정도의 검정색 완장을 착용하도록 한 것은 해방 이후 현재까지도 상례절차에서 중요한 형식으로 인식되고 있어 근대상례의 도입으로 인한 변화가 우리 사회에 얼마나 많은 영향을 주었는지 살펴볼 수 있다.

다음으로 장식(葬式)의 단계를 살펴보면 〈의례준칙〉의 내용은 다음과 같다.

九. 葬日

葬式은特殊한事情이無한限은五日以內에此를行함.[183]

---

182) 조선총독부, 앞의 책, 5쪽.

장식(葬式)이라는 용어는 〈의례준칙〉을 통해 등장한 용어로서 유교상례에서 ‘치장’후 ‘천구’하여 ‘발인’ 이전에 ‘견전’을 올리던 단계에 해당한다. 성복이후 발인까지 약 3개월에 걸쳐 진행되었던 절차를 말한다. 〈의례준칙〉에서 규정한 장식의 절차에서는 ‘치장’과 ‘천구’, ‘견전’의 절차를 생략하고, ‘장일’의 절차가 신설되었는데 절차상의 의미는 발인과 같다고 할 수 있다. 5일 만에 장식(葬式)을 지내도록 하고 있어 실제적으로 의례기간을 단축시키기 위한 조치라고 할 수 있다. 그러나 표면적인 5일 장식의 조치에 대해 부록인 해설편에서는 ‘아모조록速히葬送을하는것히조흐니 死亡後三日葬쯤이가장適當하다.’[184]고 하여 실행에 있어서는 5일장이 아닌 3일장의 추진을 권하고 있어 본래 목적이 3일장에 있음을 드러내고 있다. 이를 통해 당시 일제가 발표와는 달리 상례기간을 단축하기 위해 노력하였음을 알 수 있다. 다음으로 급묘 단계를 살펴보면 〈의례준칙〉의 내용은 다음과 같다.

> 一〇. 永訣
> 發引前에永訣을行함.
> 永訣은特殊한事情이無한限은喪家에서此를行함.
> 一一. 發引
> 發引의時刻은朝조로함.
> 靈柩는舊式喪輿에依할境遇는呼唱을廢하고靜肅을守함但自動車를用함도無妨함.[185]

‘영결’은 〈의례준칙〉에서 신설된 절차로 유교상례의 ‘견전’에 해당한다. 이어진 발인과 연계되어 매장지로 이동할 것을 고인에 알리고 마지막 전(奠)을 올리는 중요한 의례라고 할 수 있다. 유교상례가 유교생사관의 관점에서 고인을 제사대상으로 전환시키는 과정의 의례라면 일본의 장례풍습은 불교적 영향으로 인해 이러한 연속성을 제한한다. 영원한 이별을 의미하는 영결(永訣)을 의례절차의 중요한 전환점에 배치하여 진행하였던 것은 〈의례준칙〉을 통한 일본예속화 경향을 드러내는 것으로 중요하다고 할 수 있다. 아울러 발인시각을 조조(早朝) 즉 이른 아침으로 하도록 하였는데, 이는 앞서 외국인들의 기록에서 대부분의 발인행렬이 저녁에 이동하였던 것에 비추어 발인시간을 아침으로 변경시켜 일정을 단축하고 통제를 강화하기 위한 조치였음을 알 수 있다. 또한 행상과 관련하여 상여를 이용할 경우에는 호창을 폐지하고 정숙하게 하도록 하였고, 시류에 부합되도록 차량을 이용하도록 하고 있다. 다음으로 상중제례 단계를 살펴보면 〈의례준칙〉의 내용은 다음과 같다.

---

183) 조선총독부, 위의 책, 5쪽.
184) 조선총독부, 앞의 책, 34쪽.
185) 조선총독부, 위의 책, 6쪽.

一二. 穿壙及灰隔

靈柩到着前에壙을鑿하고三物 (石灰・細沙・黃土) 로써灰隔을作함.

一三. 下棺及成墳

靈柩가墓地에到着하면銘旌의杠을除去하고棺上에置한後棺을壙中에安埋하고 精土로墳墓를造成하고此에莎草를植付함.

一四. 慰安祭

成墳後墓前에서此를行함.

一五. 虞祭

返虞後靈前에서此를行함(但一回에限함).

一六. 上食

喪期中은朝夕으로上食함.

一七. 朔望展拜

服期第一期中은每月一日, 十五日에喪主以下家族은靈前에展拜함.

一八. 小祥祭及大祥祭

喪主는服期第一期滿了日에小祥祭를行한後靈座를撤하고第二期滿了日에는大祥祭를行함.186)

유교상례의 급묘단계를 살펴보면, 성분하기 전 신주를 모시고 반곡하고, 자제중의 한사람을 남겨 감독하도록 하였는데, 〈의례준칙〉에서는 위안제(慰安祭)를 신설하고 성분 후 묘전에서 진행하도록 하고 있다. 이는 유교상례에서 반곡 후 진행되었던 우제의 절차를 폐지시키기 위한 조치로 보인다. 실제로 〈의례준칙〉에서는 반곡의 절차를 '반우'로 수정하였고, 우제의 절차는 1회(초우제) 만을 진행하도록 하였다. 아울러 유교상례에서 1주기 의례인 소상을 〈의례준칙〉에서 소상제급의 절차로 진행하면서 대상 이후 철(撤)하였던 영좌를 소상제를 마친 후 철거하도록 하고 있어 그 기간을 단축하고자 하는 의도를 분명히 하고 있다. 마지막 절차에서 조문객의 호곡을 폐지하고 상기와 복기로 구분된 상례기간에 대해 설명함으로써 일제가 호곡의 절차와 상례기간에 거부감을 가지고 있었음을 보여주고 있다.

이상의 내용을 종합하면 곡, 복(초혼), 주부, 사서 및 사화, 역복불식, 치관, 반함, 굴건제복, 호창, 졸곡, 부제 등의 절차는 폐지되었고, 상장(喪章), 장일(葬日), 영결, 위안제, 삭망전배등의 절차가 신설되었다. 상례 절차상의 용어 중 초종은 임종으로 반곡은 반우로 습의(襲衣)는 수의(襚衣)로 변화되었는데, 이중 습・소렴・대렴의 절차는 습급렴 또는 습렴으로 통합되면서 그 의미까지 변경시키고 있다. 이러한 의례 변화와 더불어 총독부의 요청에 따라 각 도에서는 현지의 실정에 부합한 형태로 재편하여 '준칙서'들을 간행하게 하였다. 각

186) 조선총독부, 위의 책, 7쪽.

도에서 발간된 ≪의례준칙류≫는 〈표-18〉과 같다.

각 도에서 발간된 ≪의례준칙류≫의 편찬을 보면, 〈표-18〉에서처럼 1934년 경상남북도에서 〈의례준칙〉을, 1935년 전라북도에서는 〈신정 의례편람〉을, 강원도에서는 〈신정 사례의범〉을 간행하였다. 이어 1936년 충청남도에서 〈의례궤범〉을, 1937년에는 충청북도에서 〈의례제요〉와 함경남도에서 〈의례요람〉이 간행되었고, 1938년 전라남도에서 〈의례준칙해설〉 등이 간행되었다. 조선총독부의 요구와 달리 각 도의 현실에 맞도록 재 간행 된 경우는 전라북도와 충청 남・북도, 함경남도에 불과하다. 그 내용에 있어서도 세부적으로 살펴본 결과 기타 사항에서 상기와 복기에 대한 설명을 추가하는 정도에 그치고 있어 총독부의 〈의례준칙〉을 원안 그대로 시행하였음을 알 수 있다. 그러나 일제의 이러한 조치는 피폐한 농촌경제로 인해 농민운동이 활발하게 전개되었던 상황에서 난국을 타계하기 위한 불가피한 조치였다고 할 수 있다.

〈표-18〉 일제강점기 ≪의례준칙류≫ 절차 분석

| 구 분 | 의례준칙 | 신정 의례편람 | 의례제요 | 의례규범 | 의례요람 |
|---|---|---|---|---|---|
| 발행년도 | 1934년, | 1936년 | 1930년 | 1937년 | 1937년 |
| 제작기관 | 조선총독부, | 전라북도 | 충청북도 | 충청남도, | 함경남도, |
| 임 종 | 臨終 | 臨終 | 臨終 | 臨終 | 臨終 |
| | 喪主 | 喪主 | 喪主 | 喪主 | 喪主 |
| | 護喪(葬儀委員) | 護喪(葬儀委員) | 護喪 | 護喪 | 護喪 |
| | 訃告 | 訃告 | 訃告 | 訃告 | 訃告 |
| 습 렴 | 襲及斂 | 襲及斂 | 襲及斂 | 襲及斂 | 襲及斂 |
| | 靈座 | 靈座 | 靈座 | 靈座 | 靈座 |
| | 銘旌 | 銘旌 | 銘旌 | 銘旌 | 銘旌 |
| 성 복 | 喪服及喪章 | 喪服及喪章 | 喪服及喪章 | 喪服及喪章 | 喪服及喪章 |
| 장 식 | 葬日 | 葬日 | 葬日 | 葬日 | 葬日 |
| | 永訣 | 永訣 | 永訣 | 永訣 | 永訣 |
| | 發引 | 發引 | 發引 | 發引 | 發引 |
| 급 묘 | 穿壙及灰隔 | 穿壙及灰隔 | 穿壙及灰隔 | 穿壙及灰隔 | 穿壙及灰隔 |
| | 下棺及成墳 | 下棺及成墳 | 下棺及成墳 | 下棺及成墳 | 下棺及成墳 |
| | 慰安祭 | 慰安祭 | 慰安祭 | 慰安祭 | 慰安祭 |
| 제 례 | 虞祭 | 虞祭 | 虞祭 | 虞祭 | 虞祭 |
| | 上食 | 上食 | 上食 | 上食 | 上食 |
| | 朔望展拜 | 朔望展拜 | 朔望展拜 | 朔望展拜 | 朔望展拜 |
| | 小祥祭及大祥祭 | 小祥祭及大祥祭 | 小祥 | 小祥祭及大祥祭 | 喪期祭 |
| | | | 大祥 | | 祥事祭 |
| 기 타 | 弔慰 | 弔慰 | 吊慰 | 弔慰 | 吊慰 |
| | 喪期及服期 | 喪期及服期 | 喪期及服期 | 喪期及服期 | 喪期及服期 |
| | | 從來喪期 | 喪期及服期의 期間 | 喪期及服期의 期間 | 從來喪期 |
| | | 其他의注意 | 從來喪期 | 其他의注意 | 文例 |
| | | | 儀式圖 | | 襚衣 |
| | | | | | 儀式圖 |

일제는 〈의례준칙〉의 보급과 실행을 위해 다양한 노력을 전개하였으나, 의도하였던 바와 같이 획기적인 경제적 성과로 이어진 것은 아니었다. 혼례와 장례비를 절약하였다는 관련 기사는 『동아일보』 1935년 1월 26일자 「婚禮와 葬禮費用 三百卅萬圓, 전보다 二할은 절약된듯」의 기사와 『매일신보』 1938년 5월 6일자 「葬禮費를 節約 各方面에 寄附」의 기사 등에서 볼 수 있다. 그러나 『동아일보』의 기사는 〈의례준칙〉의 반포 후 약 2개월여가 지나 발표된 내용으로 〈의례준칙〉이 효과적으로 실시되고 있다는 의미로 이해하기 어렵다. 실제 기사의 내용에서 〈의례준칙〉의 실행과 관련된 내용은 없으나, 경기도 당국자의 말을 인용하면서 '농촌진흥의 목표로 경비절약을 시킨 결과…'라고 하여 '농촌진흥운동'의 과정에서 절약이 이루어지고 있는 것으로 이해됨으로써 일제가 의도하였던 〈의례준칙〉의 목적이 종국에는 농촌진흥운동으로 귀결되어 짐을 알 수 있다. 아울러 『매일신보』의 기사는 부친의 장례비용을 절약하여 소방조와 국방헌금을 하였다는 기사이다. 실제 절약된 금액이 얼마인지에 대한 근거를 밝히지 않고 단지 헌금을 하였다는 기사는 전시 동원체제에 들어서면서 주민을 독려하기 위한 수단으로 이용된 것으로 보인다.

〈의례준칙〉의 실행이 민간에서 얼마나 적극적으로 진행되었는지에 대한 기사나 내용을 확인하기 어렵다. 그러나 일제는 1936년 6월 도지사회의에서 함북지사의 의례준칙영화화에 대한 의견을 총독부 사회과와 문서과에서 시나리오와 제작을 통해 전국에 배부할 것을 결정하였고, 1937년 4월 경기도에서 '朝鮮在來의 複雜多端한婚禮, 葬禮의 形式을 打破하고 가장 簡潔한方法으로서의 儀禮準則을施行하도록하는 意味에서 오는 五月中 高陽郡과始興郡을 中心으로하야 儀禮準則에依한婚葬禮를 實行하고잇는 것을 活動寫眞으로製作하기로되어…' 등 관련 기사를 통해 총독부가 〈의례준칙〉의 실행과 정착에 대해서 많은 고민과 노력을 경주하였음을 보여준다.[187] 그러나 이러한 다양한 노력이 진행되었다는 것은 다른 한편으로는 〈의례준칙〉의 실행에 실효를 거두지 못하고 있었음을 반증하는 것이기도 하다.

이상으로 〈의례준칙〉의 반포와 관련하여 국내외 경제여건과 일본의례에 대한 이해와 변화에 대해 살펴보고 〈의례준칙〉반포가 기존의 이해와는 달리 '농촌진흥운동'의 진행과정에서 그 성과를 극대화하기 위한 수단으로 계획되고, 시행된 것이라는 것을 이해할 수 있었다. 이러한 논의와 관련하여 다음의 기사는 〈의례준칙〉의 성격을 분석하고 규명하는 관점에서 시사하는 바가 크다고 할 수 있을 것이다.

---

187) 매일신보, 〈儀禮準則을 映畵로 各道에頒布公開〉, 1936년 6월 25일 기사 참조.

『禮法要綱』 드듸어完成

문부성에서 고심하여 만드는 례법요강(禮法要綱)이 이번에 완성되엇다. 이것은 중등학교에서 수신과교수요목을 개정하는데짜라서 문부성안에 덕천의친(德川義親)후작을위원장으로한 작법교수요강위원회(作法教授要綱委員會)를설치하고 신중하게조사 심의한결과로된것으로서 종래는명치사십사년에제정한 작법교수요간에긔인하야 작법교수가시행되엇섯는데 이것은중등학교 사범학교의남자작법에 제한되어 잇든 것을 이번에 일반 국민의 현대생활에 적당한 새로운 례법으로서 현대인에게보내는례법덕본(禮法德本)이다. 금후부터는이요강에짜라서 중등학교작법교수가 시행될터인데 이례법요강의 골자는 우선전편(前篇)에서모든레법에통하는 긔본적사항을말하고 후편에서는 황실국가에관한례법 가정생활에관한례법사회생활에관란례법등세부문에 나누어서 상세하게 새로운례법을 설명하엿다.[188]

1941년 4월『매일신보』에 게재된「國民生活의 指針」이라는 제하의 기사이다. 기사의 내용은 일본 문부성을 중심으로 〈예법요강(禮法要綱)〉을 완성하여 중등학교는 물론 일반 국민의 예법으로 사용할 것임을 밝히고 있다. 조선에서의 의례적 근대화는 1934년 〈의례준칙〉을 통해 진행되었으나, 일제는 1941년 〈예법요강(禮法要綱)〉을 통해 근대상례의 기준을 작성하여 시행하였다는 점을 밝히고 있다. 이는 조선에서의 〈의례준칙〉 반포가 의례의 통제를 통한 민족성 말살이나 공동체의식을 약화를 통해 내선일체의 식민화정책을 위한 조치가 아니었음을 반증한다.

〈의례준칙〉을 통한 일제의 의례통제 목적은 앞서 살펴 본 바와 같이 1930년대 세계경제 대공황기 조선 농촌경제의 파국을 막기 위해 추진한 '농촌진흥운동'의 성공적 추진을 보조하기 위해 기획된 정책이었으며, 근대의례의 도입을 통해 의례를 통제의 수단으로 사용한 첫 사례라고 할 수 있다.

### 2) 전시체제 의례통제강화와 〈개선장례기준〉의 등장

〈의례준칙〉의 반포와 시행에 대해서는 1937년 이후 관련된 신문기사가 급격히 감소하여 제도가 얼마나 효과적으로 실행되었는가는 판단하기 어렵다. 그러나 당시 사회 정치상황의 변화를 살펴보면, 1935년을 기점으로 이전까지 진행되었던 '농촌진흥운동'은 '심전개발운동'으로 전환되었으며, 1936년 8월 제7대 미나미 지로(南次郎) 총독으로 바뀌면서 '농촌진흥운동'은 사실상 중단되고 전시체제로 전환되었다. 1940년대 말 전시체제에 강화에 따른 '국민총력운동'이 본격화함에 따라 농촌진흥운동은 점차 사라지게 된다. 이처럼 일본의 국제적 상

188) 매일신보, 〈國民生活의 指針〉, 1941년 4월 18일 기사 참조.

황과 식민지 조선에서의 정치적 변화는 '농촌진흥운동'의 전환 및 소멸과 함께 농촌진흥운동의 보완적 차원에서 진행되었던 〈의례준칙〉의 시행 역시 쇠퇴하게 되는 계기를 제공하였던 것으로 보인다.

일제는 1937년 중일전쟁이 발발함에 따라 국가총동원체제에 돌입하면서 황국정신의 현양과 내선일체의 완성 등을 강령으로 한 '국민정신총동원조선연맹'을 발족하였다. 총독을 총재로 하고 중앙에 '조선연맹'을 설치하였으며, 각 지방에는 '지방연맹'을 그리고 그 밑에는 10호를 단위로 하는 '애국반'을 만들어 증산운동・공출・학도병 지원・일본어 강습 등을 강요하며 일본의 침략전쟁에 필요한 인적・물적 자원을 수탈하고자 하였다. 이는 조선의 민족의식과 민족문화를 철저하게 말살시켜 일본 제국주의에 절대적인 충성을 강요하려는 조치였다.

태평양전쟁의 발발로 일본의 사정이 더욱 급박해지자 '국민정신총동원조선연맹'은 식민지에 대한 수탈을 강화하고, 조선 민중의 저항을 차단하기 위해 1940년 '국민총력조선연맹'으로 개편하여 황민사상을 고취하고 다양한 방법으로 징병이나 징용을 독려하게 된다. 아울러 비상시 국민생활 혁신 등의 실천 강령에 따라 1940년에 〈개선혼례기준〉을 1941년에 〈개선장례기준〉을 마련하여 공포하였다. 이 중 본 연구와 관련하여 1941년 공포된 〈개선장례기준〉의 제정취지에 대해 살펴보면 다음과 같다.

> 改善葬禮基準制定의 趣旨
>
> 朝鮮에있어서 重要儀禮中 婚葬祭에關해서는 昭和九年總督府에서 儀禮準則을發布하여 거기에依할標準을 指示한바있지만 儀禮의簡素嚴肅化를圖하여 이것으로서 慣習의是正과 民風의振作을期하고 아울러 物資節約의實效를擧함은 現下戰時下에當하여 極히緊要함은 重言할必要가없다.
>
> 本聯盟에서는 이것을基本으로하고 여기에 改善婚禮基準을定하여 널리이것을 勵行實踐하도록한것인데 制定後 日淺함에도 不拘하고 神前結婚의增加 俗惡한洋式類似結婚의 減少 等 實績의 볼만한것이지 적지않음은 매우 기쁜일이다. 이에다시 婚禮와함께人生의最大儀禮인 葬禮에對해서도 別紙와같이 基準을制定하여 一般聯盟員에보이기로한 것이다. 이것은前에定한바 婚禮基準과마찬가지로 葬禮에있어서도 樣式의簡素嚴肅化를 圖하여 慣習의是正과 民風의作興과아울러 物資의節約을期하는反面 刻下非常한時代相에 相應시키고저하는趣旨에서나온것인데 同時에 이것의簡素化에關해서 아직準據할바 基準이없기 때문에 一般民衆은 改善의勇을缺하여 짬없이 躊躇逡巡하는傾向이적지않은實情에비추어 其要望에副할것을期한것이다. 그러므로 內容에있어서도 前定婚禮基準同樣으로끝까지 儀禮準則의趣旨에基한것은勿論 다시現下의情勢에비추어 或은內地人側에도 其準據할바를指示하여 實踐의徹底를期하기위하여 何人이던 단번에이趣旨要點을 周知把握할수있도록한것等 全面的으로 戰時國民生活體制確立의 一助가되도록 힘쓴 것이다.
>
> 元來儀禮는 永年習慣의 所産으로急激한改變은 往往種種의弊害를生할虞慮가있음으로 本基準은 결코이를强制하고자함아니라 끝까지 儀禮本來의性質을尊重하여 各愛國班의協議等에依하여 自

發的實踐을 期待하는바이다.[189]

〈개선장례기준〉 제정취지의 서두에서는 앞서 실행되었던 〈의례준칙〉의 제정과 그 효과에 대하여 의례를 간소화하고 관습의 시정과 물자절약에 실효를 거두었지만, 전시체제에 임한 현재의 긴박함은 그러한 필요가 더욱 요구된다고 하여 의례에 대한 통제가 〈의례준칙〉의 연속선상에서 진행될 것임을 예고하고 있다. 아울러 이러한 취지로 '改善婚禮基準'을 정비하여 실행한 결과 신식결혼이 증가하는 등의 효과가 있어 새롭게 '改善葬禮基準'을 제정한다고 밝히고 있다. 이는 일제가 상례에 대한 통제보다는 결혼에 대한 통제를 더욱 중요하게 인식하고 있음을 나타내고 있다.

〈개선장례기준〉의 시행에 대해 '樣式의 簡素嚴肅化를 圖하여 慣習의 是正과 民風의 作興과 아울러 物資의 節約을 期하는 反面 刻下非常한 時代相에 相應시키고저 하는 趣旨에서 나온 것'이라 하여 궁극적으로 물자절약을 통한 경제적 착취가 목적임을 밝히고 있다. 실행에 있어서도 이전의 〈의례준칙〉과 같이 일방적인 지시가 아닌 일본인과 조선인을 구분하여 실행안을 제시하고, 조선인의 반발을 고려하여 강제적 조치가 아닌 자발적 기대를 요구한다고 하고 있다.

이어 '國民總力朝鮮聯盟文化部長' 야나베 에이자부로(矢鍋永三郎)의 「文化人도 覺醒하라」는 담화를 통해 국가전시체제의 심각화에 따라 자기반성을 통해 엄격한 생활 태도를 갖는 것이 문화인의 사명이란 취지로 말하고 있다.

> 時局의深刻化에따라 國民生活의戰時體制를 强化하는 것은 實로必要한 것이다. 文化人이라하면 從來자칫하면 自由主義的인 것으로 역여저 放縱享樂的인 生活을 하고 있는 것으로 생각하기 쉬웠다.
> 그러나 文化그것은 決코 放縱한것이 아니고 文化가 높아지면높아질사록 國家의 必要에即하여 嚴格한生活의 自己反省을하고 文化人으로서 부끄럽지않은 生活態度를 갖지않으면 안될것이 本來의 使命이다. 文化란 窮極에있어서는 國民生活이라는 큰 姿態로나타나는 것인즉 萬若 舊體制風의 生活을 하고 있는者가 있다면 이것은 全혀 生活을 誤解하고있는 것이다. 이제 眞實한 文化人으로서 大衆에 率先하여 卽戰時的 生活態度의 確立을 企圖함과 同時에 더욱더 各自의 職域을 通하여 總力精神을 强調, 國家에의 奉公에 힘써 邁進해야하겠다.[190]

이상의 취지는 국가전시체제에 맞추어 생활태도를 갖추는 것이 문화인으로서 역할을 다하

189) 국민총력조선연맹, 「개선장례기준제정의 취지」, 『조광』, 조선일보출판사, 1941년, 65쪽.
190) 국민총력조선연맹, 앞의 논설. 65쪽.

는 것임을 주장하고 있는 것이다. 즉 조선인들 역시 자신 스스로가 문화인으로 인식되기 위해서는 전시체제에 맞추어 제시한 〈개선장례기준〉을 통해 생활태도를 바꿈으로서 국가에 봉공하여야 한다는 논리인 것이다. 일제가 주장한 문화인의 생활태도에 대해 '國民總力朝鮮聯盟'에서 제정한 〈改善葬禮基準〉의 내용을 살펴보면 다음과 같다. 전시상황 하에서 제정된 〈개선장례기준〉은 이전과는 달리 일본인을 대상으로 한 갑식(甲式)과 조선인을 대상으로 한 을식(乙式)으로 구분되어있는 특징을 보이고 있다. 내용 중 중요부분을 요약하면 다음과 같다.

一. 改善葬禮基準(國民總力朝鮮聯盟制定)

(一) 甲式

一. 死亡通知

通知할곳은極力近親, 故舊의小範圍에끄칠일…

二. 弔問

特別關係者以外는玄關에서弔問함.

三. 通夜

時間, 午後十時迄까지로함.

四. 葬列

近親者에限定하고, 可及自動車를使用치말일.

五. 儀式(葬儀, 告別式)

葬儀는近親者만으로執行하고 一般告別者는燒香拜禮直時辭去하도록할일.…

六. 服裝

喪主及近親者

男子 國民服에儀禮章을附하고, 左腕에黑布를두를일. ……

參列者는簡素하게차려 禮를잃지않을服裝으로함. ……

喪主, 學生또는年小者인경우에 學生은制服에 年小者는平服에 各各前記喪章을附함.

七. 玉串料, 香奠, 供物의寄贈

玉串料, 香奠는誠意를表하는程度에고칠일. …

八. 飮食

通夜 其他如何한경우를不問하고, 饗應은茶菓의程度에끝이고, 酒其他飮食物은쓰지말일(係員일돕는사람일지라도 食事는될수있는데로自宅에가서할일)

九. 返禮

玉串料, 香奠에對한返禮, 及會葬者에對한葉書, 菓子包等의配布를全廢함.

其他, 弔問, 會葬에대한饗應, 回禮禮狀等을全廢함.

十. 法要

葬儀에準하여簡素를主로하고 引物은全廢함.

一. 其他 …

出棺, 葬儀, 告別式其他時間을嚴守할일. …

虛禮, 形式에흐름을一切廢하고, 極力遺族의失費手苦를덜일.

愛國班員은近親者와協力하여 周到하게일볼일.

'국민총력조선연맹'에서 제정한 〈개선장례기준〉은 『매일신보』 1941년 7월 30일 〈改善葬禮基準〉이라는 제목의 사설과 8월 2일 「改善葬禮基準의 實踐」이라는 기사를 통해 발표되었다. 1934년 조선총독부에서 반포하였던 〈의례준칙〉과는 달리 〈改善葬禮基準〉은 총독을 총재로 하였던 '국민총력조선연맹'을 통해 형식상 공식적인 발표를 제한하고 예하의 조직을 활용하여 실천을 독려하였던 실천적 제도라고 할 수 있어 〈의례준칙〉과는 다른 형식과 순서를 통해서 추진되었다.

〈개선장례기준〉의 시행과 관련하여 가장 먼저 보이는 변화는 조선인만을 대상으로 하였던 〈의례준칙〉과는 달리 일본인을 대상으로 한 '갑식'과 조선인을 대상으로 한 '을식'으로 형식을 구분하였다는 점이다. 아울러 그 실행에 있어서 보다 적극적인 양상을 취하고 있는 점을 들 수 있다. 내용을 살펴보면 〈의례준칙〉이 임종에서 상기급복기에 대한 항목까지 총 20개의 항목으로 구성되었던 것에 비해 〈개선장례기준〉의 '갑식'은 총 11개 항목으로 구성되었고, '을식'은 염습과 영좌, 장일, 제와 전 등의 절차를 추가하여 14개 항목으로 구성되어 있다. 그 세부적인 내용을 〈의례준칙〉과 비교하여 변화과정을 분석하면 다음과 같다.

① 구성항목과 관련하여 〈의례준칙〉의 1) 임종, 2) 상주, 3) 호상, 7) 명정, 12) 천광급회격, 13) 하관급성분, 14) 위안제, 15) 우제, 16) 상식, 17) 삭망전배, 18) 소상제급 대상제, 20) 상기급복기 등 12개 항목은 폐지되었고, 4) 부고는 사망통지로, 5) 습급렴은 염습으로, 8) 상복급상장은 복장으로, 10) 영결은 의식으로, 11) 발인은 장렬로, 19) 조위는 조문의 절차로 명칭을 변경하고 내용을 조정하여 기술하고 있다. 신설된 항목으로는 3) 통야, 8) 옥관료, 향전, 공물의 기증, 9) 음식, 10) 반례 등 4개의 항목이 추가 되었다.

② 기술 방법에 있어서는 유교상례의 일정별 기술방식이 아닌 〈의례준칙〉에서와 같이 순차별 기술방식으로 기술되어 있다.

③ 1항 '사망통지'는 〈의례준칙〉의 경우 유교적 형식을 계승하여 기술하고 있었던 것에 비해, 〈개선장례기준〉은 그 범위를 극력근친자로하고 범위를 소범위로 하도록 하고 있으며, 부고의 내용에서 연명의 이름을 최소화 하도록 하고 있다. 아울러 신문부고의

경우도 그 형식을 같이 하도록 하고 있다.

④ 2항 '조문'과 관련하여 〈의례준칙〉의 19) 조위의 절차에서는 곡을 폐지하고 생전에 친교가 있던 사람은 영전에서 기타는 상가에 도착하여 애도의 뜻을 표하도록 하였으나, 〈개선장례기준〉의 경우에는 특별관계자이외는 실외에서 상주 또는 호상에게 조문하고 형식적 '호곡'을 폐하도록 하여 접객으로 인한 비용을 최소화시킬 목적으로 통제하였던 것임을 알 수 있다.

⑤ 3항 '통야'의 내용은 유교상례에서는 보이지 않는 일본식 장례풍습으로 조선에서의 시행과 관련해서는 〈개선장례기준〉에 처음 언급되었다. 발인전날 근친자들이 모여 밤을 새우며 시신을 지키고 나쁜 혼령이 침입하는 것을 막기 위해 행한 일본의 토속적 관습이었던 통야(通夜)의례가 진행되었다는 점은 1940년대를 전후한 시기에 일본의 장례풍습이 조선인들의 일상에서도 많은 영향을 미치고 있었음을 알 수 있는 중요한 부분이다. 특히 이 '통야'의 의례는 해방 이후 상가의 밤샘문화와 관련하여 일본 장례풍습의 전파가 우리 문화에 얼마나 큰 영향을 미쳤는지 알 수 있는 부분이라고 할 수 있다.

⑥ 4항 '염습'의 절차와 관련하여 〈의례준칙〉에서의 변화에 대해서는 앞서 '습급렴'이라 하여 유교식 상례의 습・소렴・대렴의 절차가 통합되어 진행되면서 그 세부적인 절차의 내용도 변경되었음을 살펴보았다. 〈개선장례기준〉에서는 '염습'으로 명칭을 변경하여 하나의 통합된 절차로 이해되었고, '염습'의 명칭이 처음 사용됨으로써 해방 이후 상례절차의 변화과정에서 가장 대표적인 용어혼동 사례라고 할 수 있다.

⑦ 5항 '의식'의 절차와 관련하여 고별식이라는 용어가 처음 등장하는데, 이는 1940년대 발인의 의식을 일본식으로 변경하여 의례가 진행되면서 이를 '고별식'이라고 하였던 것에서 유래된 것으로 보인다. 〈의례준칙〉에서는 유교식 상례에 따라 발인, 영결 등의 절차로 진행되었으나, 〈개선장례기준〉에서는 '의식'으로 바꾸어 통합하여 진행하도록 하였다.

⑧ 6항 '장렬'의 절차는 〈의례준칙〉 11항 발인의 절차에서 발인의 시각을 아침으로 하고 상여의 경우 호창을 폐지하고 자동차의 사용도 가능하도록 하고 있으나, 〈개선장례기준〉에서는 참석자를 소수의 근친자로하고 상여는 간소한 것으로 하도록 하였다. 일본인을 대상으로 한 갑식에서는 자동차를 사용하지 못하도록 하고 있어 전시상황에 따른 절약을 위한 조치라고 할 수 있다.

⑨ 7항 '복장'의 절차에 대해서는 〈의례준칙〉 8항 상복급상장에서 굴건제복을 폐지하

고, 두루마기에 두건을 쓰고 蝶形結의 黑布를 左胸에 착용하거나 양복의 경우에는 幅約三寸의 黑布를 左腕에 착용하도록 하고 있다. 〈개선장례기준〉에서는 복식의 종류에 대해 상주는 의례준칙과 같으나 여자는 소의상으로하고, 근친남여 참석자인 복친은 평복에 상장을 착용하는 것으로 하고 있다. 기타 참석자에 대해서는 예를 잃지 않을 복장이라고 하여 별도의 복장을 준비하는 것을 금지시키고 있다.

⑩ 8항 '옥관료, 향전, 공물의 기증'의 절차는 유교식 상례에서는 물론 〈의례준칙〉에서는 없었던 절차이나 〈개선장례기준〉에서 처음 등장하였다. 신사나 신전에 바치는 공물을 의미하는 '다마구시료(玉串料)'와 향전, 공물 등은 일본의 장례에서 등장하는 의례절차로서 근조화환이나 만장 선향 등의 공물 기증을 전폐하고 옥관료와 향전은 성의를 표하는 정도로 그치도록 하고 있다.

⑪ 9항 '음식'의 절차는 유교식 상례에서는 물론 〈의례준칙〉에서도 없었던 절차이다. 유교식 상례를 일부 계승하여 〈의례준칙〉이 고인을 대상으로 의례로 상식이나 상망전배 등을 언급하였던 것에 비해, 〈개선장례기준〉의 음식절차는 조문객을 위한 접객의 의미의 절차이다. 내용으로 '통야 등 어떤 경우라도 향응은 다과정도로 끝내고, 음주나 기타 음식의 제공은 제한하며 가급적 자택에 가서 식사'를 하도록 하고 있다. 농업을 기반으로 한 지역공동체적 성격이 강했던 조선사회에서 상례를 통한 공동체적 대응은 필수적 요소라고 할 수 있으며 이로 인해 조문객에 대해 음식을 대접하는 접객은 자연스러운 결과였다. 그러나 〈개선장례기준〉을 통한 일제의 통제는 경제적 여건을 고려하여 전면 금지시키는 결과로 이어진다.[191]

⑫ 10항 '반례'의 절차 역시 유교식 상례에서는 물론 〈의례준칙〉에서도 보이지 않았던 절차이다. 일본에서 장례식을 마친 조문객들이 고인의 가족 및 친지들과 인사를 나누고 답례품을 받아가는 장례풍습에서 유래된 것으로 보인다. 반례의 절차는 〈개선장례기준〉에서 반영되면서 '향전에 대한 반례와 회장자에 대한 엽서, 과자 등의 배포를 전폐하고, 기타 조문회장에 대한 향응과 회례장 등을 전폐한다'고 하여 반례의 실행에 대한 안내가 아닌 행위의 금지에 대한 절차이다. '반례'의 절차를 통해 알 수 있는 것은 앞서 '통야'의 절차에서와 같이 일본의 장례풍습이 유입되어 조선의 문화와 통합되는 과정에서 당시로서는 매우 적극적으로 시행되고 있었음을 추정할 수 있다.

---

191) 상례에 대한 공동체적 대응과 축제성에 대한 논의는 '한양명, 「일생의례의 축제성 : 장례의 경우」, 『비교민속학』39, 비교민속학회, 2009, 295~330쪽'을 참조하기 바람.

⑬ 11항 '영좌'의 절차는 유교상례에서는 물론 〈의례준칙〉에서 중요한 항목으로 다루어졌던 의례절차이다. 〈개선장례기준〉에서는 일본인을 위한 '갑식'에서는 발견되지 않고, 조선인을 위한 '을식'의 11번째의 항목으로 기술 되어있다. 내용은 '지방 또는 사진을 안치하고 향로를 준비하도록 하고 있으며, 점석, 여막, 빈소의 설치를 전폐한다'고 하여 영좌의 설치가 고인을 위한 의례공간은 물론 조문객의 조문공간임에도 불구하고 빈소와 점석의 폐지를 통해 '2) 조문'에서 현관 또는 실외에서 조문하도록 한 사항을 실행하도록 보완하는 절차로 이해될 수 있다. 이를 통해 일제는 상례의 기본적인 목적이 고인의 죽음에 대한 애도를 통해 공동체구성원의 결속을 다지는 문화적 현상임을 부정하고 형식적 예식의 실천만을 강조하고 있으며, 아울러 이러한 조치의 과정에도 고인을 위한 애도(哀悼)와 근신(謹愼)에 전력하여야 한다는 이중적 태도를 보이고 있다.

⑭ 12항 '장일'의 절차는 매장절차인 장례식에 대한 절차이다. 유교상례에서는 3개월 이후에, 앞서 외국인들의 기록한 유교식 상례에는 9일 이후에 장일을 가진다고 하였고, 〈의례준칙〉에서는 5일 만에 장사를 진행하도록 하고 있다. 단서조항으로 3일 만에 장사하는 것을 권장하기도 하였지만 공식적으로는 5일장을 진행하도록 한 것이다. 그러나 〈개선장례기준〉에서는 이를 더욱 단축하여 3일 만에 장사하도록 하고 있다. 이러한 장일의 단축은 해방 이후 〈가정의례준칙〉등 근대상례와 현대장례에서 3일장으로 규정하도록 하는 단초를 제공하였다.

⑮ 13항 '제급전'의 절차는 유교상례에서 고인을 대상으로 진행하였던 전(奠)의 의례와 상중제례를 통합하여 변화한 것으로 〈의례준칙〉에서 진행되었던 '위안제, 우제, 상식, 삭망전배, 소상제급대상제'의 절차를 통합하여 〈개선장례기준〉에서 '제급전'의 절차로 변화되었다. 세부 진행절차에서는 '조석의 전, 상식을 폐하고 분향이나 재배'등으로 기술함으로써 전과 상중제례를 금지하는 쪽으로 기술되어 있어 절차의 안내나 변화에 대한 논의라기보다는 폐지를 통해 새로운 의례형식으로의 전환을 주문하고 있다.

⑯ 14항의 내용은 유교식 상례에서는 물론 〈의례준칙〉에 언급되어 있지 않는 '위생적 청결'이나 '시간의 엄수'에 대한 논의와 '의례의 간소화', '엄숙'에 대해 논하고 '애국반원을 근친자와 협력하여 실천'할 것을 독려하고 있다.

이상으로 〈개선장례기준〉의 등장과 의례변화에 대해 유교상례, 유교식 상례와 〈의례준칙〉

을 비교하여 살펴보았다. '예치'를 중심에 두었던 조선의 유교상례의 본질은 고인에 대한 예의를 다하는 것이다. 유교상례는 오랜 기간과 복잡한 절차를 통해 고인과의 마지막 의례를 점진적으로 진행함으로써 조상신으로 좌정시키도록 충실하게 설계되었다. 그러나 일제강점기 〈의례준칙〉을 통한 의례통제는 앞서 등장 배경에서 논의하였던 바와 같이 경제적 문제를 해결하기 위한 수단으로서 '의례'를 재편하고자 하였던 것이다. 일제에 의해 단행된 '의례의 재편과정'에서 등장한 〈의례준칙〉은 반포 초기의 강력한 시행과는 달리 경제적 여건의 변화에 따라 그 시행이 미진했던 것으로 보인다. 그러나 재정적으로 취약한 상황에서 경제적 목적을 위해 조선총독부에서 추진한 〈의례준칙〉의 시행모델은 불과 몇 년 후 동일한 조건이라고 할 수 있는 전시체제하에서 〈개선장례기준〉으로 변경되어 등장하게 된다. 1937년 중일전쟁의 발발과 전시동원체제로의 전환, 1939년 조선에서의 대한해(大旱害)로 인해 예년에 비해 40%이상 감소한 수확량 등으로 인해 다시 심각한 경제적 문제가 발생하게 된다. 연이어 촉발된 전쟁으로 인해 전시동원체제의 강화요구 등은 〈의례준칙〉의 등장시기와 비슷한 경제적 여건에 놓이게 함으로써 의례의 통제적 요구에 따라 〈개선혼례기준〉과 〈개선장례기준〉이 등장하였다고 할 수 있다.

〈개선혼례기준〉과 〈개선장례기준〉은 시대적 요구에 맞추어 유교상례의 형식이나 내용은 거의 찾아볼 수 없을 정도로 변경되었고, 특히 〈개선장례기준〉은 의례의 기준을 제공한 것이 아니라 기존에 진행되던 의례절차를 폐지하도록 권장하는 것이 대부분을 차지하고 있다. 〈개선장례기준〉의 목적이 경제적 문제의 해결에 있었음을 들어내는 부분이라고 할 수 있다. 그러나 경제문제를 해결하고 조선을 통한 전시물자의 원활한 수급이 필요한 과정에서 일제가 먼저 선택한 대상은 상례가 아닌 혼례였다. 이는 〈개선장례기준〉의 제정 취지에서 1년 전에 이미 〈개선혼례기준〉을 제정하고 이에 대한 성과를 통해 〈개선장례기준〉을 제정하였다고 밝힌 점에서 일제의 의도가 엿보이는 부분이라고 할 수 있다. 일제는 허례허식의 폐해를 시정하고 물자절약을 통한 경제적 이익을 위해 혼례에 대한 통제를 먼저 시행하고 이어 상례에 대한 통제를 진행하였다. 결과적으로 상례에 대한 경제적 문제보다 혼례에 대한 문제가 더 심각하였음을 보여주는 결과라고 할 수 있다. 그러나 삶의 영역에서 진행되는 혼례의 문제보다 죽음의 영역에서 진행되는 상례에 대한 왜곡된 시각이 통제의 관점에서 더 부각되었던 것이다. 실제로 조곡의 폐지 등 10개항의 폐지와 15개항의 금지사항은 거의 모든 분야에서 금지 또는 폐지하도록 한 것이라고 할 수 있다.[192] 이러한 의례의 변화는 경제적

---

192) 「개선장례기준」에서의 금지사항은 '~하지 말 일', 또는 '~으로 할 일'등으로 기제 되어 있는데, '~의 할 일'의 경우 '~간단히 할 일' 등 권장사항으로 해석되기 보다는 통제의 관점으로 기술되어

목적을 위한 통제수단으로서 비판적 시각에서 유교상례를 바라보게 하였다. 이를 통해 의례를 수단화하여 목적에 따른 변화의 대상으로 인식하게 하는 등 상례에 대한 인식을 변화시켰다. 아울러 1930년대 이후 일본인들의 유입과 식민지 정책에 의해 일본의 장례풍습이 자연스럽게 전파됨으로써 유교식 상례에서 일본식 근대상례로의 변화가 심화되었던 시기라고 할 수 있다.

일제강점기 '일본식 근대상례'의 등장은 의례적 혼란이 가중된 시기라고 할 수 있으며, 조선 지식인들의 동조 하에 일제에 의해 계획되고 실행된 근대상례로의 전환과정은 전근대사회와는 달리 법과 제도를 통한 의례통제라는 새로운 방식으로 진행되었다. 전시동원체계하에서 일제에 의해 강력하게 진행된 국가통제의 경험은 해방이후 한국사회 의례통제의 새로운 전환점을 제공하면서 많은 영향을 미치게 된다.

근대상례의 등장과정에서 일제는 유교상례가 허례허식임을 강조하고 근대상례의 합리성을 부각하고자 하였다. 그러나 앞서 살펴보았던 바와 같이 유교상례의 기본적 성격이 각자의 신분과 경제적 형편에 부합하도록 의례를 진행하였던 점과 근대초기 유교식 상례가 이미 3~9일장의 형식을 보여주고 있었음을 고려할 때 당시 일제와 지식인들의 이 같은 주장은 설득력을 갖기 어렵다고 할 수 있다.

일제에 의해 통제된 근대상례는 전근대 유교상례의 부정을 통해 상례기간 축소, 상례절차의 통합 또는 폐지, 접객절차의 통제 등 의례통제의 목적인 경제문제에 집중하도록 계획되었고 실천되었다. 이후 〈개선장례기준〉의 등장을 통해 장례를 전면에 내세우게 됨으로써 일본의 장례풍습이 조선의 상례문화에 전반적으로 영향을 미치며 변화되는 양상을 보이게 된다. 이러한 변화가 해방이후 상례의 변화에 어떠한 영향을 미치고 있는지에 대해서는 다음 장에서 살펴보고자 한다.

---

금시사항으로 통합하여 분석하였다.

# 제5장 의례규범의 혼란과 정착

## 1. 1950년대 : ≪의례규범류≫의 난립

해방이후 상례에 대한 인식은 일제강점기 〈의례준칙〉과 〈개선장례기준〉을 통해 근대상례를 경험하면서 변화되었다. 전근대기 예치주의에 기반 하였던 생활규범으로서 의례의 역할은 법과 제도에 의한 통제로 활용의 범위가 제한되어졌다. 그리고 유교적 상징성을 벗어나 간소화된 절차와 형식은 더는 문화적 계승으로 이해하기 어려운 상황에 처해졌고, 더욱이 일제강점기 유입된 일본의 장례풍습은 유교식 상례와 혼재되어 새로운 형태로 변화되었다. 해방 직후부터 다양하게 시도된 근대상례의 통제와 변화의 노력은 혼란한 사회변화의 과정과 맞물려 정착되지 못하고 오히려 혼란을 가중시키는 결과를 낳았다.

제2차 세계대전의 종전과 함께 한반도는 38도선을 기준으로 미・소 양군이 진주하였다. 미군과 소련군은 각각 남한과 북한을 대상으로 군정을 펼쳤다. 남한지역에 주둔한 미군은 조선총독부를 대신하여 미군정청을 설치하고 대한민국 정부 수립까지 군정통치를 실시하였다. 대한민국 정부는 1948년 수립되었으나 한국전쟁으로 제 기능을 발휘하지 못하였고 전후(戰後)복구에 전력을 다하는 시련의 시기를 겪었다. 1960년 재집권을 시도한 이승만 정권은 3・15부정선거에 항의하는 전국적 시위가 4・19혁명으로 연결되면서 4월 27일 이승만의 하야(下野)와 자유당의 해체를 맞이했다. 이어 장면 내각의 제2공화국이 출범하였으나, 1년 뒤인 1961년 5월 16일 사회 혼란과 장면 내각의 무능 등을 명분으로 삼은 박정희와 일단의 군부세력은 군사 정변을 일으켰다. 군사정변에 성공한 박정희는 '국가 재건 최고회의'를 구성하고 군정을 실시하였다. 민정 이양을 위해 실시된 1963년 대통령 선거에서 제5대 대통령으로 당선됨으로써 군사독재 체계를 만들어가기 시작했다. 그리고 박정희 군사독재 정권은 1979년 10・26까지 이어졌다. 이처럼 해방 이후 1980년대까지 혼란스러운 정치・사회적 상황에서 의례는 중요한 문제로 인식되지 못하였다.

해방 이후 의례에 대한 논의가 처음 시작된 것은 미군정 시기였던 1947년 4월 문교부에 의해 추진된 '국민신생활운동'을 통해서였다. 그러나 실제로 실천이 이루어진 것은 1948년 8월 문교부에서 '국민의식생활개선 실천요항'을 발표하면서 시행된 '혼상제례의 간소화'부터

이다. 그러나 한국전쟁으로 실질적 실천이 제한되었고, 전후 민간을 통해서 다시 논의가 진행되었다. 1955년 각계 전문가로 구성된 '혼상제의례준칙 제정위원회'는 〈의례규범〉을 제정하기에 이르렀다.

정부의 의례개선을 위한 조치는 1957년 6월 보건사회부장관 및 전시생활개선위원회 위원장의 명의로 〈의례규범〉을 발표하면서 시작되었다. 그리고 군사정변으로 권력을 획득한 박정희는 재건국민운동본부를 통해 〈표준의례〉를 발표하였다. 같은 시기 문교부는 도의과목의 보급을 위해서 〈국민예절기준〉을 제정하여 시행하였다. 해방이후 이때까지 가정의례를 통제하기 위한 다양한 논의가 이루어졌고, 각종 제도가 시행되면서 의례는 국가의 통제하에서 혼란의 시기를 맞이하게 되었다.[193] 각 기관과 단체에서는 자신들의 주장을 펼치기 위해 의례통제에 관한 개선안을 발표하여 의례변화를 주도하고자 하였다. 그 결과 〈의례규범〉, 〈국민예절기준〉, 〈표준의례〉, 〈표준예식규범〉, 〈국민표준의례〉 등 다양한 의례제도가 쏟아져 나왔다. 그 결과 의례를 실천하는 대중들은 혼란스러운 상황을 맞이했다. 지금까지 의례의 실천 행위주체들은 『주자가례』와 〈의례준칙〉등 단조로운 의례의 통제를 경험하였지만, 이 시기 정부부처들이 시간 차이를 두고 각각 발표한 ≪의례규범류≫[194]들은 의례에 대한 불신과 실천의 혼란을 가중시켰다. 의례실천의 혼란은 실천의 기준이 없어지거나 혹은 많은 기준의 제시로 야기되는데, 이시기의 혼란은 너무 많고 빈번한 통제의 교제였다. 특히 상례는 지역별로 차이가 나는 결과를 초래했다. 해방 이후 통일된 의례규범의 등장은 박정희정권의 〈가정의례준칙〉을 통해서다. 〈가정의례준칙〉이 등장하기 전까지 과도기적 상황이었던 의례적 혼란기의 ≪의례규범류≫들의 제정배경과 활용에 대해서 살펴봄으로써 근대상례의 변화양상에 대해 고찰해 보기로 하겠다.

### 1) 국민신생활운동의 전개와 의례통제

해방 이후 시급한 과제로 대두된 것은 한국사회에 뿌리 깊게 자리한 일제의 식민지유산을 청산하고 자주독립 국가를 건설하는 것이었다. 이러한 가운데 '신국가건설운동'의 차원에서

---

193) '도의(道義)'는 일제의 침략을 정당화하는데 활용됐던 개념으로, 주어진 가치관을 의무로써 받아들이게 하는 윤리적 권위를 나타낸다. 이후 1950년대 국가가 요구하는 가치들이 총망라되어 국가가 정한 표준에 맞는 인간 양성을 위해 기존의 가치들이 선택적으로 수용, 조합하기 위해 도입되었다. 도의교육에 대해서는 '이유리, 「1950년대 '道義教育'의 형성과정과 성격」, 『한국사연구』144, 한국사연구회, 2009'를 참조.

194) 본장에서는 해방 이후 제정된 의례규범에 대한 통칭의 개념으로 사용할 때 이 중 꺽쇠를 써서 표현한다(예: ≪의례규범류≫).

여러 정당·여성단체·청년단체에 의해 제기되어 진행된 '국민신생활운동'은 1945년 11월 '신생활협회'를 결성하여 '신생활운동'을 추진하게 된다. 신생활운동은 강령으로 '① 신생활 방도를 구명하야 공사생활의 향상을 기함. ② 신생활운동을 전개하야 건국 기초의 확립을 기함. ③ 신생활 목표를 실천하야 국태민안의 완수를 기함'을 표방하면서 서울지역 일부 유지들의 주도로 전개되었다.[195] 이후 '신생활협회'는 각종 종교단체와 문교부 산하의 문화국 등과 함께 '애국사상 고취, 도의정신 향상, 근로정신 보급, 생활개선의 장려'를 슬로건으로 '한국교화협회'를 설립함으로써 민관의 합동조직 운동으로 확대되었다.[196]

중앙정부 차원의 신생활운동의 추진은 1946년에 '신생활연구회'가 조직되고, 1947년 4월 20일 문교부에서 전개한 '국민신생활운동'을 통해서 시작되었다. 문교부는 '오늘날 진정한 자유는 국민 각자가 책임을 완전히 수행하는데 열매를 맺을 수 있다는 것을 깨닫고 … 국민 누구나 할 것 없이 새로운 정열과 의욕을 가지고 신생활운동을 전개하여 이지러지고 허물어져 가는 우리 국민 생활의 전 분야에 걸쳐서 건전한 발달이 절실히 요청되는 바이다'고 주장하였던 것처럼[197] '국민신생활운동'을 통해 해방 이후 혼란스러운 상황을 극복하기 위해 일상생활 전반에 걸친 변화를 요구하였다. 아울러 '국민신생활운동'을 발표하면서 지도정신에 대해 '국민 각자의 본연한 의욕과 역량을 통합 포섭하야 도의를 실천하며, 실생활을 혁신 재건하며 인보 단결하야 도의적, 경제적, 문화적 민주국가사회의 실현을 기한다.'고 밝히고 있다.[198] 이러한 변화요구는 현재 상황에 대한 비판과 미래에 대한 희망을 제시하며 일반 대중의 변화를 이끌고자 하였던 일제강점기의 정형화된 국민운동의 틀과 맥을 같이하고 있음을 알 수 있다. 이를 통해 해방직후 의례변화과정이 일제강점기 의례통제의 연속선상에서 진행될 것임을 단적으로 보여준다고 할 수 있다.

이후 군정청·문교부 성인 교육국의 후원을 받아 조직된 '신생활연구회'는 1947년 11월

---

195) 동아일보, 〈獨立戰取에總進軍 新生活展開等十二項採決〉, 1946년 6월 21일자 기사 참조; 조선일보, 「부인부터 좌우합작. 탁치 반대, 38선 즉시 철폐 美蘇 공동위원회 재개 요망. 독촉부인 전국대회서」, 1946년 12월 25일 기사 참조; 자유신문, 〈진보적 청년조직을 통합 全國靑年團體總同盟 결성 〉, 1945. 11. 18일자 기사 참조; 조선일보, 「신생활 표어 당선」, 1945년 12월 7일 기사 참조; 신생활협회, 『나의 포부와 희망』, 신생활협회출판부, 1946, 187쪽 참조. 앞의 책에는 김구, 이승만, 여운형, 박헌영, 안재홍, 송진우, 김활란 등 당대 유명 정치인들의 정견과 생활개선을 위한 주장 등이 담겨 있다. 이 밖에 지역 유지들이 창립한 단체로 '조선건민후생단(朝鮮健民厚生團)' 등이 있었으며(조선일보, 1945년 12월 3일자 기사 참조), 각 도 차원에서도 신생활운동 조직을 결성해 각 부락에 하부 조직을 만들었다(조선일보, 1947년 9월 6일자 기사 참조).

196) 조선일보, 〈생활개선 장려에 교화사업 중앙협회 창립〉, 1946년 6월 20일자 기사 참조.

197) 민주일보, 〈국민도의의 신생활운동〉, 1947년 4월 20일자 기사 참조.

198) 중앙신문, 〈建國精神에 一路邁進〉, 1947년 8월 20일자 기사 참조.

24일, 생활개선운동을 위한 '중앙본부조직준비위원회'를 개최하여 본격적인 국민신생활운동을 전개한다.[199] 그러나 예산확보의 어려움으로 정작 실천 단계에 도달한 것은, 1949년 8월 28일 실천 요강을 결정 발표하면서 '국민식생활개선요령'을 통해 본격적으로 실행되었다. 당시의 기사 내용을 통해 이를 살펴보면 아래와 같다.

> 그간 문교부에서 작성중에 있던 국민식생활 및 국민의복개선요령이 정식으로 결정되어 불원간 전국적으로 일대 생활개선운동이 전개되리라 한다. 문교부에서는 그간 관혼상제(冠婚喪祭) 전반에 걸친 의례준칙(儀禮準則)과 생활표준(生活標準)을 작성중이던 바 우선 개선위원회의 심의를 얻어 국민식생활개선 요령과 국민의복개선요령이 완성되어 곧 의식부문에 대한 생활개선운동을 전개키로 될것이라고 한다. 그리고 문교부에서 제정한 이식(衣食) 생활개선 요령의 주용한 내용은 다음과 같다.……[200]

이상의 기사에서 당시 문교부는 관혼상제의 변화를 위해 '의례준칙'과 '생활표준'을 준비하고 있었으며, 그 발표에 앞서 '국민식생활개선요령'의 결정을 통해 생활개선운동의 일부로서 추진한다고 하였다. '국민식생활개선요령'발표 내용 중 혼상제(婚喪祭)와 관련한 조치가 일부 포함되었는데, '혼상제의 음식은 될 수 있는 대로 간소하게 하고 수 3일을 두고 여러 사람이 회식하는 폐풍을 절대로 폐지할 것'을 주문하였다. 본격적인 의례에 대한 논의가 아닌 식생활 개선의 관점에서 혼상례의 절차 중 접객을 위해 준비하는 음식 접대를 폐풍이라 금지시키고 있는 것이다.[201] 그러나 이러한 형태의 국민운동 전개는 예산을 뒷받침하지 않은 정책적 시행만으로 문제를 해결하고자 하였던 일제강점기 국민운동과 같은 맥락에서 이해될 수 있다.[202]

한국전쟁 이전 생활개선 운동에 대한 중앙부처의 논의로는 1950년 2월 22일, 차관회의에서 의식주 간소화와 국산품 애용, 허례 폐지, 저축 장려 등을 주요 내용으로 하는 '국민생활개선실천운동'의 실천사항을 논의하고, 이를 국무회의에 건의하였다.[203] 이의 연장선상에서,

---

199) 조선일보, 〈신생활연구회 2일 군정청에서 開催〉, 1946년 10월 2일자 기사 참조; 조선일보, 〈신생활 운동 추진을 구체화〉, 1947년 11월 25일자 기사 참조.

200) 동아일보, 〈국민의식생활개전 - 문교부서 실천요강결정〉, 1949년 8월 27일자 기사 참조.

201) 동아일보, 앞의 기사 참조.

202) 해방 이후 '신생활운동'의 전개는 일제강점기 '생활개선운동'과 맥을 같이하면서 그 연장선상에서 계획되었던 것으로 보이며, 5.16군사정변 이후 재건국민운동과 새마을운동으로 그 주요 논리와 내용이 계승되었다는 점에서 일상의 근대적 변화를 달성하고자 했던 일련의 근대화 기획은 일제강점기와의 단절이 아닌 연속성 속에서 의례변화의 문제를 이해할 수 있는 단초를 제공한다고 할 수 있다.

1950년 5월 19일 사회부에서는 '국민내핍생활실천운동'을 향후 3년 동안 실시한다고 발표하게 된다.[204] 이를 통해 중앙정부 차원에서 실천 요강이 마련되고 국민운동으로 전개하려고 준비하던 중 한국전쟁이 발발하자, 1951년 8월 2일 제34차 차관회의에서는 '전시국민생활실천요강'으로 변경되어 시행하게 된다. 이 요강은 식생활(음식 위생, 절미혼식, 일탕일찬(一湯一粲), 무주무육일(無酒·無肉日) 제정 등), 의생활(의복 간소화, 건국복 착용, 색복 착용 등), 주생활(주거위생), 국민도덕(국민으로서의 의무와 책임 강조), 폐풍교정(미신타파, 도박 엄금, 관혼상제 간소화 등)으로 나누어 매우 세부적인 실천방침을 제시하였다.[205] 의례와 관련된 세부내용을 살펴보면 다음과 같다.

> (三) 冠婚喪祭
>
> 1. 冠婚喪祭은 形式을 取하지말고 慶・弔의 精誠을 爲主로할 것
>
> 2. 婚禮式 及 葬禮式은 極히 簡素하게 할지며 旧式新式을 莫論하고 戰時体制에 어긋나지 않도록 할 것
>
> 3. 葬禮日은 三日以內로 할 것
>
> 4. 慶弔에 多數人이 長醉今食하는 惡習을 廢止할것[206]

전시중임에도 불구하고 삼일장을 진행하도록 하고 있어 주목되며, 기타 사항에 대한 세부실천방침이 구체적으로 제시되지 않아 혼란스럽다. 이처럼 해방 이후 한국전쟁으로 이어진 근・현대사의 혼란스러운 상황은 의례에 관심을 가질 수 있는 여건을 허락하지 않았다. 전시국민생활실천요강에서 논의한 바와 같이 당시의 주된 관심은 의식주의 문제를 해결하는 것이었으며, 폐풍교정의 한 항목으로 '관혼상제 간소화'가 언급되고 있는 것은 이러한 현실을 가름하게 한다. 그런데 이러한 정부주도하에 진행된 의례간소화 추진 등 일련의 조치들이 일제강점기에 진행되었던 생활개선운동과 매우 유사한 맥락에서 진행되었음을 보여주고 있어 주목되는 부분이 아닐 수 없다.

이 시기 한국사회는 의례에 대해 2가지의 상반된 모습을 보이고 있다. 하나는 유교의례를 전통의례로 인식하고 회귀하고자 하는 경향이다. 주로 민간을 통해 진행된 이러한 변화의 움직임은 당시 발간되었던 ≪가정보감류≫[207]의 내용을 통해 확인이 가능하다. 일제강점기

---

203) 조선일보, 〈사설:생활개선 운동의 근본의의〉, 1950년 3월 4일 기사 참조.

204) 서울신문, 〈국민내핍생활실천운동〉, 1950년 6월 7일 기사 참조.

205) 총무처, 「전시국민생활실천요강」, 『제34차 차관회의록』, 1951(국가기록원, BA0085309).

206) 총무처, 앞의 자료, 175쪽.

207) ≪가정보감류≫를 통한 의례의 변화양상은 5장에서 시대별로 구분하여 다루고 있다.

〈의례준칙〉을 통한 의례통제에 대한 반발과 전통문회의 계승이라는 관점에서 유교의례를 이해하고 지속하고자 노력하였던 것에서 비롯되었다. 이와 다른 경향으로는 ≪의례규범류≫의 제정과 제도화에 앞장섰던 대다수의 지식인들과 정부부처의 입장으로 유교의례로의 회귀를 경계하고, 일제강점기 등장하였던 〈의례준칙〉에 의한 의례간소화를 강화하려는 경향이다. 이러한 경향을 주도하였던 일단의 지식인들은 일제강점기를 통해 획득한 의례간소화에 대한 경험을 제도적 측면과 연계시킴으로서 주도권을 행사하고자 하였다. 이는 의례를 통한 관주도의 제도화와 민간중심의 유교의례 회귀화의 과정이 분리되는 특징으로 나타나게 된다. 이 중 민간에서 주도하였던 유교 전통의례 계승에 대한 논의는 별도의 장에서 살펴보고, 본 장에서는 국가주도의 제도적 관점에 대해 논의를 지속하고자 한다.

### 2) 혼상제례준칙제정위원회의 〈의례규범〉

해방 이후 의례규범의 제정에 관한 본격적인 논의는 정부주도가 아닌 민간주도로 진행되었다. 1955년 7월 김범린 외 36인의 발기로, 준비위원 21명을 선출한 후 전국각계 대표인사 460여 명을 망라하여 구성된 '혼상제의례준칙제정위원회'는 관계 권위자 및 연구가 24인을 기초위원 및 심사위원으로 선출하여 20여 회에 달한 회의를 통해 기초안을 상정하여 연구와 심의 검토를 통해 해방이후 최초의 근대의례 통제안인 〈의례규범 1〉[208]을 제정하여 발표하였다. 〈의례규범 1〉제정과 관련하여 의례규범의 필요성과 목적에 대해 다음과 같이 그 취지를 밝히고 있다.

> 우리나라 現實에 비추어 國家建設은 新生活運動으로부터 始作하여야 될것이며 新生活運動은 婚喪祭儀式의 改善으로서 모든 弊習의 除去와 簡素化가 가장 根幹的인 重要問題일 것이다. 우리 國民의 婚喪祭에 關한 實踐儀式은 아직 一定한 基準이 세워지지않은 까닭에 簡素化라는 時代要請에 背馳됨이 클뿐아니라 때로는 混雜과 低俗에까지 흐르고있다. 例를들면 或은 數百年來의 傳統的인 因襲에 依據함으로써 封建的遺風을 그대로 나타내기도하고 或은 社會環境과 隔離된 洋風을 模倣하는가하면 或은 各自創案의 所謂 新方式을 採擇하는等 區區不一할뿐아니라 그大概는 儀式의 本質인 嚴肅性이 缺如된 反面 虛禮와 浪費의弊 莫甚하며 無秩序와 野卑相을 演出함은 實로 慨歎을 禁할수없는바이다.
> 勿論 禮敎란 것은 法律과는 달라서 各自의 信敎의 不同함과 家庭生活實態의 差異等으로 因하여 아무리 完備適切한 制度가 設定된다할지라도 全國民의 絕對支持로서 全般的 實施를 期待하기는

---

208) 〈의례규범〉에 대한 명칭의 사용이 중복되어 1955년 제정된 혼상제례준칙제정위원회의 〈의례규범〉은 〈의례규범 1〉로 1957년 발표된 보건사회부의 〈의례규범〉은 〈의례규범 2〉로 표기하여 구분하였다.

어려울 일이지만는 庶民大衆本位의 一定한 基準制度를 設定하여 그實踐을 奬勵함은 國民生活改善上 意義多大한 것이다.

이에 簡素와 嚴肅에 重點을 두어 嶄新明朗한 新制度의 創設로서 過去의 모든 弊習를 一掃하고 社會秩序의 한部分씩이라도 漸次改善確立하여 新生活에의 再出發을 期圖함이 喫緊의 重要課業임을 確信한 우리들은 各階各層有志諸位의 協贊下에서 委員會를 構成하여 本準則制定에 愼重을 加하며 그 實踐에 完璧을 期하려한다 一般의 協力과 鞭撻을 바라는바이다.[209]

이상에서 의례규범의 제정의 필요성에 대해 논하면서 혼상제례의식 개선이 신생활운동의 시작점이 될 것임을 밝히고 있다. 즉 〈의례규범 1〉의 제정이 신생활운동의 범주에 속하는 과정임을 강조하고 있는 것이다. 그리고 '우리 國民의 婚喪祭에 關한 實踐儀式은 아직 一定한 基準이 세워지지 않은 까닭에 簡素化라는 時代要請에 背馳됨이 클 뿐 아니라 때로는 混雜과 低俗에까지 흐르고 있다'고 하여 국가건설의 중요한 단초가 되는 혼상제례의 예법에서 그 기준이 없어 혼잡과 저속에 이르고 있는 실정을 안타깝다고 밝히고 있다. 이를 통해 당시의 지식인들은 시대상황을 반영하여 일제강점기 〈의례준칙〉등 당시까지 지속적으로 시행 중에 있던 의례생활의 부정을 통해 전통문화를 회복하고자하는 의도가 있음을 밝히고 있다. 그러나 이러한 의도와는 달리 현실적 문제에 대해 '儀式의 本質인 嚴肅性이 缺如된 反面 虛禮와 浪費의弊 莫甚하며 無秩序와 野卑相을 演出함은 實로 慨歎을 禁할수없는바'라고 하여 일제강점기 〈의례준칙〉의 시행과정에서 형성되었던, 유교의례가 허례허식과 낭비의 원인이라는 인식을 지속적으로 제기함으로써 의례간소화를 통해 이를 극복하고자하는 것이 궁극적인 목적임을 주장하고 있다. 그리고 모든 계층의 요구에 적용하기 어렵다는 현실에서 대상과 범위를 '庶民大衆本位의 一定한 基準制度를 設定하여 그實踐을 奬勵함은 國民生活改善上 意義多大한 것이다. 이에 簡素와 嚴肅에 重點을 두어 嶄新明朗한 新制度의 創設'로 제한하고 있음을 밝히고 있다. 논의를 종합하면 〈의례규범 1〉의 제정은 해방 이후 경제적 문제해결을 통한 의례간소화에 목적이 있었음을 보여주고 있다. 이러한 목적에 맞추어 제정된 〈의례규범 1〉에 대해 '본 규범은 예의의 본용인 경(慶)과 화(和)의 근본정신에 입각하여 혼례에 애(愛)와 경(敬), 상례에 성(誠)과 경(敬)에 중점을 두어 제정하였다'고 하여 형식에 치우치지 않고 예의 근본정신을 계승하고 있다는 점을 강조하고 있다.

이상의 논의와 관련하여 본 연구가 주목하는 것은 초안의 작성과정에 참고하였다고 밝히 주요 참고서적에 대한 분석이다. 『주례』, 『오례통고』, 『사례편람』, 『주자가례』, 『예기보주』, 『가례집람』. 「의례준칙」, 『의례독본』, 『의례대전』, 『국민예법』 등의 예서(禮書)와 관련 서적

209) 조문태·김종범, 『의례규범 해설』, 혼상제의례준칙제정위원회, 1955, 2~3쪽.

을 참고하였다고 하였다고 제시하고 있다. 이를 살펴보면 참고서적 10권 중 6권은 유교의례서이고, 나머지 4권 중 〈의례준칙〉과 『국민예법』은 일제강점기 일제에 의해 진행된 의례간소화에 따른 의례규범과 의례서이다. 나머지 『의례독본』과 『의례대전』은 1950년대 이후 발행된 의례서로서 전통의례와 현대의례에 대해 논의한 의례서이다. 이들 참고자료를 분석할 때 논의의 중심이 되었던 것은 〈의례준칙〉과 『국민예법』이다. 유교의례서 6종의 경우 『주자가례』를 중심으로 한 그 해설서로 구성되어 허례와 낭비의 기준이라던 유교의례가 기준이 되었다고 보기 어렵기 때문이다. 이러한 과정을 통해 제정된 〈의례규범 1〉은 전편과 후편의 2부분으로 구성되어 있고, 전편은 국한문판으로 후편은 국문판(한글판)으로 작성되었는데, 상례편의 세부내용을 살펴보면 다음과 같다.

一. 臨終 …
二. 喪主
　① 亡人의配偶者, 그子女, 子婦는 모다喪人으로서 喪에 服한다.
　② … 長孫이承重을하여 主喪이된다. 但長孫이 없을때는 長子婦, 次子女順으로 主喪이 된다. …
五. 襲斂 死亡翌日에 亡人의病衣를除去하고 身體를淨洗한後 襚衣를입히여 入棺한다.
六. 靈座 … 靈位를모시고 喪人은喪服을입고 成服奠을 지낸다. …
八. 喪服
　① 男子喪人은 白綿布周衣를입고 麻布頭巾을쓰며 女子喪人은素服을입고 허리에麻布띠를 띠다. …
　② 喪人以外의 近親者는 服人으로서 白布腕章을 두룬다. …
九. 葬日　但不得已한事情이있는者는 隨便決定한다.
十. 永訣 … 永訣式을擧行함으로서 舊禮의發靷祭에代한다. ……
一一. 葬儀 ……
　③ 成墳後는 墓前에서 慰靈祭를 지낸다.
一二. 虞祭
　… 靈位를侍奉歸家한後 家內의適當한場所에 靈座를設하여 그위에모시고 虞祭를지낸다.
一三. 朔日奠 每月一日에 朔日奠을行한다.
一四. 喪期
　① 執喪期間은葬後 父母喪은七日間 其他喪은三日間으로한다. … [210]

위 내용의 특징은 일제강점기 만들어진 〈의례준칙〉의 형식과 내용을 거의 그대로 답습하

210) 조문태·김종범, 앞의 책, 2~3쪽.

고 있다는 점이다. 먼저 〈의례준칙〉과 〈의례규범 1〉의 형식을 비교하면 다음과 같다.

〈표-19〉 〈의례준칙〉과 〈의례규범 1〉의 상례절차 비교

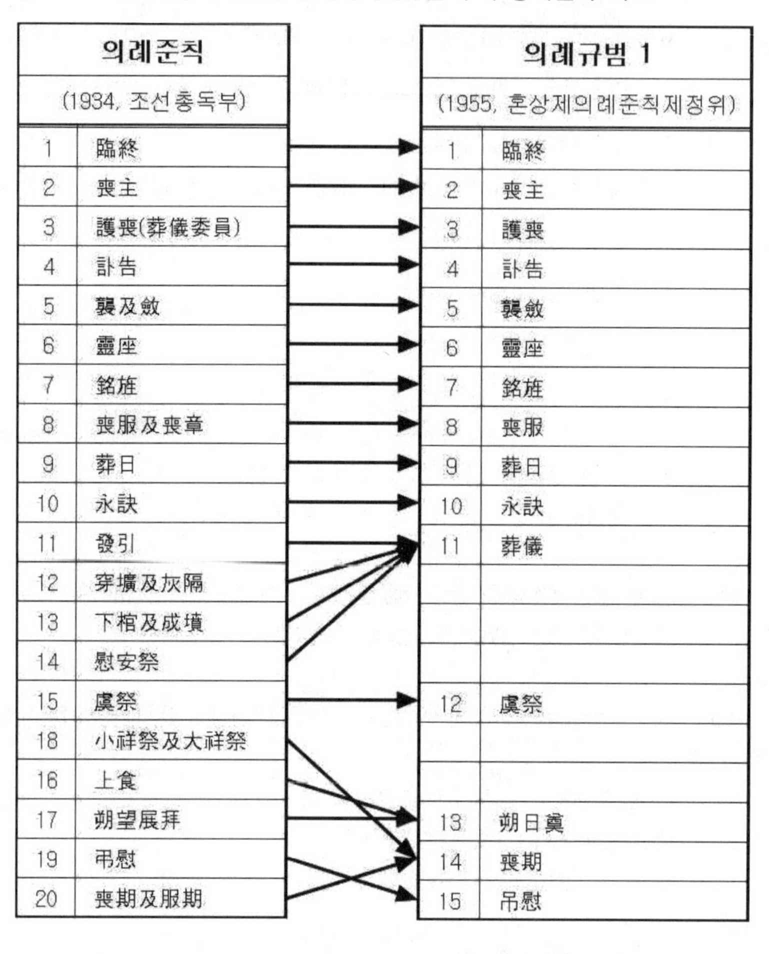

| 의례준칙 (1934, 조선총독부) | | 의례규범 1 (1955, 혼상제의례준칙제정위) | |
|---|---|---|---|
| 1 | 臨終 | 1 | 臨終 |
| 2 | 喪主 | 2 | 喪主 |
| 3 | 護喪(葬儀委員) | 3 | 護喪 |
| 4 | 訃告 | 4 | 訃告 |
| 5 | 襲及斂 | 5 | 襲斂 |
| 6 | 靈座 | 6 | 靈座 |
| 7 | 銘旌 | 7 | 銘旌 |
| 8 | 喪服及喪章 | 8 | 喪服 |
| 9 | 葬日 | 9 | 葬日 |
| 10 | 永訣 | 10 | 永訣 |
| 11 | 發引 | 11 | 葬儀 |
| 12 | 穿壙及灰隔 | | |
| 13 | 下棺及成墳 | | |
| 14 | 慰安祭 | | |
| 15 | 虞祭 | 12 | 虞祭 |
| 18 | 小祥祭及大祥祭 | | |
| 16 | 上食 | | |
| 17 | 朔望展拜 | 13 | 朔日奠 |
| 19 | 弔慰 | 14 | 喪期 |
| 20 | 喪期及服期 | 15 | 弔慰 |

〈표-19〉를 통해 각 규범에서 제시한 근대상례의 형식과 절차를 살펴보면, 〈의례규범 1〉이 15항목으로 구성되어있어서 〈의례준칙〉의 20항목에서 대폭 간소화 한 것으로 보인다. 그러나 1항~10항까지의 명칭은 3항에서 '장의위원'이 삭제된 부분과 5항 '습급렴'이 '습렴'으로 변경된 것, 8항의 '상복급상장'이 '상복'으로 변경된 것 등에서 다르지만 의미상으로는 거의 동일한 내용으로 구성되어 있다. 이후 11항에서 20항까지의 내용을 살펴보면 〈의례준칙〉 11항 '발인'에서 14항 '위안제'까지는 장지로의 출발과 매장지에서 행위에 대한 규정으로 〈의례규범 1〉11항 '장의'로 통합된 것이라고 할 수 있고, 〈의례준칙〉 15항과 〈의례규범 1〉12항은 '우제'로 항목의 명칭이 같다. 〈의례준칙〉16항 '상식'과 17항 '삭망전배'는 〈의례규

범 1〉 13항 ‘삭일전’으로 통합된 것이다. 〈의례준칙〉18항 ‘소상제급대상제’와 20항 ‘상기 및 복기’의 항목은 〈의례규범 1〉14항 ‘상기’로 통합이 가능한 항목이며, 마지막으로 〈의례준칙〉19항 ‘조위’는 〈의례규범 1〉15항 ‘조위’로 명칭과 순서만 바꾸어 정리한 것으로 명칭의 구분에 있어서 〈의례준칙〉과 〈의례규범 1〉은 거의 동일한 규범이라고 할 수 있다. 이를 세부적으로 살펴보면 다음과 같다.

① 구성항목과 관련하여 〈의례준칙〉은 20항목으로 구성되어 있고, 〈의례규범 1〉은 15항목으로 전체적인 항목의 수에서 9개 항을 줄여 제정의 목적에서 언급한 의례간소화를 추진하고자 한 것으로 보인다.

② 기술 방법에서 일정별 기술방식이 아닌 〈의례준칙〉에서와 같이 순차별 기술방식을 사용하였고, 항목의 명칭 사용에서 〈의례준칙〉의 형식을 유지하고 있다.

③ 1항 ‘임종’은 〈의례준칙〉과 동일한 명칭을 사용하고 있고, 세부내용의 경우 ‘임종전 안정 → 임종후 정제 → 근신’의 형식을 유지하면서 용어 사용에서 당시 사용되었던 용어로 부분변경 하였다.

④ 2항 ‘상주’의 절차는 〈의례준칙〉과 명칭이 같고 장남과 승중에 대한 기준을 제시하였던 것에 비해, 〈의례규범 1〉에서는 상인(喪人)의 개념을 등장시켜 복친의 범위를 배우자, 자녀, 자부로 제한하고, 상주는 장자 또는 승중의 경우와 승중이 안 될 경우를 대비하여 장자부, 차자녀 순으로 하는 것 등을 규정하고 있다.

⑤ 3항 ‘호상’과 4항 ‘부고’의 절차에서 〈의례준칙〉과 〈의례규범 1〉의 항목의 명칭과 내용이 동일하여 변동된 사항이 없다.

⑥ 5항 ‘습렴’의 절차와 관련하여 유교의례의 습·소렴·대렴의 절차를 통합하여 〈의례준칙〉에서 ‘습급렴’으로 변화되면서 절차를 변경하였던 것에서, 〈의례규범 1〉에서는 ‘습렴’으로 정착되었고 순서를 ‘病衣제거 → 목욕 → 襚衣착용 → 입관’으로 진행하도록 하고 있다.

⑦ 6항 ‘영좌’의 절차에서는 〈의례준칙〉에서는 지방과 사진을 통해 영좌를 설치하고 奠禮를 진행하도록 하였으나, 〈의례규범 1〉에서는 상주가 상복을 입고 ‘성복전’을 지낸다고 하여 형식을 바꾸어 설명하였다. ‘성복전’의 용어 사용과 관련하여 유교상례에서 4일차 성복 이후 소상까지 매일 조석으로 奠을 드렸던 절차가 〈의례규범 1〉에서 입관 이후 ‘성복전’만 드리는 것으로 대폭 축소하였음을 보여주고 있다. 이를 통해 상례 중의 奠禮는 성복전 1회로 변경되었고, 이후 13항 삭일전과 연계되어 전례의 축소와 제

례의 확대로 이어지게 되는데, 이는 성복전이 1회성 절차로 변경되어 축소되면서 이후 제례와 통합되어 성복제로 전환되는 계기를 제공한 것으로 보인다.

⑧ 7항 '명정'의 절차는 〈의례준칙〉과 〈의례규범 1〉의 항목의 명칭과 내용은 거의 동일하게 유지하고 있다. 다만 변동된 사항으로는 명정의 설치 위치에 대해 〈의례준칙〉에서는 영좌의 우측으로 위치를 지정하고 있으나, 〈의례규범 1〉에서는 옆에 세우는 것으로 변경하여 좌우를 구분하고 있지 않다.

⑨ 8항 '상복'의 절차에 대해서는 〈의례준칙〉에서 '굴건제복을 폐지하고, 두루마기에 두건을 쓰고 蝶形結의 黑布를 左胸에 착용하거나 양복의 경우에는 幅約三寸의 黑布를 左腕에 착용'하도록 하였다. 〈의례규범 1〉에서는 이를 계승하여 흰색 두루마기를 착용하고, 여자는 소복을 착용하도록 하였다. 변경된 사항으로는 상인 이외 근친자가 착용하는 완장의 색을 백색으로 변경하도록 하고 있다. 그리고 완장의 착용과 관련하여 '탈상제일(脫喪祭日)까지 착용'한다고 하여 의례절차에서 상기를 종료하는 의미의 탈상이라는 용어가 처음 등장한다.

⑩ 9항 '장일'의 절차에 대해서 〈의례준칙〉은 '五日以內에 此를 行함'이라고 하여 5일장으로 진행하도록 하고 해설에서 3일장에 대한 언급이 있었으나, 〈의례규범 1〉에서는 '三日葬을 原則으로 한다'고 하여 상례의 목적을 장례로 변경하고 상례일정 역시 삼일 이내로 시행하도록 하였다. 그리고 '三日葬'이라는 용어가 처음 등장하면서 상례와 장례의 용어사용에서 혼선을 빗게 되는 원인을 제공하게 된다.

⑪ 10항 '영결'의 절차는 〈의례준칙〉에서 유교의례의 '발인'절차를 대체하여 처음 도입된 절차로서 〈의례규범 1〉에서도 그 절차의 내용과 순서를 계승하고 있다. 그리고 '발인제'의 폐지를 명기함으로써 영결이 발인의 절차를 대신하고 있음을 밝히고 있다. 이와 관련하여 유교상례에서 奠禮와 祭禮의 구분이 매장의 절차를 통해 영·육의 공간적 분리가 진행되면서 奠의 의례에서 祭의 의례로 변화된다. 그 결과 마지막 奠의 절차가 〈의례규범 1〉에서 '발인제'로 표현한 '遣奠'의 절차이고, 첫 제사는 '虞祭'가 되는 것이다. 그런데 〈의례규범 1〉에서 '발인제'로 명기한 것은 奠과 祭의 의례에 대한 관념이 변화되었음을 나타내는 것이다.

⑫ 11항 '장의'의 절차는 〈의례규범 1〉에서 처음 등장하는 항목이다. 세부적인 내용은 발인, 행상의 범위, 성분 후 위안제의 내용으로 〈의례준칙〉의 11항 발인, 12항 천광급회격, 13항 하관급성분, 14항 위안제의 항목을 통합하여 기술한 것이다. 이 중 위안제는 유교상례에서 보이지 않는 절차로 〈의례준칙〉에서 처음 도입되어 〈의례규범 1〉까지

이어진 절차이다.

⑬ 12항 '우제' 절차는 〈의례준칙〉에서 '반우 후 1회에 한하여 행'하도록 하였는데, 〈의례규범 1〉은 횟수를 언급을 하지 않고 우제를 진행하는 것으로 기술하였다. 〈의례준칙〉의 15항 '우제'의 항목에서 반우의 개념은 유교상례 반곡의 절차에서 명칭을 변경하여 진행한 것이다. 이러한 변화는 일제가 상례에서 대표적인 허례로 곡을 지목하고 의례절차의 명칭에서도 반우로 바꾸도록 한 것이라고 할 수 있다. 그리고 우제의 횟수 역시 3번의 우제를 지내도록 하여 삼우제라 하였던 것을 1회로 제한하였다. 그러나 〈의례규범 1〉에서 이러한 개념 설명과 횟수에 대한 논의 없이 우제를 진행하도록 하고 있다.

⑭ 13항 '삭일전'의 절차에 대해 〈의례준칙〉에서는 '삭망전배'라 하여 복기 제 1기 즉 부모상의 1년 동안 매월 1일과 15일에 전의 의례를 진행하도록 하였던 것을 〈의례규범 1〉에서는 '삭일전'으로 변경하여 매월 1일에 진행하도록 축소하였다. 기간에 대해 언급되어있지 않으나, 상기로 환산하여 1년간 진행한다면 약 절반의 절차를 생략하게 된 것이라고 할 수 있다.

⑮ 14항 '상기'의 절차는 상례의 기간을 정하는 가장 중요한 항목이다. 부모의 상(喪)을 기준으로 유교상례의 기간은 삼년상이다. 이를 〈의례준칙〉에선 상례를 진행하는 기간인 상기(喪期)와 상복을 착용하는 기간인 복기(服期)로 구분하였다. 상례가 진행되는 기간인 상기를 14일로 하고 복을 입는 기간인 服期는 다시 1기와 2기로 나누어 1기는 통제하고자 하는 기간인 1년을, 2기는 유교상례의 기간을 고려하여 1기를 제외한 잔여기간으로 하도록 하였다. 〈의례규범 1〉에서는 이러한 규정을 단순화하고 더욱 단축하여 상기에 해당하는 집상기간을 14일에서 7일로, 기타는 삼일로 규정하고, 상례가 종료되는 탈상의 시기를 부모의 상에는 1년을 기타는 백일로 하였다. 또한 탈상일에 탈상제를 지내고 영위를 거두도록 하여, 백일 탈상에 대해 처음으로 언급하고 있다.

⑯ 15항의 '조위'의 절차는 〈의례준칙〉19항과 같은 내용으로 변경된 내용은 곡을 폐지한다는 언급이 없다는 점이 차이점이다.

이상으로 〈의례규범 1〉의 내용을 〈의례준칙〉과 비교하여 살펴보았다. 〈의례규범 1〉의 변화된 내용으로는 용어의 사용에서 있어서 일제강점기의 제도를 강제하기 위해 사용되었던 용어를 서술식으로 순화하여 기술하였고, 중요한 몇 가지 사항을 제외하고는 〈의례준칙〉의 규정을 대부분 계승하고 있다. 부분적인 차이점으로는 상례 기간인 상기를 부모상의 경우 1년으로 기타는 백일로 축소하고 의례를 진행하는 집상기간을 부모상의 경우 7일로 기타는 3일로 단축하였다. 이 중 장례까지의 기간을 과거 5일장에서 3일장으로 단축하였고, '성복전, 발인제, 탈상제, 삭일전' 등 용어의 사용과 절차에서 기간 단축을 통해 전반적으로 의례규모를 축소하려는 경향을 보이고 있다. 특히, 성복전·발인제·탈상제 등으로의 변화와 관련하여 유교상례에서 중요한 의례절차로 진행되었던 전(奠)의 의례가 제사의 의례로 대체되면서 이후 의례변화에 중요한 계기를 제공하고 있음을 확인 할 수 있었다.

이상의 논의를 통해 살펴본 바와 같이 해방 후 상례의 개선을 위한 최초의 시도는 〈의례준칙〉으로 대변되는 근대상례의 한계를 넘지 못하는 결과로 나타나고 있다. 이러한 결과는 〈의례규범 1〉의 제정에 참여한 인사들의 대부분이 일제강점기를 통해 양성된 지식인 또는 지도급 인사들로 구성됨으로써 이미 새로운 의례기준 제정에 한계를 안고 있었음을 보여준다. 결국 참여자들의 유교의례에 대한 이해의 부족과 부정적 시각, 초안 작성시 참고하였던 문헌 등을 고려할 때 개선취지와는 달리 〈의례준칙〉을 계승한 근대상례의 수준을 유지하면서 단순히 용어사용에 대한 변화를 통해 경제문제에 초점이 맞춰지게 되었던 것이라고 할 수 있다. 다음 장에서 정부에서 주도하고 추진하였던 보건사회부 제정 〈의례규범 2〉를 살펴 민간에서 진행된 과정과의 차이를 논하고자 한다.

### 3) 보건사회부의 〈의례규범〉

보건사회부의 주도아래 진행된 정부의 의례규범화 정책추진은 한국전쟁 이후 지속된 '신생활운동'을 통한 의례의 간소화의 형태로 진행되었다. 1957년도 2월 3일자 『동아일보』에는 보건사회부의 규정화 작업 및 공청회와 관련된 내용이 상세히 기록되어 있다.[211] 기사에서 보건사회부의 〈의례규범 2〉초안은 신생활운동목표의 하나이며 도의 확립의 기초로서 혼상제례의 합리화를 도모하기 위하여 제정 작업이 진행되었음을 밝히고 있다. 이에 전문 3편 36개의 조항으로 초안 작업이 마무리됨으로써 일반에게 공개하여 공청회가 진행되면서 대중으로부터 많은 의견을 청취하였다고 밝히고 있다. 초안에 제시된 탈상기에 대해 부모상인 경우 1년을 기타 상의 경우 백일로 하는 것이 너무 경솔하다고 지적하였고, 제사 지내는 시각을 일몰시라고 정한데 대하여 사회생활이나 학업 등 귀가시간을 고려할 때 비현실적임을 지적하였다고 전하고 있다.

보건사회부 장관 및 전시생활개선위원회위원장 명의로 발표된 보건사회부 〈의례규범 2〉

211) 동아일보, 〈婚喪祭禮合理化, 儀禮規範」草案公聽會를 開催〉, 1957년 2월 3일 기사 참조.

의 제정 취의서에 다음과 같이 제정 목적과 의의를 밝히고 있다.

> 의례규범 취의서
> … 국민생활방식에 골수깊이 박힌 구례관습(舊禮慣習)의 구성요소를 예리한분식과 엄격한비판으로서 재검토를가하면서 동서신진제국이 예법을 취사선택함에 신중을 기하여 신생민주국가에서 요청되는 시내진운에 적응한 예의규범을수립하여 국민생활질서를 규제하고 신생활운동에 기여함이 초미의급부일 것이다. … 우선 경조대사의의식(慶弔大事의儀式)인 혼상제(婚喪祭) 삼례를 전통적이면서도 현실적이고 성심하면서도 간소하고 경건하면서도문화적인 규범을제정하여 국민실생활기준에자(資)하고 신생활운동에 박차를 가할것이며 인생일생의 양생송사(養生送死)를 유감없이 할것을 기하는바이다.
> 檀紀 四二九0년 六월 일

〈의례규범 2〉의 제정목적과 관련하여 의례변화 자체가 목적이 아닌 국민실생활기준과 신생활운동에 적극 참여토록하기 위함이라고 밝히고 있다. 그리고 제정과정에 대해서 유교의 례를 구례관습으로 치부하고 비판의 대상임을 이야기하면서 동서신진제국이라 하여 서구의 예법을 취사선택하여 제정하였다고 하고 있다. 이러한 논의는 주체와 시기를 달리하였을 뿐 앞서 일제가 〈의례준칙〉을 제정하면서 취하였던 조치나, 혼상제례준칙제정위원회의 〈의례규범 1〉제정과 관련된 일련의 조치, 그리고 〈의례규범 2〉에 이르기까지 모두 유사한 과정과 논리 속에서 진행되고 보여주고 있다.

보건사회부에서 제정하여 반포 또는 제정심의안을 상정한 사례는 1957년 발표안을 비롯하여 1959년 10월 2차 심의안, 1959년 12월 3차 심의안과 1961년 4차 심의안 등 총 4회에 걸쳐 진행되었다. 그중 1957년 발표안이 가장 먼저 국무회의 심의를 통과하여 발표하였고, 이후 1959년과 1961년 제정심의안이 작성된 이유에 대해서는 밝히고 있지 않지만 1959년 2차 심의안에서는 제안이유와 관련하여 다음과 같이 그 사유를 밝히고 있다.

> 제안이유
> 예교(禮敎)의 융체(隆替)는 그 민족의 문화척도를 나타내는 것인바 현하 우리나라의 의례제도는 너무나 복잡하고 비현실적이어서 도리어 예의의 본질을 망각하고 허례(虛禮)와 허식(虛飾)에 흐르는 나머지 낭비의 폐단이 성행됨으로써 혼·상·제례(婚喪祭禮)가 국민경제를 좀먹는 최대의 원인을 이루고 있는 현실정에 비추어 이에 우리의 전통과 선진제국의 예법을 종합참작해서 시대에 적응한 예의 규범을 제정하여 신생활운동에 기여하고자 함.[212]

---

212) 국가기록원, 「의례규범제정에 관한 건」, 1959, 535~536쪽.

보건사회부 2차 심의안의 제정이유와 관련하여 현재의 의례가 예의의 본질을 망각하고 허례(虛禮)와 허식(虛飾)이 심해 국민경제를 망치는 원인이라 밝히고 있다. 그러나 이러한 논의는 일제강점기 〈의례준칙〉을 제정하는 과정에서 일제의 경제정책 실패의 책임을 조선인들에게 전가 시키고 자발적인 참여를 통해 문제를 해결하고자 하였던 논리와 매우 유사함을 알 수 있다. 당시 사회 환경이 전후복구 과정에서 물자가 부족한 상황임을 고려할 때 단지 전통의례가 오랜 기간에 걸쳐 다수의 사람을 접대한다는 형식의 문제에 착안하여 허례허식과 낭비의 원인으로 지목하고 있는 것이다. 그리고 이러한 문제를 극복하고자 전통과 선진제국의 예법과 시대에 적응한 예의규범을 제정하여 신생활운동을 제시한다는 논리를 전개하고 있는 것이다. 그러나 보건사회부의 이러한 논의 역시 앞서 진행되었던 ≪의례규범류≫와 같이 매우 형식적인 논의였음은 2차 제정 심의안에 수록된 참고자료를 통해서도 확인할 수 있다.

> … 五. 사안(私案) 참조
>
> 1. 계명(啓明)구락부안을 참조하고 동구락부의 趙東植 柳光烈氏등의 협조를 얻었다.
> 2. 평수회(萍水會)안을 참조하고 동회의 趙文台씨의 의견을 참작하였다.
> 3. 의례준칙제정위원회안을 참고하고 동회의 趙根泳씨의 의견을 참작하였다.
> 4. 혼상제례준칙제정위원회안을 참작하고 동회의 金鍾範씨의 의견을 참작하였다.
> 5. 기타 제사안(諸私案)
>
> 사계에 관심을 가지고 연구한 白南奎씨안 李明世씨안 金重烈씨안 崔守正씨안을 참조하고 金重烈, 崔守正 양씨의 협조가 있었다.
>
> 六. 사계명사 역방
>
> 서울대학교대학원장李丙燾선생 및 崔南善선생을 비롯하여 각대학교수十여명을 역방하고 그들의의견을 참작하였다.… [213]

이상의 기사는 보건사회부 2차 심의안의 작성과정에서 참고하였다고 밝힌 사안(私案)과 협조 또는 참조의견을 제시한 인원에 대한 내용이다. 기사를 참고하면 구성인원 대부분이 앞서 논의한 '혼상제례준칙제정위원회'에 참여하였던 인사로 구성되어있다는 점은 보건사회부의 〈의례규범 2〉 역시 앞선 제도의 연속선상에서 제정되었음을 보여주는 자료라고 할 수 있다. 참여인사를 구체적으로 살펴보면 '혼상제례준칙제정위원회'의 발기인으로 참여 하였던 柳光烈, 金鍾範, 준비위원으로 참여하였던 趙文台, 金鍾範, 기초위원으로 참여하였던 崔守正, 金鍾範, 趙文台, 심의위원이었던 趙東植, 柳光烈, 趙根泳, 李丙燾, 崔南善 등이 보건사회부의 〈의례규범 2〉제정 과정에 깊숙이 관여하였던 것이다. '혼상제례준칙제정위원회'에서

213) 국가기록원, 앞의 문서, 535~536쪽.

제정하였던 〈의례규범 1〉안에 대한 분석은 앞서 살펴본 바와 같이 형식이나 내용적인 측면에 있어서 일제강점기 〈의례준칙〉을 계승하고 있음을 고려할 때, 보건사회부의 〈의례규범 2〉안 역시 이러한 근대상례의 맥락에서 〈의례준칙〉의 간소화논리가 지속된 것은 당연한 결과일 것이다.

〈의례규범 2〉 제정 전, 이러한 상황에 처할 것을 우려하여 새로운 방향으로 의례의 기준이 제정되기를 바라는 뜻에서 작성된 기사가 있어 이를 참조하면 다음과 같다.

> 日帝時 日本에서도 大正時代부터 同 儀式制定을 위해 相當한 時日을 두고 資料 蒐集과 專門家의 會議를 거쳤으나 昭和時에 와서야 간신이 舊式도 新式도 아닌 日本式 神道儀式의 形態가 어렴풋이나마 이루어진 것도 記憶하고 있으며 거기에 따라 各 學校에서는 『禮義作法』 時間을 設置하여 同 儀式 制定의 精神을 敎授한 바도 있었다. 그러나 그것도 堅固 不動한 것이 아니어서 各 個人의 宗敎에 따라 또는 自己 獨特한 半 西洋 儀式을 取하는 이가 있었던 것은 지금 우리 나라 형편이나 마찬가지였다.
> 文敎部에서는 解放 後 新生活運動의 하나로 저고리의 옷고름을 떼고 단추를 다는거와 같은 簡素化된 喪婚儀式을 制定해 보려는 努力을 하다 原則도 한번 세워보지 못한 채 六·二五를 當하여 좌절을 當하고 말았다.
> 그 後 요즈음 와서 新生活運動의 課題와는 딴 分野로서 이번 새 學期부터 생기게 된 道義科目의 要目을 制定하기 위해 同 問題가 또 다시 文敎部에서 制定되기 된 것은 期待할만한 일이라 하겠다. 그러나 이 問題를 취급하고 있는 關係 當局者의 말에 依하면 婚喪儀式을 어떤 基準 위에서 어떤 方向으로 이끌어 가느냐의 至極히 추상적인 이론에 그칠 것이라고한다. 말하자면 우리 나라 固有 風俗은 살리면서 現代的인 精神 方向으로 이끌어 가자는 것이라 하는데 그 現代的인 精神 方向이 어떻게 具體的으로 形象化해야 하느냐에 對해서는 아무도 말할 수 없는 것으로서 當分間은 갖가지 資料만을 수집하고 번거러운 形式에 구애 당하는 過去 儀式에 一部 修正만을 加하게 되는 것이 아닌가 추측된다.
> 실상 이와 같은 문제는 尊嚴性 있는 形式으로 表象해야 한다는 先入感이 있기 때문에 美國에서도 유대人들은 二천年 前의 儀式 形態를 오늘까지 繼承하고 있다는 事實도 默過할 수는 없는 것이다.[214]

일제강점기 〈의례준칙〉의 반포와 〈개선장례기준〉의 제정 및 발표 등과 관련한 앞서의 논의에서 일본 내에서의 의례변화 등을 고려할 때 식민지 조선에서 의례규범을 제정하고자하는 목적이 조선총독부와 일본의 정책 실패를 감추고 재정지원 없이 정신운동을 통해 경제적

---

214) 신태민, 「新生活과 우리의 婚喪禮」, 『신천지』9-5, 서울신문사, 1954, 73쪽.

문제의 책임을 민중에게 돌리고 자발적 참여를 통해 해결하고자 하는 것에서 비롯되었음을 밝힌바 있다. 위의 기사에서도 일제의 의례변화가 '大正時代부터 시작되어 昭和時代에 이르러 일본식의례로 정착되었음을 밝히고 이미 우리가 알고 있는 사항'이라고 하고 있어 주목된다. 그리고 문교부에서 새학기 도의교과목을 개설하면서 의례의 간소화에 대한 논의가 진행되어 자료의 수집에만 그치고 과거 의식의 일부만을 수정하는 형식적인 상황으로 종료될 것을 걱정하고 있어 이미 이러한 경향에 대해 경계하고 있음을 보여준다. 그러나 〈의례규범 2〉 제정과정에 참고하였던 문헌이나 참여자의 면면을 고려할 때 이미 이러한 문제점은 결과로 이어질 것임이 예견되었던 것이다. 1957년 6월 보건사회부장관/전시생활개선위원회위원장의 명의로 발표된 〈의례규범 2〉안의 근대상례 관련 내용을 살펴보면 다음과 같다.

三. 호상(護喪)

… 국민장(國民葬) 사회장(社會葬) 단체장(團體葬) 등에 있어서는 장의위원회가 이에 당한다.

四. 부고(訃告)

… 단, 신문지상의부고로써 개별부고를 대신할수 있다.

五. 염습(斂襲) …

六. 영좌(靈座 )

… 상주는 분향배례(焚香拜禮)로서 성복제를 지낸다. …

八. 상복(喪服)

… 장후의 상복은 집상기간(執喪期間) 및 탈상일(脫喪日)에 한한다.

九. 장일(葬日)

삼일장을 원측으로 하되 부득이한 사정이 있을 때는 五일상으로 할 수 있다. …

一一. 장의(葬儀)

… 매장(埋葬)의 경우에는 성분(成墳)후에 위령제(慰靈祭)를 지내며 화장의 경우에는 화장장에서 분향합동경례한다.

一二. 우제(虞祭)

… 우제를 지내되 혼백을 베푸러 사당을모시거나 삭망상식(朔望床食)은 이를 폐지한다.

一三. 상기(喪期)

… 탈상기(脫喪期)는 부모상은 一주년 기타상은 百일로 한다. 단, 상주는 상기 완료일에 영위를 모시고 탈상제를 지낸다. …

一五. 호곡(號哭)

상례에 있어서 허식적인 방성호곡(放聲號哭)은 一체 이를 폐지한다. [215]

---

215) 참고로 '보건복지부, 「의례규범」, 1957' 자료는 대한민국역사박물관에 소장된 〈의례규범〉안을 참고하였다.

이상의 내용을 토대로 일제강점기 〈의례준칙〉과 혼상제례준칙제정위원회의 〈의례규범1〉안과 비교하여 살펴보면 다음의 도표와 같다.

〈표-20〉 〈의례준칙〉과 ≪의례규범류≫의 상례절차 비교

| 의례준칙 | | 의례규범 1 | | 의례규범 2 | |
|---|---|---|---|---|---|
| (1934, 조선총독부) | | (1955, 혼상제의례준칙제정위) | | (1957, 보건사회부) | |
| 1 | 臨終 | 1 | 臨終 | 1 | 임종(臨終) |
| 2 | 喪主 | 2 | 喪主 | 2 | 상주(喪主) |
| 3 | 護喪(葬儀委員) | 3 | 護喪 | 3 | 호상(護喪) |
| 4 | 訃告 | 4 | 訃告 | 4 | 부고(訃告) |
| 5 | 襲及斂 | 5 | 襲斂 | 5 | 염습(斂襲) |
| 6 | 靈座 | 6 | 靈座 | 6 | 영좌(靈座) |
| 7 | 銘旌 | 7 | 銘旌 | 7 | 명정(銘旌) |
| 8 | 喪服及喪章 | 8 | 喪服 | 8 | 상복(喪服) |
| 9 | 葬日 | 9 | 葬日 | 9 | 장일(葬日) |
| 10 | 永訣 | 10 | 永訣 | 10 | 영결(永訣) |
| 11 | 發引 | 11 | 葬儀 | 11 | 장의(葬儀) |
| 12 | 穿壙及灰隔 | | | | |
| 13 | 下棺及成墳 | | | | |
| 14 | 慰安祭 | | | | |
| 15 | 虞祭 | 12 | 虞祭 | 12 | 우제(虞祭) |
| 18 | 小祥祭及大祥祭 | | | | |
| 16 | 上食 | | | | |
| 17 | 朔望展拜 | 13 | 朔日奠 | | |
| 19 | 弔慰 | 14 | 喪期 | 13 | 상기(喪期) |
| 20 | 喪期及服期 | 15 | 弔慰 | 14 | 조위(弔慰) |
| | | | | 15 | 호곡(號哭) |

〈표-20〉에서 보는 바와 같이 상례의 형식은 〈의례규범 1〉과 〈의례규범 2〉에서 규정한 근대상례의 항목은 모두 15개로 동일하다. 항목의 내용에 있어서도 〈의례규범 2〉에서는 〈의례규범 1〉의 13항 '삭일전'이 삭제되고 15항의 '호곡' 절차가 신설된 부분만을 제외하고 나머지 절차는 모두 동일한 명칭과 순서로 구성되어 있음을 알 수 있다. 이와 관련하여 세부적인 상례절차의 내용을 분석하면 다음과 같다.

① 1항 '임종'의 절차와 관련하여 〈의례규범 1〉과 〈의례규범 2〉의 세부 내용은 모두 동일하다.

② 2항 '상주'의 절차는 〈의례규범 1〉과 〈의례규범 2〉의 세부 내용이 모두 동일하다. 단

장손이 없을 경우 장자부 차자녀순으로 주상이 된다는 내용은 삭제되었다.

③ 3항 '호상'의 절차는 〈의례규범 1〉과 〈의례규범 2〉의 내용은 동일하나, 국민장과 사회장, 단체장에 있어서 장의위원이 호상에 해당한다는 내용이 추가되었다.

④ 4항 '부고'의 절차는 〈의례규범 1〉과 〈의례규범 2〉의 내용은 동일하나, 신문에 부고를 게재함으로써 개별부고를 대신한다는 내용이 추가되었다.

⑤ 5항 '염습'의 절차는 〈의례규범 2〉에서는 〈의례규범 1〉에서 명칭을 '습렴에서 염습'으로 변경하였고, 사망 익일에 진행한다는 내용을 삭제하고 진행절차만 기술하고, 염습과 성복의 절차를 간단히 한다고 하였다. '염습'의 절차로 명칭이 변경되었다는 것은 매우 중요한 특징이라고 할 수 있다. 의례절차의 명칭은 절차의 순서에 의거하여 명칭이 운영되었다. 유교상례의 순서에 의거하여 진행하였던 절차가 〈의례준칙〉에서는 '습급렴'으로 변경 되었으며, 〈의례규범 1〉에서는 '습렴'으로 변경 진행되었다. 이러한 절차가 〈의례규범 2〉에서는 절차의 명칭과 절차 모두가 변경되어 정착되는 양상을 보여주면서 이후 '염습'의 의례절차로 정착하는데 결정적인 원인을 제공하였다.

⑥ 6항 '영좌'의 절차는 〈의례규범 1〉과 〈의례규범 2〉의 내용은 동일하나, 〈의례규범 1〉에서 '성복전'의 의례로 축소되었던 것을 〈의례규범 2〉에서는 '성복제'로 변경하여 〈의례규범 1〉 13항 삭일전의 절차 삭제와 연결되어 전의 의례를 폐지하고 제례로 전환 및 확대하는 양상을 보인다.

⑦ 7항 '명정'의 절차는 〈의례규범 1〉과 〈의례규범 2〉의 내용은 모두 동일하다.

⑧ 8항 '상복'의 절차는 〈의례규범 1〉과 〈의례규범 2〉의 내용은 동일하나, 〈의례규범 1〉에서 백색완장의 착용과 관련하여 '탈상제일(脫喪祭日)까지 착용'한다 하였던 내용이 '탈상일'까지 착용하는 것으로 변경되었다.

⑨ 9항 '장일'의 절차는 〈의례규범 1〉과 〈의례규범 2〉의 내용은 동일하나, 〈의례규범 2〉에서 부득이한 사정이 있을 경우 5일장을 할 수 있다는 내용이 추가되었다.

⑩ 10항 '영결'의 절차는 〈의례규범 1〉과 〈의례규범 2〉의 내용은 동일하나, 〈의례규범 1〉에서 '발인제를 폐지'한다는 내용은 삭제되었다.

⑪ 11항 '장의'의 절차는 〈의례규범 1〉과 〈의례규범 2〉의 내용은 동일하나, 〈의례규범 2〉의 내용 중 처음으로 '화장시 분향합동경례한다'는 내용이 추가되었다.

⑫ 12항 '우제'의 절차는 〈의례규범 1〉과 〈의례규범 2〉의 내용은 동일하나, 삭망상식을 폐지한다는 내용이 추가되었다.

⑬ 13항 '상기'의 절차는 〈의례규범 1〉에서는 14항에 있었던 내용을 〈의례규범 2〉에서는

삭일전의 내용을 삭제하고 13항으로 정리하였다. 절차의 세부 내용은 동일하다.

⑭ 14항 '조위'의 절차는 〈의례규범 1〉의 15항을 〈의례규범 2〉에서는 14항목으로 변경되었고, 절차의 세부내용은 동일하다.

⑮ 15항의 '호곡'의 절차는 〈의례규범 2〉에서 신설된 내용으로 '상례에 있어서 허식적인 방성호곡은 일체 폐지'한다는 내용으로 상례중의 곡을 금지하는 절차를 추가하였다.

이상으로 〈의례규범 1〉과 〈의례규범 2〉을 비교 분석한 결과, 당시 혼란스러운 정국에서 정부의 발표는 통제안이라는 성격으로 인해 대중의 거센 반발에 부딪혔던 것으로 보인다. 그러나 공청회에서 제기된 사항은 반영되지 않고 원안대로 발표되었다.

〈의례규범 1〉과 비교하여 〈의례규범 2〉의 절차와 내용을 검토한 결과 전반적으로 〈의례규범 1〉이 〈의례준칙〉을 계승한 것이라면, 〈의례규범 2〉는 〈의례규범 1〉과 거의 동일한 규정이라고 할 수 있다. 결론적으로 세 가지의 의례규범이 같은 맥락과 절차로 구성되었다고 할 수 있다. 다만 〈의례규범 2〉에서 '염습'이라는 용어가 해방이후 처음 등장하고, '전'을 폐지하고 상례중의 모든 의례가 제사로 전환되었으며, 호곡의 폐지를 명문화 하였다는 정도의 차이를 발견할 수 있다. 이런 변화는 민간에서 유교상례에 대한 연구와 의례계승을 위한 노력과 달리 정부부처의 〈의례규범〉이 일제강점기 〈의례준칙〉의 논리를 계승함으로써 이후 의례변화가 〈의례준칙〉의 논리에 고착되는 계기를 제공하게 된다. 다음 장에서 1960년대 의례의 변화양상에 대해 살펴보고자 한다.

## 2. 1960년대 : 〈표준의례〉의 제정과 통제의 강화

### 1) 재건국민운동본부의 〈표준의례〉

한국전쟁 이후 남한은 인구의 60% 이상이 농업에 종사하고, 총생산에서 차지하는 농업비율이 50%가 넘는 전형적인 농업사회를 형성하고 있었다. 농작물의 상품화율이 30% 이하 임에도 불구하고 농사비용의 60% 이상, 생계비의 37%가 현금으로 지출되어 현금이 부족한 농민은 소비재 구매 시 추수 후 현물 상환하기로 하고 빚을 내어 조달하는 실정에 있었다.[216)]

---

216) 이명휘, 「농어촌 고리채정리사업 연구」, 『경제사학』48, 2010, 83쪽.

정국의 혼란과 이어진 5·16군사정변을 통해 정권을 획득한 군사정권은 국민에게 군사혁명의 정당성을 홍보하고 사회생활 규범을 전 국민에게 보급시키려는 목적으로 '농어촌고리채정리사업'과 '재건국민운동' 등 사회개혁정책을 추진하였다.[217] 군정은 실천을 위해 군사정변 직후인 5월 24일 '최고회의법'의 공포와 함께 재건국민운동본부 발족을 위한 준비업무를 개시하고, 6월 27일자로 재건국민운동본부 직제를 공포 시행하였다. 서울특별시와 각 도에 지부를 두고, 시군구와 읍면동 및 리동 단위에 촉진회를 설치하고, 각 반에 '재건국민방'을 설치하여 7월 말까지 전국에 조직되었다.[218] 이처럼 두 달여의 짧은 기간 동안 조직을 완성할 수 있었던 것은 군사정변 이전부터 이미 국민운동을 구상하여 민간인들을 통제하기 위해 국민운동기구를 관제기구로 설치하고자 하였던 것이 재건국민운동본부를 통해 구체화되었기 때문이었다. 그런데 재건국민운동본부의 산하조직구성을 살펴보면, 일제강점기 '국민정신총동원조선연맹'을 통해 각 지방에 '지방연맹'을, 그 밑에는 10호 단위의 '애국반'을 조직하였던 것과 매우 유사한 형태를 보이고 있어 주목되는 부분이 아닐 수 없다. 일제강점기 전시 총동원 체제하에서 지역을 구분하여 가정까지 통제하였던 경험이 군정기 국민재건운동의 전개 과정에 그대로 드러나고 있는 부분이 아닐 수 없다.

재건국민운동에서 추진했던 의식주 개편과 신생활운동은 국가가 국민들의 일상생활에 직접 개입하는 중요한 수단이었으며, 그 중 가장 대표적인 활동으로 〈표준의례〉제정을 통한 의례통제라고 할 수 있다.[219] 이는 신생활운동의 추진과정에서 실패하였던 의례간소화운동을 제도화하여 생활규범으로 강제하려 했다는 점에서 의미가 있다. 〈표준의례〉는 재건국민운동이 시작과 함께 시안위촉에서 초안 작성, 여론수십에 이르는 과정을 일사천리로 진행하여 1961년 9월 19일에 제정 공포되었다. 이러한 일련의 과정은 당시 신문을 통해서도 확인할 수 있는데, 경향신문에는 다음과 같이 기술하고 있다.

---

217) 군사정권기 재건국민운동본부의 역할과 정책추진 등에 관한 자료는 '전재호, 「5.16군사정부의 사회개혁정책」, 『사회과학연구』34, 2010; 허은, 「5.16군정기 재건국민운동의 성격」, 『역사문제연구』11, 2003; 김현주, 「5.16군정기 재건국민운동본부의 국민교육활동」, 『대구사학』117, 2014'를 참조.

218) 한국군사혁명사편찬위원회, 『한국군사혁명사 제일편(상)』, 국가재건최고회의한국군사혁명사편찬위원회, 1964, 1703쪽.

219) 재건국민운동본부에서 제정한 의례규정과 관련하여 공식적인 명칭에서 많은 혼란을 야기하였다. 대표적인 명칭을 살펴보면 경향신문 1961년 8월 26일자 및 9월 19일자, 마산일보 1961년 10월 03일자에서 기사 제목으로 〈표준의례〉를 사용하였고 동아일보 1961년 9월 8일자, 조선일보 1961년 9월 15일자 기사의 제목으로 〈국민표준의례〉를 사용하였다. 또한 조선일보 1961년 9월 19일자 기사 제목으로는 〈표준의례준칙〉을 사용하였고, 동아일보는 1961년 9월 20일자 기사제목으로 〈표준의례규범〉을 사용하는 등 동일 신문에서조차 다른 명칭을 사용하여 혼란을 초래하였다. 본 장에서는 발표당시의 공식명칭이라고 할 수 있는 〈표준의례〉를 사용한다.

> 번잡한 관혼상제를 간소화시키기로 결정한 재건국민운동본부에서는 19일 하오 각계인사를 초청하여 「표준예식규범」 제정에 관한 간담회를 열었다. 이날 간담회에서 국민운동본부측과 각계 인사들은 우선 표준예식을 혼례, 상례, 제례 등 3개부분으로 나누기로하고 오는 25일 하오 재건운동강당에서 공청회를 가진 다음 경제적으로 가장 가난한 계층에서도 감당할 수 있는 예식규범을 조속한 시일내에 만들기로 합의하였다.[220]

위의 기사에서 〈표준의례〉의 또 다른 명칭인 '표준예식'의 범위를 혼·상·제례로 나누고, 5일 후인 8월 25일에 공청회를 개최할 것을 합의하였다고 하였다. 이는 재건국민운동본부가 이 문제를 얼마나 중요한 사안으로 다루었는지 단적으로 설명하고 있는 부분이다. 기사에서와 같이 준비된 초안에 대한 대국민 공청회는 8월 25일 재건국민운동본부 강당에서 진행되었다. 진행결과는 허례허식의 지양과 의례간소화가 정당하다는 내용의 합의였다. 이 중에 '論點(논점)'에서 상례와 관련된 부분만을 살펴보면 다음과 같다.

> ① 標準儀禮制定(표준의례제정)의 基本方向(기본방향) …
> ④ 喪主(상주)의 順位問題(순위문제)
> ⑤ 喪服(상복)을 어떻게 고칠 것인가?
> ⑥ 有服親(유복친)의 範圍(범위)와 그 期間(기간)을 어느 範圍(범위)로 하면 적당한가? …
> ⑫ 宗教儀式(종교의식)과 標準儀禮(표준의례)와의 관계(關係)
> ⑬ 標準儀禮(표준의례)를 法制化(법제화)할 것인가? 그에 따르는 得失(득실)은?[221]

〈표준의례〉의 제정과 관련하여 이날 제기된 논점을 살펴보면, 상주, 상복, 상기에 관한 문제로 유교상례에서도 중요한 논지로 다루고 있는 부분이다. 그리고 처음으로 종교의식과 관련된 부분이 언급되었다는 점 등이 특이점이라고 할 수 있다. 또한 〈표준의례〉의 법제화 문제는 찬반논쟁이 대립하였으나 법제화되지 않는 방향으로 결정됨으로써 이후 〈가정의례준칙〉의 제정과정에서도 동일한 논의가 반복되게 된다.

그런데 〈표준의례〉의 제정과 관련하여 1957년 발표된 보건사회부의 〈의례규범 2〉의 초안에 대한 공청회와 비교하면 서로 다른 양상을 보이고 있다. 〈의례규범 2〉의 제정과 관련된 공청회에서는 많은 사람들이 한국 고유의 습성 또는 선친에 대한 경솔함 등을 지적하는 등 다수의 이견이 제시되었던 것에 반하여, 4년 만에 제정된 〈표준의례〉의 경우에는 불과 5일 만에 실시된 공청회에서 반대의견보다는 재건국민운동본부의 의견을 수용하는 양상으로 진행되었다는 점은 당시 사회분위기를 반영한 결과가 아닐 수 없다. 결과적으로 군정의 의도

---

220) 경향신문, 〈관혼상제를 간소하게 각계인사 모여 〈표준예식규범〉 마련〉, 1961년 8월 20일 기사 참조.
221) 경향신문, 〈생활에 알맞은 규범필요, 論點(논점)〉, 1961년 8월 26일 기사 참조.

대로 〈표준의례〉의 제정은 신속하게 진행되었고 1961년 9월 19일에 공포하기에 이른다. 다음은 〈표준의례〉의 상례편의 주요 내용이다.

제 二 장 상례(喪禮) …

3. 부고(訃告)

… 2. 관청(官廳) 및 일반직장명의(一般職場名義)나 공직(公職)에 관련(關聯)된 부고(訃告)는 일체(一切) 금(禁)한다.

4. 입관(入棺) 〈염습(斂襲)〉

1. 운명후(殞命後) 이십사시간(二十四時間)이 경과(經過)하면 ……
2. 성복제(成服祭)는 폐지(廢止)한다.

5. 영좌(靈座)

… 2. 명정(銘旌)은 폐지(廢止)한다.

6. 상복(喪服)

1. 남자(男子) : 망인(亡人)의 직계비속(直系卑屬)만 정결(淨潔)한 평상복(平常服)에 마포두건(麻布頭巾)을 쓴다. 단(但) 장일(葬日)까지만 한다.
2. 여자(女子) : 망인(亡人)의 직계비속(直系卑屬)만 정결(淨潔)한 평상복(平常服)에 마포대(麻布帶)를 허리에 두른다. 단(但) 장일(葬日)까지만 한다.
3. 복인(服人) : 망인(亡人)의 직계비속(直系卑屬)을 제외(除外)한 유복친(有服親)은 남녀 다 같이 흑포완장(黑布腕章)을 왼팔에 두른다. 단(但) 장일(葬日)까지만 한다.

7. 장일(葬日)

삼일장(三日葬)을 원칙(原則)으로 한다.

8. 영결식(永訣式)〈발인제(發靷祭)〉

간소(簡素)한 영결식(永訣式) 또는 발인제(發靷祭)를 지낼 수 있다.

9. 장지(葬地)

1. 공동묘지(共同墓地) 또는 가족묘지(家族墓地)에 한다. …

10. 상기중폐지사항(喪期中廢止事項)

1. 상기(喪期)는 장일(葬日)까지를 한다.
2. 우제(虞祭) 및 졸곡(卒哭)은 폐지(廢止)한다.
3. 상식(上食) 및 삭망(朔望)은 폐지(廢止)한다.
4. 소상(小祥)・대상(大祥)・담사(禫祀)는 폐지(廢止)한다.

11. 조위(弔慰) 및 호곡(號哭)

… 2. 상주(喪主) 및 조객(弔客)은 호곡(號哭)을 안 한다.[222]

이상의 〈표준의례〉의 상례관련 내용은 총 11개 항목으로 이전에 발표되었던 〈의례규범 1〉과 〈의례규범 2〉에 비해 대폭 축소된 경향을 보이고 있다. 가장 뚜렷한 차이점으로는 '사

---

222) 황기진, 『표준의례해설』, 문화당, 1962, 2~4쪽 참조.

망 후 24시간 이후에 입관 및 염습을 진행하도록 한 것'과 '상복의 구분을 없애고 평상복'으로 하도록 하였던 점, 그리고 상례 중에 진행하는 제례인 성복제, 우제 및 졸곡, 소상 및 대상, 담사 등을 모두 폐지하도록 한 점 등을 들 수 있다. 이러한 급격한 변화는 앞서서 시행되었던 〈의례준칙〉과 〈의례규범 1〉, 〈의례규범 2〉에 이르는 의례통제의 과정에서 당초의 의도대로 정착되지 못하고 의례적 혼란을 증가시키는 상황에서 보다 강력한 통제가 요구되었던 점이 주요하였던 것으로 보인다. 그리고 군사정권기라는 정치적 특수상황에서 의례통제가 강화된 측면이라고 할 수 있다.

〈의례준칙〉과 〈의례규범 1〉및 〈의례규범 2〉에서 〈표준의례〉로 변화된 근대상례의 항목을 비교하여 도표로 살펴보면 다음과 같다. 참고로 재건국민운동본부의 〈표준의례〉에 영향을 미친 것으로 보이는『한글해석 혼상제례절요』의 부록으로 실린 '표준의례'안을 같이 검토하고자 한다.

〈표-21〉〈의례준칙〉과 ≪의례규범류/표준의례≫의 상례절차 비교

| 의례준칙 | | 의례규범 1 | | 의례규범 2 | | 표준의례 | | 국민표준의례 | |
|---|---|---|---|---|---|---|---|---|---|
| (1934, 조선총독부) | | (1955, 혼상제의례준칙제정위) | | (1957, 보건사회부) | | (1958, 혼상제례절요 부록) | | (1961, 재건국민운동 본부) | |
| 1 | 臨終 | 1 | 臨終 | 1 | 임종(臨終) | 1 | 임종 | 1 | 임종 |
| 2 | 喪主 | 2 | 喪主 | 2 | 상주(喪主) | 2 | 상주 | 2 | 상주 |
| 3 | 護喪(葬儀委員) | 3 | 護喪 | 3 | 호상(護喪) | | | | |
| 4 | 訃告 | 4 | 訃告 | 4 | 부고(訃告) | 3 | 부고(訃告) | 3 | 부고(訃告) |
| 5 | 襲及斂 | 5 | 襲斂 | 5 | 염습(斂襲) | 4 | 입관(入棺)<염습(斂襲)> | 4 | 입관(入棺)<염습(斂襲)> |
| 6 | 靈座 | 6 | 靈座 | 6 | 영좌(靈座) | 5 | 영좌(靈座) | 5 | 영좌(靈座) |
| 7 | 銘旌 | 7 | 銘旌 | 7 | 명정(銘旌) | | | | |
| 8 | 喪服及喪章 | 8 | 喪服 | 8 | 상복(喪服) | 6 | 상복(喪服) | 6 | 상복(喪服) |
| 9 | 葬日 | 9 | 葬日 | 9 | 장일(葬日) | 7 | 장일(葬日) | 7 | 장일(葬日) |
| 10 | 永訣 | 10 | 永訣 | 10 | 영결(永訣) | 8 | 영결식(永訣式)/발인제 | 8 | 영결식(永訣式)/발인제 |
| 11 | 發引 | 11 | 葬儀 | 11 | 장의(葬儀) | 9 | 장지(葬地) | 9 | 장지(葬地) |
| 12 | 穿壙及灰隔 | | | | | 10 | 상기중폐지사항 | 10 | 상기중폐지사항 |
| 13 | 下棺及成墳 | | | | | | | | |
| 14 | 慰安祭 | | | | | | | | |
| 15 | 虞祭 | 12 | 虞祭 | 12 | 우제(虞祭) | | | | |
| 18 | 小祥祭及大祥祭 | | | | | | | | |
| 16 | 上食 | | | | | | | | |
| 17 | 朔望展拜 | 13 | 朔日奠 | | | | | | |
| 19 | 弔慰 | 14 | 喪期 | 13 | 상기(喪期) | | | | |
| 20 | 喪期及服期 | 15 | 弔慰 | 14 | 조위(弔慰) | 11 | 조위(弔慰) 및 호곡(號哭) | 11 | 조위(弔慰) 및 호곡(號哭) |
| | | | | 15 | 호곡(號哭) | | | | |

〈표-21〉을 살펴보면, 〈의례준칙〉이 20개 항목이고, 〈의례규범 1〉과 〈의례규범 2〉의 항목은 각각 15개 항목으로 동일하게 구성되었던 것에 비해 〈표준의례〉의 항목은 총 11개 항목으로 구성되어 축소되고 있는 경향을 보인다. 내용을 살펴보면 호상과 명정, 우제와 상기의 항목이 삭제되고, 조위와 호곡의 항목을 통합하였으며, 상기 중 폐기사항이 추가 되었다. 세부내용에 대해 분석하면 다음과 같다.

① 1항 '임종'의 절차와 관련하여 〈의례규범〉과 〈표준의례〉의 세부 내용은 모두 동일하다.

② 2항 '상주'의 절차는 〈의례규범〉과 〈표준의례〉의 세부 내용은 모두 동일하다. 단 장손이 미성년일 경우 차자가 주상이 된다는 내용이 추가되었다.

③ 3항 '부고'의 절차는 〈의례규범〉과 〈표준의례〉의 세부 내용은 모두 동일하나, '관청 및 일반직장명의나 공직에 관련된 부고는 일체 금한다.'는 내용이 추가되었다.

④ 4항 '입관 및 염습'의 절차는 〈표준의례〉에서 큰 폭으로 변화되었는데, 운명 후 24시간 경과하면 깨끗한 평상복을 입히고 입관한 후 장일까지 정결하고 소독된 곳에 안치하도록 하여 염습의 시기를 사망 후 24시간 이후로 한정하였고, 수의(襚衣)를 평상복으로 대신하고 성복제를 폐지하는 등 입관 및 성복의 절차 대부분을 변경하였다.

⑤ 5항 '영좌'의 절차는 〈의례규범〉과 〈표준의례〉의 내용은 유사하나 명정을 폐지하도록 하였다.

⑥ 6항 '상복'의 절차는 〈표준의례〉의 내용이 남녀모두 별도의 정결한 평상복에 남자는 마포두건을 여자는 마포대를 장일까지 착용하는 것으로 하였고, 복인은 남녀 모두 흑포완장을 착용하도록 하였다.

⑦ 7항 '장일'의 절차는 〈표준의례〉에서 예외를 두지 않고 3일장으로 진행하도록 하였다.

⑧ 8항 '영결식 및 발인제'의 절차는 〈표준의례〉에서 간소하게 영결식 또는 발인제를 지낸다고 하여 폐지된 발인제의 절차를 지내도록 하였다.

⑨ 9항 '장지'의 절차는 〈의례규범〉의 장의절차에서 항목의 명칭을 변경하였고, 매장을 가족묘지 또는 공동묘지로 제한하였다.

⑩ 10항 '상기중 폐지사항'은 〈표준의례〉에서 신설된 조항으로 상기는 장일까지로 하고, 우제와 졸곡, 상식과 삭망, 소상과 대상 담제의 의례는 모두 폐지하는 것으로

하였다. 내용 중 상기는 장일까지로 변경한 것은 앞선 의례절차를 통해 '3년상 → 14일 상기에 2년 복기 → 집상기간 7일, 1년 탈상기 → 3일상 후 탈상'의 절차를 시행하는 파격적인 조치라고 할 수 있다.

⑪ 11항 '조위 및 호곡'의 절차는 〈의례규범〉의 조위와 호곡의 항을 합하였으며, 세부내용은 동일하다.

이상 살펴본 〈표준의례〉의 변화양상에서 가장 중요한 것은 상기를 장일까지로 하여 '삼일탈상'을 명문화하였다는 점이다. 이는 유교상례의 틀을 벗어나는 상징적인 조치라고 할 수 있다. 그리고 24시간 이후에 입관 및 염습을 하고, 수의(襚衣)와 상복을 평상복으로 변경한 것 등은 이전까지 상상하기 어려웠다는 점에서 중요한 의미가 있다.

이러한 급격한 조치와 관련하여 〈표준의례〉의 제정에 관한 자료를 살펴보면 『재건통신』6집의 「재건국민운동 1주년 특집-재건국민운동 1주년 주요업적」중 교양 사업의 8항 '표준의례 여행'에서 '종래의 관혼상제의 허례허식에서 오는 폐단을 제거하고 신생활운동을 통한 국민생활의 합리화를 기하는 데 있는바 시안검토, 기초자 좌담회, 공청회, 여론수집, 본부안 작성, 최고회의 승인 등의 경과를 거쳐 표준의례를 제정하고 이의 여행을 위하여 각종 계몽선전을 전개한바 그 방침으로서는 다각적인 연구 검토를 거쳐 의례 규범을 제정하고 〈표준의례〉를 준행토록 국민 대중에게 널리 계몽지도 하였다.'고 밝히고 있다. 이어진 〈표준의례〉제정 일정에서 시안은 총 2회에 걸쳐 이희승, 이관구, 이은상(1차 1961. 7. 20), 김재준, 김동화, 김규영(2차 1961. 8. 05)에게 위촉되어 작성되었다. 이어 기초자료 좌담회를 8월 19일, 공청회를 8월 25일에 진행하고 여론 수집은 8월 25일에서 9월 10일까지 진행하여 본부안을 작성하고 최종적으로 최고 회의 승인을 얻어 9월 19일에 공포하였다고 하고 있다.[223)]

앞서 '혼상제례준칙제정위원회'의 〈의례규범〉제정과 관련하여 각계 전문가 465인의 제정위원회을 통해 20여회의 회의와 공청회 등을 통해 진행된 제정절차를 단 6인의 위촉위원들이 한 달여 만에 기초자료를 만들고 좌담회를 통해 시행 초안을 작성한 점은 당시 의례의 제도화에 대해 어떤 인식을 가지고 있었는지를 단적으로 알 수 있는 대목이라고 할 수 있다. 이와 관련하여 주목할 부분은 〈표준의례〉의 참고자료로 활용되었을 것으로 추정되는

223) 재건국민운동본부에서 발행한 『재건통신』6호의 내용에서 공청회의 일정을 9월 25일로 기록하고 있다. 경향신문, 1961년 8월 26일자 관련기사와 이후의 내용을 검토할 때 8월 25일 공청회를 실시하였고, 『재건통신』의 내용이 잘못 표기한 것으로 보여 본문에서는 수정하여 기록하였다.

『한글해석 혼상제례절요』의 존재이다. 재건국민운동본부의 〈표준의례〉보다 3년여가 빠른 단기4291년(1958년)에 발행된 『한글해석 혼상제례절요』의 부록으로 실린 '표준의례'의 내용을 살펴보면, 재건국민운동본부의 〈표준의례〉와 동일한 의례안이 게재 되어있다. 그러나 『한글해석 혼상제례절요』에 대해서는 여러 판본이 존재하고 있고, 유독 '우당도서관'에서 보관중인 『한글해석 혼상제례절요』에서만 부록으로 〈표준의례〉를 게재하고 있다는 점은 추가적인 연구가 필요한 부분이라고 할 수 있다. 다만 시기적으로 재건국민운동본부의 〈표준의례〉제정과 관련하여 시안위촉에서 기초좌담회까지 14일~30일이 소요되었다는 점은 이미 기초연구가 추진되었을 것이라는 점을 추청을 가능하게 한다. 그리고 8월 25일에서 9월 10일가지 약 15일 동안 여론을 수렴하고, 9일 후인 9월 19일에 공포한 것은 재건국민운동본부에서 매우 급박하게 〈표준의례〉의 제정을 추진하였음을 알 수 있다.[224] 이러한 관점에서 재건국민운동본부의 〈표준의례〉안과 『한글해석 혼상제례절요』의 〈표준의례〉안과의 연계성에 대한 검토가 필요한 부분이 아닐 수 없다.

『한글해석 혼상제례절요』의 부록으로 게재된 〈표준의례〉에서는 '장례'의 용어가 해방이후 처음으로 등장한다. '장례'용어의 해설에 있어서 '장례라 함은 시체를 산에 묻고 묘를 짓는 의식을 말한다.'고 하였다.[225] 아울러 장일에 대한 설명에서 4개의 제도 모두에서 '삼일장(三日葬)'으로 한다고 명시하고 있어, '장례'개념의 등장과 더불어 이후 상례와 장례에 대한 혼동이 발생하게 되는 계기를 제공하게 된다.

### 2) 문교부의 〈국민예절 기준〉과 〈표준의례〉의 상충

해방 이후 1960년대 중반까지 ≪의례규범류≫의 제정을 위한 민간 및 정부부처의 노력은 지속되었다. 이 과정에서 주도적 역할을 수행하였던 것은 보건사회부와 군정기의 재건국민운동본부였다. 그러나 해방이후 처음으로 의례변화를 주도하고자 하였던 것은 1949년 '국민의식생활개선'을 추진하였던 문교부라고 할 수 있다. 문교부는 국민생활개선과 관련하여 국민식생활개선과 국민의복생활개선운동을 진행하였고, 이 가운데 의례에 대한 논의가 활발하게 진행되면서 자연스럽게 의례에 대한 기준을 작성하고자 하였다. 이러한 문교부의 의례개선노력과 관련된 동아일보의 기사는 다음과 같다.

---

224) 『한글해석 혼상제례절요』는 현재 4개의 판본이 존재한다. 부산대학교의 『혼상제례절요』는 단기4290년(1957년)에, 우당도서관의 『한글해석 혼상제례절요』는 단기4291년(1958년)에, 그리고 동국대학교와 영남대학교의 『한글해석 혼상제례절요』는 단기4293년(1960년)에 간행되었다. 그중 부록으로 〈표준의례〉를 게재한 것은 우당도서관의 『한글해석 혼상제례절요』가 유일하다.

225) 김형준, 『한글해석 혼상제례절요』, 의례보급회, 1958, 47쪽 참조.

그간 문교부에서 작성중에 있던 국민식생활 및 국민의복개선요령이 정식으로 결정되어 불원간 전국적으로 일대 생활개선운동이 전개되리라 한다. 문교부에서는 그간 관혼상제(冠婚喪祭) 전반에 걸친 의례준칙(儀禮準則)과 생활표준(生活標準)을 작성중이던 바 우선 개선위원회의 심의를 얻어 국민식생활개선 요령과 국민의복개선요령이 완성되어 곧 의식부문에 대한 생활개선운동을 전개키로 될 것이라고 한다.[226]

해방 직후부터 문교부의 의례개선을 위한 노력은 생활개선운동과 연계되어 진행되었으며, '의례준칙'의 작성 등에 집중되었음을 알 수 있다. 이러한 문교부의 노력이 한국전쟁의 발발로 좌절당했다는 기사는 의례개선을 위한 노력이 오랫동안 지속적으로 이루어지고 있었음을 설명해 준다.[227] 이러한 문교부의 의례에 대한 관심과 개선을 위한 노력은 일제강점기 이후 의례가 교육과목으로 채택되었기 때문이라고 할 수 있다. 다음은 이러한 문교부 노력을 알 수 있는 기사이다.

그 後 요즈음 와서 新生活運動의 課題와는 딴 分野로서 이번 새 學期부터 생기게 된 道義科目의 要目을 制定하기 위해 同 問題가 또 다시 文敎部에서 制定되기 된 것은 期待할만한 일이라 하겠다. 그러나 이 問題를 취급하고 있는 關係 當局者의 말에 依하면 婚喪儀式을 어떤 基準 위에서 어떤 方向으로 이끌어 가느냐의 至極히 추상적인 이론에 그칠 것이라고한다. 말하자면 우리 나라 固有 風俗은 살리면서 現代的인 精神 方向으로 이끌어 가자는 것이라 하는데 그 現代的인 精神 方向이 어떻게 具體的으로 形象化해야 하느냐에 對해서는 아무도 말할 수 없는 것으로서 當分間은 갖가지 資料만을 수집하고 번거러운 形式에 구애 당하는 過去 儀式에 一部 修正만을 加하게 되는 것이 아닌가 추측된다.[228]

이러한 문교부의 의례개선을 위한 노력은 도의교과목 개설을 위해 개선된 예절기준을 제시한 1963년 〈국민예절기준〉이 제정되면서 결실을 맺게 된다. 문교부의 〈국민예절기준〉에 대한 기사를 살펴보면 다음과 같다.

바르고 품위있는 예절생활을 전 국민에게 보급시키기 위한 「예절기준」이 우리나라에서 처음으로 마련되었다. 문교부는 그동안 국민예전기준을 제정하기 위해 예절기준 심의위원회를 구성, 충분한 연구와 심의 끝에 우리나라에서 고래로 내려오는 미풍양속을 살리고 현대인의 감각에도 들어맞는 예절기준을 만들어내었다.[229]

---

226) 동아일보, 〈국민의식생활개선 - 문교부서 실천요강결정〉, 1949년 8월 27일 기사 참조.
227) 신태민, 앞의 기사, 73쪽.
228) 신태민, 위의 기사, 73쪽.

재건국민운동본부에서 〈표준의례〉를 제정 공포한지 약 2년여 만에 문교부에서 생활개선과 생활간소화의 실천을 목적으로 각 급 학교 교육과정에 넣어 국민운동으로 보급시키기 위해 개선된 의례관련 규범을 발표하였다는 내용이다. 이전까지 의례에 대한 관심은 관혼상제 등 일생의례에 대한 개선방안으로 제한적이었다고 할 수 있다. 이런 가운데 〈국민예절기준〉의 등장은 의례에 대한 관심을 생활전반으로 확대하였다는 점에서 그 의의를 찾을 수 있다.

〈국민예절기준〉에 대한 자료가 존재하고 있지 않아 세부적인 내용을 확인하기 어려우나 1965년 문교부에서 발행된 『문교부 예절기준에 따른 새로운 예절』 중학교 교과서의 내용을 살펴보면 총 11장으로 구성되어 있고, 예절의 기본, 말씨의 예절, 의복의 예절, 음식 예절, 일상생활의 예절, 공중 생활의 예절, 사고 및 접대, 직장 생활, 특수 예절, 혼례 예절, 상례와 제례로 구성되어 있어 일상생활예절에 대해 전반적인 교육을 진행하도록 구성되어 있다. 이 중 연구주제와 관련된 『문교부 예절기준에 따른 새로운 예절』제 11장 상례와 제례 편의 주요내용을 살펴보면 다음과 같다.[230)]

> 제 11장 상례와 제례
>
> 우리나라는 고래로 의례를 특히 성대히 하는 풍습이 있으나 이 상례, 제례는 고인에 대한 정성이어야 하며, 살아있는 자손의 체면을 위한 허례허식이어서는 안 된다. 따라서 앞으로는 돌아가신 다음에 상례, 제례에 필요 이상의 경비를 소비하지 말고, … 현대적으로 과감히 개선해 나가는 것이 … 정성없는 허례보다 정성들인 간소화가 …
>
> 1 상례 …
>
> (4) 임종… 지나치게 울음소리를 내거나 하여 …
>
> (7) 발상 … 3) 상주, 주부 : 망인의 장자가 상주가 되며, 장자가 없을 경우에는 장손이 승중(承重, 상주가 되는)하는 것을 원칙으로 한다.
>
> (8) 전
>
> ① 식상에 주과포를 각각 한 그릇씩 놓는다.…
>
> ④ 전은 축이나 집사가 하는 것이 원칙이지만, 주상이나 주부가 하는 것이 더욱 고인에게 정성스럽다. …
>
> (16) 성복 - 성복은 보통은 24시간 지난 뒤에 복 입은 근친들이 모여 서로 조상하는 예이며, 손님의 조상을 받기 시작함을 원칙으로 한다.
>
> (17) 상복
>
> 1) 상주의 상복
>
> 상주와 복인들의 상복은 대단히 복잡하고 또 보기에도 그리 좋아 보이지는 않는다.…

229) 경향신문, 〈국민예절기준 마련〉, 1963년 2월 1일 기사 참조.

230) 남수희·박경자, 『예절기준에 따른 새로운 예절』, 문교부, 수학사, 1965.

ㄱ) ① 깃두루마기(흰 두루마기가 있으면 그것을 쓴다) ② 베 누건 ③ 베 행선 ④ 짚신 또는 흰 고무신

ㄴ) ① 검은 양복(부득이한 경우는 가지고 있는 것에서 화려하지 아니한 양복으로 한다) ② 검은 넥타이 ③ 검은 양말 ④ 검은 구두 ⑤ 흰색 상장(喪章)

2) 여자 여 상주의 상복은 ㄱ을 원칙으로 하되 ㄴ으로 할 수도 있다.

ㄱ) ① 흰 댕기 ② 깃저고리와 치마(가지고 있는 흰치마 저고리) ③ 버 선 ④ 짚신, 흰 고무신 또는 검정 고무신

ㄴ) ① 검은색 양장 ② 흰색 상장(喪章)…

5) 복 기간

복입는 기간은 100일간, 초상에서 장례 후 3일까지, 초상에서 장례일까지의 세 가지로 한다. 이 복 기간에 해당하는 친족 관계는 다음과 같다.

① 100일간 : 부모와 성년된 자녀 및 자부, 부부 간의 복 기간을 말한다.

② 장례후 3일까지 : 조부모나 성년된 손자녀 및 손부, 성년된 형제자매, 성년된 숙질(고모 포함) 간을 말한다.

③ 초상에서 장례일까지 : 사촌부터 모든 친척간의 복 기간을 말한다.

(18) 장사절차 - 집안 형편에 따라 매장 또는 화장으로 하되 삼일장을 원칙으로 한다.…

4) 삼우제 장사 지낸 뒤 사흘만에 산소에 가서 간단한 제를 지내고 산소를 살핀다.

5) 탈상제 돌아가신지 100일에 탈상하며 제사를 지낸다.

6) 기제 해마다 돌아가신 날 저녁에 지내는 제사이다.

(주의) 소상, 대상, 삭망 등의 제사는 일체 폐지한다. 미리 국민운동본부에서 상례, 제례에 대한 법이 제정되어 있기 때문에 국민은 그것에 준하여 일을 할 것이나,…장차는 국민운동본부에서 제정된 법을 전적으로 따라야 될 것이다.[231]

총 18개의 항목으로 구성되어 형식적으로는 〈표준의례〉의 11개 항목에서 확대된 것으로 보인다. 항목별 세부내용을 살펴보면 18항의 '장사절차'가 영결식·발인·삼우제·탈상제·기제 등을 통합하여 기술함으로써 실제로는 23개 항으로 작성되어졌음을 알 수 있다. 더욱이 기술된 내용을 살펴보면 이전에 발표되었던 ≪의례규범류≫와는 달리 매우 구체적으로 설명하고 있다. 문교부 〈국민예절기준〉을 분석하면 내용에 대한 서술이 세부적이고 일정별 순서에 따라 설명하고 있는 것은 교과서라는 형식의 특성에 기인한 것으로 이해 할 수 있다. 그러나 상례의 구성절차 항목이 큰 폭으로 증가되었고, 특히 주의사항으로 국민운동본부에서 상례와 제례에 대한 법이 제정되어 있어 이를 준수해야 한다고 부언하고 있는 점은 납득하기 어려운 부분이 아닐 수 없다. 〈표준의례〉와 비교하여 변화양상을 분석하면 다음과 같다.

231) 남수희·박경자, 앞의 책, 144쪽

① 1항 '위독'과 2항 '이실', 3항 '운명'은 이전의 〈의례규범 1, 2〉와 〈표준의례〉에는 없었던 신설된 항목이다. 세부 내용을 살펴보면, 1항 '위독'은 병자의 상태가 위태로워 임종이 가까워지면 모든 가족이 임종을 지키기 위해 노력해야 한다는 설명이고, 유언을 받아 기록하도록 하였다. 2항 '이실'은 유교상례에서 '疾病遷居正寢'에 해당하는 절차이고, 3항 '운명'의 절차는 임종을 위하여 일가친척에게 통지하는 내용으로 구성되어 있다. 이상의 내용을 살펴 볼 때 유교식 상례를 기준으로 설명하고 있음을 알 수 있다.

② 4항 '임종'의 절차는 〈의례규범 1, 2〉와 〈표준의례〉의 내용과는 달리 중학교 교과서이기 때문인지 내용을 쉽게 서술하였다. 특징은 울음소리를 내지 않는다는 것으로 기술하고 있어, 일제강점기이후 곡(哭)을 금지하고 부정적으로 인식하였던 부분이 지속되고 있음을 알 수 있다.

③ 5항 '신종'의 절차는 〈의례규범 1, 2〉와 〈표준의례〉에는 없었던 신설된 항목이다. 세부 내용은 임종의 哀悼謹愼에 해당하는 내용을 기술하였고, 예외적으로 애통의 통곡을 인정하였지만 예의범절에 어긋나지 않도록 주의하여야 한다고 기술하고 있어 곡(哭)에 대한 부정적 인식을 들어내고 있다.

④ 6항 '병자의 운명'의 절차는 〈국민예절기준〉에 신설된 절차이다. 그러나 내용을 세부적으로 살펴보면, 수시를 행하기 전에 고인을 깨끗한 홑이불로 덮고 병풍으로 가린다는 내용을 기술하고 있어 고인을 수시(收屍)하기 위한 준비절차라고 할 수 있다. 즉 전반적으로 〈국민예절기준〉이 교육용으로 계획됨으로써 상례의 단계를 연계성을 고려하여 절차로 세분화하고 설명위주로 작성되는 특징을 보이고 있다.

⑤ 7항 '발상'의 절차 역시 〈의례규범 1, 2〉와 〈표준의례〉에는 없는 절차로 〈국민예절기준〉에 신설된 항목이다. 발상은 상(喪)이 났음을 외부로 나타내는 행위에 대한 절차이다. 일반적으로 민속적 시각에서는 초혼의 절차를 발상의 대표적인 의례적 행위로 인식하였다. 그러나 대문에 조등을 걸거나 상가라고 쓴 종이를 붙이는 식의 발상절차는 일제강점기를 통해 유입된 일본식 장례풍습의 영향이 지속되고 있었던 것으로 보인다.

이어서 수시의 절차를 진행하도록 하고 있는데, 〈의례규범 1, 2〉와 〈표준의례〉에서는 1항 '임종'의 절차에서 정제수시한다고 하였던 것이 고인에 대한 의례를 마무리하는 과정에서 절차를 진행하도록 하고 있다.

그리고 상주에 대한 설명이 이어지는데, 〈의례규범 1, 2〉와 〈표준의례〉에서는 독립된 항목으로 '상주'에 대한 구분이 있었던 것이 그 비중을 축소하여 발상의 부분항목으로 기술하고 있다.

⑥ 8항 '전'의 절차는 〈표준의례〉의 10항 '상기중 폐지사항'에서 우제와 졸곡, 상식과 삭망, 소상과 대상 담제의 의례는 모두 폐지하는 것으로 하였는데, 〈국민예절기준〉에서는 다시 진행하도록 하였다. 유교상례의 '시사전'에서의 절차와 같이 고인의 어깨 쪽에 놓도록 하였으나, 의례의 진행을 주상이나 주부가 하는 것이 더욱 정성스럽다고 하여 집례자(執禮者)의 변화를 요구하였다. 이는 일제강점기 〈의례준칙〉의 '습급렴'의 절차에서 습을 가족 및 근친자가 행하는 것이 정성스럽다고 한 것과 맥을 같이 하는 것으로 앞서의 논의와 같이 일제강점기를 통해 유입된 일본식 장례풍습의 정착되어 영향을 미치고 있음을 나타내고 있다.

⑦ 9항 '호상소'의 절차는 〈의례규범 1, 2〉에는 있었으나, 〈표준의례〉에서 삭제되었던 항목을 〈국민예절기준〉에서 다시 신설한 항목이다. 내용은 호상소의 목적과 구성에 대한 설명으로 편성되었는데, 예서에서 사서와 사화로 구성되었던 호상소와는 달리 재무, 서기, 축, 집사, 산감 등 그 구성과 역할을 세분화하여 기술하고 있다.

⑧ 10항 '발인기'의 절차는 〈의례규범 1, 2〉와 〈표준의례〉에는 없는 절차로 〈국민예절기준〉에 신설된 항목이다. 내용은 상가의 발인에 대한 일정과 시간, 장지 등을 게시하여 조문객들에게 편의를 돕겠다는 목적으로 실행된 것으로 보인다.

⑨ 11항 '부고'의 절차는 〈의례규범 1, 2〉에서는 4항에 〈표준의례〉에서는 3항에 기술된 항목으로 〈국민예절기준〉에서는 11항에 기술되어있다. 〈의례규범 1, 2〉와 〈표준의례〉에는 호상자의 명의로 친족과 친지에게 알리도록 하고 있으나, 〈국민예절기준〉에서는 되도록 빨리 알린다는 내용만 기록되어 있고, 신문부고에 대한 통제 내용은 삭제되었다.

⑩ 12항 '조객록과 부의록'의 절차는 〈의례규범 1, 2〉와 〈표준의례〉에는 없는 절차로 〈국민예절기준〉에 신설된 항목이다. 본래는 호상의 항목에 조문객들의 조문사항과 부의내용을 기제 하였던 것을 별도의 항목으로 설명하고 있다.

⑪ 13항 '관과 수의'에 대한 절차를 살펴보면 〈표준의례〉에서는 운명 후 24시간 경과하면 깨끗한 평상복을 입히고 입관한 후 장일까지 정결하고 소독된 곳에 안치하도록 하였던 것을 〈국민예절기준〉에서는 다시 이전의 의례절차로 회귀하면서 수

의(襚衣)의 명칭을 한글로 '수의'로 기록하였다. 수의에 대한 명칭의 한글화 사용은 이후 '壽衣'의 용어가 사용되는 단초를 제공한 것으로 보인다. 그리고 삼베, 명주 또는 고인의 유언에 따라 평소에 입었던 옷을 써도 된다고 하여 평상복을 수의로 사용하도록 하였던 〈표준의례〉의 규정에서 벗어나 이전의 상황으로 진행된 것으로 보인다.

⑫ 14항 '염과 입관'의 절차는 〈의례규범 1, 2〉에서는 '염습'으로 〈표준의례〉에서는 '입관 〈염습〉'으로 설명되었던 절차를 〈국민예절기준〉에서는 습의 절차를 삭제하고 '염과 입관'으로 표기하면서 습의 절차를 목욕으로 이해했던 이전의 규범들과는 달리 목욕의 부분을 삭제하고 시신에 수의를 입히는 염과 입관의 절차로만 진행하도록 하였다. 이러한 변화는 일제강점기를 통해 진행된 근대상례로의 전환이 완성되고, 일본식 장례풍습으로 인해 유교식 상례의 절차가 변화되었음을 단적으로 보여주고 있다.

⑬ 15항 '명정'의 절차는 〈표준의례〉 5항 '영좌'의 절차에서 폐지하도록 하였는데, 〈국민예절기준〉에서 다시 신설하였다. 세부 내용은 유교식 상례의 절차에 따라 설명하고 있다.

⑭ 16항 '성복'의 절차는 〈의례규범 1, 2〉와 〈표준의례〉에는 없는 절차로 〈국민예절기준〉에 신설된 항목이다. 예서에서는 오복제도와 착용 대상에 대한 해설로 이루어져 있었던 것이 〈국민예절기준〉에서는 성복의 시기를 24시간 이후로 설명하고 있고, 성복을 마치고 조문을 시작하도록 하였다. 그리고 〈표준의례〉에서는 성복제를 폐지하도록 하였으나 성복제에 대해 언급하지 않고 있다.

⑮ 17항 '상복'의 절차는 〈표준의례〉에서는 남녀모두 별도의 정결한 평상복에 남자는 마포두건을 여자는 마포대를 장일까지 착용하는 것으로 단순화 하였고, 그리고 복인의 경우 남녀 모두 흑포 완장을 착용하도록 하였다. 〈국민예절기준〉에서는 이를 다시 세분화하여 남자상복에는 흰 두루마기, 검은색 양복과 부득이한 경우 화려하지 않은 양복 중 택하여 착용하도록 하였고, 여자의 경우 역시 흰색의 치마저고리 또는 검정색 양장을 착용하도록 하였다. 일반 조문객의 복장과 상제의 출입복장을 구분하여 설명하고 있고, 마지막으로 상복의 착용기간을 부모와 성년 된 자녀 및 자부, 부부간의 복을 100일간 하도록 하고, 조부모나 성년 된 손자녀, 손부 등의 경우는 장례 후 3일간 복하도록 하였다. 복친에 해당하는 사촌부터 모든 친척은 초상에서 장례일까지 복하도록 하여 상복의 착용기간을 〈표준의례〉이전의

상황으로 확장시키고 있다.

⑯ 18항 '장사절차'의 절차는 〈의례규범 1, 2〉와 〈표준의례〉에서는 없었던 절차로 〈국민예절기준〉에 신설된 항목이다. 그러나 내용상으로는 장일, 영결식, 발인, 삼우제와 탈상제, 기제 등 이전에 폐지되었던 근대상례의 항목들을 다시 진행하도록 설명하고 있는 것이 가장 큰 특징이라고 할 수 있다. 장일의 경우 〈표준의례〉에서와 같이 3일장으로 진행하도록 하였다. 그리고 〈표준의례〉에서 간소하게 영결식 또는 발인제를 지낸다고 하여 폐지된 발인제의 절차를 지내도록 하였던 것을 〈국민예절기준〉에서는 더욱 세분화하여 '영결식 및 발인제'의 세부절차에 대해 설명하고 있다.

〈표준의례〉에서 '상기중 폐지사항'으로 언급하였던 우제를 다시 지내도록 하였으며, 돌아가신지 100에 탈상제를 지내도록 하여 탈상의 기간을 명시하고 상복을 입는 기간과 일정을 같이 하였다. 기제는 제례의 항목이나 소상과 대상이 1주기 및 2주기에 해당하여 소상과 대상은 폐지하되 기제로 변경하여 지내도록 하였다. 그리고 삭망의 제사도 모두 폐지하도록 하였다.

본문의 마지막 부분에 '주의 항'을 통해서 '미리 국민운동본부에서 상례, 제례에 대한 법이 제정되어 있기 때문에 국민은 그것에 준하여 일을 할 것이나, 여기서는 좀 더 그것을 상세히 설명하고 재래 습관을 일시에 없애기 어려운 것만을 첨가하였을 따름이니, 장차는 국민운동본부에서 제정된 법을 전적으로 따라야 될 것이다.'고 기술하고 있다.[232] 문교부는 〈국민예절기준〉을 통해 재래의 습관을 일시에 없애기 어려워 중요한 내용을 일부 첨가하였다는 점을 강조하였다. 그러나 실행에 있어서는 당시 제정되어 실행 중에 있는 〈표준의례〉를 따를 것을 권고하고 있는 이중적 태도를 보이고 있다. 실제 기술된 내용을 분석하면 재건국민운동본부의 〈표준의례〉보다는 유교식 상례와 민속에 나타난 실천적 항목을 다양하게 포착하고 있음을 알 수 있다. 이를 통해 당시 상례의 실천상황이 유교식 상례와 의례관습이 지속적으로 수행되고 있어, 국가에 의한 의례통제가 제대로 이루어지 않고 있음을 보여주고 있다. 이는 일제강점기 〈의례준칙〉을 통해 등장한 근대상례가 정착되지 못한 과도기적 상황에 처해 있었음을 나타낸다. 이러한 시각에서 〈국민예절기준〉을 통한 문교부의 시도는 유교식 상례에서 벗어나 근대상례로의 변화와 정착을 위해 필요한 조치였다고 할 수 있다. 다만 문교부의 노력이 보다 근본적이라고 할 수 있는 유교상례의 목적과 용어의 정확한 이

232) 남수희·박경자, 앞의 책, 144쪽.

해를 통해 시대별 변화양상에 대한 논의로 발전되었다면 하는 아쉬움이 남는 부분이다.

이상으로 해방 이후 1960년대 초까지 진행된 근대상례의 지속과 변화양상에 대한 논의를 진행하였다. 분석을 통하여 당시 정부의 의례통제가 각 부처 또는 관변 단체를 중심으로 진행되어 일관성 있는 정책추진에 이르지 못하였음을 알 수 있었다. 이러한 상황은 대중에게 의례적 혼란을 가중시킴으로서 이후 의례변화에 많은 영향을 미치고 있다. 일제강점기의 벗어나 자주독립국가로서의 역량을 집중하고 신국가건설을 위한 노력이 집중되는 시대상황에서 의례, 특히 상례에 대해 관심을 갖는다는 것은 매우 어려운 문제라고 할 수 있다. 그러나 한국전쟁 이후 민간을 중심으로 시작된 의례개선 및 간소화에 대한 요구는 시대변화에 맞추어 의례변화의 필요성을 인식하고 규범화가 진행되었다는 점에서 중요하다.

일단의 지식인들을 중심으로 진행된 연구와 정부부처별로 진행되어 발표된 각 종 규범들은 충분한 사회적 논의과정을 거치지 않고 통제목적을 위해 신속하게 진행됨으로서 다음 2가지의 특징적 모습을 보이고 있다. 첫째는 일제에 의해 진행되었던 의례통제의 논리가 그대로 답습되고 있다는 점이다. 근세 일본의 경제발전에 원동력이 되었던 보덕사법에 기초한 교화중심의 개발패러다임인 전근대성의 낭비와 비효율성에 대한 비판을 통해 근대적 합리화를 유도하고 근검절약을 추진하는 정신운동 모델이 해방 이후 한국사회에서도 동일하게 반복적으로 나타나고 있다는 점이다. 해방 이후 추진된 모든 ≪의례규범류≫의 목적과 취지에서 유교의례의 허례허식과 경제적 문제의 극복을 위한 대안으로서의 의례규범의 필요성을 강조하고 있는 점이 이를 잘 설명하고 있다.

두 번째로는 〈의례준칙〉에 준한 의례절차의 변화이다. 해방 이후 근대상례의 변화와 제도화의 전 과정을 관통하는 지배적인 논리는 〈의례준칙〉이라고 할 수 있다. 해방 이후 시행된 모든 ≪의례규범류≫의 참고문헌 또는 비교의 대상이 되었던 전거(典據)는 〈의례준칙〉이었으며, 이 과정에 참여한 대다수의 지식인들은 일제강점기를 통해 성장한 사람들이었다. 그 결과 해방 이후 한국사회는 전근대의례와 일제강점기 의례변화에 대한 비판적 분석을 통해 근대한국사회가 필요로 하는 의례에 대한 논의로 발전시키지 못하는 결과로 이어졌다. 즉 경제적 문제의 해결과 정치적 논리는 〈의례준칙〉의 형식을 답습하는 결과로 이어지게 됨으로써 의례를 통제의 수단으로 활용하는 과정이 반복되어 나타나게 된 것이다. 다음은 우리 사회에서 가장 강력한 의례통제로 인식되었던 〈가정의례준칙〉의 등장과 변화에 대해 살펴보고자 한다.

# 제6장 국가 통제의 강화와 변화

## 1. 〈가정의례준칙〉과 근대상례의 단일화

### 1) 〈가정의례준칙〉을 통한 강력한 의례통제

1963년 제5대 대통령에 취임한 박정희는 "정치적 자주와 경제적 자립, 사회적 융화・안정을 목표로 대혁신운동을 추진함에 있어서 우리는 먼저 개개인의 정신적 혁명을 전개해야 한다."고 강조하였다. 그리고 '조국 근대화'를 역점에 두고 국가정책을 추진하였다. 박정희 정권의 '조국 근대화'는 근대적 국가건설과 생산력 증대와 발전이라는 이중과제의 극복을 의미하는 것이었다. 그러나 '조국근대화'의 배경에는 일제강점기 전시동원체제를 통해 국가통제를 일상적으로 지속하였던 국가주의적 동원전략의 경험에 기초한 것이었다. 이러한 경험은 '조국근대화'를 위해 자본과 노동을 포함한 시민사회의 내핍과 근면의 토대 위에서 급속한 자본축적을 달성하기 위한 정책으로 연결되었다. 즉 1930년대 생활개선운동과 농촌진흥운동, 그리고 국민정신총동원운동과 국민총력조선연맹 등으로 이어진 전시국가총동원체제의 경험이 1950년대 한국전쟁 이후 절박한 생존문제에 직면한 현실에서 '조국근대화'의 논리로 되살아난 것이다. 일본 근대국가 형성기에 적극적으로 활용되었던, 전근대적 의례의 낭비와 비효율성에 대한 비판과 이를 극복하기 위한 방편으로서 근대적 합리화를 위한 근검절약이, 개발패러다임으로 포장되어 박정희 정권에서 추진되었다. 그래서 박정희 정권은 새마을 운동과 가정의례의 통제와 같이 근대적 개발과 근검절약을 실천하는 정책을 펼치게 된다.

1968년 초 박정희 정권은 제2경제실천운동의 일환으로 '조국근대화'대열에 참여하는 국민들의 정신을 국가 발전과 일치하기 위한 노력을 전개했다. 그래서 국가 발전을 위한 국민 개인의 정신개조를 강조하면서 온갖 정책지표로 삼았다. 특히 국민생활에 지대한 영향을 미치는 가정의례 개선에 주목하여 〈가정의례준칙〉을 제정하였다. 〈가정의례준칙〉의 제정 의도를 살펴보면 다음과 같다.

첫째 복잡하고 허례허식으로 치우친 가정의례를 … 간편하고 정중하게 실천할 수 있도록 하기 위한 새 기준의 설정을 기하고자 하며,
둘째 지역이나 씨족에 따라 각양각색이던 지금까지의 가정의례를 통일된 기준에 따라 … 범국민적 생활규범을 도출하고,
셋째 합리성과 능률위주의 현대적인 생활에서 … 가정의례가 지나치게 간소화되거나 벗어나지 않도록 하는 최저선의 제시이다.[233]

보건복지부가 발표한 〈가정의례준칙〉은 당대에 이루어지는 의례를 허례허식의 가정의례로 규정하고 간편하고 정중한 의례의 실천을 위해서 새로운 기준이 필요하다고 강조한다. 그리고 지금의 의례는 지역과 씨족에 따라 각양각색으로 진행되는 전근대의 낙후성을 따르고 있으므로 이를 극복하여야 하는데, 통일된 기준과 범국민적 생활규범으로서 가정의례가 필요하다고 주장한다. 그래서 〈가정의례준칙〉은 합리성과 능률 중심적인 현대생활을 위한 가장 낮은 단계의 가이드 라인이라는 것이다. 그러나 이러한 논리는 전근대적 유교의례를 구습이라 규정하고 이를 개선하기 위해서 규칙이 필요함을 역설하였던, 일제강점기 제국주의적 근대화 논리와 일맥상통하였다.[234] 가정의례준칙의 필요성에 대한 논리는 '〈가정의례준칙〉 공포에 즈음하여'라는 담화문에서 정점이 나타난다.

잡다한 옛 의례에 따르는 고루와 낭비가 … 절차나 형식이 중요한 것이 아닙니다. 지금 우리는 모든 국민이 한 덩어리가 되어 조국근대화작업에 총력을 기울이고 있습니다. 그러나 먼저 생활의 합리화, 근대화가 이룩되지 않는 한 이 과업 수행은 어려운 것입니다.[235]

박정희는 담화를 통해 전근대적 유교의례는 번잡하고 고루와 낭비가 많은 시정의 대상이라고 규정하였다. 유교의례는 형식에 치우친 허례허식이며, 조국 근대화를 위해서는 이를 극복하여야 한다는 것이었다. 특히 생활의 합리화와 근대화는 '조국근대화'에 매진하기 위한 필수적인 것으로, 〈가정의례준칙〉의 제정은 필연적인 과정이라는 논리다. 즉 〈가정의례준칙〉은 유교적 허례허식을 일소하고 생활의 합리화를 추구함으로써 '조국근대화'를 이끄는 가장 중요한 수단이라는 것이다. 『조선일보』가 1968년 보도한 내용에 따르면, 박정희는 유교의례가 사대주의사상에서 나온 것이라고 보았으며, 이를 극복하여 산업화에 맞춘 형식과 절차를 통해 현대화해야 한다고 보도하고 있다. 일제강점기 이후 국가주도로 의례를 통제하는

233) 보건사회부, 『가정의례해설』, 보건사회부, 1969, 20~21쪽.
234) 보건사회부, 위의 책, 17쪽.
235) 대한민국정부, 「담화문」, 관보 제5188호, 1969, 2쪽.

양상과 같은 맥락을 보여준다는 점에서 매우 중요한 논리인 것이다. 그러나 이러한 논리는 근대 초기 유교식 상례의 실천양상이나 일제강점기의 〈의례준칙〉, 〈개선장례기준〉 등의 실행으로, 이미 의례적 근대화가 진행되고 있었던 당시의 상황을 부정하는 것이었다. 무조건 '조국근대화' 논리를 앞세워 유교의례의 부정적 이미지를 강조함으로써 의례를 통제하려는 목적을 쫓았던 것이다.

박정희 정권은 가정의 사적영역을 실정법령으로 규제하려는 목적에서 〈가정의례준칙〉을 등장시킴으로써 국가가 의례를 정치적 통제의 수단으로 파악하였다. 박정희 정권이 추진했던 〈가정의례준칙〉은 일제강점기 때부터 지속된 의례를 통제수단으로 인식하는 경향을 잘 드러내는 조치였다. 다음 장에서는 〈가정의례준칙〉의 제정과정과 내용의 분석을 통해 의례의 변화양상을 살펴보고자 한다.

### 2) 〈가정의례준칙〉과 의례모델의 변화

박정희 정권은 〈가정의례준칙〉의 제정과 관련하여 1968년 10월 8일 국무총리 소속에 '가정의례준칙 제정위원회'를 설치하여 관계기관 및 각계각층을 망라한 전문가 28명을 제정위원으로 위촉하고 작업에 착수하였다. 준칙제정의 주요골자를 중심으로 전국의 계층별 제 1차 여론조사를 실시하였다.[236] 선정된 가정의례준칙 제정위원들의 노력과 협조로 '위원회'가 기초한 초안은 부분적으로 일부 이견이 있었으나 '사회 각층으로부터 절대 다수의 지지와 뜨거운 성원을 받았다'는 성과를 볼 때 대체적으로 만족한 성과로 이어졌다. 이어 정부는 검토를 통해 법제화에 대한 필요성은 인정하였으나, 준칙의 내용이 민속에 속하는 문제라 전부 법제화할 수 없어 1969년 1월 16일 법률 제2079호로 '가정의례준칙에 관한 법률'과 동법 시행령(대통령령 제3740호)을 제정하여 그 입법 취지와 준칙의 제정근거 및 준칙의 실천보급을 위한 기구와 정비에 관해 입법화하는 데 그치게 된다.[237] 법률과 시행령에 따라 '가정의례 심의위원회'를 법정기구로 설치하는 한편 앞서 '가정의례준칙 제정위원회'가 기초한 준칙 안에 대한 전국 여론조사를 다시 진행하고 결과를 보완한 끝에 '가정의례 심의위원회'안을 채택하여 국무회의의 의결을 거쳐 1969년 3월 5일 대통령고시 제 15호로 확정하게 되었다.[238]

이상의 과정을 거쳐 공포된 〈가정의례준칙〉에 대해 정부는 "새로 마련한 '가정의례준칙'

---

236) 총무처, 『1972년도 공통과목 교재』, 성진문화사, 1972, 570쪽.

237) 총무처, 위의 책, 570~571쪽.

238) 총무처, 위의 책, 571쪽.

은 오랜 연구와 수차의 검토 협의를 거치고 광범위한 의견에 의한 범국가적 의례규범"으로 정의하였다고 발표하였다.[239] 그러나 정부의 의도와는 달리 〈가정의례준칙〉의 시행과 정착에 실패함으로써 사회문제로 확산되는 양상을 보이게 된다. 그 원인으로 사회지도층에 만연하였던 과시 소비욕구가 지목됨에 따라 1973년 법 개정을 통한 강제화작업이 이어지게 된다. 당시의 문제점을 지적한 「지도층에 강조되어야 할 가정의례준칙」이라는 제하의 사설을 살펴보면 다음과 같다.

> 보사부는 지난해만도 준칙에 따른 결혼식 1만8천1백25건, 신문부고 게재시 위배자에 대한 경고서한 7백 16건을 발송했으나 준칙의 실천은 저소득층에서만 이뤄지고 있어 범국민적 참여를 우해 법제화를 서두르게 된 것이다.[240]

기사는 〈가정의례준칙〉 실행의 문제점으로 상위계층의 과시소비욕구에 의한 일탈행동이 주원인이었음을 보도하고 있다. 미흡한 성과와 미정착을 계기로 1969년 〈가정의례준칙〉 제정당시 미루어졌던 법제화가 추진되면서 1973년 강제적 처벌조항을 포함하는 개정안을 시행하게 된다. 이러한 변화양상을 〈표준의례〉와 비교하여 살펴보면 다음과 같다.

〈표-22〉「가정의례준칙」의 상례절차 비교

| 국민표준의례 (1961, 재건국민운동본부) | | 가정의례준칙 (1969, 보건복지부) | | 가정의례준칙 (1973, 보건복지부) | |
|---|---|---|---|---|---|
| | | | 제1조 목적, 제2소 정의 | 용어정의, 만장, 종교의례 | |
| 1 | 임종 | 1 | 제15조 (임종) | | |
| 2 | 상주 | 2 | 제16조 (수시(收屍)) | | |
| | | 3 | 제17조 (발상(發喪)) | | |
| 3 | 부고(訃告) | 4 | 제18조 (상제) | | |
| | | 5 | 제19조 (복인) | | |
| | | 6 | 제20조 (호상(護喪)) | | |
| | | 7 | 제21조 (부고) | 8 | 제14조 부고 |
| 4 | 입관(入棺)<염습(斂襲)> | 8 | 제22조 (입관(入棺)) | | |
| 5 | 영좌(靈座) | 9 | 제23조 (영좌(靈座)) | | |
| | | 10 | 제24조 (명정) | | |
| 6 | 상복(喪服) | 11 | 제25조 (성복(成服)) | 7 | 제13조 상제 |
| | | 12 | 제26조 (상복) | 6 | 제12조 상복 |
| | | 13 | 제27조 (조문) | | |

239) 총무처, 위의 책, 571쪽.

240) 조선일보, 〈지도층에 강조되어야할 가정의례준칙〉, 1972년 6월 23일 기사 참조.

| 7 | 장일(葬日) | 14 | 제28조 (장일) | 4 | 세10조 장일 |
|---|---|---|---|---|---|
| 8 | 영결식(永訣式)/발인제 | 15 | 제29조 (장사) | 1 | 제7조 장례제식 |
| 9 | 장지(葬地) | 16 | 제30조 (장지) | 2 | 제8조 발인제 |
| 10 | 상기중폐지사항 | 17 | 제31조 (천광) | | |
| | | 18 | 제32조 (횡대 및 지석) | | |
| | | 19 | 제33조 (영결식) | | |
| | | 20 | 제34조 (운구) | 8 | 제15조 관나르기 |
| | | 21 | 제35조 (하관 및 성분) | | |
| | | 22 | 제36조 (위령제) | 3 | 제9조 위령제 |
| | | 23 | 제37조 (첫 성묘) | | |
| | | 24 | 제36조 (탈상) | | |
| | | | | 5 | 제11조 상기 |
| 11 | 조위(吊慰) 및 호곡(號哭) | | | | |
| | | | | 10 | 제16조 상례의 식순 |

박정희 정권에 의해 강력하게 추진된 〈가정의례준칙〉에서 규정한 근대상례는 〈표-22〉에서 보는 바와 같이 총 22개 항목으로 이전의 〈표준의례〉 11개 항목에서 크게 증가되었다. 그리고 1969년 〈가정의례준칙〉과 1973년 〈가정의례준칙〉 개정안을 비교하여 살펴보면, 외형적으로는 종래의 4개장 72개조에서 4개장 24개조로 대폭 단순하게 규정하였다고 할 수 있다. 1973년 개정된 가정의례에 관한 법률과 준칙에서는 1969년 제정된 법률과 준칙과 비교하여 이전까지 없었던 강제적 처벌조항이 도입되었는데, 〈가정의례에관한법률〉 제4조 허례허식의 금지사항으로 ① 청첩장, 부고장 등의 인쇄물에 의한 개별교지, ② 화환 화분, 이와 유사한 장식물의 진열 또는 사용, ③ 답례품의 증여, ④ 굴건제복의 착용, ⑤ 만장의 사용, ⑥ 경조기간 중 주류 및 음식물의 접대 금지를 규정하고 이를 어길 경우 50만 원이하의 벌금형에 처하도록 하였다. 또 개정 법률에서는 의례식장의 영업허가를 도입하고 이를 어길 경우 1년 이하의 징역 또는 50만 원이하의 벌금에 처하도록 하였다. 다음은 1969년 〈가정의례준칙〉과 1973년의 〈가정의례준칙〉 개정안을 비교하여 세부적인 변화양상을 살펴보고자 한다.

① 〈가정의례준칙〉에서는 이전의 ≪의례규범류≫와는 달리 '용어의 정의'가 처음으로 등장하였는데, 1969년 제정 당시에는 '상례'에 대한 정의를 "임종에서 탈상까지의 의식절차를 말한다."고 하였고, 1973년 〈가정의례준칙〉에서는 '주상'의 정의가 추가되어 "상례의 의식제전을 주관하는 사람을 말한다."고 하였다. 이중 상례의 정의를 임종에서 탈상까지의 절차로 규정한 것은 1957년 보건사회부에서 제정한 〈의례규범 2〉에 의

해 탈상의 개념이 일반화되었음을 의미한다.

② 1969년 〈가정의례준칙〉에서는 임종과 관련하여 어린이의 병실 출입을 삼가도록 하고 있다. 이와 관련하여 임종장소가 대부분 집에서 병원으로 이동하고 있음을 보여주고 있다. 이러한 변화가 장례식장의 등장으로 이어지는 계기로 연결된다.

③ 1973년 〈가정의례준칙〉에서는 종교의식의 특례와 장례제식이 추가되었는데, 장례제식은 “사망 후 매장 완료 또는 화장 완료 시까지 행하는 제식(이하 “장례제식”이라 한다)은 발인제와 위령제만을 행하고 그 이외의 노제·반우제·삼우제 등의 제식은 행하지 아니한다.”고 하여 상례와 장례의 개념을 구분하여 설명하고 있다. 즉 상례의 죽음의례 전반을 통칭하는 개념으로, 장례는 사망에서 매장 또는 화장완료시점까지의 제식으로 규정함으로써 장례를 상례의 일부분으로 이해하고 있음을 보여주고 있다.

④ 1969년 〈가정의례준칙〉에서는 수시(收屍) 및 발상(發喪)의 절차를 기술하고 있으나 1973년 〈가정의례준칙〉에서는 생략되었다.

⑤ 앞선 〈표준의례〉에서는 상주의 범위에 대해 망인의 직계비속이 상주가 될 수 있음을 규정하였으나, 〈가정의례준칙〉에서는 배우자와 직계비속이 상제가 될 수 있다고 규정함으로써 상주의 범위가 배우자까지 확대하고 있다.

⑥ 1969년 〈가정의례준칙〉에서는 복인의 범위를 고인의 8촌 이내로 규정하고, 호상에 대해 규정하고 있으나, 1973년 〈가정의례준칙〉에서는 모두 생략되었다.

⑦ 1969년 〈가정의례준칙〉에서는 입관의 절차에 대해 운명 후 24시간이 지나면 깨끗한 평상복 중 식물성 의복 또는 수의(壽衣)를 입히고 입관한다고 규정하고 있으나, 1973년 〈가정의례준칙〉에서는 모두 생략되었다. 이중 중요한 특징으로 수의(壽衣)의 용어가 처음 사용되었다는 점이다. 〈의례준칙〉이후 1957년 〈의례규범 2〉까지의 명칭은 ‘襚衣’ 또는 ‘수의(襚衣)’로 사용되었고, 1963년 문교부 제정의 〈국민예절기준〉에서 한글의 ‘수의’의 용어가 사용된 이래 〈가정의례준칙〉에서 ‘수의(壽衣)’로 변화되었다.

⑧ 〈표준의례〉에서 폐지되었던 명정이 1969년 〈가정의례준칙〉에서 ‘직함 본관 성명 의구’로 작성하도록 하고 있다.

⑨ 상제의 복장과 관련하여 1969년 〈가정의례준칙〉에서는 남녀의 상복에 대해 규정하고 있으나, 1973년 〈가정의례준칙〉에서는 따로 마련하지 않고 백색 또는 흑색 한복이나 흑색 양복을 착용하도록 하였다. 이전까지 착용하였던 완장의 착용은 폐지되고 마포상장을 착용하도록 하였다. 그리고 상복을 입는 기간은 장일까지로 하고 상장은 탈상까지 착용하도록 하였다.

⑩ 장일(葬日)의 규정과 관련하여 1969년 〈가정의례순칙〉에서는 5일 이내에 지내도록 하였으나, 1973년 〈가정의례준칙〉부터는 사망한 날로부터 3일이 되는 날을 장일로 한다고 하였다.

⑪ 1969년 〈가정의례준칙〉에서 진행하도록 하였던 영결식과 폐지되었던 발인제는 1973년 〈가정의례준칙〉에서부터는 영결식을 폐지하고 발인제를 진행하도록 하고 있다.

⑫ 1969년 〈가정의례준칙〉에서 진행하도록 하였던 장사, 장지, 천광, 하관 및 성분의 절차는 1973년 〈가정의례준칙〉에서부터는 모두 폐지되었다.

⑬ 〈의례규범〉 이후 생략되었던 위령제는 1969년 〈가정의례준칙〉에서부터 진행하도록 하였고 1973년 〈가정의례준칙〉부터는 매장과 화장을 구분하여 절차를 설명하고 있다..

⑭ 1969년 〈가정의례준칙〉에서는 장례를 지낸 사흘 만에 성묘를 하고 재우제와 삼우제는 폐지한다고 하였으나, 1973년 〈가정의례준칙〉부터는 모두 생략되었다.

⑮ 1969년 〈가정의례준칙〉과 1973년 〈가정의례준칙〉 모두 상기는 부모, 조부모와 부 또는 처의 상기는 운명한 날로부터 100일까지로 하되 기타의 경우에는 장일까지로 한다고 하고, 탈상제는 기제에 준하여 행하도록 하였다.

〈가정의례준칙〉을 통해 살펴본 근대상례의 변화양상은 전반적인 의례절차의 구성에 있어서 고인을 위한 의례절차는 대부분 생략되었고, 유족 및 조문객 등 산 자들의 의례행위를 통제하기 위한 절차로 변화되어가는 모습을 보이고 있다. 1969년에 이어 1973년 〈가정의례준칙〉 개정안에는 내부적으로 의례통제에 대한 혼선을 보이고 있으나 〈가정의례준칙〉의 근본적인 목적인 경제적 안정과 의례를 통한 국민생활 통제라는 측면은 점차 정착된 형식으로 자리 잡고 있음을 알 수 있다. 아울러 규정의 명칭에서 드러나는 바와 같이 일제에 의한 〈의례준칙〉에 가정의 개념을 포함하여 〈가정의례준칙〉으로 정리함으로써 공동체가 중심이 되어 진행되었던 의례를 가정을 중심으로한 개별의례로 전환시키는 계기를 제공하게 된다.

〈가정의례준칙〉에 나타난 대표적인 의례통제에 혼선을 보이고 있는 주요사항으로 장일과 수의에 대한 논의를 들 수 있다. 먼저 장일과 관련된 규정은 일제강점기말 전시체제하에서 추진되었던 〈개선장례기준〉에서 3일장으로 규정된 뒤, 해방 이후 ≪의례규범류≫를 통해서도 3일장의 형식을 유지하였다. 그런데, 1969년 〈가정의례준칙〉에서 이를 다시 5일장으로 확대 시행하였다가 1973년 〈가정의례준칙〉 개정안에서는 다시 3일장으로 변경되는 등 혼선을 보이고 있다. 그리고 수의(襚衣)와 관련된 사항이다. 앞서 유교식 상례의 분석과정에서 살펴보았던 바와 같이 고인에게 마지막으로 옷을 입히는 절차는 습(襲)이며 이

때 입히는 옷을 습의(襲衣)라고 하였다. 그러나 1934년 〈의례준칙〉이 제정 발표되면서부터 1957년 〈의례규범 2〉까지의 명칭은 '襚衣' 또는 '수의(襚衣)'로 사용되었다. 1961년 〈표준의례〉에서는 '입관〈염습(斂襲)〉'항에서 복식에 대한 설명없이 평상복으로 한다고만 하였고, 1963년 문교부 제정의 〈국민예절기준〉에서 한글용어로 '수의'의 용어가 처음 사용되었고 1969년 〈가정의례준칙〉에서 '수의(壽衣)'의 용어가 사용됨으로써 이후 한국사회에서 일반적인 용어로 정착되었다. 그런데 본래의 의례적 의미를 이해하지 못하고 잘못된 용어가 마치 올바른 용어 인 것처럼 사용되고 있는 상황은 문화적 계승이라는 관점으로 이해되기는 어려운 부분이 아닐 수 없다.

박정희정권에 의해 추진된 〈가정의례준칙〉의 실효성과 관련하여서는 상반된 두 가지의 시선이 존재한다. 하나는 1973년 법률개정 등을 통해 강제력을 장착한 새로운 〈가정의례준칙〉이 실효를 거두지 못하였다는 관점이다. 〈가정의례준칙〉 위반에 대한 처벌실적이 1973년부터 1976년 10월까지 총 위반 건수는 2,268건이지만 벌금이 12건, 훈방 362건, 행정조치로서 경고가 1천 5백건으로 조사되어 실제 행정력을 발휘하지 못하고 있었던 것이다.[241] 그리고 법률의 강제적 처벌 조항 등은 교묘한 편법으로 무력화되었는데, 청첩장·부고장 등 인쇄물에 대한 개별통지 규정은 친밀한 어투의 편지형식(일명 자율서신)이나 구두, 전화 연락, 신문의 부고란 등을 활용하여 실질적으로 인쇄물에 의한 개별통지와 거의 동일한 방식으로 지속되었다.[242] 이런 현상의 원인에 대해 대부분의 시각은 전통적인 관습이 지속되기 때문으로 분석하고 있다. 보건사회부는 1975년 가정의례준칙이 잘 지켜지지 않았다고 진단하면서 그 원인으로 '조상숭배, 상부상조의 미풍, 체면의식, 정부의 계몽부족' 등을 들고 있다.[243]

또 다른 관점으로는 당시까지 생활의 불편과 경제적 부담으로 작용한 유교식 상례에 대한 거부감 등으로 인해 〈가정의례준칙〉이 도입된 이후부터 일반 대중들이 의례의 근대적 변화를 적극적으로 수용하였다는 시각이다. 〈가정의례준칙〉의 시행과정에서 일부 유교식 상례의 관습을 고수하려는 현상도 없진 않았지만 전체적인 변화에 비하면 결정적 요인은 아니었다. 이와 관련하여 1983년에 김회식의 조사에서 〈가정의례준칙〉의 타당성에 대해 전체 응답자의 79.3%가 '우리나라 현실에 매우 적절하게 요청되는 것'이라는 의견을 제시하였고, 응답

241) 『신동아』, 좌담회, 1977, 215쪽.

242) 고원, 「박정희정권 시기 가정의례준칙과 근대화 변용에 관한 연구」, 『담론201』9-3, 2006, 215쪽.

243) 조선일보, 〈가정의례준칙 좌담회〉, 1976년 9월 10일 기사 참조.

자 대다수의 의식구조가 가정의례를 합리화하고 간소화하려는 방향으로 변화되어가고 있다[244]고 진단하고 있다. 이를 종합하여 보면, 1970년대를 통해 일반 대중들의 의례문화는 〈가정의례준칙〉의 정착을 통해 대부분 수용하는 양상으로 변화되고 있음을 보여준다.

이상의 〈가정의례준칙〉에 대한 상반된 평가에서 문제로 들어난 것은 개정 법률에서 규정한 금지조항이 아니라 금지규정의 통제를 벗어나 과시, 과소비의 형태로 등장한 새로운 소비풍조였다. 1970년대에 호텔과 호화 예식장을 이용한 결혼풍조가 도마 위에 올랐고, 호화 혼수품이 오고 가는 결혼풍조가 상류층을 중심으로 등장해 서민층으로까지 확산되었다. 서민들은 상위계층의 이러한 소비행태에 대해 거부감을 보이면서도 다른 한편으로는 부러움과 체면의식 속에서 그들의 문화를 모방하고자 하였다. 결혼이 공공연한 자산의 거래수단이 되고 직업적 매파가 등장한 것도 이즈음이다.[245] 또 호화묘지가 사회문제로 등장하는 현상까지 나타나게 되었다. 가정의례의 과시수단화를 위한 상업화는 1970년대 말 급속히 사회전반에 확산되었고, 박정희 정권의 유신체제가 붕괴된 이후인 1980년대부터는 억대를 넘는 토지, 자가용, 아파트 혼수 문화가 횡행하고, 결혼파탄의 절반이 혼수문제로 발생하게 되는 등 사회 전반에 깊숙이 정착하는 단계에 이르게 된다.[246] 이에 비해 제사와 차례 등의 의례는 사회 계층을 막론하고 간소화가 진행되었다. 이는 제례가 보여주기 위한 과시요인이 없기 때문에 정부 요구에 따라 간소화한 양식을 따르게 된 것이라 분석할 수 있다. 이 시기 〈가정의례준칙〉을 통한 근대상례의 변화양상에서 가장 중요한 전환점이라고 할 수 있는 것은 고인을 중심으로 진행되었던 유교상례의 의례적 시각이 산 자를 중심으로 한 의례형태인 근대상례로의 전환이 완성되었다는 점이라고 할 수 있다. 아울러 의례의 상업적 이용을 통한 과시수단화경향은 상례에서도 나타나게 됨으로써 점차 의례적 목적에서 벗어나 상업화의 영향 하에 놓이게 된다.

박정희 정권에 의해 급격하게 진행된 '조국근대화'정책을 통한 산업사회로의 전환은 당시까지도 강하게 남아있던 전통 생활양식을 해체시키고, 국가권력에 의해 통제된 〈가정의례준칙〉으로 빠르게 변화시키는 데는 성공을 거두었다. 그러나 이러한 변화는 산업화에 따른 새로운 소비문화의 등장과 과시소비라는 경쟁자가 등장하면서 통제의 약화 및 변용되는 양상으로 전개하게 된다.

---

244) 김회식, 「家庭儀禮準則의 生活化實態에 關한 調査硏究」, 『公州教育大學 論文集』20, 1984, 20쪽.
245) 고원, 위의 논문, 216쪽.
246) 중앙일보, 1984. 1. 28일자, 1986. 1. 8일자 기사 참조.

## 2. 의례통제의 약화와 '장례'의 등장

### 1) 〈건전가정의례준칙〉과 국가통제의 약화

1969년 제정 반포된 〈가정의례준칙〉은 1973년 '가정의례에 관한 법률'로 개정되면서 이후 5차례에 걸쳐 법률 및 법률 시행령의 개정을 통해 지속적으로 의례생활의 기준으로의 역할을 담당하였다. 그러나 1979년 10월 26일으로 유신체제가 종언을 고하면서 〈가정의례준칙〉도 서서히 대중의 인식에서 사라지게 된다. 이후 법령상으로만 존재해오던 〈가정의례준칙〉이 1998년 10월 15일자로 위헌 판결을 받게 됨으로써 국가권력에 의해 유지되었던 근대상례가 종언을 고하는 전환기적 사건을 맞이하게 된다. 사건은 경조사에서 하객에게 주류 및 음식물 접대를 금지한 것이 국민의 행복추구권에 포함되는 일반적 행동자유권을 침해하고 죄형법정주의에도 어긋난다는 취지에서 재판관 전원일치로 위헌이 결정되었다. 이로서 한국사회에 근대상례의 정착된 모습을 보여주었던 〈가정의례준칙〉은 제정 반포 된지 29년 만에 종언을 고하게 된다.

다음 해인 1999년 2월 8일 기존의 〈가정의례에 관한 법률〉을 폐지하고, 국민이 자율적으로 엄숙하고 간소하게 치를 수 있도록 새로 제정된 〈건전가정의례의 정착 및 지원에 관한 법률〉을 시행하게 된다. 이후 주무부서도 2010년 1월 정부조직법에 의거 보건복지가족부에서 여성가족부로 변경되었고, 현재 여성가족부내 청소년가족정책실 산하의 가족정책관 가족문화과에서 주관하고 있다. 주요업무는 고비용 혼례문화개선 업무를 추진하는 것으로 조사되고 있어 현재 정부 부처에서 상례에 대한 의례통제는 거의 사라졌다고 할 수 있다.[247] 이중 상례와 관련된 조치에 대해 보건복지부는 장례식장 등 장사시설 및 장례지도사제도의 운영업무를 담당하고, 여성가족부는 〈건전가정의례의 정착 및 지원에 관한 법률〉을 통해 의례에 대한 통제를 진행하는 것으로 보이지만 실제 운영의 측면에서 보건복지부의 의례통제가 여성가족부로 이관됨으로써 약화되었고, 여성가족부의 업무 역시 상례보다는 혼례 등 살아있는 사람 위주의 의례에 치중하게 됨으로써 주무부서가 없는 상황에 놓이게 되었다.

정부는 〈건전가정의례의 정착 및 지원에 관한 법률〉의 시행을 통해 1999년 8월 자율적으로 의례와 예식을 치룰 수 있는 절차와 기준 등을 정하고 〈가정의례준칙〉의 벌칙조항을 삭제하여 개정한 〈건전가정의례준칙〉을 제정 공포하였다. 이후 2008년과 2015년 개정을 통해 현재에 이르고 있다. 2008년 〈건전가정의례준칙〉은 준칙의 내용과 그 보급 및 실천에 관한

---

247) 여성가족부 홈페이지(http://www.mogef.go.kr/, 2018. 6. 20. 검색).

사항을 규정하고, 2015년 개정은 〈건전가정의례의 정착 및 지원에 관한 법률〉이 개정(법률 제9031호, 2008. 3. 28. 공포, 9. 29. 시행)됨에 따라 주요 용어·표현 등을 개정 법령에 맞추어 정비하고, 어려운 용어와 표현 등을 알기 쉽게 고쳐 복잡한 문장 등을 정리하여 쉽고 간결하게 하였다. 1999년과 2008년, 2015년 〈건전가정의례준칙〉을 통해 나타난 근대상례 절차의 내용을 비교하여 살펴보면 다음과 같다.[248]

〈표-23〉 국가통제 쇠퇴기의 의례제도 변화

| 구 분 | 가정의례준칙 (1969, 보건복지부) | | 가정의례준칙 (1973, 보건복지부) | | 건전가정의례준칙 (1999, 보건복지부) | | 건전가정의례준칙 (2008, 보건복지부) | | 건전가정의례준칙 (2015, 보건복지부) | |
|---|---|---|---|---|---|---|---|---|---|---|
| 용 어 | | 제1조 목적, 제2조 정의 | 용어정의, 만장, 종교의례 | | 용어정의, 만장, 종교의례 | | 용어정의, 만장, 종교의례 | | 용어정의, 만장, 종교의례 | |
| 임 종 | 1 | 제15조 (임종) | | | | | | | | |
| | 2 | 제16조 (수시(收屍)) | | | | | | | | |
| | 3 | 제17조 (발상(發喪)) | | | | | | | | |
| | 4 | 제18조 (상제) | | | | | | | | |
| | 5 | 제19조 (복인) | | | | | | | | |
| | 6 | 제20조 (호상(護喪)) | | | | | | | | |
| | 7 | 제21조 (부고) | 8 | 제14조 부고 | 8 | 제16조 부고 | 8 | 제16조 부고 | 8 | 제16조 부고 |
| 습 렴 | 8 | 제22조 (입관(入棺)) | | | | | | | | |
| | 9 | 제23조 (영좌(靈座)) | | | | | | | | |
| | 10 | 제24조 (명정) | | | | | | | | |
| 성 복 | 11 | 제25조 (성복(成服)) | 7 | 제13조 상제 | 7 | 제15조 상제 | 7 | 제15조 상제 | 7 | 제15조 상제 |
| | 12 | 제26조 (상복) | 6 | 제12조 상복 | 6 | 제14조 상복 등 | 6 | 제14조 상복 등 | 6 | 제14조 상복 등 |
| 조 문 | 13 | 제27조 (조문) | | | | | | | | |
| 장 식 / 급 묘 | 14 | 제28조 (장일) | 4 | 제10조 장일 | 4 | 제12조 장일 | 4 | 제12조 장일 | 4 | 제12조 장일 |
| | 15 | 제29조 (장사) | 1 | 제7조 장례제식 | 1 | 제9조 상례 | 1 | 제9조 상례 | 1 | 제9조 상례 |
| | 16 | 제30조 (장지) | 2 | 제8조 발인제 | 2 | 제10조 발인제 | 2 | 제10조 발인제 | 2 | 제10조 발인제 |
| | 17 | 제31조 (천광) | | | | | | | | |
| | 18 | 제32조 (횡대 및 지석) | | | | | | | | |
| | 19 | 제33조 (영결식) | | | | | | | | |
| | 20 | 제34조 (운구) | 8 | 제15조 관나르기 | 8 | 제17조 운구 | 8 | 제17조 운구 | 8 | 제17조 운구 |
| | 21 | 제35조 (하관 및 성분) | | | | | | | | |
| | 22 | 제36조 (위령제) | 3 | 제9조 위령제 | 3 | 제11조 위령제 | 3 | 제11조 위령제 | 3 | 제11조 위령제 |
| 제 례 | 23 | 제37조 (첫 성묘) | | | | | | | | |
| | 24 | 제36조 (탈상) | | | | | | | | |
| 기 타 | | | 5 | 제11조 상기 | 5 | 제13조 상기 | 5 | 제13조 상기 | 5 | 제13조 상기 |
| | | | 10 | 제16조 상례의 식순 | 10 | 제18조 발인제의 식순 | 10 | 제18조 발인제의 식순 | 10 | 제18조 발인제의 식순 |

〈표-23〉에서 살펴본 바와 같이 〈건전가정의례준칙〉으로의 근대상례 변화양상은 다음과 같다.

① 〈건전가정의례준칙〉에서 주상(상주)의 범위는 1973년 〈가정의례준칙〉의 기준에 배우자

---

248) '부록 10(1999년)', '부록 11(2008년)', '부록 12(2015년)' 참고.

까지 확대되어 적용되었다.

② 1973년 〈가정의례준칙〉에서는 한복 착용 시 백색 또는 흑색복장도 가능하며, 왼쪽 흉부에 상장이나 흰 꽃을 달도록 하였다. 그러나 〈건전가정의례준칙〉에서는 한복일 경우에는 모두 흰색이며, 가슴에 상장이나 두건을 쓰도록 하고 있다.

③ 1973년 〈가정의례준칙〉에서는 행렬을 지어 운구할 때는 사진, 명정, 영구, 상제 및 조객의 순으로 한다고 하였으나, 〈건전가정의례준칙〉에서는 사진이 없어지고 명정, 영정, 영구, 상제 및 조객의 순으로 하고, 상여로 할 경우 과다한 장식을 하지 않도록 하고 있다.

④ 전반적으로 상례 부분에 있어서 1973년 〈가정의례준칙〉의 내용을 대부분 계승하고 있다.

이를 종합하면 〈건전가정의례준칙〉에서는 1973년의 〈가정의례준칙〉 개정안에서 임종 의례절차와 입관 의례절차 등 생략되었던 부분을 그대로 이어가고 있다. 이 시기 근대상례의 특징은 1970년대 이후 고인을 위한 의례 절차는 대부분 생략되고, 산 자들의 의례를 통제하기 위한 절차로 변화되어가면서 국가의 통제와 다른 측면의 변화가 나타나기 시작한다는 점이다. 이러한 변화는 1970년대 등장한 장례식장과 이어 도입된 상조기업이 활성화 되면서 의례통제의 전면에 등장하면서 부터이다. 국가에 의한 의례통제가 쇠퇴하면서 1999년 이후 상례의 변화양상은 제도적 측면이 아닌 새롭게 등장한 의례자본이 변화를 주도하는 것으로 변화하게 된다.

다음 장에서는 새로운 의례통제의 주체로 등장한 '의례자본'의 형성과 의례권력화를 통해 2000년대 이후 나타나는 상례의 상업화 과정을 분석하고자 한다.

### 2) 상례의 소멸과 장례의 등장

『주자가례』는 조선사회에서 유교의례의 기준으로 정착된 이후 현재까지도 한국사회에서 전통의례로 그 명맥을 유지하고 있다. 유교식 죽음의례는 '상례'로 통칭되며 사례(四禮)의 하나로 중요시하였다. 그러나 현대 한국사회에서 죽음의례를 유교식 상례로 인식하기보다는 '장례'로 인식하는 경우가 대부분이다. 본 장에서는 죽음의례에 대한 인식이 '상례'에서 '장례'로의 변화되는 양상에 대해 살펴보고자 한다.

죽음의례의 명칭으로 '장례'가 처음 등장하는 것은 태종 13년 9월 5일 기록으로 '충청도 도관찰사에게 명하여 이거이(李居易)의 장례(葬禮)에 전(奠)을 베풀었다'는 기록이다.[249] 기록에서 사용되어진 '장례'의 용어는 매장의 장법을 진행하는 의례라는 의미에서 행상(行喪)

하는 가운데 '30리마다 전을 드린다'는 『주자가례』의 기준에 따라 태종이 전(奠)을 내려 위로하였던 것이다. 이후 장례에 대한 기록은 1636년 작성된 『延興府院君府夫人光山盧氏葬禮日記』로 장례에 대한 최초의 사료라고 할 수 있다.[250] 근대 이후의 기록으로는 제3장에서 살펴본 1927년 '조선민족대동단'의 단장이었던 '전협(全協)'의 사망에 따른 장례식에 관한 동아일보 기사에서 장례를 언급하고 있다. 그러나 내용면에서는 앞에서와 같이 매장의례의 의미로 사용되었다. 이와는 달리 1941년 공포된 〈개선장례기준〉에서는 명칭에서 보여 지는 바와 같이 장례를 상례를 대체하는 개념으로 사용한 최초의 사례로서 이후 장법을 기준으로 한 장의(葬儀)의 관점으로 전환되는 계기를 제공하게 된다. 해방 이후 기록으로는 1958년 제작된 『한글해석 혼상제례절요』에 '장례라 함은 죽은 사람의 시체를 산에 묻고 묘를 짓는 의식을 말한다.'고 하고 있다.[251] 이를 종합하면 장례는 시신을 처리하는 절차에 대한 의례의 개념으로 유교적 상례에서는 치장에서 급묘에 이르는 절차를 의미하였으나, 1941년 〈개선장례기준〉을 통해 상례를 대체하는 개념으로 변화되기 시작하였다. 그런데 유교의 죽음의례를 의미하였던 상례에서 장례로의 변화에 가장 큰 영향을 미친 조치는 일제강점기인 1934년 반포된 〈의례준칙〉에서 유교적 의례의 관점에서는 없었던 '장일'의 개념이 등장하면서 라고 할 수 있다. '장일'의 개념을 살펴보면, '장식(葬式)은 특수한 사정이 무한(없는) 한은 5일 이내(以內)에 차(此)를 행함.'이라고 하였다. '장식' 즉 장례식을 거행하는 일정에서 특별한 일이 없는 한 5일 만에 진행하도록 한 것이다. 이는 매장을 기준으로 할 때 임종에서 장지로 발인하여 매장을 마치기까지의 절차를 의미한다. 유교상례의 진행단계를 분석하면, 초종에서 습 → 소렴 → 대렴 → 성복 → 치장 → 천구 → 발인 → 급묘 까지를 말한다. 이를 시기로 구분하면 1~4일까지 초종 → 습 → 소렴 → 대렴 → 성복이 단계적으로 진행되고, 치장이 3개월 동안 이어지면서 택일을 통해 발인 및 급묘 일자를 선정하여 의례를 진행한다. 전체적인 기간은 약 3개월 4일로 대략 94일 정도가 소요된다. 이러한 기간을 고려한다면, 경제적 문제를 해결하기 위한 목적에서 시행된 〈의례준칙〉에서 90여 일에 걸쳐 진행되는 유교식 상례의 통제는 필수적이었을 것이다.

고인에 대한 의례적 절차인 습~대렴에 이르는 3일간의 일정을 '습급렴'으로 통합하여 진행한 것과 매장까지 3개월이나 소요되었던 기간을 단축하고 간소화를 통한 의례통제가 필요

249) 『太宗實錄 26卷(태종 13년 9월 5일 辛巳)』 : 命忠淸道都觀察使, 設奠于李居易之葬.

250) 『延興府院君府夫人光山盧氏葬禮日記』는 인목대비(仁穆大妃, 1584-1632)의 어머니인 광산부부인(光山府夫人) 노(盧)씨의 장례절차를 기록한 『장례일기』에는 조선시대에 예장(禮葬)으로 진행된 의례 중 초상에서부터 장례를 모시고 제(祭)를 올리는 날까지 95일간의 의례절차의 기록이다.

251) 김병준, 『한글해석 婚喪祭禮節要』, 의례보급회, 1958, 22쪽.

한 부분이라 할 수 있다. 일제는 이러한 부분의 통제를 위해 '장일'이라는 개념을 등장시키고 5일 이내로 축소하였다. 이에 대한 설명에서 '특수한 사정이 없는 한 5일 이내에 행하도록 하였고, 특수한 사정을 여행 중인 상주의 도착을 기다리기 위함이나 천재지변으로 인한 사유가 아닌 한은 5일 이내에 진행하도록 하고' 있다. 더욱이 본문과는 달리 해설서에서는 '장송 의례의 진행이 빠를수록 좋다고 하여 사망 후 3일장쯤이 가장 적당하다'고 하여 이후 3일장으로 변화될 수 있는 여지를 제공하고 있다.[252] 이러한 장일의 등장과 급묘까지의 일정 단축을 위하여 유교의례의 목적과는 다른 관점에서 논의를 전개하고 있다.

> "가례(家禮)에는 '三月而葬'이라 하엿스니 발상(發喪)한 후(後)에 풍수사(風水師)를 빙(聘)하야 묘지(墓地)를 선정(選定)하고 일관(日官)에 의(依)하야 길일(吉日)을 복(卜)하며 목수(木手)를 드려 상여관곽(喪轝棺槨)을 조영(造營)하여야 하게 되는 것 인즉 고석(古昔)에는 그만한 장일월(長日月)을 요(要)함이 무리(無理)가 안이엿지만은 금일(今日)엔 그럴 필요(必要)가 업는 것이다."[253]

위의 기사를 살펴보면, 전통사회에서 장일까지의 기간이 길어진 이유에 대하여 풍수사를 구하여 묘지를 선정하고, 길일을 택일하고, 목수를 통해 관과 상여를 준비하기 위해 오랜 기간이 필요하였다고 하였다. 그러나 현재는 이러한 일들에 소요되는 기간이 짧기에 단축하여 진행하는 것에 무리가 없음을 강조하고 있는 것이다. 이는 상례 기간 단축으로 인한 조선인들의 반발에 대응하기 위한 논리로 긴 시간을 소요하는 것이 구시대의 폐습인 풍수와 농업 기반사회에서 물품 구매가 쉽지 않은 점을 강조한 것이다. 그리고 일제에 의해 과거보다는 풍요롭고 발전되었기 때문에 상례기간도 단축할 수 있다는 논리를 편 것이다. 그러나 유교상례의 기간에 대한 논의는 신분제의 토대위에 계절적 변화를 상징화하여 의례에 도입하였고, 앞서 의례구조에서 설명하였던 바와 같이 매장으로 인한 죽음의 실행/통합기를 위해 전이 및 준비기로 3개월을 산정한 것이다. 그러나 기간단축의 명분을 위해 일제는 사전 준비에 많은 시간이 소요된다는 점과 관행적으로 진행되었지만 논리적으로 타당하지 않은 풍수의 문제를 제기하였던 것이다.

일제가 장일에 대한 통제에 집착한 것은 상례 기간 단축과 연결되면서 전반적인 의례규모와 일정의 축소로 이어지는 결정적 요인이기 때문이다. 이를 위해 〈의례준칙〉으로 5일 만에 장사지내도록 통제하였다. 장일을 통한 의례통제는 전시동원체제로 전환되면서 더욱 강화되

---

252) 조선총독부학무국, 『의례준칙 : 부해설』, 1934, 34쪽.

253) 조선총독부학무국, 위의 책, 34쪽.

었다. 전시상황 하에서 더욱 강력한 의례통제가 요구되어 짐에 따라 1941년 국민총력조선연맹을 통해 공포한 〈개선장례기준〉에서는 이전까지 선택사항이었던 3일장을 실행기준으로 통제하게 된다.

해방 이후 정부에 의해 추진된 의례제도화 과정에서 상례의 의례적 목적과 본질에 대한 이해와 상징적 논리는 간과되었다. 오히려 일제의 〈의례준칙〉에 의한 간소화의 영향에 따른 상례기간의 조정에 집중함으로써 전근대의례로의 회귀를 포기하였다고 할 수 있다. 1955년 혼상제례준칙위원회의 〈의례규범 1〉에서 '장일 : 3일장을 원칙으로 한다. 단 부득기한 사정이 있는 자는 수편 결정한다.'고 하여 〈의례준칙〉보다 2일을 단축시켜 3일장으로 의례가 진행되도록 하였고 '3일장'이라는 용어를 처음 사용함으로써 이후 용어의 사용과 의례에 대한 이해에 있어서 많은 혼란을 주게 된다. 1961년 국민재건국민운동본부에서 제정한 〈표준의례〉에서도 '3일장을 원칙으로 한다.'고 하여 〈의례준칙〉과 〈의례규범 1, 2〉의 규정을 따르고 있다.

그리고 1969년 제정된 〈가정의례준칙〉의 "제 28조(장일) 장례는 5일 이내에 지낸다."고 하여 이전의 규정과는 달리 5일장으로 확대되는 양상을 보이지만 1973년 〈가정의례준칙〉 개정안에서 "제10조(장일) 장일은 부득이한 경우를 제외하고는 사망한 날로부터 3일이 되는 날로 한다."하여 다시 3일장으로 회귀하였다. 이후에는 3일장의 관념이 일반화되어 고착되는 결과로 이어지게 된다. 이러한 장례일정의 변화과정을 도표로 나타내면 다음과 같다.

〈표-24〉 장일에 대한 제도변화의 비교

| 구 분 | 장일의 변화 | 비 고 |
|---|---|---|
| 『주자가례』 | 초종~급묘,(3개월, 94일) | |
| 〈의 례 준 칙〉 | 五日以內에 此를 行함 | 1934년 |
| 〈개선장례기준〉 | 葬式은 特別한 事情이 없는 限 三日以內에 行할일 | 1941년 |
| 〈의례규범 1〉 | 三日葬을 原則으로 | 1955년 |
| 〈의례규범 2〉 | 3일장 원칙, 부득이한 경우 5일장 | 1957년 |
| 〈표준의례〉 | 3일장 원칙 | 1961년 |
| 〈가정의례준칙〉 | 5일 이내 | 1969년 |
| 〈가정의례준칙〉 | 사망한 날로부터 3일이 되는 날 | 1973년 |
| 〈건전가정의례준칙〉 | 사망한 날로부터 3일이 되는 날 | 1999년 |

위의 〈표-24〉과 같이 장례까지의 일정은 〈의례준칙〉에서 5일 이내에 진행하도록 하였던

것이 3일장으로 변화되는 과정을 보여준다. 이러한 과정에서 일정의 단축을 위해 근대상례가 선택한 또 다른 방법은 상례에 포함되어있던 제례절차를 폐지하는 것이었다. 이러한 변화는 전혀 다른 관점에서 의례를 이해하도록 유도하였다. 즉 전근대기 유교식 상례가 고인을 중심으로 삼년상의 기간이 죽음으로 이동하는 '전이/준비기'에 해당하고 이를 통해 상례 이후 조상신으로 '실행/통합기'하기 위한 의례로 진행되었던 측면에 반하여, 근대상례에서는 매장 또는 화장 등 장법의 시행을 목적으로 변환시킴으로써 의례의 축소와 경제적 문제를 모두 해결할 수 있었다. 이러한 맥락에서 〈의례준칙〉에서 '5일 이내에 장식을 진행'하도록 규정한 이후 죽음의례에 대한 인식이 장례를 진행하기 위한 의례로 변화되었고, 해방 이후의 ≪의례규범류≫에 의해 이러한 개념에 더하여 '3일장'으로 인식하게 함으로써 장사(葬事) 이전에 진행된 의례절차에 대해 장례를 목적으로 진행되는 의례라는 개념으로 이해하기 시작하였다.

이러한 과정에 박정희 정권에 의해 추진 된 〈가정의례준칙〉의 실천은 새로운 전환점을 제공하였다. 1969년 발표된 〈가정의례준칙〉에서 '용어의 정의'가 등장하면서 '상례'에 대한 정의를 "임종에서 탈상까지의 의식절차를 말한다."고 하였으나, 1973년 〈가정의례준칙〉에서는 '종교의식의 특례와 장례제식'이 추가되면서 장례제식을 "사망 후 매장 완료 또는 화장 완료 시까지 행하는 제식(이하 "장례제식"이라 한다)은 발인제와 위령제만을 행하고 그 이외의 노제·반우제·삼우제 등의 제식은 행하지 아니한다."고 하여 상례와 장례의 개념을 구분하여 설명하고 있다. 즉 상례의 죽음의례 전반을 통칭하는 개념으로, 장례는 사망에서 매장 또는 화장완료시점까지의 제식으로 규정함으로써 장례를 상례의 일부분으로 이해하고 있음을 보여준다. 그러나 이러한 상례와 장례의 개념에 혼란을 주기 시작한 것은 1970년대 의례 전용공간으로 장례식장이 등장하면서 부터라고 할 수 있다. 주거공간에서 의례 전용공간에서의 의례로 전환되면서 상례에 대한 인식은 장례식장에서의 의례절차로 변화되었고, 이후 장례식장에서의 의례와 장례식장 이후의 의례절차로 구분하게 되었다. 이러한 인식변화를 통해 자연스럽게 장례식장에서의 의례를 장례로 인식하게 되는 결과로 이어진 것이라고 할 수 있다. 이후 장례식장에서의 의례가 일반화되어 정착되면서 한국인의 죽음의례에 대한 인식은 상례에서 장례로 빠르게 변화되었다. 이러한 상례문화에서 장례문화로의 변화는 우리 사회의 죽음인식에 커다란 변화를 주었다고 할 수 있다.

## 3. 근대상례 구조의 이해

근대상례의 의례구조에 대해 살펴보면, 앞서 전근대상례의 구조가 전환기적 의례를 시행하기에 앞서 준비 및 전이 기간을 산정하고 전환기적 의례를 통해 다음 상황으로 실행함으로서 통합된다. 전근대상례의 전환기적 시점은 임종·빈·졸곡·길제로서 일정별로는 죽음을 인지하는 시점인 임종을 기준으로 3일 만에 빈(殯)하고, 3개월 만에 졸곡의 절차를 진행하고, 3년 만에 길제를 진행하면서 상례를 마무리한다. 그러나 3일에서 5일에 걸쳐 진행된 근대상례 절차는 이러한 일정별 변화와 연관된 구조적 논리가 아닌 경제적 문제에 집중함으로서 의례간소화를 추진하였다. 그 결과 근대상례의 구조는 일정별 의례절차에 따라 1일차 임종 및 부고의례, 2일차~4일차까지의 입관/성복의례, 3일차~5일차까지의 장지의례로 구분할 수 있다.

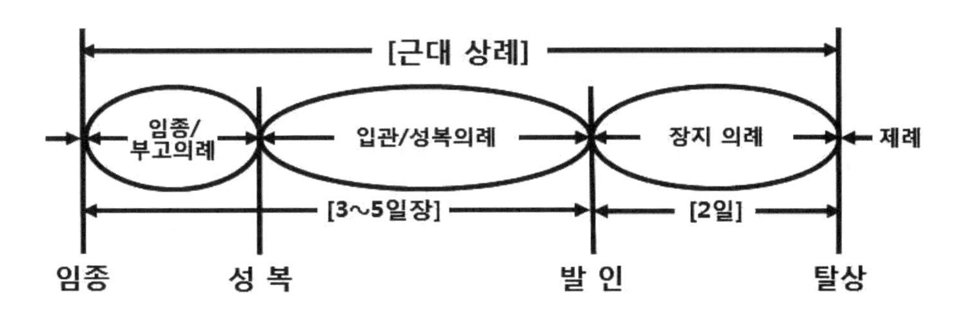


〈그림-20〉 근대 상례의 상례구조 분석

〈그림-20〉를 통해 살펴본 근대상례 구조의 특징은 전근대기 유교상례에서 진행되었던 제례부분을 분리하여 진행하고 있으며, 장례식장에서 의례를 중심으로 발인 전·후의 의례로 구분하였다는 점이다. 이를 통해 유교상례가 고인을 중심으로 의례를 진행하였던 것에 반하여 근대상례에서는 의례간소화의 추진으로 인해 일정별 기준에 따라 진행됨으로써 전혀 다른 구조를 보이고 있다. 앞서 분석한 유교상례와 근대상례의 변화과정이나 구조를 통해 분석한 결과, 용어사용의 관련성을 제외하고 의례적 계승이라는 관점에서의 연관성은 찾기 어렵다고 할 수 있다.

# 제7장 의례산업의 확대와 현대장례의 전개

## 1. 자본의 개입과 의례의 상품화

### 1) 장례식장의 등장과 의례 공간의 변화

근대이후 죽음과 관련한 상업적 시도는 일제강점기 일본의 제도와 문화적 전파로 등장한 '장의사(葬儀社)'를 통해서 이다. 장의사는 상례에 필요한 용품을 전문적으로 판매하고 의례 수행을 돕는 역할을 수행하였다. 1924년 11월 26일자 『동아일보』에는 「街上의 初冬」이라는 기사가 실렸는데, '광화문동 네거리에서 종로를 향하고 왼편 길로 나려오면 식커먼 바탕에 헬숙한 빗으로 쓴 조선장의사(朝鮮葬儀社)라는 간판을 세운 상두도가가 잇다.'라고 당시의 풍경을 소개하였다.[254] 일본의 장례의식인 '장의'가 본격적으로 등장한 것은 1934년 〈의례준칙〉이었던 점을 고려할 때 이보다 이른 시기에 이미 일본 장례문화가 한국사회에 전파되고 있었음을 알 수 있다. 이후 본격적으로 의례의 상업화가 진행된 것은 산업화를 통해 근대상례가 정착되기 시작한 1970년대 장례식장이 등장하면서 부터라고 할 수 있다.

전통사회에서 유교상례는 주거공간인 집에서 행하는 것이 일반적이었다. 그러나 현대사회에서 망자의 집에서 상례를 진행하는 경우는 찾아보기 힘들게 되었다. 현재 한국인의 죽음의례는 대부분 병원이나 전문 장례식장 같은 '공공'의 '전문적'인 장소에서 진행하는 것이 일반적이다. 상례의 공간이 변화되었다는 것은 상례의 준비와 진행이 변화되었다는 것을 의미하며, 궁극적으로 상례에 대한 인식의 전환을 의미한다. '집'에서 이루어지는 유교상례는 성리학적 가치관을 실천하고 가부장적 사회구조를 유지하는 목적으로 구성원 간의 결속과 화합을 이루는 구조로 구성된다. 그러나 현대 전문 의례공간인 장례식장에서 진행하는 상례는 가족 구성원 간 결속의 약화한 현상을 반영한다. 특히 장례식장의 등장은 죽음을 일상과 분리하여 죽음 자체를 터부시하게 만드는 역할에 기여했다고 볼 수 있다.

한편 1934년 〈의례준칙〉은 의례의 장소로 공회당(公會堂)을 지정함으로써 의례의 공간 변화를 촉진했다. 그러나 '장례식장'이라는 용어가 처음 사용된 것은 이보다 이른 1933년 4

---

254) 동아일보, 〈街上의 初冬-朝鮮葬儀社〉, 1924년 11월 26일 기사 참조.

월이었다. 뻉커의 양화진 묘지 안장에 관한 기사의 사진에는 '장례식장'이라는 용어가 처음 등장하였다.[255] 본래 장례의 개념은 매장(埋葬)장법을 진행하는 의례라는 의미에서 사용되었다. 그러나 1933년 뻉커의 상례에 장례라는 단어를 사용했던 것과 같이 이미 상례와 장례의 혼용이 일어나기 시작하였다.

해방 이후 장례라는 용어를 처음 사용한 것은 1958년 제작된 『한글해석 婚喪祭禮節要』에 '장례라 함은 죽은 사람의 시체를 산에 묻고 묘를 짓는 의식을 말한다.'는 기록이다.[256] 이와 유사한 용어는 1955년 〈의례규범〉에서 사용된 '장의'이다. 〈의례규범〉에서 '장의'는 일제강점기 〈의례준칙〉 절차 중 11항 발인, 12항 천광급회격, 13항 하관급성분, 14항 위안제의 항목을 통합하여 기술한 것으로, 매장의 장법을 시행하는 과정에서 진행되는 의례절차를 통칭하는 의미로 사용되었다. 그러나 장법(葬法)을 시행하는 절차로서 의례라는 의미인 '장례'는 의례공간의 분리시기와 연결되면서 주거공간에서 분리된 전문 의례공간을 지칭하는 용어로 확장되어 사용되었다.

1969년 〈가정의례준칙〉의 제정과 함께 국무총리령 훈령 '관공서 등의 각종 회관, 공회당 등을 가정의례의 장소로 제공하게 함'은 가정의례가 주거공간이었던 집에서 별도의 의례공간인 공공의 장소로 이동하는 계기를 마련하였다.[257] 그 결과 이전까지 질병이나 사고 등으로 예기치 못한 죽음을 맞이한 사망자를 안치했던 병원의 안치실은 장례를 치르는 임시장소로 이용되면서 병원 부설 장례식장이 탄생하게 되었다. 이러한 변화는 의례공간에 대한 이해가 부족하였던 시기 병원 영안실에서의 상례를 진행하면서, 죽은 이를 보내는 상례가 마치 장법(葬法)을 준비하는 의례로 오해되어지고, 이 공간을 '장례식장'이라는 용어로 굳어지게 되었다. 이후 산업화에 따른 국가정책의 변화를 기점으로 장례식장을 중심으로 한 의례공간의 분리와 의례자본의 형성이 본격화하면서 용어의 의미와 실천의 행위는 변화하게 되었다. 그리고 장례식장은 1973년 개정된 〈가정의례에 관한 법률〉에 의해 제도화하게 되었다.

255) 기사에서 다루고 있는 '뻉커'씨는 'Bunker, Dalzell A'를 말한다. Bunker 선교사는 한국 최초의 근대식 교육기관인 육영공원의 교수로 고종황제의 초청을 받고 1886년 입국하여, 배제학당의 교사 및 학당장을 역임하였다. 육영공원교수로서의 공로로 '통정대부호조참위(정3품)'에 제수되었다. 옥중에서 복역 중이던 이승만을 전도한 것으로 알려져 있다. 조선에서의 40년 근속을 마치고 미국 캘리포니아 샌디에이고에서 여생을 보내다 1932년 11월 79세로 별세한다. '나의 유골을 한국땅에 묻어달라'는 유언으로 1933년 4월 정동제일교회 예배당에서 고별예배 후 양화진 외국인묘지에 안장되었다.

256) 김병준, 『한글해석 婚喪祭禮節要』, 의례보급회, 1958, 22쪽.

257) 대한민국정부, 「가정의례준칙의 보급 및 실천 강화」[제정 1969. 5. 3 국무총리훈령 제77호], "4. 공공시설물이용 편의제공", 관보 제5245호, 2836쪽.

가정의례를 행하는 식장을 제공하고 임대료를 받거나, 장의에 소요되는 기구·물품을 판매 또는 대여하는 것을 業으로 하는 者는 보건사회부장관의 허가를 받아야 한다.[258]

위 법률은 의례식장과 도구 등을 대여해 주는 새로운 업종의 탄생과 장례식장의 규격을 시행규칙으로 제시하여, 규격화된 장례식장을 공식화함으로써 장례산업 형성의 기초가 되었다.[259] 그러나 1980년 중반까지 시행령 2조 2항의 '장례식장의 위치는 도심지에서 떨어져 있을 것'이라는 시설기준으로 인해 병원의 시신 안치실에서의 상례진행은 불법행위였다. 그러나 병원 영안실에서 장례의 진행이 늘어나게 되자, 1981년 장례식장 시설기준을 시행령으로 옮기면서 문제의 조항을 삭제하여 병원 영안실의 장례를 묵인하게 되었다. 그리고 1994년 동법 시행령의 〈장례식장의 시설기준〉에서 '의료기관의 부대시설로서 설치하는 장례식장'이라는 문구가 포함되면서 병원에서 별도로 운영하는 장례식장이 합법화하게 되었다.

1993년 장례식장이 신고제로 바뀌면서 영안실의 장례식장 활용 허가와 1996년부터 시행한 정부의 장례식장 융자사업 등은 장례식장의 상업화를 촉진하는 중요한 계기를 제공하였다. 그리고 장례산업은 큰 전환점을 맞이하게 되었다.[260] 특히 1994년 '삼성의료원이 장례식장 1층 로비를 호텔 로비와 같이 고급화하고, 이대 목동병원은 영안실 앞에 장례식을 치를 수 있는 대형 장례식장을 운영하고 있다'라는 기사와 같이 서울을 중심으로 장례식장의 대형화와 고급화가 진행되었다.[261] 장례식장의 고급화와 대형화는 필수적으로 상업적 이윤추구와 관련되어 대형병원 장례식장으로 쏠림현상은 신분을 구분 짓는 잣대가 될 수도 있다는 우려를 낳았다. 보건복지부는 1996년부터 장례식장의 활성화 및 현대화를 위하여 전문 장례식장 설치를 권장하였다. 그러나 장례식장을 혐오 시설로 인식한 지역주민의 장례식장 설치 반대에 부딪혀 설치가 쉽지 않았고, 결국 활성화되지 못하여 대형병원 장례식장을 중심으로 고급화와 대형화 및 집중화 현상은 더욱 심화 되었다. 주거공간과 의례공간의 구분이 없었던 전통사회와 달리 의례공간을 분리하게 됨으로써 죽음의례의 상업화가 본격적으로 진행될 수 있는 여건이 조성되었다. 의례공간으로써 장례식장의 등장은 이전까지 '집'을 중심으로 공동체에 의해 진행되었던 상례를 빠른 속도로 변화시키는 계기를 제공하였다. 장례식장

---

258) 법제처, 「가정의례준칙에 관한 법률」[전문개정 1973. 3. 13 법률 제2604호 보건사회부], 제5조.

259) 대한민국정부, 「가정의례준칙에 관한 법률 시행규칙[제정 1973. 5. 17 보건사회부령 411호]」, 제2조 시설기준. 관보 제6452호, 4868쪽.

260) 「가정의례에 관한 법률」[전문개정 1993. 12. 27 법률 제4637호 보건사회부], 제5조; 「가정의례에 관한 법률」[전문개정 1993. 12. 27 법률 제4637호 보건사회부], 부칙 ③ (靈安室에 관한 經過措置)(http://www.mw.go.kr/user.tdf)

261) 조선일보, 〈빨래방 편의점 서점, 대형병원 서비스공간 인기〉, 1994년 10월 28일자 기사 참조.

을 통한 상례의 진행은 급속하게 확대되면서 2018년 현재 전국에서 총 1,119개소의 장례식장이 운영되고 있다.

장례식장의 시설설치 및 운영에 대해 살펴보면, 시설설치규정에는 전문 의례공간으로써 상례진행과 관련하여 각 절차에 필수시설로 안치실·염습실·빈소(분향실)/접객실·사무실 및 직원휴게실을 설치하도록 하고 있다. 그리고 선택시설로 시신 약품 처리실·참관실·발인실·유족휴게실·취사/조리시설·매점 및 용품전시실·휴게 및 편의시설과 상담실 등을 갖추도록 하고 있다. 이러한 시설설치기준을 살펴보면 장례식장은 상례관련 용품과 음식 및 각종 서비스를 제공하는 영리시설이다.

장례식장의 의례진행[262]은 유교상례의 지지기반이었던 공동체가 해체됨으로써 이전까지 공동체적 대응이라는 틀에서 벗어나 상업적 논리를 전면에 등장시키는 계기를 제공하였다. 다른 한편으로는 '장례식장 횡포 여전 … 권익위, 처벌강화 권고'라는 2012년 KBS 보도처럼 장례식장에서 판매되는 모든 용품의 가격은 원가보다 몇 배의 폭리를 취하고 있다는 등 장례식장과 관련된 부정적 보도가 자주 등장하였다.[263] 장례식장에서 이루어지는 상례가 상업적 행위와 연결되면서 불친절과 바가지요금 등 여러 문제점을 드러내는 것이다. 그러나 공동체를 통해 최소의 비용으로 진행되었던 경험은 전문적인 의례공간을 통해 진행되면서 선택권이 보장되지 않거나, 가족이 아닌 장례식장 직원의 상담을 통해 구매하게 됨으로써 강매나 폭리를 취한다는 선입견을 갖게 하였다. 더욱이 근대상례가 국가에 의한 의례통제를 강화하는 과정에서 '유교식 상례는 복잡하고 허례허식이다.'는 부정적인 관념을 심어줌으로써 장례식장에 대한 불신의 토양이 되었던 것이다. 여타의 일상생활 또는 의례문제와 비교할 때 유교식 상례에 대해 나타나는 부정적 시각이 이를 대변한다. 실제로 더 많은 비용과 호화롭게 진행하는 결혼식과 관련하여 호텔 결혼식장 비용이나 드레스 비용 등을 원가와 비교하여 폭리나 강매로 이해하지 않는 것은, 죽음의례에 대한 부정적 시각이 얼마나 일반화되었는지를 설명한다.

장례식장의 등장은 '상례'의 개념을 장례식장을 기준으로 '장례식장에서의 의례'와 장례식장을 벗어난 '장사시설에서의 의례'로 분리하는 계기를 제공하였다. 발인이전까지 의례는 장례식장에서, 발인 이후의 의례는 화장장, 묘지와 공원묘지, 봉안시설 등의 장사시설에서 진행되는 의례로 구분함으로써 장례식장에서 진행되는 '장례'라는 관념을

---

262) 장례식장에서 진행되고 있는 상례절차는 간소화한 근대상례에 기인한다. 그러나 전문 의례공간으로 분화된 장례식장에서의 상례는 근대상례 절차에서 분화되어 형식화되고 있다. 이러한 특성을 반영하여 현대장례 중 장례식장에서의 상례절차를 장례식장 의례로 표기하였다.

263) KBS, 「장례식장 횡포 여전 … 권익위, 처벌강화 권고」, 2012년 10월 31일자 보도 참조.

더욱 일반화하고 확장하는 역할을 하였다.

일제강점기 의례준칙에서 '5일 이내에 장식을 진행'하도록 규정한 이후, 죽음의례를 장례를 준비하는 의례로 인식하면서 상례를 대신한 장례의 개념이 일반화된 것이다. 그러나 〈건전가정의례준칙〉의 용어정의에서 설명하듯이 현재 한국인의 죽음의례는 상례이며, 상례의 범위는 '임종에서 탈상까지의 의식절차'이다.264) 즉 현재 '장례식장'에서 진행되는 '장례'는 의례적 범위에서 제한적이고, 해석적 시각에서 일관적이지 못한 문제를 가진다. 다음은 현대장례의 다른 중심축이라고 할 수 있는 상조 기업의 등장에 대한 논의를 진행하고자 한다.

### 2) 상조기업의 등장과 의례자본의 확대

'집'을 벗어나 장례식장에서 근대상례가 진행되면서 죽음의례는 본격적으로 상업화의 길로 접어들게 되었다. 장례산업의 등장은 도시화 및 산업화로 대비되는 1970년대 이후 사회 변동과 맞물려 박정희 정권에서 추진하였던 허례허식 폐지를 통한 의례간소화와의 추진과 전통의례를 계승하고자 하는 대중의 요구가 맞아떨어지면서 생겨난 결과라고 할 수 있다. 이러한 장례산업의 큰 축을 장례식장이 담당하였다.

장례식장이 활성화되었던 1970년대에서 80년대의 의례상황은 관련 정보의 부족과 정부당국의 허술한 관리로 인해 시장의 공정성이 훼손되고, 장례식장에서 의례 진행은 다른 조건과의 비교할 수 없어 공급자 요구를 무조건 수용하여야 하는 상황이었다. 아울러 매장(埋葬)에 필요한 용품은 매우 고가(高價)였으며, 무리한 노잣돈을 요구하고, 불필요한 장례용품을 강매하는 사례가 빈번하게 일어나는 등 장례식장의 독점적 상행위에 대한 대중의 불만은 증가하였다. 그러나 관련 산업구조와 시장 질서를 바꾸고자 하는 의식전환이 전무한 상황에서 이에 대한 대안으로 등장한 것이 상조기업이다.

일본 상조업을 모방하여 1980년대 초 등장한 상조업은 이전까지 공간의 제공이나 용품판매 등 유형적 상품판매에서 머물던 산업구조를 이전과는 달리 의례를 상품화하여 서비스를 제공하는 무형의 상품판매양상으로 변화시켰다.265) 상조기업은 유족이 부담해야 하는 경제

---

264) 여성가족부, 「건전가정의례준칙」, [대통령령 제26774호, 2015.12.30., 타법개정], 제2조 '정의' 참조.

265) 우리나라에서 상조업에 대한 관심이 일어나기 시작한 것은 1976년경으로 당시 상공회의소의 외국부장을 맞고 있던 조**씨가 일본의 상조회에서 회원들에 대한 관혼장제 행사를 치르면서 방문객들에게 답례품으로 고급 손수건을 제공하기 위해 고급 손수건을 대량으로 수입해간다는 점을 알게 되면서, 일본의 상조업에 대한 새로운 인식을 가지게 되었다. 이후 조**씨가 1970년대 후반 후쿠오카의 '상조회'에서 약 1년간 상조회 시스템을 직접 배우고 귀국하여, 1982년 4월 국내 최초로 '부산상조개발주식회사'를 설립함으로서 상조업이 시작되었다.

문제를 최소화하고, 핵가족화에 따른 상례에 대한 지식부족과 설자상의 어려움 등을 해소하면서 사회적으로 긍정적인 반향을 불러왔다. 대중은 불확실한 미래에 대한 불안감을 상조상품의 구매를 통해 해소시키고자 하였다. 상례기간 동안 죄인으로 인식되면서 의례에 소극적이었던 관행에서 벗어나, 의례소비의 주체가 되면서 상례의 전면에 등장하게 하였다. 이에 비해 상조기업은 구매력을 증진시키기 위해 새로운 서비스를 개발하고 표준화된 의례를 통해 전국적인 서비스를 진행하는 등 국가권력에 의해서도 통제되지 못했던 상례관행을 변화시키는 역할을 수행하면서 확장하게 된다.

도입초기 부산의 상조기업들은 합리적 기금 운영과 적극적 홍보를 통해 시장을 개척하였다. 이를 바탕으로 다른 지역에서도 1980년대 영리 목적의 상조기업들이 설립, 운영되었으나 회사 규모의 영세성 및 상조기금 운영에서 각종비리 등으로 소비자 불만이 커져 대부분 폐업하였다. 그러던 중 2000년대 들어 부산 지역의 일부 상조기업의 성공에 자극받아 전국적으로 많은 상조기업들이 설립되면서 상조기업이 급성장하는 변화를 맞이하게 된다. 상조기업과 상조회원의 변화양상을 살펴보면 다음과 같다.

〈표-25〉 상조서비스 업체 및 회원 가입현황 (단위 : 만명)

| 구 분 | 1982~1990 | 1991~2000 | 2001~2010 | 2013 | 2015 | 2018 |
|---|---|---|---|---|---|---|
| 업체 수 | 5 | 29 | 337 | 293 | 243 | 154 |
| 회원 수 | 27.6 | 91.1 | 275 | 349 | 404 | 516 |

〈표-25〉을 살펴보면, 도입초기인 1991년에서 2000년까지 10년간 29개 증가로 그쳤던 상조기업은 2001년에서 2004년까지 4년간 59개 증가하고, 2005년과 2006년에 각각 53개, 50개로 폭발적으로 증가하고 있음을 알 수 있다. 그 결과 1999년 말 70여 개에 불과하였던 상조기업은 2005년 200여 개로 증가하였으며, 회원 수도 같은 기간 70만 명에서 100만 명으로 증가하였다.[266] 2000년대 들어 상조시장이 점점 성장해 감에도 불구하고 상조업을 직접 관리·규제하는 관련 법령이 없어 소비자 피해에 대한 우려가 증대하게 된다. 당시 상조회사 특별한 기준이나 요건이 없이 설립이 가능하여 중도해지 거부나 부도, 폐업으로 인한 서비스 미이행 등 사업자의 부당행위로부터 소비자를 보호할 수 있는 안전장치 등이 미흡해 이를 규율할 제도적 장치가 요구되었다. 상조기업 가입 회원 수가 급증함에 따라 소비자 피

266) 이건호, 「상조서비스 피해방지를 위한 입법적과제」, 국회입법조사처, 2009, 5쪽.

해 및 불만 상담 건수도 급증하였으며, 한국소비자원에 접수된 상조업 상담 건수는 2003년 58건, 2004년 91건에서 2008년 1,376건, 2009년 2,446건, 2010년 8,759건으로 매년 큰 폭으로 증가하였는데, 이는 2003~2010년간 연평균 104.8%의 비율로 증가한 것이다.

이에 정부는 2010년 9월 할부거래법을 개정하여 상조업을 규율할 법적 근거가 마련하게 된다.[267] 선불식할부거래법 시행 이후 2015년 7월 상조회사는 223개로 선수금 만료기준인 2014년까지 다수의 상조기업들이 폐업, 합병, 취소되면서 상조회사의 수가 축소되었다. 2018년 3월 등록된 상조회사는 전국적으로 154개사에 이르며, 회원 수는 약 518만 명, 불입금 잔고는 약 4조 7,728억원에 이르고 있다.[268] 그리고 2015년 7월 6일 〈할부거래에 관한 법률〉 개정안이 국회를 통과하면서 상조기업의 자본금이 3억 원에서 15억 원으로 상향 조정되었고, 그밖에 외부 회계감사도 의무화하는 등 상조회사의 건전성 강화를 위한 다양한 정부정책들이 시행되면서 시장의 투명성은 강화되고 있다.

이상으로 현대장례의 중요한 중심축이라고 할 수 있는 장례식장과 상조기업의 등장과 변화에 대하여 살펴보았다. 이들의 역할에 대해 상례의 변화라는 관점에서 살펴보면, 장례식장을 중심으로 진행된 상례절차는 근대상례에서 현대장례로 변화되는 전환기적 역할을 담당하였다. 이에 비해 상례의 상품화와 전국단위의 서비스제공을 표방한 상조기업의 등장과 확대는 장례식장으로 한계를 보이던 상례절차의 전국적 통합과 간소화 및 표준화를 진행하였다. 이는 국가권력에 의해 진행되었던 근대상례의 통제를 의례자본이 담당하게 됨을 의미한다. 상조기업의 등장과 확대는 지역적 한계를 극복하고 거대 의례자본으로 성장하는데 중요한 전환점이 되었다. 전국적 조직체계와 서비스망을 갖춘 상조기업을 통해 확장된 의례자본은 의례통제 주체의 중심으로 역할을 수행하게 된다.

## 2. 상품화된 의례의 확산

### 1) 장례식장 의례와 현대장례

근대상례의 절정기라고 할 수 있는 1970년대 초 장례식장을 중심으로 한 의례공간의 분리는 의례자본을 등장시키는 계기를 제공하였다. 1969년 「가정의례준칙의 보급 및 실천 강

267) 김기환・김숙경, 「장사서비스 개선방안」, 산업연구원, 2011, 17~18쪽.

268) 공정거래위원회 보도자료, 2018년 6월 29일자.

회」를 위해 정부는 '공공시설물 이용 편의를 제공'할 수 있다고 하여 가정을 내체할 의례상소를 마련하도록 하였다.[269] 이를 위해 1969년 〈가정의례에 관한 법률〉 제정으로 장의업체에 대한 영업허가가 시작되면서 장례식장이 등장하게 된다.[270] 1973년에 〈가정의례준칙에 관한 법률〉을 통하여 의례식장업 및 도구대여업이 정식으로 인정되고, 1993년 〈가정의례준칙에 관한 법률 시행규칙〉으로 장례업이 신고제로 전환되며, 병원 영안실을 장례식장으로 활용할 수 있도록 하는 제도적 장치가 마련되었다.

장례식장은 전문 의례공간으로 등장한 후 도심을 중심으로 확대되면서 근대 이후 상례의 변화에 중요한 역할을 담당하게 되었다. 주거공간을 벗어나 상례를 진행할 공간이 생겨남에 따라 시설유지와 관리에 필요한 인력이나 상례를 진행하고 안내할 전문 의례인력 그리고 상가(喪家)에서 필요로 하는 음식물과 제물(祭物) 등 기타 각종 장례 관련 용품 등이 한 공간에서 구매되고 소비되면서 새로운 시장을 형성하게 된 것이다.

일반적으로 상품은 비교를 통해 구매되는 과정에서 소비자들의 다양한 요구에 맞추어 신제품과 서비스가 만들어지게 된다. 그러나 고인에 대한 의례라는 인식과 효의 실천이라는 접점에서 진행되는 상례의 특성은 비용과 서비스를 비교하거나 흥정하지 않는 관행으로 고착되면서 불친절과 바가지요금 등으로 인해 소비자들의 불만이 증가하게 된다. 이에 대한 대안으로 1980년대 초 상조기업이 등장하여 현재에 이르고 있다.

장례식장은 한국사회 죽음의례의 구심점으로 역할을 수행하면서 관련 종사인력의 집중과 관련 산업소비의 중심으로 재편되었다. 장례식장을 통한 상례공간의 변화는 의례의 중심이 대중에게서 관련 산업으로의 변화를 의미하는 것이며, 근대상례에서 현대장례로의 전환과정에 있음을 설명하고 있다. 이러한 맥락에서 장례식장에서의 의례변화는 국가통제를 벗어나 상업화된 현대장례의 변화과정에 중요한 시발점이었다고 할 수 있다. 다음의 도표는 2009년을 전후로 서울시내 장례식장에서 발행한 의례절차안내서에 나타난 일정별 의례절차에 대한 분석이다.

---

269) 김시덕, 「현대한국인의 일생의례: 현대한국 상례문화의 변화」, 『한국문화인류학』40-2, 2007, 334~336쪽 참조.

270) 이삼식, 『장사행정 효율화 방안』, 보건사회연구원, 2001, 165~166쪽.

## 〈표-26〉 서울 · 경기지역 장례식장내 일정별 의례절차 분석[271]

| 구분 | | 행사 내용 | 1 | 2 | 3 | 4 | 5 | 6 | 7 | 8 | 9 | 10 | 11 | 12 | 13 | 14 | 15 | 16 | 17 | 18 | 19 | 20 | 21 | 22 | 23 | 24 | 25 | 26 | 27 | 28 | 29 |
|---|---|---|---|---|---|---|---|---|---|---|---|---|---|---|---|---|---|---|---|---|---|---|---|---|---|---|---|---|---|---|---|
| 사망직후 | | • 사망진단서 발급요청 (담당의사 또는 간호사에게 요청) ※ 사망진단서 제출용도 별첨확인 | | ● | | | ● | | ● | ● | | | ● | | | | | ● | ● | ● | | ● | | | | | | | | ● | |
| 1일차 | 운구 | • 문명장소 관계없이 이용가능 | ● | | | | | ● | | ● | ● | | ● | ● | ● | | | | | | ● | | | | ● | | | ● | | | |
| | | • 직원이 직접운구용 차량으로 운구 | | ● | ● | ● | | | ● | | | | | | | ● | ● | ● | ● | ● | | ● | ● | ● | | | ● | | ● | ● | ● |
| | | • 응급실에서 검안후 장례식장으로 운구 | | | | ● | ● | | | | | | | | | | | | | | | | | | | | | | | | |
| | | • 사망진단서 임종병원에서 발급 | | | | | ● | | | | | | | | | | | | | | | | | | | | | | | | |
| | 안치 | • 도착후, 유가족과 동행 안치실 안치 | ● | | ● | | ● | ● | ● | ● | ● | | ● | ● | ● | ● | ● | ● | ● | | ● | ● | ● | ● | ● | | ● | ● | ● | ● | ● |
| | | • 유가족 동행후 실내 수세처리후 안치 | | | | ● | | | | | | | | | | | | | | | | | | | | | | | | | |
| | 빈소차림 | • 장례식장 이용상담후 결정 - 빈소지정, - 임차계약 | ● | ● | ● | ● | ● | ● | ● | ● | ● | ● | ● | ● | ● | ● | | ● | ● | ● | ● | ● | ● | | ● | ● | ● | ● | ● | ● | ● |
| | | • 장례절차 / 장의용품 상담 | ● | | | | | ● | ● | | | | ● | | | | ● | ● | | ● | ● | ● | | ● | ● | | ● | | | | |
| | | • 입관시간 예약 | ● | | | | | ● | ● | | | | | | | | | ● | | | | | | | | ● | | | | | |
| | | • 상주 준비사항 준비 및 점검 ※ 상주 준비사항 별첨확인 | | | | | ● | | | ● | | | | | ● | | ● | ● | ● | ● | ● | ● | | ● | ● | | ● | | | | |
| | | • 상례방법 상담(매장, 화장) ※ 화장의 경우 화장장 예약 | | | | | ● | | | | | | ● | | | | ● | | | | | | | | | ● | | | | | |
| | | • 염습시간 결정 | | | | | | | | | | | | | | | ● | | ● | | | | | | | | | ● | | | |
| | | • 분향실 차림 | | | | | | | | | | | | | | | | | | ● | | | | ● | ● | | ● | ● | | | |
| | | • 음식 및 도우미 신청 | | | | | | | | | | | | | | | | | | | | | | | | | | | ● | | |
| | | • 예복을 갖춰 입음 | | | | | ● | | | | | | ● | | | | | | ● | | | | | ● | | | | | | | |
| 2일차 | 입관 | • 입관시간 결정 | ● | | ● | ● | | | | ● | ● | | ● | ● | ● | | | ● | ● | ● | ● | ● | ● | | ● | | ● | | | ● | ● |
| | | • 입관용품확인 | | | | | | ● | | | | ● | | ● | | | | | | | | | | | | | | | | | |
| | | • 입관의식 (염습/입관) | | | | | | ● | ● | | | | | | | | ● | | | | | | | ● | | | | ● | | | |
| | | • 입관전 관련서류 제출 -사망진단서, 사체검안서, 검사지휘서 | ● | | | ● | ● | | | | | | | | | ● | | | | | | ● | | | | | | | ● | | |
| | | • 장의용품 준비(입관시간 전 준비) | | ● | ● | ● | | | | ● | ● | | ● | | ● | | | ● | ● | ● | ● | ● | ● | | ● | | ● | | | ● | ● |
| | | • 장례절차 관련비용 정산 | | | | | | | | | | | ● | | | | | | | ● | | ● | | | | ● | ● | ● | | | ● |
| | | • 영구차량 상담 | | | | | ● | | | | | | | | | | | | | | | | | | | | | | | | |
| | | • 발인시간과 장지 결정 | | | | | | | | | | | | ● | | | | | | | | | | | | | | | | | |
| | 염습 및 안치 | • 상복착용 | | | | | | ● | ● | | | | | | | | | | | | | | | ● | | | | | | | |
| | | • 성복제(종교의식, 제사) | | ● | ● | | | ● | | ● | ● | | ● | | ● | | | ● | | ● | ● | ● | ● | | | ● | ● | ● | | ● | ● |
| | | • 입관예배 | | ● | | | | | | | | | | | | | | | | | | | | | | | | | | | |
| | | • 장지에서 사용할 물품 준비 | | | | | | | | | | | | | | | | | | | | ● | | | | | | | | | |
| | | • 축문 | | | | | | | | | | ● | | | | | | | | | | | | | | | | | | | |
| | | • 조석전 | | | | | | | | | | ● | | | | | | | ● | | | | | | | | | | | | |
| | | • 장의차량 확인 | | | | | | | ● | | | | | | | | | | | | | ● | | | | | | | | | |
| | | • 중간정산 (1차분) | | | | | | ● | ● | | | | | | ● | | | ● | | | | | | | | | | | | | |
| | | • 상식 | | | | | | | | | | | | | | | | | | | | | | | | | ● | | | | |
| | | • 견전 | | | | | | | | | | | | | | | | | ● | | | | | | | | | | | | |
| 3일차 | 발인 | • 비용정산(발인 2시간 전) | ● | | | | ● | | | | | | | | ● | | ● | | | | | | ● | ● | | | | | ● | | |
| | | • 장의 차량확인 | | ● | ● | ● | ● | ● | ● | ● | ● | | ● | | | | ● | ● | ● | ● | ● | ● | ● | ● | ● | | ● | ● | ● | ● | ● |
| | | • 발인제 및 평토제 준비(음식준비) | | ● | ● | | ● | ● | | | ● | | ● | | | | | | | ● | | | ● | ● | ● | | ● | ● | ● | | ● |
| | | • 위령제 준비 | | ● | | | | | | | | | | | | | | | | | | | | | | | | ● | | | |
| | | • 운구조 편성 | ● | | | | | ● | ● | | ● | | ● | | | | ● | ● | ● | | | | | | | | ● | | | | |
| | | • 시신 확인/인수 | ● | | ● | ● | ● | | | | ● | | ● | ● | | | | | | ● | ● | ● | ● | | ● | | | ● | | | ● |
| | | • 장지출발 | | | | | | | | | | | | | | | | | | | | | | | | | | ● | | | |
| | | • 발인준비물 수령 | | | | | | | ● | | | | | | | | | | | | ● | | | ● | | | | | | | |
| | | • 단기전화 반환 | | | | | | ● | ● | | | | | | | | | | | | | | | | | | | | | | |
| | | • 제물 및 축문 준비 | | | | | | | | | | ● | | | | | | | | | | | | | | | | | | | |
| | | • 이용료 수납(2차분) : 1시간전 | | | | | | | | ● | | | | | | | | | | | | | | | | | | | | | |
| | | • 발인예배 | | | | | ● | ● | ● | | | | ● | ● | | | ● | ● | ● | ● | | | | | | ● | | | | | |
| | 장지 | • 산신제 | ● | | ● | | | ● | | ● | ● | | ● | ● | | | | ● | ● | ● | | ● | ● | | | | ● | | ● | ● | ● |
| | | • 하관 | ● | | ● | | | ● | | ● | ● | | ● | ● | | | | ● | | | | | ● | | | ● | ● | ● | ● | ● | ● |
| | | • 평토제 또는 성분제 | ● | | ● | | | ● | | ● | ● | | ● | ● | | | | ● | ● | ● | | ● | ● | | | ● | ● | | ● | ● | ● |
| | | • 반혼 또는 반곡 | ● | ● | ● | | | ● | | | | | | | | | | ● | ● | ● | | ● | ● | | | | ● | ● | | ● | ● |

〈표-26〉을 살펴보면, 당시 장례식장 의례가 유교식 상례와는 달리 3일 동안 진행됨으로써 일정별로는 근대상례의 연속선장에서 진행되고 있음을 알 수 있다. 의례 공간이 장

271) 그 내용은 서울 · 경기지역을 대상으로 조사한 '장례식장행사진행표'를 종합한 것으로 조사대상 장례식장은 다음과 같다(보건복지부, 『장례지도사표준교육교재』, 2012, 215쪽 참조).

| 1 | 동수원 남양병원장례식장 | 2 | 서울 오산병원장례식장 | 3 | 샘안양병원장례식장 |
|---|---|---|---|---|---|
| 4 | 수원중앙병원장례식장 | 5 | 수원의료원장례식장 | 6 | 아주대학병원장례식장 |
| 7 | 양주장례식장 | 8 | 의정부성모병원장례식장 | 9 | 분당재생병원장례식장 |
| 10 | 재생병원장례식장 | 11 | 분당 서울대병원장례식장 | 12 | 부천장례식장 |
| 13 | 카톨릭대 성가병원장례식장 | 14 | 김포장례식장 | 15 | 성인천한방병원장례식장 |
| 16 | 재한장례식장 | 17 | 고려대학병원장례식장 | 18 | 순천향대병원장례식장 |
| 19 | 국립의료원장례식장 | 20 | 연세대병원장례식장 | 21 | 한양대병원장례식장 |
| 22 | 서울복지병원장례식장 | 23 | 카톨릭대 성모병원장례식장 | 24 | 카톨릭 성바오로병원장례식장 |
| 25 | 독립문 세란병원장례식장 | 26 | 서울 적십자병원장례식장 | 27 | 서울 아산병원장례식장 |
| 28 | 서울의료원장례식장 | 29 | 강북삼성병원장례식장 | | |

례식장이라는 공간적 제약으로 인해 운구 및 안치, 장례상담, 임차계약, 장례절차 및 용품 상담, 빈소 차림, 비용정산 등의 절차가 신설되었다. 세부적으로 분석하면 모든 장례식장의 공통된 절차는 없으며, 빈도수를 중심으로 가장 많이 나타난 절차는 1일차 '장례식장 이용 상담 후 빈소의 결정과 임차계약'이다. 다음으로는 '안치실 안치'이며, 이어 3일차 '장의 차량 확인'의 순으로 확인된다. 실행 빈도수 등을 통해 살펴보면, 국가통제의 약화로 인해 장례식장의 의례절차에 대한 표준안이 마련되어 있지 않아 장례식장별로 안내하고 진행하는 혼란스러운 양상을 보이고 있다.

조사된 각 장례식장 의례절차에서 실행빈도가 10여 곳이 넘는 절차를 선별하여 일정별로 살펴보면, 1일차에는 사망 직후 사망진단서 발급요청, 직원이 차량으로 직접 운구, 안치실 안치, 장례식장 이용 상담 후 빈소의 결정과 임차계약, 장례절차 및 용품 상담, 상주 준비사항 점검 등의 절차를 진행하였다. 2일차는 입관시간 결정, 입관 전 장의용품 준비, 성복제(종교의식, 제사)의 절차가 진행되었다. 마지막으로 3일차에는 장의차량 확인, 시신확인/인수, 발인예배(발인의례) 등의 절차가 진행되는 것으로 조사되었다. 그리고 안내서에는 산신제나 하관, 평토제 또는 성분제, 반혼 및 반곡 등에 대한 안내가 자주 보이는데, 장례식장이 아닌 장지에서의 의례로 참여가 불가능하나 제사상 등 제물 등과 관련한 상품의 판매를 위해 안내서에 게재되었던 것으로 보인다.

이러한 내용을 종합하여 볼 때 장례식장에서의 의례진행은 〈가정의례준칙〉 및 〈건전가정의례준칙〉 등 국가에 의한 통제에서와 달리 일정별로 구분하여 진행하였다. 즉 1969년 〈가정의례준칙〉의 제22조 입관 항목에서 '운명 후 24시간이 지나면 다음과 같이 입관한다'고 하였고, 1973년 〈가정의례준칙〉의 제10조 장일 항목에서 '부득이한 경우를 제외하고 사망한 날로부터 3일이 되는 날로 한다'고 규정한 데에 따라 3일 이내에서 장례식장 의례를 구성하여 진행한 것이다. 장례식장 의례에서 가장 중요한 의례요소로 인식한 것은 대부분 장례식장에서 진행되었던 '입관 및 염습'과 '성복제' 및 '발인제'등이라고 할 수 있다. 이 중 '입관 및 염습' 절차는 고인에 대한 의례라는 관점에서 중요시되었으며, '성복제'는 유족이 상주로서 역할을 수행하는 시점으로 이후 조문객의 조문을 받을 수 있는 측면에서 강조되었던 것으로 보인다. 장지로 이동하기 위하여 진행된 발인제 역시 상례의 진행상황 전환과 관련하여 중요성이 부각된 것으로 보인다. 이상의 의례절차를 일정별로 도표화하면 다음과 같다.

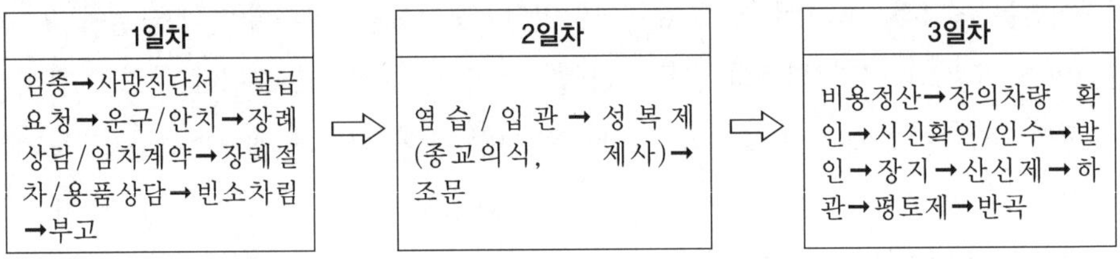

| 1일차 |
|---|
| 임종→사망진단서 발급요청→운구/안치→장례상담/임차계약→장례절차/용품상담→빈소차림→부고 |

⇨

| 2일차 |
|---|
| 염습/입관→성복제(종교의식, 제사)→조문 |

⇨

| 3일차 |
|---|
| 비용정산→장의차량 확인→시신확인/인수→발인→장지→산신제→하관→평토제→반곡 |

〈그림-21〉 2000년대 장례식장내 일정별 의례진행 절차

〈그림-21〉에 나타난 장례식장 의례절차는 임종, 빈소준비, 부고, 염습/입관, 성복제, 조문, 발인, 장지, 산신제, 하관, 평토제, 반곡의 중요절차와 장례식장이라는 공간적 특성과 상업화의 영향을 반영한 사망진단서의 발급, 운구/안치, 장례 상담 및 임차계약, 장례절차/용품상담, 비용정산, 시신확인/인수 등을 추가하여 절차로 구성되어 있다. 그리고 상례일정은 〈가정의례준칙〉과 〈건전가정의례준칙〉에서의 규정을 반영하여 3일장의 상기(喪期)에 따라 1일차 고인 안치/빈소 준비, 2일차 염습/입관, 조문, 3일차 발인, 장지의례 등의 틀에서 진행하고 있다. 유교상례와는 달리 세부진행절차를 일정별로 통제하지 않았던 근대상례의 규정들을 준비과정과 주요의례의 진행과정 그리고 종료의 과정으로 배치하는 형식을 보이고 있다. 장례식장 의례의 변화양상을 분석하기 위하여 10여년이 지난 2018년을 기준으로 주요 장례식장의 의례 진행절차를 살펴보면 다음과 같다.

〈표-27〉 2018년 장례식장 내 일정별 의례 진행절차

| 일차 | 장례식장 의례 (표준교재, 2009) | | 삼성서울병원 (병원 장례식장) | | 서울아산병원 (병원 장례식장) | | 분당서울대병원 장례식장 (병원장례식장) | | 고려대학교 의료원 장례식장 (병원장례식장) | | 수원시연화장 장례식장 (공공 장례식장) | |
|---|---|---|---|---|---|---|---|---|---|---|---|---|
| 1일차 | 1 | 임종 | 1 | 임종 | 1 | 임종 | 1 | 운구 | 1 | 임종 | 1 | 빈소확인/접수 |
| | 2 | 사망진단서발급 | 2 | 수시 | 2 | 수시 | 2 | 안치 | 2 | 안치 | 2 | 운구 |
| | 3 | 운구/안치 | 3 | 발상 | 3 | 발상 | 3 | 빈소차림 | 3 | 빈소차림 | 3 | 안치 |
| | 4 | 장례상담/임차계약 | 4 | 장례일정/방법 | 4 | 치장 | 4 | 상주준비사항 | | | 4 | 장례상담 |
| | 5 | 장례절차/용품상담 | 5 | 부고 | 5 | 부고 | | | | | 5 | 빈소차림 |
| | 6 | 빈소차림 | | | | | | | | | | |
| | 7 | 부고 | | | | | | | | | | |
| 2일차 | 8 | 염습/입관 | 6 | 염습 | 6 | 염습 | 5 | 입관 | 4 | 입관 | 6 | 입관 |
| | | | 7 | 반함 | 7 | 입관-영좌 | | | | | | |
| | | | 8 | 입관 | | | | | | | | |
| | | | 9 | 영좌설치 | | | | | | | | |
| | 9 | 성복제 | 10 | 성복 | 8 | 성복 | | | 5 | 성복 | 7 | 성복제 |
| | 10 | 조문 | 11 | 문상 | | | | | | | | |
| 3일차 | 11 | 비용정산 | 12 | 발인 | 9 | 발인/영결식 | 6 | 발인 | 6 | 발인 | 8 | 발인 |
| | 12 | 장의차량확인 | 13 | 영결식 | | | | | 7 | 출상 | | |
| | 13 | 시신확인/인수 | 14 | 운구 | | | | | 8 | 노제 | | |
| | 14 | 발인 | 15 | 하관 | 10 | 하관/성분 | 7 | 장지 | | | 9 | 매장/화장 |
| | 15 | 장지 | 16 | 성분/봉분 | 11 | 위령제/반우제 | | | | | | |
| | 16 | 산신제 | 17 | 반우제 | | | | | | | | |
| | 17 | 하관 | | | 12 | 삼우제 | | | | | | |
| | 18 | 평토제 | | | 13 | 사십구제 | | | | | | |
| | 19 | 반곡 | | | 14 | 탈상 | | | | | | |

장례식장 의례절차인 〈표 26〉괴 〈표-27〉의 서와 다른 점은 외부요인이라고 할 수 있는 상조기업이 우위를 점하면서 현대장례를 주도하고 있는 점이라고 할 수 있다. 앞서 살펴본 〈그림-21〉에서는 3일에 걸쳐 진행되는 장례식장 의례절차가 임종에서 반곡까지 총 18단계로 진행되는 것으로 조사되었다. 그러나 〈표-27〉에서와 같이 2018년 수도권의 대표적인 장례식장 5곳의 진행절차를 살펴보면 최소 7단계에서 최대 17단계까지로 절차가 축소된 것으로 조사되고 있다. 이를 세부적으로 살펴보면, 가장 먼저 보이는 특징은 모든 장례식장에서 상례절차를 설명하면서 '장례절차'로 설명하고 있는 점이다. 이는 근대상례의 변화과정에서 한국인의 죽음의례에 대한 인식이 상례에서 장례로 정착되었음을 보여준다. 그리고 일정별 진행에 대해 세부적인 차이는 있지만 대체적으로 1일차에는 '운구 → 안치 → 수시 → 장례상담 → 빈소설치 → 부고 → 상식 및 제사상'의 순서로 진행되고 있다. 2일차는 '염습 → 반함 → 입관 → 성복 → 성복제 → 문상/접객'의 순서로 진행되고 있고, 3일차는 '발인/발인식 → 영결식 → 운구 → 노제 → 매장/화장 → 하관/성분 → 위령제/반우제'의 순서로 진행되고 있다. 기타 의례로는 삼우제와 사십구재 및 탈상에 대해 안내하고 있다. 장례식장 의례의 변화라는 관점에서 2009년에 조사 자료와 비교하여 살펴보면 다음과 같다.

① 1일차 의례는 2009년 장례식장 의례에서 절차로 진행하였던 임종과 사망진단서발급, 임차계약 등의 행정절차가 생략되고, 수시와 상식 및 제사상의 절차가 추가되었다. 이러한 변화는 장례식장 운영초기 행정절차와 의례절차의 구분 없이 진행되었던 단계에서 행정과 의례를 구분하면서 점차 장례식장 의례가 안정화되어가는 과정을 보여주고 있다.

② 임종의 절차와 관련하여 분당 서울대 병원 장례식장과 연화장 장례식장을 제외하고는 임종의 절차를 포함하였다. 오늘날 사망자 대부분이 병원에서 사망하는 상황을 고려할 때 임종절차는 장례식장 외부에서의 행위로 장례식장 의례절차에 포함시킨 것은 관습적으로 반영한 것으로 보인다. 앞서 장례식장 의례의 안정화에 대해 언급하였지만, 표준의례가 제시되지 않은 상황에서 장례식장 의례의 범위에 대한 논의가 필요한 부분이라고 할 수 있다.

③ 2009년 장례식장 의례에서 진행하는 것으로 안내하였던 사망진단서의 발급은 삭제되었다.

④ 운구/안치의 경우 2009년 장례식장 의례에서는 통합하여 진행하였으나, 2018년 자료에서는 각각의 절차로 분리하여 진행하고 있다.

⑤ 장례상담의 경우는 전문 의례공간으로 분리된 장례식장 의례의 특징이라고 할 수 있다. 장례식장 의례의 진행을 위해 일정과 절차, 용품 등에 대해 안내하고 구매를 확정하는 절차이다. 2009년 자료에서는 장례상담과 절차 및 용품 상담을 분리하였으나, 2018년 자료에서는 절차를 생략하거나 통합하여 진행하는 것으로 조사되었다.

⑥ 조문공간을 준비하는 빈소준비와 부고 절차는 20098년 자료와 2018년 자료에서 모두 진행하고 있는 것으로 조사되었다.

⑦ 2일차의 의례절차는 2009년 장례식장의례에서는 염습/입관의 절차로 진행하는 것으로 조사되었으나, 2018년 자료에서는 삼성병원 장례식장과 서울아산병원 장례식장을 제외하고는 입관의 절차로 명칭을 변경하여 진행하는 것으로 조사되었다. 삼성병원 장례식장과 서울아산병원 장례식장의 경우 근대상례에서 입관으로 통합된 절차를 다시 분리하여 염습, 반함, 입관으로 세분하고 있으나, 반함과 입관을 염습과 동일한 절차로 이해함으로써 유교식 상례에 대한 이해가 미흡한 것으로 보인다.

⑧ 성복제의 경우는 연화장 장례식장을 제외하고는 성복으로 변경하여 진행하고 있는데, 실제 진행과정에서는 제례의 형식으로 진행되고 있다. 유교상례에 대한 이해를 바탕으로 하였다가 보다는 장례식장 의례진행상 상주의 상복착용과 제사를 통합하는 과정에서 성복으로 변화된 것으로 보인다.

⑨ 3일차 의례에서 변화가 가장 많이 발생되었다. 2009년 장례식장의례에서는 비용정산, 장의차량 확인, 시신확인 및 인수 등 발인 이선에 신행되는 부분을 의례절차로 인식하여 진행하도록 하였으나, 2018년 자료에서는 발인과 영결식으로 통합하여 진행되고 있다. 그리고 매장의 관습에서 기인한 산신제, 하관 평토제 등의 의례는 화장율의 증가로 삭제되거나 장지의례 등으로 변화되었다. 삼성서울병원과 아산병원에서는 하관, 성분 등으로 안내되고 있어 대비된다.

⑩ 기타 의례절차와 관련하여 2018년 자료에서 서울아산병원 장례식장은 삼우제, 사십구제, 탈상 등에 대해 안내하고 있으나, '사십구제'는 유교식 상례의 제사의 형식이 아닌 불교의례로서 '49재'로 진행되어야 하는데 이해가 부족한 부분으로 보인다. 그리고 탈상의 경우 역시 유교식 상례에는 포함되어 있지 않는 절차로 1969년 「가정의례준칙」 이후 근대상례에서 관행적으로 진행되었던 것을 포함한 것으로 보인다.

이러한 변화의 뚜렷한 특징은 장례식장 운영초기 장사행정부분과 의례절차를 구분하지 않고 제공되는 서비스를 나열식으로 게재하여, 마치 행정서비스까지를 제공하고 있는 것처럼 포장하였던 것에서 점차 장례식장 의례의 체계를 갖춰가고 있음을 볼 수 있다. 장례상담, 염습 및 입관, 성복제 등 주요 의례절차에서 각 장례식장별로 차이를 보이고 있는 것은 장례식장 의례가 혼란스러운 상황에서 변화되고 있음을 보여준다.

이러한 장례식장 의례의 혼란상황은 앞서 '구성원간의 합의된 행위를 통해 사회적 이상을 실현하도록 구성'된다는 의례의 정의와 관련하여 현대장례가 기본적인 전제조건인 구성원간의 합의된 행위에 대한 논의가 선행되지 않았음을 보여주고 있다. 장례식장 의례의 안정화 또는 현대장례의 정착과 발전에 필수적인 요인이라고 할 수 있는 공론화된 표준의례의 제시가 선행되지 않은 상황에서 안정화되기까지는 일정부분 시행착오와 시간이 필요할 것으로 보인다. 의례공간을 제공한다는 측면에서 장례식장의 의례변화는 현대장례의 중요한 변수로 작용한다. 이러한 장례식장에서의 의례는 경쟁구도에 있는 상조기업의 의례절차 그리고 현대장례의 의례절차를 직접적으로 수행하고 있는 장례지도사들에게 영향을 미침으로써 현대장례의 기준점을 제공하고 있다고 할 수 있다.

### 2) 의례상품의 위계화

상례의 상업화는 일제강점기 장의사를 시작으로 1970년대 장례식장의 등장, 2000년대 이후 상조기업의 활성화 순으로 진행되었다. 이에 따라 장례식장과 상조기업은 의례공간의 분리에 따른 관련 용품의 공급과 의례상품의 개발, 서비스 등을 제공하면서 현대장례의 변화를 주도하는 주체세력으로서의 역할을 담당하고 있다. 그리고 현대장례의 변화는 이들 장례식장과 상조기업간의 견제와 경쟁을 통해 성장하면서 변화를 주도하고 있는 것이다.

상조기업의 급속한 성장 이면에는 장례식장에 대한 불만을 해소하겠다는 대안적 의미가 강하게 작용하였다. 이는 상조기업이 등장 초기에 진행한 명확한 상례금액의 제시와 용도별 구성 용품의 소개, 필요인력의 구성과 제공 등 관련정보의 제공을 통해 장례식장과 차별화되면서 단기간에 안정적으로 정착할 수 있는 여건을 조성하였던 점에서 잘 들어난다. 소비자들은 상조기업의 등장으로 장례식장에 대해 불만이 컸던 개인별 소비패턴과 경제형편, 종교적, 문화적 선호를 반영한 의례상품과 상조기업을 선택할 수 있게 되었다. 이를 통해 상조업은 소비자들로부터 신뢰받을 수 있는 계기를 마련하였고, 2000년대 초부터는 현대장례 진행의 처음부터 마지막까지 통합적인 서비스를 진행한다는 뜻으로 '토탈 장례서비스, 원스톱 장례서비스'등을 표방하며 일괄적이고 효율적인 장례진행 대행서비스를 제공함으로써 성장의 발판을 마련하였다.

상조기업 등장과 성공적인 정착은 소비자들에게 합리적인 의사결정을 통한 의례 소비를 가능하게 하였다. 상조기업은 공급자 중심의 장례식장 영업 관행을 깨고 신제품 개발, 사용료 할인 등 상조회원 확보를 위한 영업 전략이 도입되면서 소비자 위주의 시장구조로 전환시켰다. 상조기업이 활성화되면서 장례식장과의 마찰로 일부는 상조기업의 출입을 금지하는 등으로 시장 진입을 제한하였으나 소비자의 선택이 변화되면서 현재는 장례식장 내 상례진행에서 약 60.7%가 상조기업 위주로 진행되고 있다.[272] 상조기업의 성장은 소비자들에게 실용적인 서비스의 제공과 상조기업 또는 상품의 비교를 통한 선택적 구매를 가능하게 하였고, 이를 통한 정보와 지식의 확대는 불필요한 지출을 줄이고 비용을 절감할 수 있도록 하였다. 이는 장례식장의 독점적 지위에서 형성되었던 장례비용의 거품을 제거하는 순기능적 역할을 담당하였다. 그러나 상조기업의 영업활동을 통해 상조상품에 대한 구매가 이뤄지고, 장례전문가들에 의해 현대장례가 진행되는 상황은 죽음과 관련된 전통적이고 일반적인 인식에서 벗어나 상례를 의례가 아닌 상품으로 인식하는 결과로 이어지게 된다.

상조기업이 제공하는 서비스는 제공시기와 관련하여서는 생전서비스(pre-need)와 행사서비스(at-need), 사후서비스(post-need)로 분류할 수 있다. 그리고 상조상품이나 서비스의 성격과 관련하여 경제적 서비스, 인적 서비스, 정보서비스, 상담서비스, 대행서비스 등으로 구분할 수 있다.[273] 이중 경제적 서비스는 회원들의 예수금 또는 불입금을 효율적으로 관리하여 규모의 경제를 달성해 다시 회원들에게 환원하는 서비스, 즉 자금의 안전하고 효율적인 운영에 관한 서비스이다. 인적 서비스는 사전에서 사후에 이르기까지 회원들의 이익과 만족, 요구에 부응해 서비스를 제공하는 것을 말한다. 정보서비스는 필요한 제반정보를 수집, 생산, 관리, 전달, 배포하는 것과 관련된 서비스이며 교육 및 상담, 컨설팅, 카운슬링 등의 서비스를 제공하는 것을 말한다. 대행서비스는 회원들의 요구나 만족을 위해 사전에서 사후에 이르기까지 제반 행정적, 법적, 경제적 절차를 대행하고 처리하는 서비스를 말한다.[274] 상조기업은 운영 목적을 달성하기 위해 직접적인 의전지원 서비스와 관련한 상조상품을 판매하고 고객의 요구로 가입된 상조상품 및 서비스를 제공하는 것이다. 이러한 의전진행과 관련된 서비스는 시기별로는 행사서비스(at-need)이며, 성격별로 인적 서비스와 정보서비스를 가입고객들에게 중점적으로 제공하게 된다.

우리나라 최초의 상조상품은 1982년 부산상조개발주식회사에서 판매한 18만원(월 3

---

272) 이철영 외, 『장례서비스 인력 운영 개선방안 연구보고서』, 한국장례문화진흥원, 2018, 192쪽.
273) 강동구・이복순, 『프리니드(pre-need)와 상조서비스론』, 지투지, 2007, 59쪽.
274) 강동구・이복순, 위의 책, 60쪽.

천원×60개월)상품이다. 그러나 10년 후인 1992년에 판매된 상조상품은 62만원의 비용으로 결혼과 장의를 선택적으로 사용할 수 있는 상품을 제공하였다. 이후 서울·경기 수도권에 상조산업이 활성화되기 이전인 2000년도 까지 상조상품의 가격은 60만원, 120만원, 150만원, 180만원, 240만 원 등으로 대부분의 상조기업들이 유사한 가격대와 상품구성으로 영업활동을 전개하였다. 2000년대 이후 서울·경기 수도권을 중심으로 상조기업이 활성화되면서 대형 상조기업을 중심으로 300만 원대의 상조상품이 출시되었고, 후속 기업들 역시 비슷한 가격대의 상품을 출시하게 된다. 현재 상품군은 350 ~ 396만 원대 상품과 450~498만 원대 상품이 주종을 이루고 있으며, 최근 결합상품 개념으로 크루즈 여행이나 어학연수, 가전제품과 결합된 상품을 출시하여 판매하였다. 이러한 상조상품의 특징은 대형 상조기업을 중심으로 일정가격대의 상품이 출시되면 후발주자들은 이 상품을 모방하여 가격을 낮춘 형태의 유사상품을 출시하는 경향을 반복하고 있다. 이러한 경향은 획기적인 절감효과를 낼 수 있는 신기술이 등장한다거나 또는 대중의 인식을 급격하게 변화시킬 수 없는 상조상품의 특성상 일반화된 상례를 상품으로 구성하는 것이기 때문이다. 최근의 상황이 의례의 본질에서 벗어나 가전제품 또는 여행 등과 결합한 상조상품의 등장은 소비자의 구매를 유도하는 형태로 변화하고 있는 것이다.

장례식장을 의례장소로 하여 진행되고 있는 상조기업의 판매상품과 의전 서비스의 내용을 살펴보면, 상품의 일반적인 구성은 고인용품과 입관용품, 유족의 상복, 장의차량, 인력지원서비스, 제단장식과 기타 서비스품목 및 대체품목 등 총 8가지로 구성된다. 세부적으로 고인용품으로 관, 횡대, 유골함, 수의, 염 베 등 염습과 입관절차에 사용되는 용품으로 구성되어있다. 입관용품은 염습 및 입관에 필요한 탈지면, 보공, 한지, 명정, 관보 등 소모품이 제공된다. 유족의 상복제공은 남성과 여성으로 구분되는데, 남성은 전통식 굴건제복과 현대식 검정양복 중에서 선택하도록 하고 있고, 여성용은 흰색의 전통 한복형과 검정색의 개량형 중 선택하도록 하고 있다. 다음으로 장의 차량은 앰블런스, 리무진, 장의버스 등 발인에 사용되는 차량을 상품별로 차량의 종류와 운행거리를 달리하여 제공하고 있다. 인력지원서비스는 일반적으로 장례지도사와 보조역할을 담당하는 상례사 그리고 접객도우미 등의 인력을 제공하는 서비스를 말한다. 이 중 상품에 따라서 접객도우미의 인원수와 운영시간을 변경하여 지원하도록 하고 있다. 빈소에 제공되는 제단장식은 상품에 따라서 형식을 1단, 2단, 3단 주문형 등으로 선택하고 추가로 꽃바구니 또는 헌화용 국화를 제공한다. 이와는 별도로 추모앨범이나 영상CD를 제공하기도 하고, 최근 상례기간 사용되는 일회용품을 상품가격에 맞추어 차등으로 제공하기도 한다. 수의를 미리 준비한 고객을 위해 적정수준의 비용을 전환하여 다른 상품으로 제공하거나 도우미 운영시간을 조정하기도 한다. 이렇게 판매된 상조상품은 고인의 사망 후 장례지도사의 주관아래 장례지원서비스가 진행되는 것이다. 주요 상조기업의 장례지원서비스 진행절차를 살펴보면 다음과 같다.

〈표-28〉 상조기업 의례진행 절차

| e-하늘장사정보시스템 | | | 프리드라이프 | | 예다함 | | | | 늘곁애(구 부산상조) | | | | |
|---|---|---|---|---|---|---|---|---|---|---|---|---|---|
| (보건복지부,한국장례문화진흥원) | | | 상조기업 | | 상조기업 | | | | 상조기업 | | | | |
| | | | | | 전통상례 | | 장례정보 | | 전통상례 | | 장례정보 | | |
| 1일차 | 1 | 운구(장례식장) | 1 | 유언 | 1 | 임종 | 1일차 | 운구/사망진단서 | 1 | 초종 | 1일차 | 1 | 천거정침 |
| | 2 | 수시 | 2 | 임종 | 2 | 수시 | | | 2 | 습 | | 2 | 운명,거애 |
| | 3 | 고인안치 | 3 | 수시 | 3 | 고복 | | 안치 | 3 | 소렴 | | 3 | 복 초혼 |
| | 4 | 빈소설치 | 4 | 발상 | 4 | 발상 | | | 4 | 대렴 | | 4 | 수시 |
| | 5 | 부고 | 5 | 설전 | 5 | 전 | | 빈소마련 | 5 | 성복 | | 5 | 부고 |
| | 6 | 상식 및 제사상 | 6 | 상제 | 6 | 습 | | | 6 | 조 | | 6 | 화장시설예약 |
| 2일차 | 7 | 염습 | 7 | 호상 | 7 | 소렴 | 2일차 | | 7 | 문상 | 2일차 | 7 | 습 |
| | 8 | 반함 | 8 | 장의사결정(상조회사대행) | 8 | 대렴 | | | 8 | 치장 | | 8 | 반함 |
| | 9 | 입관 | 9 | 염습 | 9 | 성복 | | | 9 | 천구 | | 9 | 소렴 |
| | 10 | 성복 | 10 | 입관 | 10 | 치장 | | 입관/장의용품준비 | 10 | 발인 | | 10 | 대렴 |
| | 11 | 성복제 | 11 | 성복 | 11 | 천구 | | | 11 | 급묘 | | 11 | 입관 |
| | 12 | 문상객접객 | 12 | 발인 | 12 | 발인 | | | 12 | 반곡 | | 12 | 성복 |
| | | | 13 | 운구 | 13 | 운구 | | | 13 | 우제 | | 13 | 치장 |
| 3일차 | 13 | 발인식 | 14 | 하관 | 14 | 하관 | 3일차 | | 14 | 졸곡 | 3일차 | | 발인 |
| | 14 | 운구 | 15 | 성분제 | 15 | 성분 | | 발인 | 15 | 부제 | | 14 | 운구 |
| | 15 | 매장/화장 | 16 | 우제/삼우제 | 16 | 반곡 | | | 16 | 소상 | | 15 | 매장/화장 |
| | 16 | 장례후 의례 | 17 | 탈상 | 17 | 초우 | | | 17 | 대상 | | 16 | 장례후 의례 |
| | | | | | 18 | 재우 | | | 18 | 담제 | | | |
| | | | | | 19 | 삼우 | | | 19 | 길제 | | | |
| | | | | | 20 | 졸곡 | | | | | | | |
| | | | | | 21 | 부제 | | | | | | | |
| | | | | | 22 | 소상 | | | | | | | |
| | | | | | 23 | 대상 | | | | | | | |
| | | | | | 24 | 담제 | | | | | | | |
| | | | | | 25 | 길제 | | | | | | | |

〈표-28〉에 나타난 대형 상조기업 의례진행절차[275]를 살펴보면 '예다함'과 '늘곁애'의 경우 전통상례와 현대장례에 대한 설명으로 통해 전통에 기인한 현대장례를 수행하고 있다는 점을 부각시키고 있다. 그러나 '예다함'의 경우 초종의 절차에 포함된 수시, 고복, 전의 절차를 별도로 분리하여 설명하였고, 유교상례에 없던 발상의 절차를 포함하고 있는 등 유교상례에 대한 이해가 부족함을 보여주고 있다. 그리고 급묘 절차에서 진행된 운구, 하관, 성분의 절차를 별도로 분리하여 설명하고 있으며, 재우제와 삼우제 역시 우제의 절차에 포함

275) 상조기업에서 진행하고 있는 상례의 절차는 상품성이 강조됨으로써 장례식장에서 진행되고 있는 상례절차와 구분된다. 이러한 특성을 반영하여 상조기업에게 제공되는 상례서비스를 상조기업 의례로 표기하였다.

된 내용을 분리하여 25개 절차로 설명하고 있어 유교상례의 절차를 왜곡하고 있다. 현대장례 절차의 경우 보건복지부와 한국장례문화진흥원이 제공한 'e-하늘장사시스템'의 일정과 비교하여 세부의례절차를 분석하면 다음과 같다.

① 1일차 의례의 경우 'e-하늘장사시스템'의 상례절차는 운구~상식 및 제사상까지 6단계의 절차를 진행하도록 하고 있으나, 일정을 구분하고 있지 않는 '프리드라이프'는 장의사 결정항목까지 8단계의 절차로 설명하고 있다. 가장 간소한 상조기업 의례절차를 보이는 '예다함'의 경우에는 운구에서 빈소마련까지 3단계로 설명하고 있고, '늘곁애'의 경우 천거정침에서 화장시설예약까지 6단계의 절차로 설명하고 있어 각 기업의 관점에서 유교식 상례절차를 해석하여 제시함으로써 혼란스러운 상황을 보이고 있다.
② 이 중 '프리드라이프'의 경우 확인이 불가능한 유언이나 임종의 절차를 포함하고 있고, 발상과 설전, 호상 등의 절차 역시 의례서비스를 진행하지 않는 절차를 포함하여 기술하고 있다. 예다함의 경우에는 상조회원의 요청에 의해 의례를 진행한다는 가정에서 안치와 빈소준비 등 필수적인 요소만을 안내하고 있다. 가장 오래된 역사를 보이고 있는 '늘곁애'의 경우 앞서 '프리드라이프'에서 설명한 바와 같이 진행하지 않고 있는 의례인 천거정침이나 운명/거애, 복/초혼, 소렴, 대렴, 치장 등의 절차를 포함하고 있어 전반적으로 1일차 상조기업 의례에서 각 기업별 차이가 가장 많이 발생되고 있으며 유교상례와 근대상례에 대한 이해 없이 상조기업 의례절차와 단계를 상정하여 설명함으로써 혼란스러운 양상을 보이고 있다.
③ 2일차 의례진행의 가장 중요한 부분에 대한 근대상례의 진행절차는 염습/입관의 절차와 성복의 절차이다. 상조기업 의례의 특징은 근대상례를 통해 염습 또는 입관으로 통합되었던 상례절차를 다시 분리하여 '염습 → 반함 →입관'의 형식으로 세분화하고 있다는 점이다. 특히 '늘곁애'의 경우 '습 → 반함 → 소렴 → 대렴 → 입관 등의 5단계의 절차로 진행되는 것으로 설명하고 있다. 그러나 상조기업 의례의 해석에 있어서 유교의례의 '습, 소렴, 대렴'절차에 대한 이해가 부족하여 세부진행사항에 대한 논의에서는 일제강점기 〈의례준칙〉의 해석에 따라 진행함으로써 혼란스러운 상황을 연출하고 있다.
④ 성복 또는 성복제의 구분에 대한 사항 역시 ③항에서 논의한 바와 같이 통합되어야할 절차를 'e-하늘장사시스템'에서 분리하여 각각의 절차로 진행하는 것으로, '늘곁애'의 경우에는 진행하지 않는 '치장'의 절차를 진행하는 것으로 설명하고 있어 혼란스러운

모습을 보이고 있다.

⑤ 3일차에 진행되는 상조기업 의례는 발인과 매장 및 화장 등 장법의 진행과 관련된 의례절차로 진행된다. 'e-하늘장사시스템'과 '늘곁애'의 경우 '발인식 → 운구 → 매장/화장 → 장례후 의례'로 진행하고 있으나 '프리드라이프'의 경우에는 '발인 → 운구 → 하관 → 성분제' 등으로 설명하고 있어 매장위주의 의례진행을 관행적으로 서술함으로써 화장으로의 변화에 대한 논의를 진행하지 않고 있다.

이상으로 상조기업 의례를 종합하면, 다양한 서비스를 제공하는 것처럼 보이기 위해 근대상례 이후 통합되었던 절차를 분리하여 진행하거나 새로운 절차를 신설하는 등 상례에 대한 해석과 진행에 여러 혼란을 야기 시키고 있다. 대표적 상조기업의 이러한 사례를 통해 의례의 목적이나 본질에 충실하기보다 상품의 차별화를 통한 판매에 치중하고 있음을 알 수 있다. 대중들에게 포장되어 나타난 상례서비스를 전문으로 하는 기업이라는 이미지와는 확연한 차이를 보이고 있는 것이다.

이처럼 장례식장을 중심으로 형성되었고, 상조기업의 등장을 통해 확장된 의례자본은 지속적인 성장을 위해 의례형식과 절차, 의미 등을 자본의 논리로 수단화하여 의례상품화를 통해 통제하는 단계에 이르고 있다. 국가권력에 의해 통제되었던 근대상례의 목표는 국가발전을 위한 논리로 의례가 수단화 되었으나, 근대상례의 쇠퇴 이후 등장한 현대장례는 의례자본에 의해 통제됨으로서 이전까지와는 다른 자본의 논리에 의한 의례권력화의 방향으로 진행되고 있다고 할 수 있다.

의례자본은 대중이 유교식 상례에 대해 느끼는 막연한 불안감을 적극 이용하여 관련용품과 절차를 통합하여 상품화함으로써 판매가 가능한 대상으로 변화시켰다. 그 과정에서 상례의 본질은 왜곡되고, 필요에 의해 재단되면서 죽음상품이 유행처럼 넘쳐나고 있는 것이다. 그 결과 오늘날 대부분은 죽음의례는 죽음이전에 준비해야 하는 것으로 인식하고, 상품화된 의례를 구매하며, 죽음의례 과정에서 전통이라는 이름으로 포장된 근대상례를 실천하고 있다. 의례자본에 의해 지역적 특색이나 전통적 관점을 배제한 획일화된 현대장례의 진행은 다양한 논란을 불러일으키고, 의례권력에 의해 강요된 구매요구에 부응할 수밖에 없는 것이 우리 사회가 죽음을 대하는 모습이라 할 수 있다.

### 3) 장례지도사의 등장과 의례의 변형

상례를 진행하는 공간이 고인의 집에서 장례식장으로 이동했다는 사실은 상례의 핵심 주체였던 친족과 마을공동체의 역할이 원활하게 작동하지 않고 있음을 의미한다.[276] 장례지도사라는 전문적인 의례집단이 등장하는 것은 이를 증명하고 있다. 이를 통해 현대인은 장례식에 '참여'하기보다 장례식장을 '방문'하는 것으로 그 역할이 제한되어졌다. 유족도 상례절차 진행에 제한적으로만 참여할 뿐 자신의 역할과 의례의 의미를 인지하지 못하고 있다. 현재 진행되는 대부분의 현대장례절차는 전문적인 지식과 기술을 보유한 장례지도사에 의해 진행되고 있다.

상례는 한 사람이 일생을 통해 단 한 번 진행되는 중요한 의례이다. 참여자의 경우에도 많이 참여하기 어려운 의례라고 할 수 있다. 농경사회에서 산업사회로의 전환과 공동체의 해체는 이러한 경험을 더욱 제한하였다. 과거 우리는 공동체의 일원으로 상례에 참여하면서 자연스럽게 상례에 대해 학습할 수 있었지만, 단순히 조문을 위해 장례식장을 방문하는 것으로 변화되면서 학습의 기회가 상실됨으로서 상례의 절차와 방법에 대하여 알고 있는 현대인이 거의 없는 실정에 이르게 되었다. 이러한 변화가 현대장례의 준비와 진행을 전문적으로 돕는 장례지도사제도가 발생하게 된 배경이기도 하다.

장례의 산업화는 장의사가 등장한 때로부터 시작되었다. 장의사는 일제강점기 도시형 상례가 발생한 시점에 나타난 것으로 알려졌고 1950년대 이후 장의업체 수가 꾸준히 늘어났다.[277] 장의사는 시신을 처리하고, 장례 절차와 방법을 안내하며, 장례용품을 공급하고, 관련 행정서비스를 지원하는 역할 등을 담당하였다. 하지만 공동체적 성격의 의례인 유교상례에서 장의사 한 명이 모든 업무를 수행하기보다 상례절차의 집례와 행정대행 정도에 머물렀으며, 이마저도 자문이나 안내와 같은 보조적인 역할에 그치는 경우가 많았다. 즉 수시와 염습 정도만 장의사가 수행하고 나머지는 유족들이 주체가 되어 진행하였던 것이다.[278] 그러나 박정희 정권 이후 산업화와 도시화가 심화되면서 전통사회의 구심점이었던 마을공동체가 해체되면서, 상례에 대한 공동체적 대응은 어려움에 부딪힐 수밖에 없는 상황에 이르게 되었다. 더욱이 앞서 살펴본 바와 같이 1970년대 장례식장의 등장과 연이은 상조기업의 등장으로 장례산업이 활성화하면서 의례 전문인력 및 산업관리 요원에 대한 요구는 증대되었고, 이들에 의해 공동체의 역할이 대체되면서 점차 의례주체의 역전현상이 일어나게 되었다.

---

276) 장석만, 「한국 의례담론의 형성」, 『근대를 다시 읽는다』, 역사비평사, 2006, 133~134쪽.

277) 송현동, 「삶을 찾아 떠나는 죽음교육」, 『종교문화연구』12, 종교와문화연구소, 2009, 150~151쪽.

278) 김시덕, 「장례식장의 의례 민속과 장례 서비스」, 『실천민속학연구』12, 실천민속학회, 2008, 104~105쪽.

일제강점기 경제적 위기 극복을 목적으로 진행된 의례통제는 국가에 의해 관련 시설과 산업에 대한 통제로 확대되면서 국가 또는 사회가 인정한 전문인력의 양성은 필수적이라고 할 수 있다. 이러한 전문가 집단 중 가장 대표적인 것이 장례지도사이다.

장례지도사 자격과 관련된 제도의 시행과정을 살펴보면, 장례지도사 자격제도는 1981년 〈가정의례에 관한 법률 시행령〉에 근거하여 '염사제도'를 운영하기 시작하면서부터 시작되었다. 1981년 3월 16일 대통령령 제10254호로 전부 개정된 〈가정의례에관한법률시행령〉 제6조 및 제10조에서는 장례식장 영업 또는 장의사 영업의 허가신청 요건으로 염사의 고용을 의무화하는 염사제도 규정을 두었다. 이후 1987년 3월 26일 보건사회부 지침에 따라 '염사관리지침'을 제정하여 장례식장 영업 또는 장의사영업에는 염사 1인 이상을 두고 염사 교육을 받게 하였다. 당시 진행된 염사교육에 의하면 장례식장 또는 장의사 영업허가를 받은 업주와 고용된 자는 염습할 수 있는 능력 배양을 목적으로 하는 기본교육을 매년 1회에 한하여 24시간 이상 교육받아야 하며, 염습에 종사하는 자의 재교육을 목적으로 하는 보수교육을 매 3년마다 1회에 한하여 8시간 이상을 받아야 한다고 규정하였다. 교육교과목은 가정의례에 관한 법령, 의료법 및 형법 등 관련 법령, 염습 이론 및 실무, 정신교육으로 정하여 시행하였다. 이를 통해 초기에 시행된 '염사제도'는 용어에서 알 수 있듯이 이들의 의례적 위치와 역할이 염습에 초점이 맞추어져 있음을 알 수 있다.

장례식장 영업 또는 장의사 영업에 종사하는 자의 자격을 규정했던 염사제도는 1994년 3월 19일 규제 완화 취지로 '염사관리지침'이 폐지되고, 1994년 7월 7일 대통령령 제14318호로 전부 개정된 〈가정의례에 관한 법률 시행령〉에서 '염사제도의 규정'도 폐지됨으로써 일대 전환기를 맞이하게 된다. 시신의 냉장 보관과 염습 등  장례 서비스 기간 중 시신의 위생적인 처리 및 보관에 필요한 제반 사항을 담당하는 염사제도가 폐지된 이후 염습종사자에 대한 교육이나 자격제도가 마련되지 못하였고 그에 따라 많은 문제점이 발생하였다.

이러한 과정에서 1990년대 말과 2000년대 초 여러 대학에 장례관련학과가 생겨나고, 국민들의 의식이 높아지면서, 장사(葬事)문제에 대한 관심이 증가하게 되었다. 관련 서비스에 대한 수요가 증가하면서 관련 학계와 산업계는 주검의 처리과정과 장사시설 관련 종사자들의 직업 환경이 국민보건이나, 건강과 밀접하게 관련됨을 지적하고 이들 종사자들에 대한 자격제도의 시행을 지속적으로 요구하게 된다. 이를 계기로 장례식장 등 현장에서는 장례지도사 민간자격증 취득 등 자율적인 형태로 운영되었고, 장례지도사 민간자격증은 장례관련 전공 대학생들과 대학의 평생교육원에서 일정기간 동안 이론과 실기를 이수한 일반인들을 대상으로 검정평가를 진행하고, 이것을 인정하는 민간자격제도로서 장례지도사자격검정원과 사단법인 한국장례업협회가 운영을 담당하였다. 그 결과 2003년 한국장례업협회와 동국대학교, 명지대학교, 서울보건대학, 대전보건대학을 주축으로 대학연합을 구성하고 장례지도사 자격 국가공인 추진위원회를 발족하여 임의단체인 장례지도사 자격검정원을 설립하는 등 학계와 업계를 중심으로 관련 민간자격 검정제도를 시행하였다.[279)]

한편 관련 학계와 산업계는 〈장사 등에 관한 법률〉이 제정 및 개정되는 과정에서 2001년 1월과 2007년 5월 2차례에 걸쳐 장례지도사 국가자격증제도의 도입을 적극적으로 추진하였으나, 현행 민간제도의 문제점이 부각되지 않고 국민 입장에서 비용 상승요인 등을 고려해 도입을 유보해야 한다는 '규제개혁 위원회'의 권고로 인하여 철회되었다. 그리고 관련 학계와 산업계에 의해 주도되었던 민간자격으로의 변화도 한계에 이른 시점에서, 2011년 6월 장례지도사 국가자격증제도와 관련된 〈장사 등에 관한 법률〉 일부개정안이 손숙미 의원의 발의로 보건복지위원회 법안소위를 거쳐 국회본회의를 통과하고, 2011년 8월 4일자로 공포되어 2012년 8월 5일에 시행됨으로 장례지도사 민간자격의 단계를 마치고 '국가 자격 제도'의 단계로 전환되었다.

장례지도사 국가 자격 제도의 도입은 산업사회의 발달과 도시화로 인하여 대부분 장례서비스가 장례 관련 전문인력의 질적 역량 여하에 따라 서비스 수준이 결정된다. 따라서 국가 자격제도는 시신 운구·염습·입관 등 장례절차 진행이 미흡하고 시신 관리가 안 될 경우 보건 위생상의 위해 발생 우려 등을 해소한다는 목적 달성의 계기가 된다. 그리고 그동안 사회적으로 소외되었던 장례지도사를 전문직업인으로 인식하게 함으로써 관련 산업에 대한 부정적인 이미지를 제고하는 토대가 되었다고 할 수 있다.

장례지도사 국가 자격제도는 자격기본법 제11조에 근거해 국민 건강과 안위 그리고 존엄을 유지하는 분야로 볼 수 있어 장례지도사 직무의 표준화로 장사서비스의 질적 향상과 대국민 서비스 제고 측면에서 개별법의 국가 자격으로 도입될 근거가 있으며, 현재 관련법은 의원 입법의 형태로 도입된 것이다.[280)] 장례지도사 국가 자격 제도의 시행과 관련하여 보건복지부는 장례지도사 국가자격증 제도를 도입하면서, 종사자의 전문성과 직업윤리성을 높여 장례서비스의 질적 향상을 도모하고, 국민들의 보건 위생에 안전을 확보하겠다고 제도도입

---

279) 한국보건복지연구원의 조사결과에 따르면 2012년 5월 현재 민간자격 등록기관으로 등록관 교육기관은 전국에 22개소이며, 민간자격증은 17개종에 달하고, 자격증 취득자는 약 2만명, 실제 상업적인 목적으로 장례업에 종사하는 장례지도사는 5천명에서 8천명에 이르는 것으로 조사되었다(박건, 「장례지도사 국가자격증 제도의 시행에 따른 전망 및 발전방향」, 『보건복지 이슈&포커스』144, 한국보건복지연구원, 2012, 3면 참조).

280) 박건, 앞의 글, 2012.

의 취지를 밝히고 있다.[281] 그러나 2012년 장례지도사 국가 자격제도 도입 및 시행과정에서 무시험의 시간이수형 자격제도의 시행은 이후 자격기준 미달의 의례전문가를 양성한다는 비판과 함께 개선요구가 높아지고 있다. 2018년 현재 약 22,865명의 장례지도사가 양성되어 관련 업종에 종사하고 있다.

2012년 국가 자격 제도 시행 이후 현장에서 의례를 진행하고 있는 장례지도사들은 보건복지부의 요청에 의해 2012년 8월 제작된 『장례지도사 표준교재』를 통해 교육된 인원들이다. 『장례지도사 표준교재』는 장례지도사 자격증 취득과 관련하여 교과목으로 선정된 총 8과목인 장례학 개론, 장사법규, 장례상담, 공중보건, 위생관리, 염습 및 장법실습, 장사행정, 장사시설관리 등으로 편성되어 있다. 이 중 의례와 관련된 자료는 장례학 개론과 장례상담과목에서 각각 다루고 있는데, 먼저 장례학 개론 제2부 상장제의례의 이해, 제1장 전통상장제의례, 제2장 현대장례의 이해와 절차에서는 현대장례 절차를 '임종 → 고복 → 사자상 → 수시 → 입상주 → 시사전 → 치관 → 부고 → 염습 → 입관 → 성복 → 조문 → 치장 → 발인 → 급묘 → 삼우제'등 16개의 절차로 설명하고 있고, 이어서 종교별 장례와 제례가 설명되어 있다.

전혀 다른 시각에서 현대장례를 다루고 있는 부분은 '장례상담'과목 중 제2부 장례의전 및 상담 제3장 장례 진행과 상담에서 현대장례의 이해와 관련하여 일정별로 설명하고 있는데 이는 다음과 같다.

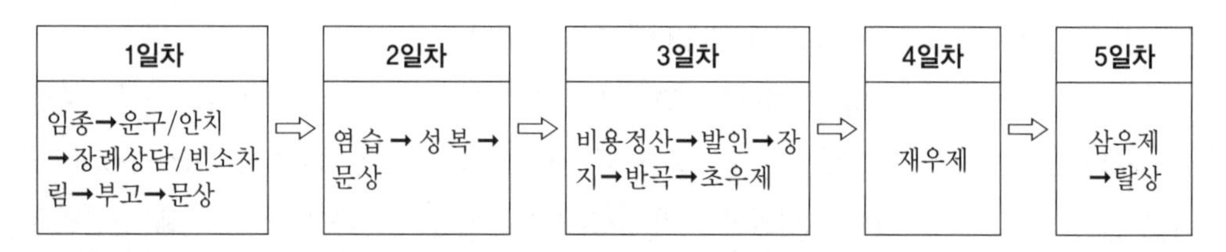


〈그림-22〉『장례지도사 표준교재』 일정별 의례진행 절차

〈그림-22〉에 나타난『장례지도사 표준교재』의 세부적인 절차로는 1일차에 임종 → 운구/안치 → 장례 상담 → 빈소차림 → 부고 → 문상의 절차가 진행되고, 2일차에 염습 → 성복 → 문상의 절차가, 3일차에는 비용정산 → 발인 → 장지의례 → 반곡 → 초우제가 진행되며, 4일차에 재우제, 5일차에 삼우제 → 탈상의 절차로 총 18단계의 절차로 진행하도록 하고 있다. 장례지도사 양성과정에서 사용되는 동일한 교재 내에서 각기 다른 관점에서 현

281) 보건복지부, 『보도자료:장례지도사 국가자격증제도 도입된다』, 2012년 4월 25일자 자료 참조.

대장례 절차를 설명하는 것은 교육생 또는 이후 장례현장에서의 혼란으로 이어질 수 있어 교재 및 제도정비가 시급한 실정이다.

이후 '한국산업인력공단'에서 주관하여 진행된 2016년 국가직무능력표준화(이하 NCS) 학습 모듈 개발작업에서 장례분야에 대한 직무를 '장례절차와 의례, 방법을 지도하고, 시신의 위생적 처리와 관리를 수행하며, 필요한 장례용품과 장사시설을 안내하여 이용자의 만족도를 향상시키는 일'이라고 정의하고 장례지도와 장례지원 분야로 각각 10개 분야별 학습모듈을 개발하였다.[282] 이중 현대장례의 일정별 진행절차를 살펴보면 다음과 같다.

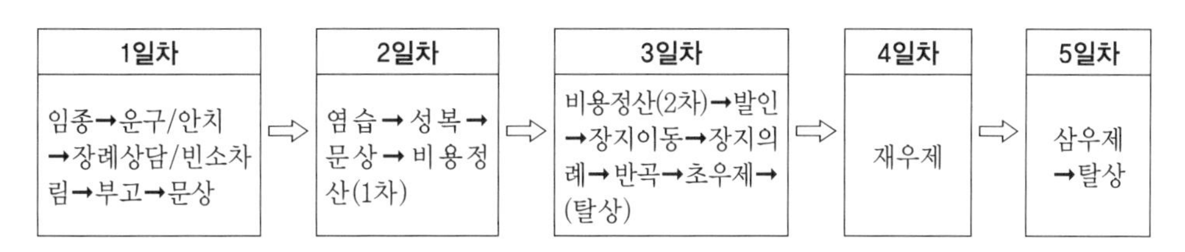


〈그림-23〉『NCS 학습모듈』의 현대장례 일정별 진행 절차

〈그림-22〉과 〈그림-23〉의 내용은 2일차 비용정산과 3일차의 장지의례와 탈상의례가 추가된 점을 제외하고는 모두 동일하게 진행하도록 하였다. 그리고 『NCS 학습모듈 8』「의례예절 및 발인지도」에서 현대장례의 의례절차는 〈그림-21〉 2000년대 장례식장내 일정별 의례진행 절차의 내용과 같이 설명하고 있다. 다만 우제의 절차를 포함하고 있는 점과 장례식장 의례절차의 특징이라고 할 수 있는 공간사용에 대한 의례 등이 포함된 것을 제외하면 같은 절차로 진행한다고 할 수 있다.

『NCS 학습모듈 8』의 「의례 예절 및 발인지도」에서는 '현대장례의 의례적 특성이 전통상례를 계승하여 문화적으로 전승된 것이기 때문에 현대장례 절차에 대해 획일적으로 정의하기는 어렵지만, 일반적으로는 전통적 요소를 포함한 의례진행으로 삼일장 또는 오일장의 일정으로 진행되고 있다.'고 관련성을 설명하고 있다. 이는 현대장례가 전통상례의 계승과 함께 전통요소를 포함함 의례절차로 진행됨을 명시하여 전통의례의 계승이라는 관점에서 이해를 구하고 있는 것이다. 그러나 『NCS 학습모듈 8』에서 언급한 내용중 '전통적 요소를 포함한 의례진행으로 삼일장 또는 오일장의 일정으로 진행되고 있다'는 내용은 전통의례나 현대의례를 지칭하는 것이 아니라 근대의례를 설명하는 것으로 이해되어야 한다. 즉 현대장례는 전통적 요소를 포함한 근대의례의 연속선상에서 삼일장 또는 오일장의 일정으로 진행되고

282) NCS국가직무능력표준, 한국산업인력공단(https://www.ncs.go.kr/. 2018. 8. 20. 검색).

있는 것이다.

### 4) 현대장례의 의례구조

현대장례의 의례변화 양상에 대해 장례식장에서의 의례절차와 상조기업의 의례절차 그리고 장례지도사 교육과정에서의 의례절차를 중심으로 살펴보았다. 본 장에서는 이러한 논의를 종합하여 현대장례의 의례구조에 대해 분석하고자 한다.

현대장례의 의례 적 특징은 전근대기 의례절차가 근대상례를 통해 축소되면서 의례공간을 장례식장으로 제한하였다는 측면과 근대상례의 간소화를 통한 의례상품화로의 전환이라 할 수 있다. 그 결과 현대장례의 의례는 장례식장을 기준으로 장례식장에서의 의례와 장례식장 이후의 의례로 분리되어 의례 영역을 구분하였다. 이러한 과정에서 현대 한국인은 장례식장에서의 의례를 장례로 규정하는 것이 일반화 되었다. 장례식장을 중심으로 진행되는 현대장례는 유교상례의 '고인에 대한 의례'의 관점이 사라지고 '살아있는 사람'을 중심으로 한 과시 의례적 측면을 강하게 나타내고 있다. 이러한 변화는 근대상례의 특징이라고 할 수 있는 경제적 목적달성과 의례의 간소화에 집중함으로써 의례절차를 의례적 논리가 아닌 형식적 재배치로 인해 나타난 결과라고 할 수 있다. 이를 통해 한국인이 인식하고 있는 죽음의례는 전근대 유교상례에서 근대상례를 통해 현대장례로 변화되었다.

현대장례 의례구조의 가장 두드러지는 특징은 장례식장을 중심으로 철저히 이원화된 점을 들 수 있다. 의례형식의 구조는 앞서 근대상례의 구조적 변화에서 살펴본 바와 같이 장례식장에서 진행되던, 임종·성복·발인 의례를 중심으로 진행된다. 발인 이후 장지의례는 화장으로의 장법변화에 맞추어 매장의례보다는 화장 후 봉안 또는 자연장의 형식으로 전환되고 있다. 매장 위주의 장법에서 화장문화로 전환 역시 현대장례로의 변화에 영향을 준 중요한 요소이다. 전근대기 공동체적 대응을 통한 상례 진행에서 매장 위주 장법은 오랜 준비시간과 많은 인력을 필요로 하였다. 그러나 일제강점기 근대적 화장제도가 도입된 이후 2005년 전국 화장율이 50%를 넘어서면서 빠른 속도로 확산된 화장문화는 인력 소요를 최소화하여 조문객들의 장지까지 이동을 요구하지 않게 됨으로서 의례 범주에서 자연스럽게 분리되었다. 그 결과 현대장례의 의례범위는 근대상례의 범위에서 더욱 축소되어 장례식장 의례로 제한되는 결과로 이어지게 되었다.

발인 이후의 의례변화는 1961년 재건국민운동본부의 〈표준의례〉에서 처음 제시된 '상기의 범위를 장일까지로 한다'는 논리가 적용되면서 일부에서 3일 탈상이 진행되었고, 화장문화의 확산으로 화장장에서 탈상이 진행되는 등 현대장례의 범위는 장지에서의 의례를 제외하는 방향으로 간소화와 의례적 축소가 진행되고 있는 것이다.

최근 한국사회의 인구구조가 고령화와 1인 가구의 증가로 빠르게 변화되면서 의례적 경향 역시 빈소를 마련하지 않고 염습/입관의 의례 절차 후 화장하는 무빈소 의례나 조문객의 축소로 인해 2일장으로 단축하여 진행하는 경향이 증가하고 있다. 이러한 변화를 반영하여 현대장례의 의례구조를 분석하면 다음과 같다.

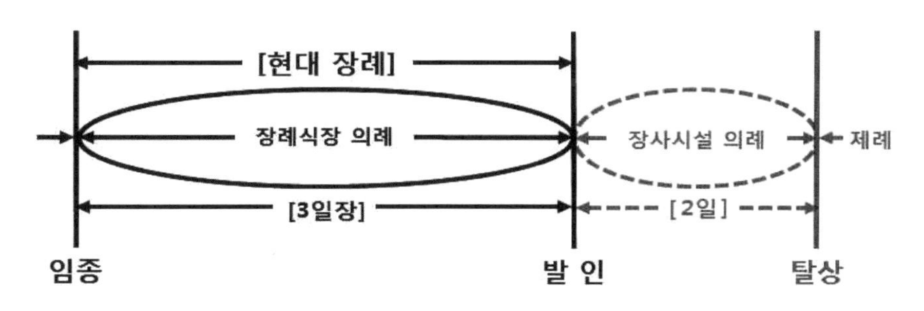


〈그림-24〉 현대장례의 의례구조 분석

〈그림-24〉를 통해 살펴본 현대장례의 의례구조는 장례식장 의례로 축소되는 과정이라 할 수 있다. 장례식장 의례과정은 근대상례를 통해 정착된 '임종 및 부고의례, 입관 및 성복 의례'로 근대상례를 계승하고 있다. 현대장례의 의례 주체인 장례식장과 상조기업은 근대상례의 진행 과정에서 지속적으로 진행된 간소화의 영향으로 상품화에 대한 접근성이 용이하고, 장례식장이라는 공간에서 진행이 가능한 의례로 범위를 축소하면서 이후 장사시설 의례와는 분리하여 의례를 진행하고자 하였다.

상례의 의례적 관점에서 장사시설의례까지를 통합하여 진행되어야 하는 것이 올바른 상황이지만, 장법의 변화로 매장문화에서 요구되었던 원거리 이동과 추가적인 인력 소요 및 추가 비용부담 등이 축소로 인해 도심을 중심으로 형성된 봉안시설 등의 이용으로 장사시설 의례를 제외한 장례식장 중심의 의례형태로 제한되어 졌다. 이처럼 장례식장 중심의 의례적 변화는 장례구조에 영향을 미침으로서 의례주체의 변화와 함께 현대장례로 변화되고 정착시키는데 중요한 단초를 제공하였다.

# 제8장 전통의 창출과 유교상례의 변화

## 1. 전통창출의 배경

### 1) 국가의 개입과 통제의 혼란

의례는 전근대에서 근대에 이르기까지 통치의 중요한 수단으로 이용되었다. 유교적 가치를 중심에 두었던 전근대사회는 '예법일치사상'에 의한 통치수단으로서 '예'의 중요성을 강조했다. 이중 죽음의례인 상례는 근대사회로 이행하는 과정에서 경제적 문제의 해결을 위해 유교상례의 상징성과 의미를 부정하고 형식을 간소화하여 축소시키는 등 단순한 행위위주의 절차로 통제되면서 근대상례로 이해되었다. 의례의 가치는 근대상례를 규정한 법과 제도의 틀 속으로 예속되는 양상을 보였다. 본 장에서는 전근대상례와 근대상례 그리고 이를 계승하여 변화된 현대장례에 대한 종합적인 논의를 통해 서론에서 제기한 현대장례의 전통의례 계승 여부에 대한 질문에 답하고자 한다. 논의의 과정에서 그동안 소외되었던 근대상례의 성격에 대한 규명도 가능할 것이다.

유교상례 또는 유교식 상례로 이해되었던 한국인의 죽음의례는 일제강점기 〈의례준칙〉을 통해 근대상례로 변화되었다. 식민지적 근대화를 통해 진행된 전근대상례에서 근대상례로의 변화과정은 일제의 식민지배 논리에 의해 강제될 수밖에 없었다. 결국 세계대공황기의 경제적 문제를 극복하기 위한 대책의 일환으로 〈의례준칙〉이 시행되었지만, 이를 통한 근대상례의 전환은 이후 한국 사회에 매우 큰 영향을 미치게 되었다.

국가권력에 의해 의례를 통제수단으로 활용하였던 경험은 해방 이후 시기별로 반복되면서 유교식 상례의 본질을 벗어나 형식만 유지하도록 변화시켰다. 해방 이후 1960년대 말까지 정부의 주도로 진행된 다양한 ≪의례규범류≫는 국민생활 개선을 비롯한 다양한 목적을 달성하기 위해 제정·시행되면서 실천적 혼란을 가중시켰다. 그리고 근대상례는 박정희 정권에 의해 강력하게 시행한 〈가정의례준칙〉으로 인해 통합된 모습을 갖추어 전성기를 이루는 듯하였으나, 정권의 몰락과 1999년 제정된 〈건전가정의례준칙〉의 시행 등으로 국가권력에 의한 통제가 약화되면서 쇠퇴의 길로 접어들었다. 그리고 국가에 의한 통제가 사라지면서 새로운 변화를 요구받게 된다. 상례의 새로운 변화는 근대상례 전성기에 시작된 장례식장과 시상논리로 등상한 상조기업에 의해서 의례의 상업화가 진행되있고 현재에 이르고 있다.

일제강점기 이후 현재까지 지속된 죽음의례에 대한 한국사회의 의례적 혼란은 각종 정책과 제도가 경제문제의 해결에 집중된 상황 속에서 일관된 제도적 지향점을 갖지 못하였기 때문에 일어났다. 그리고 일제강점기 〈의례준칙〉으로 시작한 근대상례의 영향은 의례 실천의 과정에서 지속적으로 나타났음에도 불구하고 부정당하며 의례의 본질보다는 시대의 필요에 따라서 절차가 폐지되거나 재등장하면서도 전통문화의 계승이라는 논리에 집착함으로써 방치되어 혼란이 가중된 상황에 이르게 하였다.

근대상례는 국가권력에 의한 의례통제라는 측면에서 국가에 의한 개인 일상생활의 통제라는 비판도 있었으나, 시대적 요구에 따라 의례절차는 간소화되었고 경제적 개념을 반영한 의례의 시행으로 현대장례로 변화하는데 토대를 제공하였다. 그러나 1990년대 이후 본격화하면서 현대장례로의 변화를 주도하고 있는 의례자본은 경제적 논리를 앞세워 근대상례에 대한 논의를 제한하였고, 전근대 유교상례를 계승한 현대장례란 인식을 보편화하였다. 결국 현대장례의 중요한 수행자인 장례식장과 상조기업을 통해 형성된 의례자본은 자신들의 이익을 극대화하기 위해 상례의 진행자인 장례지도사를 양성하고, 상품을 개발하여 판매하는 과정에서 유교식 상례를 선택적으로 수용하고 강화하였다. 결국, 대중들이 인식하는 유교식 상례와는 달리 실천현장에서 마주하는 죽음의례는 의례자본에 의해 '만들어진 전통'으로서의 현대장례인 것이다.

상례의 시대별 변화양상을 살펴보면 먼저 〈의례준칙〉을 기준으로 전근대의례기와 근대의례기로 구분할 수 있다. 앞서 의례소를 통한 상례 구조분석을 통해 살펴보았던 바와 같이 유교의례의 특징은 고인을 위한 의례이며 세부적인 절차가 '전이/준비기'와 '실행/통합기'로 구분되면서 임종단계, 매장단계, 상례단계의 중층구조를 가진다. 그러나 일제강점기에 등장한 〈의례준칙〉을 기본으로 하는 근대상례는 이러한 중층구조나 유교상례 구조의 특성을 발견할 수 없다. 그리고 유교상례의 절차를 대폭 축소하여 세부절차에 대한 논의를 생략함으로써 단계별 절차 위주로 재편성하였다. 그러나 용어의 사용에 있어서 유교상례의 용어를 차용하여 마치 전통을 계승하는 것처럼 이해하도록 하였다.

이러한 변화양상을 종합하여 살펴보면 〈표-30〉의[283] 내용과 같다. 표의 내용을 바탕으로 해방 이후 ≪의례규범류≫의 변화과정에 나타난 상례절차의 변화양상을 세부적으로 비교·분석하면 다음과 같다.

283) 〈표-41〉 해방이후 정부의 의례제도 변화와 상례절차 비교는 211쪽을 참조

① 먼저 근대상례기 ≪의례규범류≫의 규정 항목을 비교하여 살펴보면 다음과 같다.

〈표-29〉 상례절차의 단계 및 항목 비교

| 구 분 | 주자가례 | 의례준칙 | 의례규범 1 | 의례규범 2 | 표준의례 | 국민표준의례 | 가정의례준칙 | 가정의례준칙 | 건전가정의례준칙 |
|---|---|---|---|---|---|---|---|---|---|
| 단 계 | 19단계 | | | | | | | | |
| 항 목 | 239 | 20 | 15 | 15 | 11 | 11 | 24 | 10 | 10 |
| 초종의례 | 8단계 79항목 | 8 | 8 | 8 | 6 | 6 | 13 | 3 | 3 |
| 장송의례 | 4단계 46항목 | 6 | 3 | 3 | 4 | 4 | 10 | 5 | 5 |
| 제의례 | 7단계 82항목 | 2 | 1 | 1 | | | | | |
| 기 타 | | 4 | 3 | 3 | 1 | 1 | 1 | 2 | 2 |

〈표-29〉에서 살펴본 바와 같이 〈의례준칙〉은 유교상례 239개 의례소의 8.3%에 불과한 20개 항목으로 축소되었다. 의례소의 비중을 고려하여 『주자가례』에서 의례항목의 비중을 분석한다면 '상중제례 → 초종의례 → 장송의례' 순으로 분석할 수 있다. 그러나 〈의례준칙〉 이후 근대상례를 살펴보면 1969년 발표된 〈가정의례준칙〉 이전까지는 '초종의례→장송의례'로 초종의례의 비중이 높았던 것에 비해, 1973년 〈가정의례준칙〉 이후에는 '장송의례→초종의례'로 장송의례의 비중이 높게 나타남을 알 수 있다. 초종의례가 고인에 대한 의례절차위주로 편성되어 있고, 장송의례는 고인을 장지로 모시고 떠나는 의례절차로 구성되어 있다. 이를 통해 근대상례로 변화하는 과정에서 고인 중심의 의례에서 상주 또는 유족 중심으로 의례로 재편되었음을 알 수 있다.

② 전근대상례에서 가장 높은 비중을 차지하였던 상중제례와 관련하여 『주자가례』에서는 8단계 82개 항목의 의례소로 진행하도록 하고 있다. 그러나 근대상례에서 대다수의 의례절차가 축소 또는 폐지됨으로써 전체적인 의례 기간이 3년에서 3~5일로 축소된다. 그리고 상례의 종점이라고 할 수 있는 '탈상'에 대해 〈의례규범 1〉에서 탈상일에 탈상제를 지내도록 함으로써 상례기간을 단축시키고자 하는 의도를 나타내고 있다. 이 과정에서 〈의례준칙〉과 ≪의례규범류≫에서는 선택할 방법은 상중제례를 축소시키는 것이었다. 〈표준의례〉 이후, 1973년 〈가정의례준칙〉에서 '발인제와 위령제만을 행하고 그 이외의 노제·반우제·삼우제 등의 제식(祭式)은 행하지 아니한다'고 하여 폐지하는 모습을 보이고 있다. 이러한 변화과정에서 『주자가례』에서 전(奠)의 의례로 진행되었던 '성복 이후 조석전, 견전, 발인, 제주전' 등의 절차를 제례로 전환하여 '성복제, 발인제, 평토제 또는 성분제'로 진행하도록 하여 기간의 단축과 함께 상중제례를 지속하고 있는 것으로 포장함으로써 대중이 전통의례가 지속되는 것으로 오해하도록

하였다.

③ 근대상례에서는 상례의 시작을 위한 '임종, 상주, 호상, 부고'의 절차를 중요한 구성 요소로 인식한 것으로 보인다. 이 중 상주의 범위는 장남 또는 장남이 무(無)하면 장손이 차에 당함으로 규정하였으나, 〈의례규범〉에서는 상인으로 변경하고, 대상을 망인의 배우자, 그 자녀, 자부 등 모두로 규정하였다. 그리고 주상될 자손, 기타 전항에서 규정한 해당자가 없을 때는 최근친자가 상례를 대행한다는 규정이 등장한다. 이후 〈표준의례〉는 상주의 범위에 대해 망인의 직계비속이 상주가 될 수 있음을 규정하였으나, 1969년 〈가정의례준칙〉에서는 복인의 범위를 고인의 8촌 이내로 규정하고, 호상에 대해 규정하고 있으나, 1973년 〈가정의례준칙〉에서 모두 생략되었고, 배우자와 직계비속이 상제가 될 수 있다고 규정함으로써 상주의 범위에 배우자가 추가되는 등의 변화를 보이고 있다.

④ 호상에 대한 개념의 변화로, 〈의례규범 2〉에서 국민장과 사회장, 단체장에 있어서장의위원이 호상에 해당한다는 내용이 추가되었다. 그러나 1973년 〈가정의례준칙〉 이후에 삭제됨으로써 호상이라는 용어보다는 장의위원이라는 용어가 더 일반화 되었다. 이후 상례를 주관하는 직책의 이름으로 쓰였던 호상(護喪)의 용어가 상례의 성격을 규명하는 호상(好喪)이라는 용어로 변경되어 사용되어지는 상황까지 이르게 되었다. 한편 전근대상례로부터 근대상례에 이르기까지 초종의례의 단계에서 전반적으로 그 항목을 유지하고 있는 절차는 '부고'이다. 죽음을 알려야 할 필요성이 인정되어 유지된 것으로 〈의례규범 2〉에서 신문에 부고를 게재함으로써 개별부고를 대신한다는 내용이 추가되었다. 이를 통해 죽음에 대한 의례보다 죽음을 알리는 관점이 더 중요하게 여겨졌던 것으로 풀이된다.

⑤ 전근대상례가 고인에 대한 의례라는 시각에서 볼 때 습~대렴은 매우 중요한 절차이다. 이러한 절차가 〈의례준칙〉의 등장 이후 용어해석의 변경과 절차의 통합으로 '습급렴' 또는 '습렴'으로 변화되었다. 1957년 〈의례규범 2〉에서 이를 '염습'으로 규정한 후 〈표준의례〉에서는 입관의 절차로 통합되고, 입관의 시간과 관련하여 〈의례규범 1〉에서는 사망 익일에, 〈표준의례〉에서는 24시간이 지난 후에 입관하도록 함으로써 본래의 의례적 의미와 절차는 모두 사라지고 새로운 절차로 변화되었다.

〈표-30〉 해방이후 정부의 의례제도 변화와 상례절차 비교

| 주자가례 | | | 의례준칙 (1934) | | 의례규범 1 (1955) | | 의례규범 2 (1957) | | 표준의례 (1958) | | 국민표준의례 (1961) | | 가정의례준칙 (1969) | | 가정의례준칙 (1973) | | 건전가정의례준칙 (1999) | | 현대 장례 (2016) | | |
|---|---|---|---|---|---|---|---|---|---|---|---|---|---|---|---|---|---|---|---|---|---|
| (조선시대) | | | 조선총독부 | | 혼상제의례준칙제정위 | | 보건사회부 | | 혼상제례절요 부록 | | 재건국민운동본부 | | 보건복지부 | | 보건복지부 | | 보건복지부 | | NCS 학습모듈 | | |
| 절차 | 儀禮素 | 상 례 | | | | | | | | | | | 제1조 목적, 제2조 정의 | | 용어정의, 만장, 종교의례 | | 용어정의, 만장, 종교의례 | | | | |
| 1 | 1 | 초종 | 1 | 臨終 | 1 | 臨終 | 1 | 임종(臨終) | 1 | 임종 | 1 | 임종 | 1 | 15조 임종 | | | | | 1 | 임종 | 1 일차 |
| | 7 | 입상주 | 2 | 喪主 | 2 | 喪主 | 2 | 상주(喪主) | 2 | 상주 | 2 | 상주 | 2 | 16조 수시 | | | | | 2 | 운구 및 안치 | |
| | 9 | 호상 | 3 | 護喪(葬儀委員) | 3 | 護喪 | 3 | 호상(護喪) | | | | | 3 | 17조 발상 | | | | | 3 | 장례상담 | |
| | 14 | 부고 | 4 | 訃告 | 4 | 訃告 | 4 | 부고(訃告) | 3 | 부고 | 3 | 부고 | 4 | 18조 상제 | | | | | 4 | 빈소차림 | |
| | | | | | | | | | | | | | 5 | 19조 복인 | | | | | | | |
| | | | | | | | | | | | | | 6 | 20조 호상 | | | | | | | |
| | | | | | | | | | | | | | 7 | 21조 부고 | 8 | 14조 부고 | 8 | 16조 부고 | 5 | 부고 | |
| | | | | | | | | | | | | | | | | | | | 6 | 문상 | |
| 2 | 15 | 습 | 5 | 襲及斂 | 5 | 襲斂 | 5 | 염습(斂襲) | 4 | 입관<염습> | 4 | 입관<염습> | 8 | 22조 입관 | | | | | 7 | 염습 | 2 일차 |
| 3 | 31 | 소렴 | 6 | 靈座 | 6 | 靈座 | 6 | 영좌(靈座) | 5 | 영좌 | 5 | 영좌 | 9 | 23조 영좌 | | | | | | | |
| 4 | 44 | 대렴 | 7 | 銘旌 | 7 | 銘旌 | 7 | 명정(銘旌) | | | | | 10 | 24조 명정 | | | | | | | |
| 5 | 55 | 성복 | 8 | 喪服及喪章 | 8 | 喪服 | 8 | 상복(喪服) | 6 | 상복 | 6 | 상복 | 11 | 25조 성복 | 7 | 13조 상제 | 7 | 15조 상제 | 8 | 성복 | |
| 6 | | 조상 | | | | | | | | | | | 12 | 26조 상복 | 6 | 12조 상복 | 6 | 14조 상복 등 | | | |
| 7 | | 문상 | | | | | | | | | | | 13 | 27조 조문 | | | | | | | |
| 8 | | 치장 | | | | | | | | | | | | | | | | | 9 | 비용정산 | |
| 9 | 80 | 천구 | 9 | 葬日 | 9 | 葬日 | 9 | 장일(葬日) | 7 | 장일 | 7 | 장일 | 14 | 28조 장일 | 4 | 10조 장일 | 4 | 12조 장일 | | | |
| 10 | 91 | 발인 | 10 | 永訣 | 10 | 永訣 | 10 | 영결(永訣) | 8 | 영결식/발인제 | 8 | 영결식/발인제 | 15 | 29조 장사 | 1 | 7조 장례제식 | 1 | 9조 상례 | | | |
| 11 | 97 | 급묘 | 11 | 發引 | 11 | 葬儀 | 11 | 장의(葬儀) | 9 | 장지 | 9 | 장지 | 16 | 30조 장지 | 2 | 8조 발인제 | 2 | 10조 발인제 | 10 | 발인 | 3 일차 |
| | | | 12 | 穿壙及灰隔 | | | | | 10 | 상기중폐지사항 | 10 | 상기중폐지사항 | 17 | 31조 천광 | | | | | 11 | 장지 | |
| | | | 13 | 下棺及成墳 | | | | | | | | | 18 | 32조 횡대 및 지석 | | | | | | | |
| | | | 14 | 慰安祭 | | | | | | | | | 19 | 33조 영결식 | | | | | | | |
| | | | | | | | | | | | | | 20 | 34조 운구 | 8 | 15조 관나르기 | 8 | 17조 운구 | | | |
| | | | | | | | | | | | | | 21 | 35조 하관 및 성분 | | | | | | | |
| 12 | 119 | 반곡 | | | | | | | | | | | 22 | 36조 위령제 | 3 | 9조 위령제 | 3 | 11조 위령제 | 12 | 반곡 | |
| 13 | 127 | 우제 | 15 | 虞祭 | 12 | 虞祭 | 12 | 우제(虞祭) | | | | | 23 | 37조 첫 성묘 | | | | | 13 | 초우제 | |
| 14 | 145 | 졸곡 | | | | | | | | | | | | | | | | | 14 | 재우제 | 4~5 일차 |
| 15 | 155 | 부제 | | | | | | | | | | | | | | | | | 15 | 삼우제 | |
| 16 | 169 | 소상 | 18 | 小祥祭及大祥祭 | | | | | | | | | | | | | | | | | |
| 17 | 179 | 대상 | | | | | | | | | | | | | | | | | | | |
| 18 | 185 | 담제 | | | | | | | | | | | | | | | | | | | |
| 19 | 192 | 길제 | | | | | | | | | | | 24 | 36조 탈상 | | | | | 16 | 탈상 | |
| | | | 16 | 上食 | | | | | | | | | | | | | | | | | |
| | | | 17 | 朔望展拜 | 13 | 朔日奠 | | | | | | | | | | | | | | | |
| | | | 19 | 弔慰 | 14 | 喪期 | 13 | 상기(喪期) | | | | | | | 5 | 11조 상기 | 5 | 13조 상기 | | | |
| | | | 20 | 喪期及服期 | 15 | 弔慰 | 14 | 조위(弔慰) | 11 | 조위 및 호곡 | 11 | 조위 및 호곡 | | | | | | | | | |
| | | | | | | | 15 | 호곡(號哭) | | | | | | | 10 | 16조 상례의 식순 | 10 | 18조 발인제의 식순 | | | |

⑥ 성복 및 성복제와 관련하여 『주자가례』에서 성복의 절차는 입종 후 4일차에 오복제도에 의하여 근친관계에 따라 착용했으나, 〈의례준칙〉에서는 습렴을 마친 후 상복 또는 상장을 착용하도록 하였으며, 굴건제복을 폐지하고, 두루마기에 두건을 쓰고 蝶形結의 黑布를 左胸에 착용하거나 양복의 경우에는 幅約三寸의 黑布를 左腕에 착용하도록 하고 있다. 〈의례규범 1〉에서는 이를 계승하여 흰색 두루마기에 여자는 소복을 착용하도록 하였다. 변경된 사항으로는 상인 이외의 근친자가 착용하는 완장의 색을 흑색에서 백색으로 변경한 것이다. 백색 완장의 착용과 관련하여서는 '탈상제일(脫喪祭日)까지 착용'한다고 하여 상기를 종료하는 의미의 탈상이라는 용어가 처음 등장한다.

〈표준의례〉에서 성복에 대한 통제는 남녀 모두 별도의 정결한 평상복에 남자는 마포두건을 여자는 마포대를 장일까지 착용하는 것으로 하였다. 그리고 복인은 남녀 모두 흑포완장을 착용하도록 하였다. 1969년 〈가정의례준칙〉에서는 남녀의 상복에 대해 규정하고 있으나, 1973년 〈가정의례준칙〉에서는 따로 마련하지 않고 백색 또는 흑색 한복이나 흑색 양복을 착용하도록 하여, 이전까지의 완장착용은 폐지되고 마포상장으로 대체되었다. 그리고 상복을 입는 기간은 장일까지로 하고 상장은 탈상까지 착용하도록 하였다.

⑦ 명정의 제작 및 설치와 관련하여 〈의례규범 1〉에서는 이를 제작하여 영구 옆에 세우도록 하였으나, 〈표준의례〉에서는 명정을 폐지하도록 한다. 1969년 〈가정의례준칙〉에서는 다시 명정을 설치하도록 하였으나, 1973년 〈가정의례준칙〉 개정안 이후 관련 내용이 삭제되는 등 혼란스러운 상황을 보이고 있다.

⑧ 장일과 관련하여 〈의례준칙〉에서는 5일 이내에 지내도록 하였으나 〈개선장례기준〉에서는 3일 이내에 지내는 것으로 규정하였다. 이후 〈의례규범 1, 2〉, 〈표준의례〉, 〈국민예절기준〉에서 모두 3일장을 원칙으로 한다고 명시하였다. 그런데 1969년 〈가정의례준칙〉에서는 다시 5일장으로 진행하도록 하였으나, 1973년 〈가정의례준칙〉 개정안 이후 3일장으로 변경되어 현재에 이르고 있다.

⑨ 영결식이나 발인제 등과 관련하여 〈의례규범 1〉에서는 영결식을 진행하고 발인제를 폐지한다고 하였으나, 〈표준의례〉에서는 영결식 또는 발인제를 지내도록 함으로써 선택적으로 진행하도록 하였다. 이후 1969년 〈가정의례준칙〉에서는 다시 명정을 설치하도록 하였으나, 1973년 〈가정의례준칙〉 개정안 이후 관련 내용이 삭제된다.

⑩ 장례의 개념은 〈의례규범 1〉에서 '장의'의 절차로 처음으로 등장하고 있으나, 〈표준의례〉에서는 보이지 않고 장지에 대해 설명하고 있다.

⑪ 『주자가례』에서는 급묘의 절차에서 성분하기 전 반곡하고, 자제 중에 한 사람을 남겨 성분을 감독하도록 하였는데, 〈의례준칙〉에서는 위안제(慰安祭)를 신설하고 성분 후 묘전에서 진행하도록 하였다. 〈의례규범〉에서는 묘를 쓴 후 위령제를 지낸다고 변경하였고, 〈의례준칙〉에 위안제의 개념이 변경되어 진행하는 것으로 하였으나, 이후 삭제되었다가 1969년 〈가정의례준칙〉 이후 위령제를 진행하도록 하고 있다.

⑫ 〈의례준칙〉에서는 '삭망전배'라 하여 매월 1일과 15일 아침과 저녁에 분향재배했지만, 〈의례규범 1〉에서는 '삭일전'이라 하여 매월 1일 아침에 생전의 평상 식사와 같은 밥상을 영위 앞에 올리고 분향배례 하는 것으로 변화하였다. 그러나 〈표준의례〉에서는 제외되었다.

⑬ 〈의례규범 1〉에서는 우제를 1회 진행하면서 재우제, 삼우제, 졸곡제 등을 모두 폐지하도록 하고 있으나, 〈표준의례〉에서는 우제 전체와 졸곡, 상식, 삭망, 소상, 대상, 담제까지 모두 폐지하도록 명시하고 있다.

⑭ 상례의 기간과 관련하여 〈의례준칙〉에서는 상기와 복기로 구분되어 있었으나, 〈의례규범〉에서는 상기로 통합하여 집상기간을 부모상은 7일간 그 이외 상은 3일간으로 하였다. 탈상기는 〈의례규범 1〉에서는 부모상은 1주년, 그 이외의 상은 1백일로 하지만 〈표준의례〉에서는 장일까지로 명시하고 이후의 의례규범 역시 장일까지를 상기로 하고 있다.

이상의 내용을 종합하면 〈의례규범 1〉과 〈의례규범 2〉, 〈표준의례〉에 나타난 변화과정을 살펴보면 전근대 유교상례의 의례구조 및 단계별 절차를 계승하였다는 논리를 찾기 어렵다. 이러한 특징은 전통의례에 대한 이해를 통해 의례의 일관성을 유지하는 것보다, 근대상례를 통한 간소화 논리에 집중하였던 결과로 분석된다. 이러한 과정에서 '장례'와 '탈상'의 개념이 등장하였으며, 이 개념들은 이후 현대장례의 개념으로 수용되어, 상례의 절차와 일정의 진행 등에 중요한 역할을 담당하게 되었다.

한편, 이 시기의 의례변화가 다양한 요인에 의해 영향을 받으며 진행되었음을 알 수 있다. 특히 재건국민운동본부에서 제정된 〈표준의례〉는 이후 〈가정의례준칙〉의 제정과 관련한 박정희 정권과의 연관 속에서 이해할 필요가 있다. 1969년 등장한 〈가정의례준칙〉은 일제의 〈의례준칙〉 이후 가장 많은 변화내용을 담고 있으며, 의례의 안정적 통제를 통해 우리 사회에 중대한 영향을 끼친 것으로 판단되기 때문이다. 그러나 근대상례의 이러한 변화과정이 〈의례준칙〉과 일본의 장례풍습에 영향을 받았다는 점을 부인할 수 없다. 세대를 이어 계승되는 상례의 특성상 식민지적 근대의 영향이 매우 오랫동안 지속되면서 유교식 상례의 범주에 포함됨으로써 전통으로 인식하게 되었다.

이상으로 현대장례를 중심으로 전근대상례와 근대상례의 변화과정에 대해 살펴보았다. 주요한 특징으로는 시대별 상례절차에서 사용된 개념과 용어들이 필요에 의해 만들어지거나 폐지되기를 반복하는 과정에서 현재에 이르고 있음을 확인할 수 있었다. 이와 같은 변화는 현대장례에 〈의례준칙〉 이후 근대상례의 변화내용을 다수 포함하고 있어 근본적으로 유교상례의 계승이라기보다는 근대상례의 상업적 발전이라는 측면에서 이해되어야 함을 제시한다. 결국 국가권력을 통해 시행된 근대상례의 제도적 변화가 상례의 본질에 대한 이해에서 벗어나 권력의 요구에 맞추어 변화되면서 현재에 이르렀고, 그 결과 현재의 상례는 어떤 특정한 기준이 중심을 이루고 있다고 제시할 수 없는 혼란스런 상황에 처하게 되었다. 그런데, 더욱 우려스러운 부분은 이러한 의례적 혼란 속에서 대중에게 특정한 기준이 없이 선택만을 강요하게 됨으로써 의례자본에 대한 의존성을 더욱 심화시킬 수밖에 없는 상황으로 연결된다는 점이다. 현대장례로의 변화과정 속에서 의례자본은 의례절차에 대한 통제를 더욱 강화하였고, 궁극적으로는 상업적 이익을 추구하는 방향으로의 변화를 주도하고 있기 때문이다.

### 2) 의례자본의 형성과 정착

일제강점기 〈의례준칙〉과 박정희 정권의 〈가정의례준칙〉 등 국가권력에 의해 통제·보급된 ≪의례규범류≫의 공통적인 특징은 허례허식을 폐지하고 의례 절차를 간소화하여 지나친 사치와 낭비를 줄임으로써 경제적 부담을 최소화하는 것이었다. 그러나 이러한 일체의 주장은 통제목적을 달성하기 위해 만들어낸 허구라고 할 수 있다. 이는 전통사회에서 상례진행이 마을공동체가 함께 참여한 공동체적 성격의 의례였음을 간과한 평가이기 때문이다. 그러나 근대사회로의 변화와 산업화의 영향으로 마을공동체는 점차 해체되었고 죽음의 문제는 점차 개인이 해결해야 하는 상황에 이르게 되었다. 근대상례를 통해 간소화된 의례는 의도와 달리 의례의 상업화를 앞당기는 결과와 직접적인 연관성을 갖고 있다. 지금 우리는 공동체의 해체로 인해 장례식장과 상조기업의 상조상품에 의존해야만 하는 상황에서 상품화된 죽음을 통해 삶의 마지막 의례를 준비해야한다. 상조상품을 구매하는 과정에는 공동체단위에서 전승되던 의례지식이나 관련 용품에 대한 정보를 필요로 하지 않는다. 즉 죽음의 준비과정에 더 이상 의례에 대한 지식과 이해를 요구하지 않는 것이다. 의례소비자로 전락한 대중은 회원 가입을 통해 납입금을 지불하는 것으로 자신들의 역할을 다한 것으로 인식한다.

현대장례 절차는 앞서 살펴본 바와 같이 『장례지도사 표준교재』나 『NCS 학습모듈』에 정의한대로 진행되고 있다. 상례의 진행과정에서 한국인으로서의 정체성이나 의례의 상징적 의미에 대한 논의는 제외되었다. 현대장례는 일제강점기 〈의례준칙〉 제정으로 시작된 근대 상례에서 비롯되었고 오랫동안 지속되었다는 것은 앞서 논의를 통해 분석하였다. 그 결과 현대장례는 유교상례의 계승이 아닌 식민지배의 요구에 맞추어 재단된 근대상례를 행하고 있는 셈이다. 일제강점기 이후 국가는 의례에 대한 논의를 통해 한국인의 정서와 정체성을 담을 수 있는 상례문화의 복원과 정착을 추진하지 못하고, 오히려 국가권력을 앞세워 의례를 수단화하였다.

역설적으로 국가권력에 의한 의례통제는 현대장례가 등장하는 과정에서 의례상업화를 촉진하는 계기로 작용하였다. 특히 3일장으로 의례 기간을 축소시키는 과정에서 각종 의례절차가 획일화 또는 단순화되었고, 이처럼 재단되고 단순 분화된 상례는 상품으로의 재구성을 용이하게 하였다. 또한 대중들이 직접 만들어 사용하던 각종 상례용품은 도시민을 중심으로 한 산업사회에서 자족적으로 생산하기 어려운 성격을 가진다. 그 결과 판매를 목적으로 제작된 장례용품은 의례전문가 집단을 통해서만 공급됨으로서 대중의 접근을 더욱 어렵게 하였다. 결국 대중은 상례에 직접적 참여를 통제 당하면서 상품을 구입하고 감독하는 역할만을 수행하도록 제한되어졌다. 대중의 역할은 의례자본의 상업적 성공을 돕는 보조자의 역할을 수행하는 것이라고 할 수 있다.

한편, 의례의 변화과정에서 중요하게 다뤄져야 할 부분이 의례공간의 분리에 대한 이해라고 할 수 있다. 전통사회와 달리 산업사회에서는 상례를 위한 별도의 공간 마련에 대한 필요가 증가하였다. 그 결과 죽음의례의 공간으로서 장례식장이 등장하였던 것이다. 별도의 의례공간은 필요로 하는 것은 대중의 요구에 부응한 것이며, 이러한 요구가 지속되면서 점차 의례공간인 장례식장 이외의 공간에서 상례를 진행한다는 것 자체를 거부하는 상황에 이르게 되었다. 별도로 조성된 의례공간의 이용은 공간이 가지는 폐쇄성으로 인해 공급자 위주의 상업행위가 가능한 공간으로 변화되었다.

죽음의례 공간으로서 장례식장은 죽음의례를 진행하기 위해 안치실, 염습실, 빈소 발인장 등의 의례적 요소들로 구성되며 이를 사용할 때 비용을 지불해야 한다. 전통사회에서 죽음의례 공간이란 곧 일상의 공간인 집이었다. 만약 죽음이 발생하면 일상의 공간이었던 집은 비일상의 의례공간으로 바뀌게 된다. 이때 마을공동체의 공간 역시 비일상적인 공간으로 탈바꿈하여, 마을 전역이 축제장과 같이 변화한다. 마을공동체나 가정에서 보유하고 있던 공간의 전환적 사용에 별다른 비용이 들지 않는다는 점은 두말 할 필요가 없다. 그러나 현대상례에서 장례식장으로 대변되는 의례공간은 이를 찾는 사람들에게 소비를 강요하고 있다. "한국에서 장례 한 건당 평균 비용은 1400만 원에 달하는데 이 중 80%가 식대"라며 "식사 문화만 바꿔도 장례비용을 획기적으로 줄일 수 있고, 부의금을 받지 않고도 장례를 치를 수 있다"는 기사의 내용처럼 전문 의례공간으로서 장례식장은 일체의 의례가 장례식장의 입맛대로 진행되어야 하는 독점적 지위를 유지하고 있는 것이다.[284)]

장례식장 일변도의 장례관행에 변화를 주게 된 계기는 상조기업의 등장이다. 상조기업은 장례식장의 독점적 지위에서 오는 불만요인을 해소하고 비용 절감과 사전 준비 기간을 활용한 경제적 부담의 분산, 의례 전문 인력의 배치를 통한 유족의 편의 제공 등을 앞세워 시장 상황을 일거에 변화시켰다. 실례로 장의 버스를 대신한 장의리무진의 등장과 장례식장 도우미 및 여자 상복의 검정색 개량 한복으로 전환, 장례식장 및 장지까지 서비스의 범위 확대, 장례앨범의 제작이나 사이버 추모관 운영 등의 다양한 장례 관련 상품을 개발함으로써 장례식장과 차별화는 물론 상조기업 간의 경쟁을 통해 시장을 확대하고 고객확보에 노력하였다. 최근 크루즈 여행 상품이나 가전제품과의 결합상품을 통해 주객이 전도된 새로운 형태의 상조 상품이 등장하는 등 생존을 위한 상조기업들의 경영전략이 일상화되기에 이르렀다. 이상의 현상은 현대장례의 변화된 모습을 단적으로 보여준다. 상조 시장 규모는 연간 7조원대가 넘고, 약 516만 명에 이르는 상조회원이 있으며 회원의 증가는 지속될 것으로 보인다.[285)]

장례식장과 상조기업으로 대변되는 의례자본의 바탕에는 의례전문가 집단을 구성하고 있는 장례지도사들이 존재한다. 2012년 무시험의 시간이수형 자격제도의 시행으로 국가자격을 취득한 장례지도사가 2017년 12월 현재 22,108명에 이를 정도로 확대되었고, 이들 중 대부분이 전국 1,119개 장례식장과 156개 선불식 상조기업 및 후불식상조기업에서 연간 30만 명이 넘는 사망자들에 대한 장례를 진행하고 있다. 국가자격제도의 시행에 따라 장례 관련 업무에 관한 독점적 지위를 통해 의례를 더욱 전문화하고 상호교류와 재교육을 통해 자신들의 여건을 더욱 확대하고 있는 상황에서 장례지도사들의 지식과 경험은 지속적으로 축적될 것이다. 여기에 의례자본이 결합되면서 의례의 상업화는 더욱 심화될 것으로 보인다.

### 3) 장례를 통한 전통의 지속

근대화 과정에서 대다수 구성원은 양반으로의 계층상승을 통해 전근대 양반 중심의 사회

---

284) 동아일보, 〈무조건 3일장? 1박2일 작은 장례식은 '불효'인가요?〉, 2018년 5월 23일자 기사참조.

285) 황진태 외, 『보험회사의 상조서비스 기여방안』, 보험연구원, 2011, 12쪽 참조.

질서와 가치관을 모방·수용하였다. 근대화 과정에서 양반들의 전유물이었던 제례문화와 족보 편찬이 급증하였으며, 바로 이러한 연장선상에서 상례문화에 대한 인식변화도 이해되어야 한다. 엄격한 신분제 사회였던 조선시대에 평민 이하의 계층이 삼년상을 지낸다는 것은 상상하기 어려운 문제이다. 그러나 근대화 이후 모두가 양반으로 변화된 상황에서 유교상례를 이해할 때 보편적으로 삼년상이 진행되었다고 여긴다. 그렇다면 일제강점기 중반인 1934년 〈의례준칙〉에서 규정한 '5일장'의 시행이 별다른 저항 없이 수용된 부분에 대해서는 의문이 아닐 수 없다. 〈의례준칙〉이 반포되기 30여 년 전 시행된 단발령의 경우 유림 등의 극심한 반발을 불러왔고 엄청난 저항에 부딪혀야 했다. 그러나 부모의 삼년상에 대한 문제에서 그 외형상 상기는 2년으로 축소하였지만, 실질적으로는 '5일장'을 수용하는 제도적 변화가 국민적 저항 없이 수용된 것은, 앞서 외국인들의 기록에서 살펴본 바와 같이 당시 상례의 관행이 9일장인데 기인한 것으로 이미 내적 변화의 단계를 거치고 있었기 때문으로 보인다.

이후 근대상례에서 일본의 의례적 관행을 포함한 변화가 시도하였지만 정착에 까지는 이르지 못하였다. 그런데 이러한 변화과정에서 각 절차와 용어를 유교상례에서 차용하여 제도화함으로 의례적 형식에서는 마치 전통문화를 계승하고 있는 것 같은 착시현상이 생겨나게 된 것이다. 시대변화와 의례의 수용과정에서 〈의례준칙〉을 비롯한 《의례규범류》에서 의미가 변화된 상례용어를 적극적으로 포함하였던 것은 이러한 논의를 뒷받침한다. 전통과 단절되었지만 간소화를 통해 상품화가 가능하였던 근대상례는 전통의 선택적 차용과 적절한 변용을 통해 산업화 과정에서 생존하면서 현대장례로의 변화를 유도할 수 있었던 것이다.

현대장례를 주노하는 상례식장과 상조기업의 상업적 전략은 국가권력에 의해 통제되었던 근대상례의 법과 제도의 수용보다 상업적 이익을 극대화할 수 있는 유교적 전통의례를 선택적으로 수용함으로 근대상례와 단절을 시도한 결과라고 할 수 있다. 이러한 과정에서 〈그림-15〉와 〈그림-16〉 등에 나타난 현대장례 절차가 전근대 상례를 계승하고 있는 것으로 인식하게 된다. 그렇지만 현대장례와 전통의례를 비교해보면 '3년상'의 절차를 현대장례의 '5일장'과 직접 비교하지 않고, 현대장례의 5일장이 삼우제를 통해 종료된다는 것에 착안하여, 유교상례에서 삼우제의 절차까지만 직접 비교하여 그 차이를 축소하고 전통계승의 논리를 펴고 있다. 이러한 논의를 그림으로 나타내면 다음과 같다.

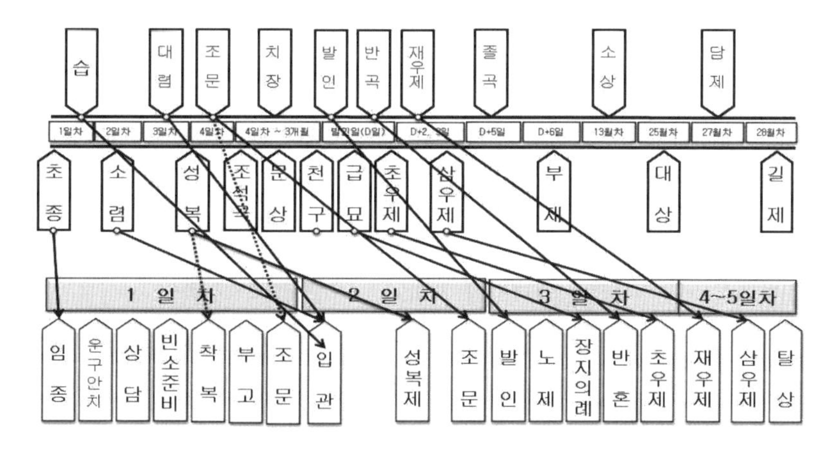


〈그림-25〉 전통 상례와 현대 장례의 관계 비교[286)]

〈그림-25〉에서 1일차 죽음을 맞이하게 되는 초종(임종) 후 유교상례에서는 시신을 씻기는 습과 2일차에 시신에 옷을 입혀 묶는 소렴, 3일차에 관에 넣는 대렴이 진행되지만 현대장례는 대부분 2일차 입관에서 그에 해당하는 절차를 단축하여 진행한다.

유교상례에서 4일차 성복은 상복을 갖춰 입고 전을 차린 후 조상절차에서 문상객을 받았던 것에 비해 현대장례에서는 입관 전 1일차에 장례식장 빈소설치와 동시에 변복하는 절차인 착복과 다음날 입관 후 완장을 차며 성복제를 지내는 절차가 진행된다. 또한 상례에서 초종의 절차에 포함되어있던 부고는 장례에서 빈소준비를 마친 후 진행되고, 가족·지인들의 문상을 받게 된다.

다음으로, 장지로 떠나는 발인의 절차를 살펴보면 상례에서는 초종으로부터 약 3개월 뒤에 견전의 절차 후에 진행되지만 현대장례에서는 대부분 3일차에 발인제를 지낸다. 또한 장지에 도착해서 급묘의 절차를 진행하는 상례와는 달리 장례에서는 장지의례를 진행한다. 이후 다시 집으로 돌아오는 반곡, 초우제, 재우제, 삼우제를 거쳐 탈상을 치르면서 현대장례가 마무리된다. 그러나 유교상례는 삼우제 이후로 졸곡, 부제, 소상, 대상, 담제, 길제의 절차로 상기를 마치게 됨으로써 서로 차이를 보이고 있다.

유교상례에서 중요한 비중을 차지했던 상중제례의 삭제와 관련하여, 현대장례에서는 종교의례를 이유로 상중제례의 삭제를 정당화시킴으로써 유교상례를 계승한 현대장례로의 논리를 완성하였다. 그 결과 근대상례에 대한 논의는 제외되고 현재의 의례는 전통의 문화적 가치를 계승하고 있는 것으로 인식하게 함으로써 안정적인 성장의 발판을 마련하였다고 할 수

286) NCS 학습모듈 개발진, 『의례예절 및 발인지도』, 한국직업능력개발원, 2016, 20쪽.

있다.

유교상례에서 현대장례로의 변화에 대해서는 앞서 논의하였던 바와 같이 〈의례준칙〉에서 '5일 이내에 장식을 진행'하도록 규정하였으며, 해방 이후에는 '3일장'으로 정착되었다. 또한 1970년대 이후 등장한 장례식장을 통해 의례가 진행되는 과정에서 장례식장에서의 의례라는 관점과 장례를 목적으로 한 3일장이라는 개념이 결합되어 현대장례로 보편화된 것이다. 이 과정에서 현대장례는 근대상례와 차별화를 꾀하고자 유교상례의 절차와 용어를 차용하여 의례상품화를 진행하였다. 결국 현대장례와 전근대의례, 근대상례를 비교하면 전체적인 의례의 형식과 구조에서 전근대상례인 유교상례를 계승하였다기보다는 경제성과 간소화를 목적으로 했던 근대상례에 기초하여 상업화한 것으로 이해할 수 있다.

## 2. 상례의 지속과 변화

### 1) 의례주체의 변화

의례는 상징화된 행위를 규범화하거나 반복되는 실천과정을 통해 의도하였던 바를 이루는 문화적 행위이다. 앞선 논의에서는 이와 같은 정의를 바탕으로 의례분석을 통해 상례의 지향점을 파악할 수 있을 것이라는 전제하고 유교의례의 대상에 대해 살펴보았다. 그 결과 유교의례의 목적과 중심에는 고인이 있음을 알 수 있었다. 그러나 일제강점기 〈의례준칙〉을 통해 등장한 근대상례의 중심에는 고인을 위한 의례적 전통의 계승이 아니라 경제문제의 해결을 위해 의례간소화가 추진되면서 의례의 목적과 대상이 사라진 형식만 남게 되었다.

해방 이후 국민생활개선운동 과정에서의 〈의례규범〉이나, 재건국민운동본부의 〈표준의례〉를 통해 살펴보면, 변화의 중심에는 경제문제의 극복을 위해 의례를 수단화하여 통제하는 문제가 내재되어 있었다. 박정희 정권에서는 이러한 경제적 논리를 보다 강화하여 '조국근대화'라는 명분을 앞세우며 전근대적 허례허식을 타파하고 의례를 간소화한다는 시각에서 〈가정의례준칙〉을 제정하였다. 이후 등장한 〈건전가정의례준칙〉은 1973년의 〈가정의례준칙〉에서 강제한 조항들이 삭제됨으로 일제강점기 이후 지속된 국가의 의례통제가 쇠퇴하고 의례가 본래 목적을 수행할 수 있는 계기가 마련될 수 있는 변화가 예상되었다. 그러나 1970년대 이후 준비기를 거쳐 2000년대 이후 서서히 의례의 전면에 등장한 의례자본은 경제논리를 앞세워 의례를 본격적으로 상품화하였다. 장례식장, 상조기업, 장례지도사 등 현대 장례에서 중심을 이루고 있는 세력들의 궁극적인 목적은 경제논리를 앞세운 의례의 상품화이다.

상품화된 의례는 의례의 주체였던 대중을 소비사로써 'OOO의 장례식'이 아닌 '000만원의 상조상품' 가입자로 인식하도록 변화시킨 것이다.

고인이 자리하지 못한 현대장례가 산자를 위한 의례로 인식되는 부분에 대해, 장례식장 이용실태에 대한 자료를 살펴보면 흥미로운 사실을 발견할 수 있다. 예를 들어, 상례 진행 현장에서 의례전문가인 장례지도사가 가장 먼저 진행할 절차는 무엇인가라는 질문에 빈소를 결정하고 제단을 설치하는 것이라는 답변을 자주 듣는다. 장례지도사들의 답변에서 의례적 절차에 대한 설명이나 장례 기간안내가 아닌 '제단설치'라는 내용이 보여주는 것은 다름 아닌 현대장례의 상품성이다. 관련 종사자들이 가장 중요한 요소로 인식하는 제단을 설치하는 행위가 유족은 물론 다른 장례지도사들에게도 일종의 '상품의 개봉'이라는 관점에서 이해되고 있다는 것이다. 장례식장이나 상조기업이 판매하는 의례상품에서 구성품 중 하나를 사용하면 상품성이 훼손됨으로써 소비자의 사용을 강제하는 수단으로 활용될 수 있다는 인식을 가지고 있는 것이다. 이러한 의례의 상업적 접근이 유족이나 장례지도사들에게 묵시적으로 형성됨으로써 다른 상조기업이나 장례지도사들의 접근과 경쟁을 차단하는 역할을 담당하는 것이다. 단순한 제단의 설치문제가 현대장례의 상품화를 보여주는 중요한 예라고 할 수 있다.

현대장례의 상업성을 구성하는 세 가지 요소인 장례식장과 상조기업, 장례지도사는 각자의 생존을 위해 상업적 행위를 지속하고 있다. 그 과정에서 '의례'라고 포장된 상품을 구매하도록 강요하고 있는 것이다. 그 결과 전통사회가 인식한 죽음에 대한 의례적 접근은 차단되고 상품화한 죽음만이 존재하며, 구매가 가능한 의례의 상업적 성공이 현대사회의 죽음의례를 지탱하는 힘이라 할 수 있다.

앞서 논의한 상품화된 죽음을 위한 여러 요건 중에 가장 중요한 것이 간소화의 문제임을 논의한 바 있다. 간소화의 문제는 비용 측면에서 소요되는 물품을 대량으로 공급·확보·유통시킴으로서 관련 기업의 이익을 극대화할 수 있는 중요한 조건이다. 예를 들어 고인의 체격에 맞춘 수의가 중요한 것이 아니라, 규격화되어 대량으로 만들어 원가를 낮춘 수의를 통해 이익을 극대화하는 것이다. 의례전문가 집단인 장례지도사들의 상례 진행 역시 동일한 패턴을 보인다. 장례지도사들이 진행하는 규격화된 의례절차는 간소화를 통해 단순한 구조로 변화되었고, 지속적인 업무를 통해 반복 숙달함으로써 시간을 단축하고, 장례업무 수행 횟수를 늘리는 방향으로 확대된다. 그 결과 의례의 경험적 요소나 개인적 능력이 최소화됨으로써 소비자인 유족은 동일한 여건에서 비슷한 능력을 갖춘 전문가들에 의한 의례서비스를 제공받게 된다. 이러한 과정에서 유족들의 선택 기준은 비용의 문제로 귀결되는데, 의례상품화의 순환 고리에 의해 기업은 잘 포장된 저가의 상품화된 죽음을 생산하는 것을 중요하게 여길 수밖에 없다. 결국 소비자는 일회성 행위로 그치는 죽음의례를 통해 고인에 대한 추모나 슬픔의 극복 등의 문제에 천착하기보다 비용의 문제에 집중하게 된다.

현대장례에서 전개되는 대부분의 의례행위는 지금까지 살펴본 바와 같다. 누군가의 죽음이 임박하거나 발생하게 되면 유족들은 상조기업과 연락해서 장례식장을 선정하고, 사전에 계약된 상품을 제공받는다. 죽음만을 위한 의례공간인 장례식장은 슬픔만이 존재하는 공간이 되었고 이러한 공간에서의 경험들은 현대 한국인의 죽음에 대한 인식을 더욱 부정적으로 만들 수밖에 없다. 죽음에 대한 부정적 시각과 상조기업을 통해 형성된 죽음에 대한 상품성을 경험한 의례 소비자들은 상조상품을 구매하거나 혹은 장례식장에서 상담을 통해 관련 상품을 선택하고 비용을 지불하는 구조에 지속적으로 노출됨으로써 죽음을 상품으로 이해하는데 더 이상 어색해하지 않는다.

그리고 상품화한 죽음의례에서 의례전문가로 등장하는 장례지도사들 역시 의례자본의 상업적 목적에 맞추어 양성되었다. 앞서 장례지도사들에 의해 진행되고 있는 의례가 획일화되고 기능적 목적에 맞추어 숙달된 의례전문가들로서 지역적 특색이나 풍습을 고려하지 않는다는 점에 대하여 검토하였다. 그들은 의례를 표준화된 교재에 따라 진행할 뿐 죽음의 문화현상과 대면하지 못하고 있는 것이 현실이다. 현대 한국사회에서 발생하는 죽음은 문화와 지역정서가 담긴 의례가 아니라 언제 어디서나 똑같이 반복해서 진행되는 매뉴얼인 셈이다.

### 2) 의례 시·공간의 변화

전근대기 유교의례는 생업을 반영한 농업기반 사회의 시간과 공간에 대한 이해를 토대로 공동체적 대응과정을 표현해낸 상징체계였다. 일제는 근대상례로 전환되는 과정에서 절차축소와 폐지 또는 단축이라는 시간문제에 집중하여 전통의례를 재단하고 재구성하였다. 해방이후 정부에 의해 지속된 근대상례의 논리는 장례식장의 등장을 통해 의례공간의 변화로 이어지게 된다. 의례의 근대화과정은 간소화 논리를 통해 진행된 전통적인 시간과 공간에 대한 관념의 변화가 의례전반의 변화로 완성된 것이라고 할 수 있다.

먼저 공간의 변화에 대해 살펴보면, 전통적으로 장례장소는 집이었으나, 현대사회에서는 집에서 상례를 진행하는 경우를 보기 어렵게 되었다. 이제 상례는 병원이나 전문 장례식장 같은 '공공'의 '전문적'인 장소에서 치러지는 것이 일반적이다. 가정의례가 공적인 장소로 치러지기 시작한 것은 일제강점기부터로 추정된다. 1934년 일제가 제정한 〈의례준칙〉에서는 의례를 행하는 장소로 공회당(公會堂)을 지정하였다. 해방 이후 1969년 국무총리 훈령으로 발표된 「가정의례준칙의 보급 및 실천 강화」에서는 의례를 행함에 있어 '공공시설물 이용

편의를 제공'할 수 있다고 하여 가정을 대체할 의례의 장소를 마련하도록 함으로써 의례공간의 변화를 유도하게 된 것이다.[287]

일제강점기에 등장한 상업적 목적의 '장의사'는 1950년대 중반부터는 도시를 중심으로 증가하였으며, 1969년 〈가정의례에 관한 법률〉 제정으로 장의업체의 영업허가가 시작되었고,[288] 1973년에는 〈가정의례준칙에 관한 법률〉을 통하여 의례식장업 및 도구대여업이 정식으로 인정되었다. 1993년 〈가정의례 준칙에 관한 법률 시행규칙〉으로 장례업도 신고제로 전환되었으며 병원 영안실을 장례식장으로 활용할 수 있게 되었다. 1996년에는 정부가 장례식장을 육성하기 위해 설치자금을 장기 저리로 융자해주는 등 적극적으로 지원하기 시작하였다.[289] 이 시기 병원의 장례식장 영업은 더욱 활발해졌고, 종합병원의 주요 수익원이 되었다. 그러나 2005년 들어 대법원이 '일반주거지역 내에서 병원내 장례식장을 설치·운영하는 것이 불법'이라 판결하여, 일부 병원 장례식장은 불법 시설물로 남게 된다.[290] 이후 정부는 2008년 〈의료법〉을 개정하여 의료기관이 장례식장을 설치·운영할 수 있도록 하였다. 이상의 변화를 통해 장례식장은 더욱 대형화하고 고급화되었다. 병원중심의 장례식장 설치와 운영에는 기피시설로 인식되어 설치에 많은 민원이 발생하였기 때문이다. 이에 비해, 의료시설의 설치에 대한 민원은 상대적으로 적게 발생하거나 오히려 환영하는 상황에서 대형병원 위주의 장례식장 설치·운영이 거부감 없이 받아들여지면서 병원장례식장이 자리하게 된 것이다.

장례식장의 등장과 대형화는 한국의 장례문화 전체를 일거에 변화시키는 계기로 작동하였다. 특히 전통적인 마을공동체가 유지되던 상황에서는 마치 마을의 잔치를 연상케 할 정도로 많은 친지와 이웃들의 참여로 진행되던 상례가 장례식장의 등장으로 인해 공동체 구성원들의 참여가 불가능한 상황으로 변화되었다. 마을공동체가 중심이 되어 진행한 유교상례는 공동체 구성원 각자가 알아서 또는 부여된 역할과 일들을 수행하도록 하였다. 남성들은 산역을 한다거나 상여를 준비하는 등의 일에 공동으로 대처하고, 여자들은 수의를 준비하거나 문상객을 접대할 음식을 장만하였다. 상례기간동안 마을공동체 구성원들의 자발적인 참여로 준비되는 까닭에 매 식사를 상가에서 해결하는 것이 보통이었다. 이러한 공동체적 의례는 각자의 경험을 나누고 의례를 통해 공동체의 일원임을 자각하는 계기와 학습공간을 제공하

---

287) 김시덕, 앞의 논문, 334~336쪽.

288) 이삼식 외, 위의 책, 165~166쪽.

289) 장석만, 「병원의 장례식장화와 그 사회적 맥락 및 효과」, 『종교문화비평』16, 한국종교문화연구소, 2009, 126쪽.

290) 장석만, 위의 논문, 128쪽.

였다. 그러나 현대장례가 일반화된 요즘에는 망자가 마을 내에서 사망했을 경우라도 도시의 장례식장으로 옮겨 상을 치르게 된다. 당연히 마을사람들도 도시 장례식장으로 조문을 가게 된다. 마을에 일할 사람이 없기 때문이기도 하지만 사망 이후 화장을 통해 봉안하는 문화가 자리 잡으면서 공동체의 역할은 각자 조문하고 조의금을 건네는 정도로 축소·변화되었다.

공동체의 역할이 감소하고 장례식장을 통한 장례가 일반화되면서 마을공동체에 의해 치러지던 상례의 흔적들이 점차 사라지고 있다. 각 마을마다 상여를 보관하던 상엿집은 폐허가 되었고, 상여를 제작하는 공방조차 찾기 힘들어진 상황이다. 더욱이 죽음의례의 대표적인 모습이라 할 수 있었던 상여행렬은 더 이상 마을 내에서 찾아보기 어려워졌으며, 그 중 일부는 공연문화로 변화되어 축제의 현상에서 많은 관람객을 유인하는 상업적 수단으로 변모한 것 또한 작금의 현실이다.

한편, 유교상례를 구성하는 중요한 상징 축으로 시간에 대한 논의가 있다. 상례에 나타난 시간 개념은 농업을 기반으로 하던 전근대사회의 시간에 대한 이해가 상징화되어 반영되어 있었다. 유교의례의 시간관념이 가장 잘 나타나는 절차는 성복의 절차에서 오복의 제도를 설명하면서 '천지에서 상을 취한다는 것은, 삼년은 윤달을 본뜬 것이요, 기년은 1년을 본뜬 것이요, 9월은 세 계절(春·夏·秋)을 본뜬 것이요, 5월은 오행을 본뜬 것이요, 3월은 한 계절을 본뜬 것'이라는 대목에서 찾아볼 수 있다.[291] 즉 오복제도의 구분과 상복을 입는 기간의 설정은 계절의 변화와 오행, 기년과 윤년의 개념을 상징화한 것이다. 이는 삼년상이라는 제도가 윤년을 반영한 것으로 해석할 수 있다. 또한 오복제도에 담긴 시간에 대한 상징성이, 농경 생활을 통해 인식한 시간변화를 의례에 반영하였음을 나타내는 대목이기도 하다.

이처럼 농경생활에 기초하여 상징화한 의례적 시간개념은 다양하게 나타난다. 예를 들어, 3개월 만에 졸곡하고, 1년 만에 소상의 절차를 진행한다는 것은 직접적인 시간 반영이고, 3회에 걸쳐 복(復)한다거나 3일 만에 대렴하고 빈(殯)을 진행하는 절차, 그리고 제례도 3회에 걸쳐 헌작(獻爵)하는 절차 등 3의 의례적 상징이 무한대로 증가함을 알 수 있다.[292] 일상을 통해 체득한 자연의 주기적 변화과정을 이해하고 의미를 부여함으로써 의례의 시간적 상징성을 완성한 것이다. 그러나 근대상례에서는 이러한 시간 변화의 상징성을 좀처럼 찾아보기 어렵다.

〈의례준칙〉에서 표현된 시간변화는 "장식은 특수한 사정이 없는 한 5일 이내로 한다"는

---

291) 이의조/한국고전의례연구회 역, 『家禮增解』3, 민속원, 2011, 278쪽.

292) 이철영, 「한민족의 전통적 생사관에 관한 연구」, 동국대학교 석사학위논문, 2007, 132~135쪽 참조.

것과 1주기인 소상제와 2주기인 대상제 그리고 상기(喪期)를 5일, 7일, 10일, 14일로 정한 것이 전부이다. 1960년대까지는 농업기반 사회였던 점을 고려할 때 〈의례준칙〉에 나타난 시간 개념은 일상생활이나 자연법칙을 상징화한 시간개념을 반영하였다고 보기 어렵다. 해방 이후 〈의례준칙〉의 근대화논리를 기초로 작성된 ≪의례규범류≫ 역시 장일의 일정과 상기를 통제의 관점에서 시간을 구분하고 있으나, 경제 목적을 위한 의례간소화일 뿐 시간개념을 상징화하여 반영하지 못하였다. 전근대상례에서 근대상례로의 변화과정에서 그 시발점이라 할 수 있는 〈의례준칙〉의 등장으로 인해, 전근대적 시간개념에 의한 의례적 상징성이 간소화라는 명분을 통한 근대적 시간개념으로 대체되었다. 이어진 현대장례는 근대상례를 계승하여 정착됨으로써 전근대적 유교의례에 나타난 시간의 상징성과 연관을 찾기 어렵게 되었다.

이상의 논의를 종합하여 살펴보면, 장례식장이라는 전문 의례공간에서의 의례진행은 우리 사회 의례문화에 긍정적인 측면과 부정적인 측면에서의 변화를 양산하였다고 할 수 있다. 긍정적인 측면은 의례의 간소화와 전문화이지만 이는 부정적인 측면을 배태하고 있다. 장례식장의 등장으로 인해 주거공간을 통해 진행되었던 유교상례를 공간적으로 양분하여 장례식장 의례와 이후 장사시설의례로 구분하는 계기를 제공하였다. 이로 인해 현대 한국사회의 죽음의례는 상례라는 통합적인 의례인식에서 벗어나 공간적 분리의 관점에서 이해하게 되었다. 이중 현대장례는 장례식장 의례에 집중하고 하면서 자연스럽게 장례의 개념으로의 인식 변화가 진행된 것이다. 한편, 간소화 논리로 재단된 근대상례의 시간개념은 더욱 전통상례와의 연결성을 제한하게 함으로써 현대장례는 전근대 유교의례의 계승이 아닌 근대상례의 계승과 상품화를 통한 의례의 상업화라는 개념으로 이해되어야 할 것이다.

### 3) 의례구조와 절차의 변화

지난 세기 한국사회는 일찍이 겪어보지 못했던 압축적 변화를 경험하였다. 본 연구는 의례의 지속과 변화라는 관점에서 전근대 이후 사회변화와 의례변화의 상호관계성을 밝히기 위해 한국사회가 경험한 변화 과정을 이해하고 의례변화의 배경과 영향에 대한 논의에 집중하였다.

이를 위해 시기별로 등장하는 ≪의례규범류≫에 나타난 의례절차의 비교를 통해 변화양상의 분석하고 의례에 대한 시대구분을 진행하였다. 의례의 시대구분은 유교의례를 중심으로 한 전근대상례기와 국가권력에 의해 의례가 통제되었던 근대상례기, 그리고 의례자본이 중심이 되어 변화를 주도하고 있는 현대장례기로 설정할 수 있었다. 시대별 의례에 대한 논의는 의례절차의 구성과 의례 주체의 이해를 통해 의례구조를 분석하는 것으로 구체화하였다. 지금까지 살펴 본 시대별 의례구조와 의례절차의 변화를 통시적 관점에서 논의를 진행하여 변화양상을 들어내고자 한다. 먼저 시대별로 논의되었던 의례구조에 대해 살펴보면 다음과 같다.

〈표-31〉 시대별 상례의 변화와 의례구조 분석

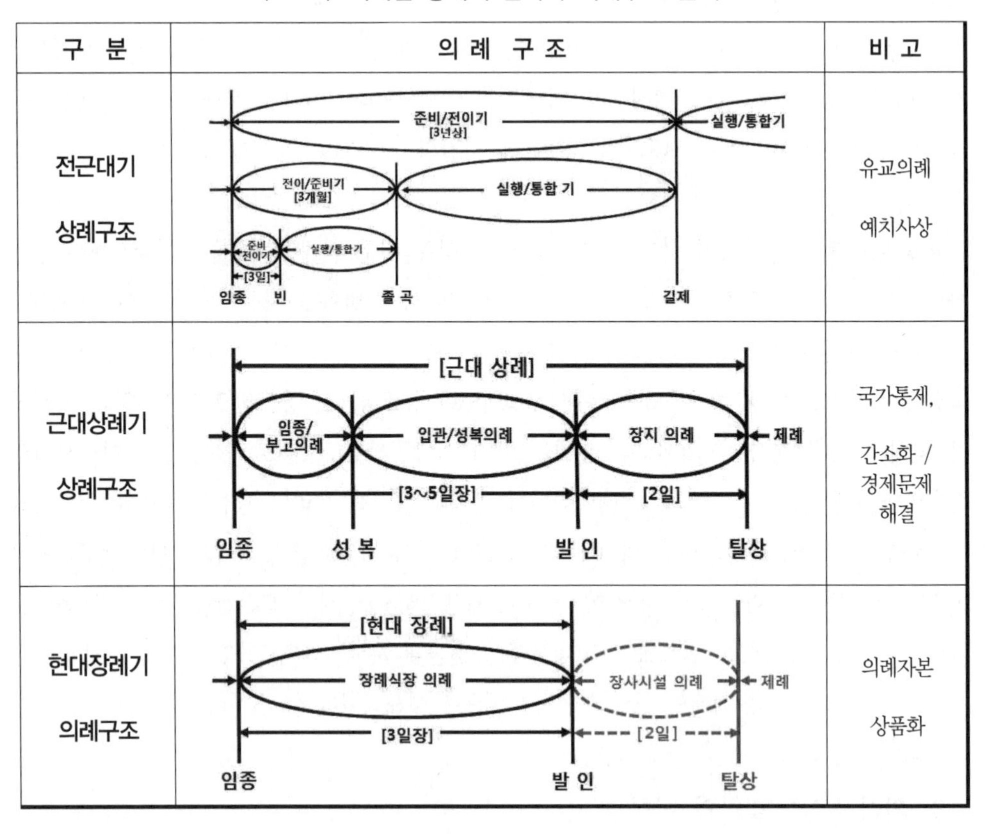

| 구 분 | 의 례 구 조 | 비 고 |
|---|---|---|
| 전근대기 상례구조 | 준비/전이기 [3년상] 실행/통합기<br>전이/준비기 [3개월] 실행/통합 기<br>준비 전이기 [3일] 실행/통합기<br>임종 빈 졸 곡 길제 | 유교의례 예치사상 |
| 근대상례기 상례구조 | [근대 상례]<br>임종/부고의례 입관/성복의례 장지 의례 제례<br>[3~5일장] [2일]<br>임종 성 복 발 인 탈상 | 국가통제, 간소화 / 경제문제 해결 |
| 현대장례기 의례구조 | [현대 장례]<br>장례식장 의례 장사시설 의례 제례<br>[3일장] [2일]<br>임종 발 인 탈상 | 의례자본 상품화 |

〈표-31〉을 통해 의례구조의 변화양상을 비교하면, 한국사회는 죽음의례와 관련하여 불과 100여 년이라는 짧은 기간에 전근대기 유교상례로부터 근대상례와 현대장례 등으로 이어지는 압축적 변화를 경험하였다. 근대사회는 '전 국민의 양반화'가 진행되면서 전근대기 지배세력이었던 양반들의 의례인 상례(喪禮)를 의례의 기준으로 인식하게 된다. 이러한 과정에서 전 국민을 대상으로 한 유교적 양반의례의 보편화가 이뤄졌다. 이후 일제가 경제문제 해결을 위한 의례간소화가 진행하면서 시작된 국가권력에 의한 상례의 통제는 해방 이후에도 지속된다.

1990년대 말 국가권력에 의한 의례통제가 약화되면서 근대상례는 중요한 전환점을 맞이하였다. 장례식장의 등장을 통해 성장한 의례자본은 근대상례를 기반으로 간소화된 의례를 상품화하여 판매하면서 의례권력화를 통해 현대장례의 변화를 주도하고 있다.

전근대기 유교의례의 구조는 고인을 중심으로 '준비 및 전이기'와 '실행 및 통합기'로 구분된다. 고인을 대상으로 의례를 진행하면서 가장 중요한 전환점이라고 할 수 있는 '임종·빈·졸곡·길제'의 절차를 통해 이러한 구조를 구체화하였다. 이때 임종으로 죽음을 맞이한 상황에서 3일의 준비 및 전이기를 통해 빈(殯)의 1차적인 죽음으로 통합된다. 이후 졸곡의 절차를 중심으로 3개월에 걸쳐 매장을 위한 준비와 조상신으로 좌정하기 위한 준비 및 전이기를 통해 이후 길사의 의례로 통합된다. 3년간 진행된 상례는 길제를 통해 준비 및 전이기를 마치고 사당에 합사됨으로써 조상신으로 통합되는 중층구조로 연결된다.

전근대기 의례구조는 일제에 의한 경제문제 해결과 간소화 논리에 맞춰 의례적 형식만이 남은 근대상례로 축소·계승된다. 3단계로 진행된 근대상례의 구조는 '임종 및 부고의례, 입관 및 성복의례와 장지의례' 로 구분되어 3~5일장으로 진행되었다. 국가권력에 의한 근대상례의 성장에는 고인중심의 의례라는 유교상례의 목적이 퇴색되고, 절차와 형식만이 남게 되었다. 이러한 과정에서 의례공간의 제공과 의례진행을 목적으로 한 상업적 시도는 의례자본을 형성하였으며, 이를 통해 현대장례로 전환이 이루어졌다.

현대장례는 장례식장과 상조기업, 장례지도사를 통해 수행되면서 의례의 전문화와 자본의 집중화가 이루어졌다. 현대장례의 의례구조는 장례식장을 중심으로 근대상례의 '임종 및 부고의례, 입관 및 성복의례'에 해당하는 '장례식장 의례'와 '장사시설 의례'로 구분되며 이 과정에서 '장례식장 의례'가 주를 이루고 있다. 이를 통해 근대상례만 해도 장지의례까지 통합하여 진행되던 상례는 장례식장 의례인 장례를 중심으로 축소되었다.

의례절차는 의례구조와 일상생활을 기반으로 상징화한 의례적 행위가 구현됨으로써 구체화된다. 이때 시대별 의례절차의 변화양상은 시대별 의례구조 변화에 따른 결과로 나타나게 된다. 의례절차의 변화양상에 대한 통시적 관점에서의 논의를 위해 전근대기 의례는『주자가례』중심으로 의례단계별 19개 대절차를 기술하였고, 근대기의 의례는 ≪의례규범류≫를 통해 변화되는 양상을 모두 포함하여 기술하였다. 근대상례의 의례항목은 〈의례준칙〉의 20항목으로부터 〈가정의례준칙〉의 24항목까지 다양하게 통제되었으나, 의례절차의 연관성과 지속성을 고려하고 중복된 절차 등을 반영하여 30가지의 의례절차로 구분하였다. 현대장례의 의례절차는 『NCS 학습모듈』의 현대 장례 일정별 진행 절차 16개를 대상으로 하여 분석한 결과는 다음과 같다.

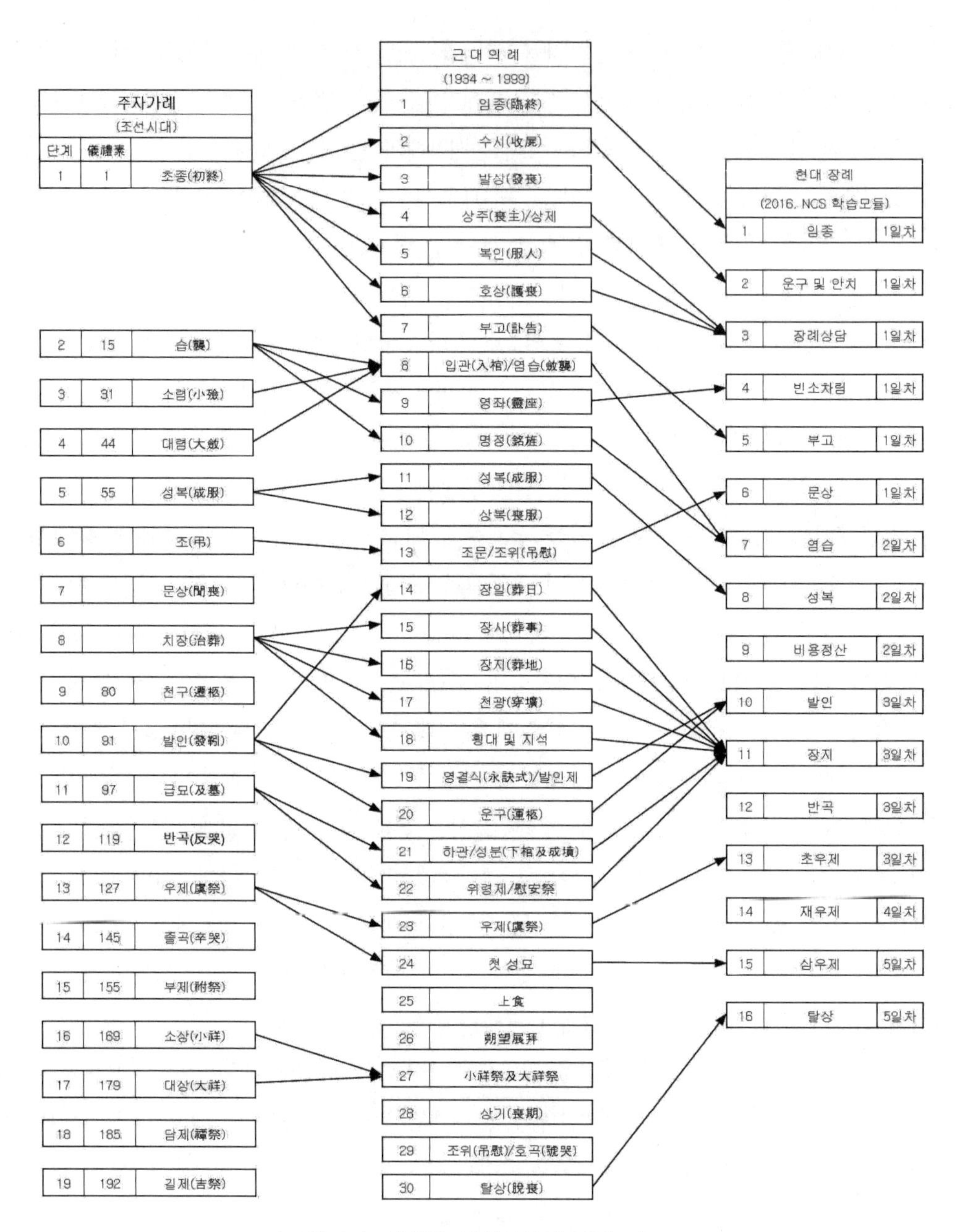


〈그림-26〉 시대별 의례절차의 변화 비교

〈그림-26〉에서 세부항목은 『주자가례』의 207개 의례소를 중심으로 분석되어야 하나 일단은 비교의 편의를 위해 단계별 분석을 진행하였다. 그 결과 전근대상례는 19단계, 근대상례는 30개 항목, 현대장례는 16개의 절차로 분석되어 근대상례가 더 세부적으로 구성된 것처럼 보인다. 그러나 『주자가례』의 의례소를 중심으로 본다면 전근대기 의례에서 근대기

의례로 변화되면서 207개 절차가 30개의 절차로 축소되고, 현대장례에 이르러서는 근대기 30개의 절차가 16개의 절차로 다시금 축소되고 있음을 알 수 있다. 이러한 의례절차의 변화를 초종의례, 염습·입관절차, 성복·조문절차, 장송절차 및 상중제례 절차의 변화양상 등으로 분류하여 분석해보고자 한다. 먼저 의례절차 중 초종의례의 변화향상을 살펴보면 다음과 같다.

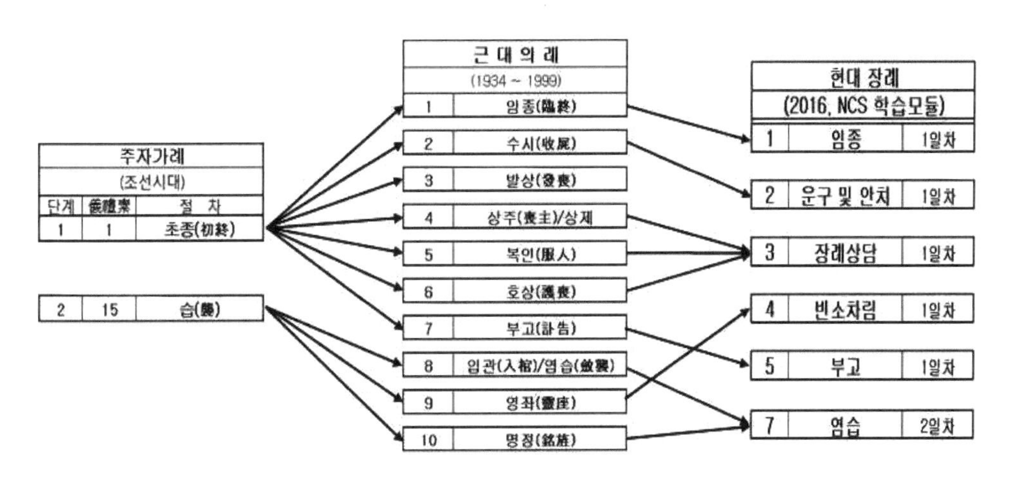


〈그림-27〉 의례절차 중 초종의례의 변화양상

초종의례는 상례 시작점과 관련된 의례절차로 근대상례에서 가장 중요한 의례절차로 인식되고 있음을 보여주고 있다. 『주자가례』의 초종의례는 총 14개의 의례소로 구성되며 죽음을 확인하고 다시 살아나기를 기원하는 의미에서 의례가 진행된다. ≪의례규범류≫에 나타난 근대상례의 변화는 발상의 절차가 신설되었고, 초종의례 이후 진행되는 습·소렴·대렴 절차의 통합으로 습(襲) 절차 이후 진행되었던 영좌의 설치가 '입관 및 염습' 절차 이후로 변경되었다. 『NCS 학습모듈』에서 현대장례의 일정별 진행 절차는 근대상례 8개의 절차에서 5개로 축소되었다. 근대상례에서 각각 진행되었던 상주, 복인, 호상의 절차를 장례상담의 과정에서 통합하여 결정하고 있으며, 염습 및 입관 이후에 진행되었던 영좌 설치는, 장례식장이라는 공간에서 진행되는 특성 상 빈소설치가 먼저 진행되어 전근대기 의례의 순서로 회복된 것처럼 보이기도 한다.  임종 및 부고 절차는 전근대기와 근대기 및 현대장례에서 모두 나타나는데 상이 났음을 알린다는 측면이 지속적으로 강조되고 있음을 알 수 있다. 이를 통해 초종의례의 변화과정에서 전근대기에 죽음은 혼(魂)과 백(魄)의 분리로 이해되면서 초혼 등의 의례가 진행되었던 것에 비해 의학 발달과 생사관의 변화로 인해 죽음에 대한 인식이 변화되었고, 고인 중심의 의례가 산자 중심 의례로 변화되고 있음을 알 수 있다. 그리고 현대장례 절차 중 '운구 및 안치'에서 선택적이지만 '수시'가 진행되고 있고, 의례 공간의 필요에 따라 빈소를 마련하는 등 현대장례를 진행하기 위한 조치가 진행되고 있음을 알 수 있다.

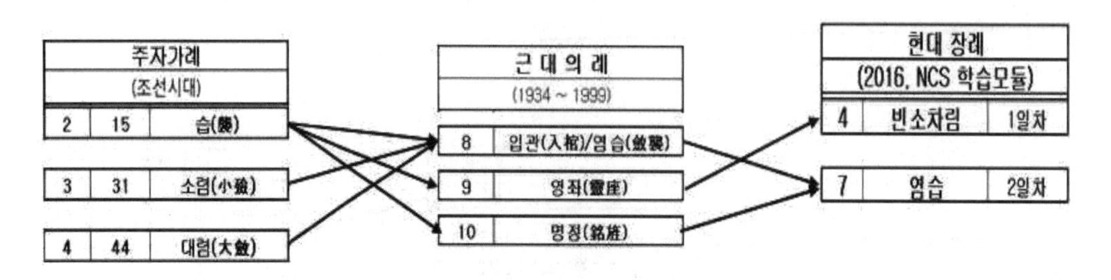


〈그림-28〉 의례절차 중 염습/입관절차의 변화양상

다음으로는 의례절차 중 염습 및 입관절차의 변화향상을 살펴보면 다음과 같다. 〈그림-28〉에서 『주자가례』의 의례절차는 3일에 걸쳐 습・소렴・대렴을 진행하도록 하고 있으나 근대상례에서는 통합되어 진행되고 있다. 특히 일제강점기 〈의례준칙〉을 통해 변화된 이후 ≪의례규범류≫에 의해 답습되면서 본래의 의례적 목적이나 용어의 사용까지 변화되어 현재에 이르고 있다. 『NCS 학습모듈』의 현대장례 일정별 진행 절차에서 '염습'으로 변경된 것은 근대기 의례 변화과정의 결과로 전근대상례의 절차와 큰 차이를 보인다.

그리고 근대상례에서 입관 및 염습 이후 등장하는 명정은 고인의 죽음을 알리기 위한 깃발로 『주사가례』에서는 습의 절차 이후에 영좌와 같이 설치하도록 하였다. 그런데 근대상례에서는 입관 및 염습의 절차가 통합되어 진행되면서 습과 염의 절차를 구분할 수 없어 입관절차 이후에 설치하는 것으로 변화되었다. 이를 다시 현대장례에서는 염습 시 관을 덮는 용도로 사용하면서 의례적 기능은 상실하고 형식만 남게 되었다. 성복 및 조문 절차의 변화향상을 살펴보면 다음과 같다.

〈그림-29〉 의례절차 중 성복/조문절차의 변화양상

〈그림-29〉를 펴보면, 『주자가례』에서 성복은 단순히 상복의 착용만을 의미하지 않는다. 성복절차는 상징을 통해 가족관계의 구성과 역할을 규정하였다. 따라서 고인과의 관계에 따라 복장과 상복의 착용기간을 다르게 하여 그 절차가 매우 복잡하고 섬세하다. 그러나 근대상례에서는 성복과 상복으로 분리하여 상징적 의미만을 나타내도록 하였고, 현대장례에서는 이를 통합하여 성복으로 진행하고 있다. 상복과 상기에 대해 세부적으로 살펴보면 다음과 같다.

〈표-32〉 상복 및 상례기간 비교

| 주자가례 | | 의례준칙 | | | 의례규범(1955)<br>의례규범(1957) | | 표준<br>의례 | 가정의례<br>준칙(1973) | 건전가정<br>의례준칙(1999) |
|---|---|---|---|---|---|---|---|---|---|
| 복장 | 기간 | 상기 | 복기 제 1기 | 복기 제 2기 | 집상 기간 | 탈상기 | 상기 | 상기 | 상기 |
| 참최 | 3년 | 14일 | 1년 | 2년 | 7일 | 1년 | 3일 | 100일 | 100일 |
| 자최 | 장기 3년 | 14일 | 1년 | 2년 | 7일 | 1년 | 3일 | 100일 | 100일 |
| | 장기 1년 | 10일 | 100일 | 265일 | | | | | |
| | 부장기 1년 | 10일 | 100일 | 265일 | | | | | |
| | 부장기 5월 | | | | | | | | |
| | 부장기 3월 | | | | | | | | |
| 대공 | 9월 | 7일 | 50일 | 220일 | 3일 | 100일 | 3일 | 3일 | 3일 |
| 소공 | 5월 | 5일 | 30일 | 120일 | 3일 | 100일 | 3일 | 3일 | 3일 |
| 시마 | 3월 | 5일 | 30일 | 60일 | 3일 | 100일 | 3일 | 3일 | 3일 |

〈표-32〉에서 보는 바와 같이 『주자가례』는 오복제도에 의해 대상에 따라 3년 복과 1년 복, 9개월 복, 5개월 복, 3개월 복으로 상례 기간과 상복을 입는 기간이 동일하다. 그러나 〈의례준칙〉에서는 상기와 복기를 1기와 2기로 구분하고 상기는 『주자가례』를 기준으로 3년상은 14일, 1년 복은 10일, 9개월 복은 7일, 기타 복은 5일로 하였다. 복기는 3년 복은 1기 1년으로, 1년 복은 1기 100일로, 9개월 복은 1기 50일로 기타는 30일로하고 2기는 『주자가례』의 상례기간에서 복기 제1기를 제외한 기간으로 하도록 하였다. 〈의례규범〉에서 부모상의 집상 기간 7일, 탈상기 1년으로 하고 기타는 집상 기간 3일, 탈상기는 100일로 하였다. 〈표준의례〉는 상기를 장일까지 3일로 대폭 축소하였다. 〈가정의례준칙〉과 〈건전가정의례준칙〉에서 부모・조부모・배우자의 상기를 100일로 하고 기타는 장일까지 3일로 하였다. 그러나 현재 진행되고 있는 상례 기간은 〈표준의례〉와 같이 장일까지 3일로 한다.

조문과 관련하여 『주자가례』는 성복 이후 4일차에 진행하나 ≪의례규범류≫에서는 2일차 입관 이후 조문하도록 하였고 『NCS 학습모듈』의 현대 장례는 상기 단축으로 1일차부터 조문을 받도록 하고 있다. 다음으로 의례절차 중 장송의 변화향상을 살펴보면 다음과 같다.

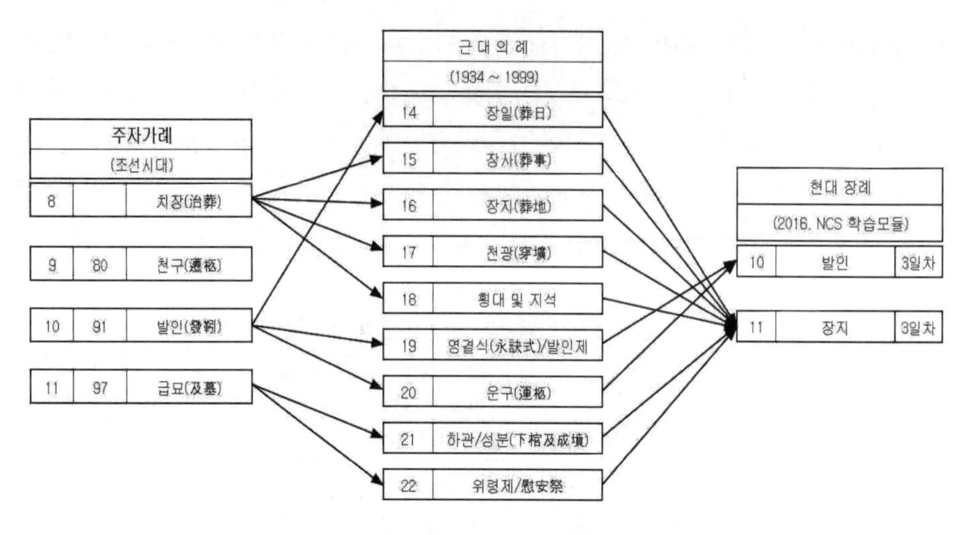


〈그림-30〉 의례절차 중 장송절차의 변화양상

『주자가례』는 급묘 이전 매장지를 준비하는 치장 절차에서 광중을 파고 매장을 준비한 후 빈(殯)했던 구(柩)를 모시고 사당에 고하는 천구의 절차 이후 발인 날 아침에 견전을 올리고 발인하여 급묘의 절차를 진행하도록 하였다. ≪의례규범류≫에서는 장례 일정을 3일장으로 제한하여 3일차에 매장지에서의 준비와 발인, 하관 및 성분 위령제의 절차를 진행하였다. 이 중 발인 절차를 제외하고 모두 『주자가례』의 의례소를 절차화하였고 절차의 명칭을 새롭게 변화시켰다. 장일과 영결식은 〈의례준칙〉 이후 등장한 절차이고, 장사, 장지, 천광, 횡대 및 지석을 준비하는 절차는 치장의 단계에서 매장지를 준비하고 필요한 용품을 준비하던 절차이다.

『주자가례』에서 장지에서는 내폄(窆)과 제주를 통해 신주를 작성하고 반곡하면서 자제 중 한 명을 남겨 성분을 감독하도록 하였는데, 하관/성분과 위령제는 〈의례준칙〉 이후 등장한 절차이다. 위령제는 『주자가례』의 제주전이 변형되어 관행적으로 진행되었던 평토제 또는 성분제를 변형시켜 의례화한 것이다. 『NCS 학습모듈』의 현대 장례 일정별 진행 절차에서 발인과 장지의례로 단순화하여 화장에도 적용이 가능하도록 하고 있다. 다음으로는 의례절차 중 상중제례의 변화향상을 살펴보면 다음과 같다.

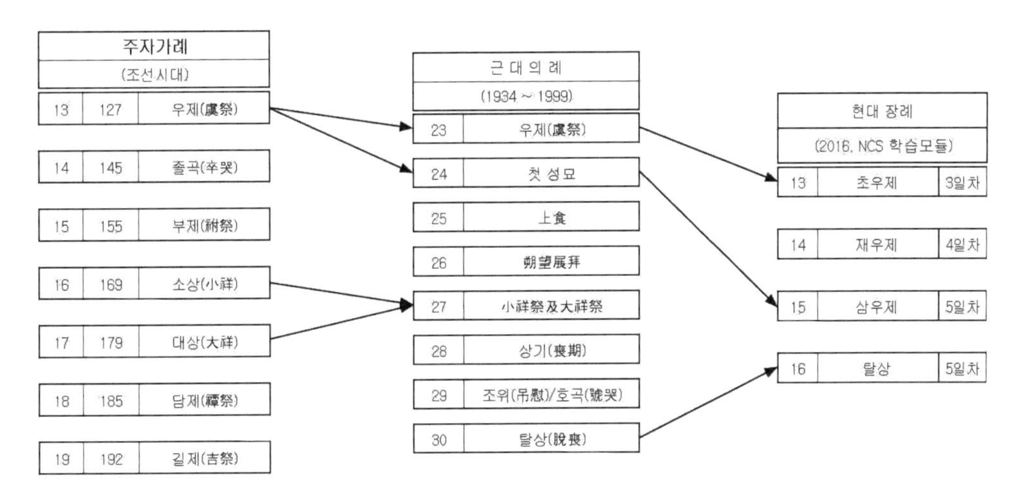


〈그림-31〉 의례절차 중 상중제례 절차의 변화양상

〈그림-31〉에서 『주자가례』를 중심으로 한 전근대상례는 매장 이후 상례 기간 중 9번의 제례를 진행하였는데, 이를 의례의 목적과 관련하여 살펴보면 신주의 등장으로 인해 고인을 위무하고 좌정시키기 위한 우제, 무시곡을 마치고 길례로 변환하는 졸곡, 고인의 조부모에게 합사할 것을 알리는 부제, 조석곡을 마치고 1주기를 맞이하여 지내는 소상, 상식을 그치고 2주기를 기리는 대상, 상례를 마치고 담담하게 일상으로 돌아간다는 의미로 진행되는 담제와 우리나라에서 의례화되어 상례의 기간을 마치면서 신주의 분면을 바꿔 쓰는 개제고유와 봉사대수를 마친 조상을 체천하고 봉사자가 바뀌었음을 알리는 길제 등이 있다.

근대상례의 시작인 〈의례준칙〉에서는 1회의 우제와 소상과 대상을 지내고 기타의 제례는 폐지하였다. 이후 ≪의례규범류≫에서도 위령제를 마지막 의례로 하고 상례중의 제례는 모두 폐지되었다. 『NCS 학습모듈』의 현대장례 일정별 진행 절차는 근대상례에서 진행되던 우제와 성묘를 본래대로 삼우제로 진행하도록 하고 있다. 그리고 근대상례에서 등장한 탈상의 개념이 현대장례에서도 지속적으로 진행된다. 이를 종합하여 살펴보면 전근대상례에서 상중제례절차는 일상으로 전환되는 과정에서 고인에 대해 순차적으로 진행하는 제례를 통해 조상신으로 좌정하게 하고 일상으로 복귀를 위해 진행되었던 것에 비해, 간소화와 경제목적을 위해 진행된 근대상례는 상례기간을 단축하기 위하여 우제까지 진행하도록 하였던 것이다.

### 4) 상례인식의 변화와 지속

근대상례의 도입으로 진행된 의례절차의 변화에서는 전근대기 유교의례를 부정하는 방식을 통한 의례의 간소화가 진행되었다. 2000년대 이후 의례자본의 확장과 현대장례로의 전환에 따라, 죽음의례에 대한 명칭 역시 장례로 일반화되었고 '상례'는 학술용어로 전용되었다. 그러나 상례 변화의 통시적 맥락에서 특정 시기의 의례에 한정하여 옳고 그름을 주장하기는 어렵다고 판단된다. 의례를 통해 의례적 목적을 달성하였다면 의례가 수행되었다고 할 수 있기 때문이다. 또한 각 시기별 의례가 의례의 전승 과정에서 시대별 의례의 특징과 제도의 변화를 반영한 결과물로 이해될 수 있기 때문이기도 하다.

현대장례가 진행되는 장례식장에서도 이러한 양상을 대면할 수 있다. 빈소는 꽃으로 장식된 제단을 꾸미고 문상객을 대접해야 한다. 상주는 반드시 검정 양복으로 된 상복을 입어야 하고, 아버지 상에는 완장을 왼쪽에, 어머니 상에는 오른쪽에 착용한다. 고인에게는 삼베수의를 입히고 입관이 마무리되면 위패를 모시고 성복제를 지낸다. 아직도 일부에서는 상가에서 밤샘하고, 발인을 하면서 바가지를 깨야 한다는 이야기를 하기도 한다. 영결식을 진행하고, 화장장에서 3일 만에 탈상하거나 화장한 후 봉안시설에 안치하며, 일부에서는 아직도 삼우제를 지내야 한다고 믿고 있다. 이렇게 진행되는 상례의 과정에서 누군가는 의례의 절차가 '맞다'/'틀리다'로 설명하지만, 왜 그래야 하는가에 대한 공감은 얻기 어렵다. 현대장례의 의례행위에는 전근대기에서 근대와 현대에 이르는 상례의 변화양상이 각각의 절차마다 스며들어 있기 때문이다.

죽음의례의 변화와 지속이라는 관점에서 지금까지는 의례의 변화과정이 논의의 중심이었다고 할 수 있다. 의례는 사회구조와 환경의 변화에 따라 달라진다. 그 변화를 주도한 국가 권력이나 의례자본은 자신들의 목표달성과 이익을 극대화하는 방식으로 의례를 변화시켰다. 그러한 변화 속에서도 변화되지 않는 것이 있다면 아마도 그것은 상례의 의례적 가치라고 할 수 있을 것이다.

최근에 조사된 「상조서비스의 이용실태와 소비자 인식에 대한 조사」 결과에서 상조서비스의 가입이유에 대한 설문에 '복잡한 장례절차에 도움을 받기 위해서'라는 답변이 가장 높게 나왔고, '한 번에 목돈을 마련하기 어려워서'라는 답변이 가장 낮게 나타나고 있다.[293] 이를 통해 소비자들이 현대장례에서 중요한 문제로 인식하는 것은 의례 목적의 이해와 실천에 있

---

293) 이두한・제미경・전향란, 「상조서비스 이용실태와 소비자 인식」, 『소비자문제』47-1, 2016, 79쪽 참조.

음을 알 수 있다. 즉 근대상례에서 중요한 가치로 여겼던 경제적 문제에 대한 부담은 크게 감소되었지만, 산업화 및 도시화에 따른 영향으로 공동체 의례였던 상례가 가족중심의 의례로 전환되면서 의례에 대한 지식과 이해 부족으로 인해 의례전문가의 필요성이 중요한 문제로 등장한 것이다. 이를 통해 현대장례의 진행과 관련한 대중의 인식은 죽음의례의 필연성에 대해 충분히 공감하고 있음을 알 수 있다. 이러한 대중의 인식을 통해 현대 한국사회에서 죽음의례에 대한 의례적 지속성은 유지되고 있음을 확인할 수 있다.

의례를 '인간 행위 문화의 중요한 요소이며, 사회를 구성하는 기본적인 원리로서, 사회를 구성하는 모든 관념과 실천의 총체'로 이해하는 것은 한국인의 의례생활 속에는 한국사회를 구성하였던 모든 관념을 포괄하는 축적된 실천적 행위라 할 수 있기 때문이다.[294] 그렇기 때문에 관념의 실천적 행위로서 의례변화는 시대변화에 따른 다양한 논의를 포함한다.

한국사회의 죽음의례인 상례는 전근대기 유교적 의례를 통해 축적된 전통과 가치관을 기반으로 근대기의 의례변화와 현대사회의 의례적 가치를 실현하고 있는 것이다. 어느 시대의 의례적 태도와 행위에 대해 맞거나 틀리다는 논의는 무의미하다. 죽음의례로서 상례는 변화된 형식을 반영하여 진행되고 있고, 또 지속적으로 변화되는 과정을 통해 문화생명력을 발휘하기 때문이다. 그리고 현대장례가 전통문화의 계승인가에 대한 논의에서 우리가 살펴보고자 한 것은, 시대의 변화과정이 의례에 반영되어 각 시대의 특징을 반영하는 의례적 행위로 지속되고 있다는 점이다. 한국인의 죽음 인식을 반영한 의례적 행위가 현대장례를 통해 지속되고 있으며, 의례절차는 시대의 요구를 반영하여 변화하고 있는 것이다.

294) 오재환, 「한국의 '근대화'의례 연구」, 부산대학교 박사학위논문, 1쪽.

# 제9장 결론

한국사회는 불과 100년 정도의 짧은 기간 동안 전근대사회부터 현대사회에 이르는 구조적 변화를 경험하였다. 상례도 이처럼 전근대기 유교상례에서 근대상례를 거쳐 현대상례에 이르는 변화의 과정을 겪었다. 그러나 2000년대 이후 본격적으로 상업화를 추구한 현대상례의 서비스 제공자들은 전근대 유교상례의 전통문화의 계승에 집중하였고, 의례연구자들은 상례의 시대변화에 관심을 두지 않았다. 그래서 상례가 변화하는 양상에 대해서 사회구조와 정치적 변화의 맥락에서 파악하지 않았고, 상례의 문화변동이라는 시각에서 충분한 연구가 이루어지지 못하였다. 한국사회에서의 죽음의례에 대한 올바로 이해를 위해서는 시대변화양상을 반영한 문화현상으로서 이해가 필수적이다. 이 연구는 상례의 변화양상을 시대구분을 통해서 살펴보고 각 시기별로 등장한 상례의 의례구조를 분석하고, 제도의 특성과 실천 양상을 비교를 통해 살펴봄으로써 상례의 변화과정을 드러내고자 하였다. 이상의 논의결과를 종합하면 다음과 같은 사실들을 알 수 있었다.

우선 상례의 시대구분이다. 시대구분은 상례를 통제하는 주체의 변화를 중심으로 이루어졌다. 한국사회에서 상례의 실천양상은 유교상례가 일반적으로 수행되었던 시기와 국가권력에 의한 의례통제가 시작된 일제강점기로부터 위헌 판결을 통해 〈건전가정의례준칙〉으로 대체되면서 통제가 약화된 1999년까지를 시기별로 구분할 수 있었다. 특히 일제강점기에 등장한 새로운 형태를 근대상례로 구분하였다. 근대상례는 국가권력이 제도를 통해 대중의 상례 진행절차를 통제하고 변화를 주도했다는 특징을 보인다. 또한 국가권력에 의한 상례의 통제는 〈의례준칙〉의 등장부터 1999년 〈건전가정의례준칙〉까지 오랜 기간 지속되었는데, 근대상례는 경제적 문제를 해결하기 위한 목적으로 국가가 통제를 통해 의례간소화를 추진하면서 다양한 ≪의례규범류≫를 만들었다는 공통점을 가지고 있다.

근대상례의 쇠퇴이후 국가권력에 의한 통제가 약화되면서 2000년대부터 의례자본을 중심으로 상업화현상이 가속화되었고, 이 시기 새로운 형태의 상례문화인 현대상례가 등장하게 된다. 그러나 현대상례의 중심이라고 할 수 있는 의례자본은 실질적으로 1970년대에서 80년대에 이르는 근대상례기에 형성됨으로써, 현대상례의 출현에는 근대상례의 수행과정에서 충분한 준비과정과 영향이 있었음을 알 수 있다.

상례의 시대별 변화과정과 특징을 살펴보면, 먼저 유교상례 절차에 대한 의미와 의례주체 및 구조에 대해 의례소 개념을 상정하고, 상례의 19단계를 207개의 의례소로 파악하여 분석을 시도하였다. 그 결과, 전근대상례는 유교 생사관에 기초하여 고인에 대한 의례적 행위가 상징을 통해 표현되고 있음을 확인할 수 있었다. 유교상례의 구조는 고인에 대한 의례를 진행하는 과정에 중요한 전환점이라고 할 수 있는 '임종・빈・졸곡・길제'의 절차를 통해 구체화되고 있다. 부연하자면, 죽음을 맞이한 상황에서 3일의 준비 및 전이기를 걸쳐 빈(殯)의 절차를 통해 1단계적인 죽음으로 전환되고, 이후 3개월에 걸친 매장을 위한 준비기는 졸곡의 절차를 중심으로 2단계적인 죽음으로 인식되어 제례의 절차로 전환된다. 마지막으로 삼년상의 준비 및 전이기는 길제(吉祭)를 통해 조상신으로 사당에 좌정시키는 절차를 진행함으로써 3단계적 죽음의례가 완성된다. 이를 통해 유교상례가 고인 중심의 의례적 행위를 상징을 통해 표현하고 있으며, '준비 및 전이기와 실행 및 통합기'의 중층구조로 형성되어 있다고 할 수 있다.

이후 외세에 의해 진행된 근대화의 과정에서 죽음의례의 변화양상에 대한 분석은 시기별로 세분화하여 분석을 진행하였다. 먼저 1907년 『만세보』의 기사와 외국인의 조선 견문기록 등을 통해 근대 초기 자주적 관점에서 의례변화 요구에 대한 논의가 진행되었음을 알 수 있었다. 아울러 당시 실행되었던 9일장의 상례일정 등을 파악할 수 있었다. 특히, 1920년대 이후 조선의 지식인들에 의해 주장된 의례개선에 대한 논의를 통해서 계몽주의자들이 상례변화를 모색하였음을 알 수 있었다.

근대상례의 변화과정에서 가장 중요한 역할을 담당했던 일제강점기 의례변화양상에 대한 논의에서는 일본의 장례풍습과 근대화 과정에서 이루어졌던 '자본의 투자 없이 교화를 목적으로 시행하였던 보덕사법'과 시대변화, 농촌진흥운동의 등장배경에 대해 살펴보았다. 이 과정에서 일제에 의해 진행된 〈의례준칙〉을 통한 통제가 기존의 연구 성과와는 달리 세계 경제공황기에 일제의 농업정책 실패로 인해 발생된 조선농업의 붕괴를 막기 위한 고육지책에서 계획되었다는 점을 확인할 수 있었다. 이러한 논의는 경제적 문제가 해결되자 〈의례준칙〉의 실행에 대해 미온적이었던 일제의 통제경향이 이를 뒷받침한다. 이후 전시동원체제가 시작되는 1940년대 '국민총력조선연맹'에 의해 추진된 〈개선장례기준〉은 이전의 〈의례준칙〉보다 강화된 통제규칙으로서 경제적 목적의 실현을 위해 더욱 강력하게 시행되었다. 이러한 일련의 과정을 통해 근대상례의 일정한 통제패턴이 형성되었는데, 이를 살펴보면 먼저 유교상례를 '복잡하고 허례허식으로 치우친 의례'로 규정하고 그 대안으로'간편하고 정중하게 실천할 수 있도록 하기 위한 새 기준을 설정'하여야 하는 근대상례변화의 논리적 당위성을 개발하였다. 전근대 유교상례를 비판하면서 그 대안으로서 근대에 맞는 의례 규정으로서 '간소화의 추구'를 정당화한 것이다. 근대상례의 통제논리는 해방 이후 정부가 추진한 모든 ≪의례규범류≫에서 동일하게 반복하며 나타나는 특징을 보이고 있다.

해방 이후 1960년대 초까지 진행된 ≪의례규범류≫ 제정과 실행의 난맥상과 〈가정의례준칙〉으로 대변할 수 있는 박정희 정권에 의한 의례통제에 대해 논의는 다음과 같다. 1955년부터 1963년까지 진행되었던, 보건사회부의 〈의례규범〉과 재건국민운동본부의 〈표준의례〉, 문교부에서 추진한 〈국민예절기준〉 등 같은 시기에 정부는 각 부서별로 ≪의례규범류≫를 제정・시행함으로써 스스로 의례통제와 실천에 혼란스러운 상황을 연출하였다. 이후 등장한 박정희 정권은 '조국 근대화'의 추진과정에서 국민교화와 의례간소화를 통해 경제문제를 해결하기 위한 목적으로 1969년 〈가정의례준칙〉을 제정하여 강력하게 추진하였다. 그런데 〈가정의례준칙〉의 추진하는 일련의 과정에서 일제강점기 근대상례의 등장과정에서 경험한 의례의 통제와 간소화 논리를 그대로 답습하는 양상을 보이고 있다. 1999년 국가권력에 의한 의례통제가 약화되기까지 오랜기간 지속된 근대상례의 통제는 〈건전가정의례준칙〉이 개정・시행되면서 현대상례로 변화하게 된다. 이 사건을 계기로 근대상례는 쇠퇴하고 의례의 상업화를 전면에 내세운 장례식장이 등장하면서 상례가 장례식장 의례로 전환되는 등 본격적인 현대상례의 변화가 진행되었다. 현대상례는 근대상례가 성장하고 소멸해가는 과정에서 의례의 상업화를 통해 등장할 수 있었다.

현대상례에 대한 분석은 의례자본의 형성과 의례의 변화에 대한 논의를 통해 진행하였다. 장례식상과 상조기업은 경쟁과 성장을 같이하면서 의례자본을 형성하였고, 상품화를 통해 상례를 통제할 수 있었다. 의례자본의 성장과정에서 상품화된 의례와 서비스를 판매하면서 성장하였는데, 이들이 주도했던 현대상례 절차의 변화는 근대상례와 다른 구조를 보이고 있다. 즉 상례가 장례로 치환되었으며, 장례식장의 등장으로 죽음의례에 대한 전유, 의례절차의 분리 등을 통해 장례식장 의례와 장사시설의례로 구분하여 진행하는 것을 확인할 수 있었다. 이상의 논의와 결과를 종합하여 '현대상례'로 대표되는 한국인의 죽음 인식에 대한 종합적인 논의를 통해 전근대 유교적 관점에서 중요하게 여겼던 의례의 본질은 근대사회를 거치면서 의례간소화로 변화되었고, 현대사회에서 상품화된 의례가 그 자리를 차지하게 되었음을 확인하였다. 이러한 변화과정에서 근대상례가 전환기적 역할을 담당하였으며, 현대상례의 토대가 되었음을 확인하였다.

현대 한국인이 인식하고 있는 죽음은 과거와 달리, 의례의 상품화에 따른 상업적 결과에 영향을 받은 것으로 이해된다. 의례공간의 변화로 상징되는 장례식장의 등장은 한국사회의 죽음의례가 공동체적 죽음문화에서 개인적 죽음문화로 전환되었음을 상징적으로 드러낸다. 또한, 의례의 상품화를 통해 상조기업이 성장하면서 의례진행자였던 대중은 의례상품을 구매하여 사용하는 소비자로 변화되었고, 종국에는 의례자본이 의례를 전유함으로써 의례자본에 종속되는 상황에 놓이게 되었다. 장례식장과 상조기업으로 대표하는 의례자본은 자신의 이익을 극대화하기 위한 수단으로 의례를 활용하였다. 현대상례의 서비스 제공자들은 전통의례의 계승자임을 자처하며 대중의 이해를 구하고자 하였다. 그러나 의례자본을 형성한 장례식장과 상조기업은 근대상례기를 통해 등장하였고, 간소화한 근대상례를 상품화하였으며, 근대상례절차를 훈련받은 장례지도사들을 통해 현대상례를 진행하고 있다. 결론적으로 의례자본은 근대상례를 계승하고 있었음을 확인할 수 있었다. 물론 의례자본은 근대상례가 국가권력에 기반하여 의례를 통제했던 것과는 다른 방식으로 의례를 통제하고 있었다.

한국인이 인식하는 의례적 가치의 중심에는 전통의 계승이라는 논리가 중요한 주제로 자리하고 있다. 그러나 현대상례 이전에는 근대상례로서 〈의례준칙〉과 〈가정의례준칙〉이 존재했고, 이를 기반으로 하는 의례적 변화와 성장의 결과물이 현대상례인 것이다. 결국, 의례의 변화과정을 사회변화와 연계하여 인식하는 것은 근대상례에 대한 올바른 이해와 비판을 통해 가능하며, 이는 현대상례의 지속적인 성장과 발전을 위해서는 필수적인 조건이라고 할 수 있다. 지금까지 살펴본 바와 같이 한국의 상례문화는 사회구조의 변화과정과 함께 하며 의례주체의 요구에 따라 절차를 생략하거나 필요에 의해서 새로운 절차를 만들어가고 있다. 그리고 변화를 통한 지속의 과정을 이어가고 있었다. 결국, 한국인의 죽음의례에 대한 논의는 전근대상례로에서 근대상례를 통해 현대상례로 이어지는 연속적인 변화과정으로 이해될 수 있다. 의례의 연구 특히 죽음의례의 지속과 변화양상을 드러내기 위해서는 통시적 시각에서의 연구와, 상례 변동의 역동성과 현장성을 드러낼 수 있는 공시적 시각에서의 분석이 병행되어야 할 것이다.

# 참고문헌

## 1. 자료

### ● 신문자료


경향신문, 〈관혼상제를 간소하게 각계인사 모여 「표준예식규범」 마련〉, 1961년 8월 20일 기사.

________, 〈생활에 알맞은 규범필요, 論點(논점)〉, 1961년 8월 26일 기사.

________, 〈국민예절기준 마련〉, 1963년 2월 1일 기사.

読売新聞, 〈堕落学生3人酒を飲み抜刀して暴Wれる〉, 1898년 6월 14일 기사.

________, 〈女学生堕落の現況´ 厚化粧´ 無作法´ ニセ恋文〉, 1902년 6월 27일 기사.

________, 〈礼法の一定´ 社会の実情に合う国民礼法の制定を望む〉, 1910년 7월 20일 기사.

동아일보, 〈街上의 初冬-朝鮮葬儀社〉, 1924년 11월 26일 기사.

________, 〈조선의졔도는 너무도형식투성〉, 1926년 1월 1일 기사.

________, 〈生前에 囹圄 葬式까지監視〉, 1927년 7월 13일 기사.

________, 〈遠來客의喪主面會까지, 教化主事가拒絕〉, 1932년 12월 12일자 기사.

________, 〈喪禮를簡便히하라〉, 1932년 11월 4일자 기사.

________, 〈一切의 虛禮를 廢止 喪禮變改案을 決議〉, 1933년 2월 19일 기사.

________, 〈婚葬祭費用 七百餘圓式〉, 1933년 3월 15일자 기사.

________, 〈대구, "遠來客의 喪主面會까지 教化主事가 拒絕〉, 1935년 7월 11일 기사.

________, 〈啓明俱樂部 喪禮變改案〉, 1933년 7월 30일 기사.

________, 〈예천, "의례준칙을 지시" 〉, 1935년 03월 27일 기사.

________, 〈獨立戰取에總進軍 新生活展開等十二項採決〉, 1946년 6월 21일 기사.

________, 〈국민의식생활개전 - 문교부서 실천요강결정〉, 1949년 8월 27일 기사.

________, 〈국민의식생활개선 - 문교부서 실천요강결정〉, 1949년 8월 27일 기사.

________, 〈婚喪祭禮合理化, 儀禮規範」 草案公聽會를 開催〉, 1957년 2월 3일 기사.

________, 〈무조건 3일장? 1박2일 작은 장례식은 '불효'인가요?〉, 2018년 5월 23일자 기사.

만 세 보, 〈婚喪禮節獻議〉, 1907년 5월 19일자 기사.

________, 〈論說, 婚喪祭禮議改良〉, 1907년 5월 28일자 기사.

________, 〈論說, 婚喪祭禮議改良(續)〉, 1907년 5월 30일자 기사.

매일신보, 〈儀禮標準制定前에 飮食費制限督勵〉, 1933년 12월 6일 기사.

________, 〈儀禮準則 委員會通過〉, 1934년 2월 27일 기사.

________, 〈儀禮準則은 總督諭告로-中樞院案의 大綱을 取하야 八月中旬內로 發表〉, 1934년 7월 22일 기사.

________, 〈平南道의標準〉, 1934년 11월 9일자 기사.

_______, 〈儀禮統一은 適切, 準則制定發布에 對한 各方面의意見〉, 1934년 11월 10일 기사.
_______, 〈官公吏가率先 農村振興에垂範 , 婚喪節次는 儀禮準則을 實行〉, 1935년 3월 30일 기사.
_______, 〈儀禮準則을 映畵로 各道에頒布公開〉, 1936년 6월 25일 기사.
_______, 〈國民生活의 指針〉, 1941년 4월 18일 기사.
민주일보, 〈국민도의의 신생활운동〉, 1947년 4월 20일 기사.
서울신문, 〈국민내핍생활실천운동〉, 1950년 6월 7일기사.
자유신문, 〈진보적 청년조직을 통합 全國靑年團體總同盟 결성〉, 1945년 11월 18일 기사.
조선일보, 〈신생활 표어 당선〉, 1945년 12월 7일 기사.
_______, 〈생활개선 장려에 교화사업 중앙협회 창립〉, 1946년 6월 20일 기사.
_______, 〈신생활연구회 2일 군정청에서 開催〉, 1946년 10월 2일 기사.
_______, 〈부인부터 좌우합작. 탁치 반대, 38선 즉시 철폐 美蘇 공동위원회 재개 요망. 독촉부인 전국대회서〉, 1946년 12월 25일 기사.
_______, 〈신생활 운동 추진을 구체화〉, 1947년 11월 25일 기사.
_______, 〈[사설] 생활개선 운동의 근본 의의〉, 1950년 3월 4일 기사.
_______, 〈지도층에 강조되어야할 가정의례준칙〉, 1972년 6월 23일 기사.
_______, 〈빨래방 편의점 서점, 대형병원 서비스공간 인기〉, 1994년 10월 28일자 기사.
중앙신문, 〈建國精神에 一路邁進〉, 1947년 8월 20일 기사.

● **잡지/정부간행물자료**

국가기록원, 「의례규범제정에 관한 건」, 1959. 10. 2.
국민총력조선연맹, 「개선장례기준제정의 취지」, 『조광』, 조선일보출판사, 1941년.
농제157호, 「농산어촌진흥에 관한 건」, 『농제157호』, 1932.
대한민국정부, 「담화문」, 『관보』 제5188호, 1969. 3. 5.
대한민국정부, 「가정의례준칙의 보급 및 실천 강화」, [제정 1969. 5. 3 국무총리훈령 제77호], "4. 공공시설물이용 편의제공", 『관보』 제5245호, 1969.
대한민국정부, 「가정의례준칙에 관한 법률 시행규칙」, [제정 1973. 5. 17 보건사회부령 411호], 제2조 시설기준. 『관보』 제6452호, 1973.
법 제 처, 「가정의례준칙에 관한 법률」, [전문개정 1973. 3. 13 법률 제2604호 보건사회부], 제5조. 1973.
보건복지부, 「의례규범」, 1957. 6, (한박004968)
보건사회부, 『가정의례해설』, 보건사회부, 1969.
보건복지부, 『장례지도사표준교육교재』, 2012.
보건복지부, 『보도자료 : 장례지도사 국가자격증제도 도입된다』, 2012. 4. 25.
신 태 민, 「新生活과 우리의 婚喪禮」, 『신천지』9-5, 서울신문사, 1954.
여성가족부, 「건전가정의례준칙」, [대통령령 제26774호, 2015.12.30., 타법개정], 제2조 '정의' 참조. 2015.

우가키 카즈시게, 「도지사회의에 있어서 총독훈시」, 『연설집』, 조선총독부, 1931.
우가키 카즈시게, 「도지사회의에 있어서 총독훈시」, 『연설집』, 조선총독부, 1932.
우원총독, 「농촌진흥운동 지도주임자타합회 연설요지」, 조선총독부, 1934.
우가키 카즈시게, 「유고」, 『의례준칙』, 조선총독부 학무국사회과편, 1934.
張 道 斌, 「우리 改造의 一斑」, 『서울, 서울社 제 3호』, 한성도서, 1920.
정 세 권, 「農村振興會 批判」, 『實生活』4-11, 獎産社, 1933.
조선농회, 「조선총독부 관보」, 『조선농업발달사 정책편』, 1932.
조선총독부 중추원편, 「우가키 카즈시게(훈시)」, 『제14회 중추원회의 의사록』, 조선총독부, 1933.
조선총독부 중추원편, 『제15회 중추원회의 의사록』, 조선총독부, 1935.
조선총독부, 『제15회 중추원회의의사록」, 1935.
조선총독부, 「의례준칙 제정에 관한 건」 사제261호, 조선총독부, 1934.
총 무 처, 「전시국민생활실천요강」, 『제34차 차관회의록』, 1951(국가기록원, BA0085309).
총 무 처, 『1972년도 공통과목 교재』, 성진문화사, 1972.

● **인터넷자료**

江戸時代の葬儀風俗, http://www.osoushiki-plaza.com/institut/dw/199805.html,
葬祭研究所, 葬儀・お葬式の民俗学, https://translate.google.co.jp/
葬儀と習俗の問題, https://translate.google.co.jp/
葬儀の知識, http://u-b.jp/knowledge/funeral/
여성가족부 홈페이지, http://www.mogef.go.kr/
NCS국가직무능력표준, https://www.ncs.go.kr/

● **문헌자료**

『繫辭上傳』「第四章」
『論語』「先進」
『三國志』 卷30「魏志倭人傳」
『性理大全』 卷28, 「鬼神」
『隨書』「倭國傳」
『日本書紀』 卷25, (田溶新 譯, 『完譯 日本書紀』, 서울: 일지사, 2000.
『禮記』「郊特牲」
『中庸』「第十六章」

## 2. 단행본

강동구, 이복순, 『프리니드(pre-need)와 상조서비스론』, 지투지, 2007.
국립중앙박물관 편저, 『전통문화교양강좌』, 서울 : 국립중앙박물관, 1995.
국사편찬위원회 편저, 『상·장례, 삶과 죽음의 방정식』, 서울 : 두산동아, 2005.
김병준, 『한글해석 혼상제례절요』, 의례보급회. 1957.
김정명, 『조선독립운동』, 1926. 01. 01.
圭室文雄, 『葬式と檀家』, 東京: 吉川弘文館,, 1999.
남수희, 박경자, 『예절기준에 따른 새로운 예절』, 문교부, 수학사, 1965.
郎三亀島相, 『現代 國民作法精義』, 東京, 東洋圖書株式合資會社, 1930.
마쓰오 겐지, 김호성 옮김, 『인물로 보는 불교사』, 서울: 동국대학교출판부, 2005.
문옥표 외, 『조선시대 관혼상제(Ⅱ)』, 한국정신문화연구원, 1999.
문화공보부 문화재관리국, 『韓國民俗綜合調査報告書; 全羅南道 篇』1, 서울: 文化公報部 文化財管理局, 1969
________________, 『韓國民俗綜合調査報告書; 全羅北道 篇』2, 서울: 文化公報部 文化財管理局, 1971
________________, 『韓國民俗綜合調査報告書; 慶尙南道 篇』3, 서울: 文化公報部 文化財管理局, 1977
________________, 『韓國民俗綜合調査報告書; 慶尙北道 篇』4, 서울: 文化公報部 文化財管理局, 1974
________________, 『韓國民俗綜合調査報告書; 忠淸南道 篇』6, 서울: 文化公報部 文化財管理局, 1975
________________, 『韓國民俗綜合調査報告書; 忠淸北道 篇』7, 서울: 文化公報部 文化財管理局, 1976
________________, 『韓國民俗綜合調査報告書; 江原道 篇』8, 서울: 文化公報部 文化財管理局, 1977
________________, 『韓國民俗綜合調査報告書; 京畿道 篇』9, 서울: 文化公報部 文化財管理局, 1978
________________, 『韓國民俗綜合調査報告書; 서울 篇』10, 서울: 文化公報部 文化財管理局, 1979
미야지마 히로시, 『나의 한국사 공부』, 너머북스. 2013.
民衆書閣 編輯部, 『현대가정대백과사전』, 민중서각, 1991.
보건복지부, 『장례지도사 표준교육교재』, 2012.
박태호, 『장례의 역사』, 경기:서해문집, 2006.
우스다 잔운, 『암흑의 조선』, 일한서방, 1908.
윤내현, 『우리 고대사, 상상에서 현실로』, 지식산업사, 2003.
의례간행편집회, 『신구 가정의례백과』, 청암출판사, 1987.
아이쿠라 하루타케 지음, 허인순 외 옮김, 『일본의 연중행사와 관습 120가지 이야기』(서울: 어문학사, 2010),
이마무라 토모, 홍양희 역, 『조선풍속집』, 민속원, 2011.
이에나가 사부로(家永三郎), 연구공간 '수유+너머'일본근대사상팀 옮김, 『근대일본사상사』, 소명출판, 2006.
이삼식, 『장사행정 효율화 방안』, 보건사회연구원, 2001.
이 한, 『현대의례』, 청구출판사. 1958.
임재해, 『유교상례』, 서울 : 대원사, 1996.
조기찬, 『한국자본주의 성립사론』, 1926.
조문태, 김종범, 『의례규범 해설』, 혼상제의례준칙제정위원회, 1955.

조선총독부, 『農家經濟의 槪況과 그 變遷』, 1938.
조선총독부, 『의례준칙』, 조선총독부, 1934.
최남선, 『朝鮮常識問答』, 동명사, 1948.
學園社, 『家庭生活百科』, 대양출판사, 1976.
한국군사혁명사편찬위원회, 『한국군사혁명사 제일편(상)』, 서울: 국가재건최고회의한국군사혁명사편찬위원회, 1964.
韓國生活文化硏究會, 『현대 가정대백과사전』, 三省社, 1975.
한국일어일문학회, 『게다도 짝이 있다』, 서울, 글로세움, 2010.
한국정신문화연구원, 『한국민족문화대백과』2, 한국정신문화연구원출판부, 1995.
황기진, 『표준의례해설』, 문화당, 1962.
A.H. 새비지, 신복룡 역, 『고요한 아침의 나라 조선』, 집문당, 2013.
H.A.알렌, 신복룡 역, 『조선견문기』,집문당, 2015.
H.B. 헐버트, 신복룡 역, 『대한제국멸망사』, 집문당, 2015.
I.B. 비숍, 신복룡 역, 『조선과 그 이웃 나라들』, 집문당, 2017.
NCS 학습모듈 개발진, 『의례예절 및 발인지도』, 한국직업능력개발원, 2016.
W.E. 그리피스, 신복룡 역, 『은자의 나라 한국』, 집문당, 2015.

### 3. 논문

권용혁, 「한국의 근대화와 근대성」, 『사회와 철학』34, 사회와 철학 연구회. 2017.
김기환・김숙경, 「장사서비스 개선방안」, 산업연구원, 2011.
김시덕, 「현대한국인의 일생의례:현대한국 상례문화의 변화」, 『한국문화인류학』40-2, 2007.
______, 「장례식장의 의례 민속과 장례 서비스」, 『실천민속학연구』12, 실천민속학회, 2008,
김일영, 「한국의 근대성과 발전국가」, 『사회과학』39-1, 성균관대학교 사회과학연구소. 2000.
김혜영, 「조선총독부 제정 「의례준칙」 의 보급과 시행실태」, 『민속학연구』39, 2016.
박 건, 「장례지도사 국가자격증 제도의 시행에 따른 전망 및 발전방향」, 『보건복지 이슈&포커스』144, 한국 보건복지연구원, 2012.
박전열, 「일본의 화장 풍속」, 『일본학보』, 한국일본학회, 2003.
송현동, 「삶을 찾아 떠나는 죽음교육」, 『종교문화연구』12, 종교와문화연구소, 2009,
______, 「한국 사회의 죽음에 대한 태도 : 죽음의 경관을 중심으로」, 『비교문화연구』11, 서울대학교 비교문화연구소.
山田愼也, 「葬列 告別式」, 『葬送のかたち』, 東京, 佼成出版社, 2007.
新谷尙紀, 「일본의 죽음과 장송의 민속」, 『종교와 문화』14, 서울: 서울대 종교문제연구소, 2008.
양영환, 「1930년대 조선총독부의 농촌진흥운동」, 『숭실사학』6, 1926.
이건호, 「상조서비스 피해방지를 위한 입법적과제」, 국회입법조사처, 2009.
이명휘. 「농어촌 고리채정리사업 연구」, 『경제사학』48, 2010.

이문주, 「한국에서 유가 예의 발전과정과 현대적 의미」, 『유가사상연구』15, 한국유교학회, 1992.
이용만, 「일제강점기에 전북농업구조에 관한 연구」, 『지역개발논총』 4, 1996.
이원택, 「개화기 '예치'로부터 '법치'로의 사상적 전환」, 『정치사상연구』 14집 2호, 한국정치사상학회, 2008.
이진우, 「한국사회 장묘관행 변화의 추세 연구」, 고려대학교 석사학위논문, 2004.
임재해, 「설화의 현장론적 연구」, 영남대학교 박사학위논문, 1986.
장석만, 「한국 의례담론의 형성」, 『근대를 다시 읽는다』, 역사비평사, 2006.
_____, 「병원의 장례식장화와 그 사회적 맥락 및 효과」, 『종교문화비평』16, 한국종교문화연구소, 2009.
佐藤弘夫, 「日本列島の死生観の歴史-怪異の時代としての歴史」, 大韓日語日文学会 2011年度 秋季国際学術発表会.
村上興匡, 「葬儀の變遷と先祖供養」, 『葬送のかたち』, 東京, 佼成出版社, 2007.
하정욱, 「일상의 변동, 그리고 전/근대-식민/제국의 지식생산과 성별분업」, 『페니미즘연구』17-1, 한국여성연구소, 2017.
한경수, 「개화기 서구인의 조선여행」, 『관광학연구』26-3, 한국관광학회, 2002.
한양명, 「일생의례의 축제성 : 장례의 경우」, 『비교민속학』39, 비교민속학회, 2009년.
허남린, 「祈禱와 葬禮式 -日本 佛教文化의 두 중심축」, 『일본사상』2, 서울: 한국일본 사상사학회, 2002.

# 부 록

## ⊠ 부록 1

### 〈의례준칙〉[295], 조선총독부, 1934년

#### 喪禮

一. 臨終
病氣危篤에陷한時는近親者侍側하야內外를安靜히하고맛참내隕命하면死者의身體及手足等을整齊하야辟戾되지안케함.

二. 喪主
長男(長男이無하면長孫이此에當함).

三. 護喪(葬儀委員)
親族知舊中經驗잇는者此에當함.

四. 訃告
護喪者의名으로써親戚知舊에게通知함.

五. 襲及斂
死亡의翌日에喪主及近親者若干人(男喪에는喪主及男子, 女喪에는主婦及女子) 幃內에서死者의病衣를除去하고衾을覆하고香湯으로屍體를洗拭하고(浴巾을 使用함)襚衣(幅巾(女는 掩)充耳, 幎目, 握手, 衣袴, 周衣(女는裳), 襪)를着케함. 此에斂衾으로屍體를裹하고棺에納한後棺內의空隙에는生前에着用하든衣服을充塡함.

六. 靈座
幃前에靈座를設하고紙榜又는寫眞을揭함.喪主以下靈前에서奠禮(供物은酒・果・脯) 를行함.

七. 銘旌
絹紬又는綿布를用하고杠은竹又는木으로作하야靈座의右側에立함.書式은左와如함.某官某之柩

八. 喪服及喪章
喪主以下喪에服할親族은襲殮終了日부터喪服又는喪章을着用함.
喪服은父・母・夫・妻・子 (長男) 는相互間에喪期中此를着用함.
喪章은前記한者는服期第一期中其他의喪에服할親族은喪期及服期第一期中此를附함.

---

295) 조선총독부, 『의례준칙』, 조선총독부, 1934, p4~8

喪服及喪章은左의制式에依함.

(一) 喪服

布(麻・木) 素周衣 (女는衣・裳) 同頭巾 (女는 皀色唐只・黑角簪)

(二) 喪章

가・朝鮮服
나・和　服　縱約一寸橫約二寸五分의蝶形結의黑布를左胸에附함.

다・洋　服 幅約三寸의黑布를左腕에纏함.

九. 葬日

葬式은特殊한事情이無한限은五日以內에此를行함.

一〇. 永訣

發引前에永訣을行함.

永訣은特殊한事情이無한限은喪家에서此를行함.

一一. 發引

發引의時刻은朝조로함.

靈柩는舊式喪輿에依할境遇는呼唱을廢하고靜肅을守함但自動車를用함도無妨함.

一二. 穿壙及灰隔

靈柩到着前에壙을鑿하고三物 (石灰・細沙・黃土) 로써灰隔을作함.

一三. 下棺及成墳

靈柩가墓地에到着하면銘旌의杠을除去하고棺上에置한後棺을壙中에安埋하고精土로墳墓를造成하고此에莎草를植付함.

一四. 慰安祭

成墳後墓前에서此를行함.

一五. 虞祭

返虞後靈前에서此를行함(但一回에限함).

一六. 上食

喪期中은朝夕으로上食함.

一七. 朔望展拜

服期第一期中은每月一日, 十五日에喪主以下家族은靈前에展拜함.

一八. 小祥祭及大祥祭

喪主는服期第一期滿了日에小祥祭를行한後靈座를撤하고第二期滿了日에는大祥祭를行함.

一九. 弔慰

弔慰者는喪家에到하야哀悼의意를表함(哭을廢함).

生前親交잇든者는靈前에拜禮함.

二〇. 喪期及服期

喪期中은至哀至痛의意를持하야特殊한事情이無한限은業務를廢함.

服期中은華飾讌樂을愼함.

喪期及服期의期間은左記에依함.

| 從來의喪期 | 改正期間 | | |
|---|---|---|---|
| | 喪 期 | 服 期 | |
| | | 第一期 | 第二期 |
| 三 年 | 十四日 | 一 年 | 從來의期間에서服期第一期의日數를控除한殘期間 |
| 期 年 | 十 日 | 百 日 | 同 |
| 九 月 | 七 日 | 五十日 | 同 |
| 七 月 | 七 日 | 五十日 | 同 |
| 五 月 | 五 日 | 三十日 | 同 |
| 三 月 | 五 日 | 三十日 | 同 |

從來의喪期는別表와如함

喪期及服期는死亡日로부터此를起算함.

## 부록 2

### 〈개선장례기준〉[296], 국민총력조선연맹, 1941년

#### 一. 改善葬禮基準(國民總力朝鮮聯盟制定)

##### (一) 甲式

一. 死亡通知

通知할곳은極力近親, 故舊의小範圍에끄칠일

通知는簡略을主로하고, 喪主는小數近親者의連名으로할일

新聞廣告를할경우에는 前項에準하는外 여러번揭載치말일.

二. 弔問

特別關係者以外는玄關에서弔問함.

三. 通夜

時間. 午後十時迄까지로함.

四. 葬列

近親者에限定하고, 可及自動車를使用치말일.

五. 儀式(葬儀, 告別式)

葬儀는近親者만으로執行하고 一般告別者는燒香拜禮直時辭去하도록할일.

時刻 - 葬儀及告別式의時刻은各別히指示할일.

弔辭 - 弔電, 朗讀은可及的制限簡略히할일.

六. 服裝

喪主及近親者

男子 國民服에儀禮章을附하고, 左腕에黑布를두를일. 事情에따라和服(羽織), 又는背廣服으로하되, 여기에喪章(和服의경우는左胸에黑色蝶形의小布片, 背廣服의경우는左腕에黑布를附함도無妨함.

女子 黑또는鼠色無地(白色을廢함)白襟. 黑無地帶事情에따라 平服에前記喪章을附함도 無妨함.

參列者는簡素하게차려 禮를잃지않을服裝으로함.

더욱이 男女葬主參列者를不問하고 裝飾物을避하고 수수하게차릴일

喪主, 學生또는年小者인경우에 學生은制服에 年小者는平服에 各各前記喪章을附함.

七. 玉串料, 香奠, 供物의寄贈

---

296) 「개선장례기준제정의 취지」, 『조광』, 조선일보출판사, 1941년, p65

玉串料, 香奠는誠意를表하는程度에고칠일.

右以外의供物(花輪, 生花, 放鳥, 弔旗, 線香, 蠟燭其他)은全廢함.

八. 飮食

通夜 其他如何한경우를不問하고, 饗應은茶菓의程度에끝이고, 酒其他飮食物은쓰지말일(係員일돕는사람일지라도 食事는될수있는데로自宅에가서할일)

九. 返禮

玉串料, 香奠에對한返禮, 及會葬者에對한葉書, 菓子包等의配布를全廢함.

其他, 弔問. 會葬에대한饗應, 回禮禮狀等을全廢함.

十. 法要

葬儀에準하여簡素를主로하고 引物은全廢함.

一一. 其他

葬儀. 告別式執行의日字는'友引'에拘碍되지말일.

出棺, 葬儀, 告別式其他時間을嚴守할일.

終始簡素, 嚴肅을직힐일.

虛禮, 形式에흐름을一切廢하고, 極力遺族의失費手苦를덜일.

愛國班員은近親者와協力하여 周到하게일볼일.

(二) 乙式

一. 死亡通知(訃告)

甲式에準함.

二. 弔問

特別關係者以外는室外에서喪主又는護喪에弔問하고 形式的弔哭은廢함.

三. 通夜

甲式에準함.

四. 殮襲

襚衣, 殮衾은 質素淸潔한것을쓸일. 棺은厚板厚棒을쓰지않음.

五. 儀式(葬儀, 告別式)

甲式에準함.

六. 葬列

葬齊場, 火葬場, 墓地等에서의會葬은 小數近親者에限함. 葬與는簡素한것을쓸일.

七. 服裝

甲式에準함.

但朝鮮服의경우는左와如함.

喪主,

男子 頭巾, 素周衣로함. 葬儀後外出할때는頭巾을廢하고帽子를씀. 方笠, 白笠, 平

凉子는廢함.

女子素衣裳으로함.

衆子女 喪主에準함.

近親 男女모두平服에喪章(左胸에黑色蝶形의小布片)을附함.

參列者 簡素히하여禮를잃지않을服裝으로함.

男女喪主, 衆子女, 近親, 參列者를 不問하고 수수하게차릴일.

喪主年少者인경우는 平服에前記喪章을附함.

八. 玉串料, 香奠, 供物의寄贈

花輪, 生花, 放鳥, 弔旗. 輓章, 線香, 蠟燭等의供物의寄贈은全廢함.

玉串料, 香奠에對해서는甲式第七項에準함.

九. 飮食

甲式에準함.

十. 返禮

甲式에準함.

一一. 靈座

紙榜又는寫眞을安置하고香爐를備함. 苫席, 廬幕, 殯所의特設을全廢함.

一二. 葬日

葬式은特別한事情이없는限 三日以內에行할일.

一三. 祭及奠

祭及奠은簡素嚴肅을主旨로함. 除厄, 巫祝, 娛鬼等의迷信行爲는禁斷함.

朝夕의奠(上食)을廢하고焚香, 再拜默禱를함.

一四. 賓客의多數, 設備의壯麗를자랑함은禮를冒瀆함임을銘記하여 終始冗費의節約과至誠嚴肅을主旨로할일.

喪家는特히淸潔, 整頓을잘하여戶外에는張燈, 帖紙等을하여弔客의弔問에便케함.

其他는甲式第十一項에準함.

※ 부록 3

## 〈의례규범〉[297], 혼상제례준칙제정위원회, 1955년

一. 臨終

病勢가危篤에빠질때는 近親者는患者室의內外를靜肅히하고 있다가 隕命하면 亡人의身體와手足을整齊하고 哀悼勤愼하여야한다.

二. 喪主

① 亡人의配偶者, 그子女, 子婦는 모다喪人으로서 喪에 服한다.

② 長子는主喪이 된다. 장자가 已歿했을때는 長孫이承重을하여 主喪이된다. 但長孫이 없을때는 長子婦, 次子女順으로 主喪이 된다.

③ 主喪될子孫其他前項에서 規定한該當者가 없을때는 最近親者가 喪禮를代行한다.

三. 護喪

護喪은親戚또는親知中에서選定한다.

四. 訃告

護喪者의名義로써 親戚또는親知에通知한다.

五. 襲斂

死亡翌日에 亡人의病衣를除去하고 身體를淨洗한後 襚衣를입히여 入棺한다.

六. 靈座

入棺後는靈座를 設置하여 靈位를모시고 喪人은喪服을입고 成服奠을 지낸다.

七. 銘旌

絹, 紬나 綿布로銘旌을 만든後 杠에달아 靈座옆에세운다.

八. 喪服

① 男子喪人은 白綿布周衣를입고 麻布頭巾을쓰며 女子喪人은素服을입고 허리에 麻布띠를 띠다. 단 白綿布周衣素服等의 豫備가없는者는 色衣또는洋服等 旣存服을代用하여도 無妨하나 洋服을 입는境遇에는 頭巾을 쓰지않고 麻布腕章을 둘러도 좋다.

② 喪人以外의 近親者는 服人으로서 白布腕章을 두룬다.

③ 喪服및腕章은 入棺後부터 執喪期間까지는 繼續着用하고 其後는每月의 朔日奠時와 脫喪祭日에着用한다.

九. 葬日

三日葬을原則으로한다 但不得已한事情이있는者는 隨便決定한다.

十. 永訣

---

297) 조문태, 김종범, 『의례규범 해설』, 혼상제의례준칙제정위원회, 1955.

靈柩를葬地로向發하기直前에 適當한場所에靈柩와靈座를奉安하고 左의順序대로 永訣式을擧行함으로서 舊禮의發靷祭에代한다.

一, 開式宣言

二, 略歷報告(省略도無妨)

三, 弔辭또는弔文奉讀(省略도無妨)

四, 主喪의焚香과 喪人및近親者合同拜禮

五, 弔客代表의焚香과 弔客合同敬禮

六, 閉式

一一. 葬儀

① 永訣式이끝나면 主喪은靈位를侍奉하고 靈柩에陪從하여 葬地로向한다.

② 親戚, 恪別親知및 葬地의實務에 必要한사람은 葬地까지隨行한다.

③ 成墳後는 墓前에서 慰靈祭를 지낸다.

一二. 虞祭

喪主는葬地로부터 靈位를侍奉歸家한後 家內의適當한場所에 靈座를設하여 그위에 모시고 虞祭를지낸다.

一三. 朔日奠

每月一日에 朔日奠을行한다.

一四. 喪期

① 執喪期間은葬後 父母喪은七日間 其他喪은三日間으로한다.

② 脫喪期는 父母喪은一週年 其他喪은百日로한다.

③ 喪人은喪期終了日에 脫喪祭를지내고 靈位를撤한다.

一五. 弔慰

① 親知는喪家에對하여 敬虔한態度로써弔慰한다.

② 生前에親交가있던者는 靈前에拜禮한다.

부록 4

## 〈의례규범〉[298], 보건사회부/전시생활개선위원회위원장, 1957년

一. **임종(臨終)**

병세가 위독에 빠질 때는 근친자는 환자실의 내외를 정숙히하고 있다가 운명(殞命)하면 망인의 신체와 수족을 정제수시(整齊收屍)하고 애도근신(哀悼勤愼)하여야한다.

二. **상주(喪主)**

망인의 배우자 및 그 자녀, 자부 등은 상주로서 상에복한다. 장자는 주상(主喪)으로서 상주를 대표한다. 장자 기몰(旣歿)했을때는 승중(承重)으로서 장손이 이에 당한다.

무후(無後)한 백숙부모, 형제자매, 기타 근친상(近親喪)은 가장 근친되는 자가 주상이됨을 원측으로한다.

三. **호상(護喪)**

호상은 친척 또는 친지중의 적당한자 이에당한다.

국민장(國民葬) 사회장(社會葬) 단체장(團體葬) 등에 있어서는 장의위원회가 이에 당한다.

四. **부고(訃告)**

장일과 장지가 결정되는대로 호상자의 명의로서 친척 및 친지에 통지한다.

단, 신문지상의부고로써 개별부고를 대신할수 있다.

五. **염습(斂襲)**

상주는 망인의 병의(病衣)를 제거정세(除去淨洗)하고 수의(襚衣)를 입힌후 입관(入棺)한다.

단, 염습, 성복(成服)등의 절차는 간소히하고 그 일시는 적의(適宜) 결정한다.

六. **영좌(靈座)**

입관후는 망인의사진 또는 지방(紙榜)을 모시어 영좌를 설(設)한다.

상주는 분향배례(焚香拜禮)로서 성복제를 지낸다.

七. **명정(銘旌)**

명정은 견(絹) 쥬(紬) 또는 면포(綿布)등으로 제작하여 영좌옆에세운다.

八. **상복(喪服)**

상주는 정현한 한복 또는 양복을 입고 백포상장(白布喪章)을 패용(佩用)함을 원칙으로 하되 남자 상주는 백면포주의(白綿布周衣)를 입고 마포두건(麻布)(頭巾)을 쓰고 여자

---

298) 보건복지부. 「의례규범」, 1957. 6, 참고로 본 자료는 대한민국역사박물관에 소장된 의례규범안을 참고하여 작성되었다.(한박004968)

상주는 소복(素服)을 입고 허리에 마포(麻布) 띠를 매어도 무방하다.

장후의 상복은 집상기간(執喪期間) 및 탈상일(脫喪日)에 한한다. 상주 이외의 복인(服人)은 백포상장(白布喪章)을 좌완에 두른다.

단, 집상기간 이외도 남자 상주는 흉부(胸部)에 여자 상주는 두부(頭部)에 접형(蝶形) 상장을 패용할 수 있다.

九. **장일**(葬日)

삼일장을 원측으로 하되 부득이한 사정이 있을때는 五일장으로 할수 있다.

十. **영결**(永訣)

영구(靈柩)를 장지(葬地)로 향발하기 직전 적당한 장소에서 영구와 영좌를 안치하고 좌의 순서에 의하여 영결식을 거행한다.

一, 개식선언

二, 약력보고(略歷報告)

三, 조사 및 조문 낭독(단 이는 생략함도 무방함.)

四, 상주 및 근친 분향(焚香) 일동배례

五, 조객분향 합동경례

六, 폐식

一一. **장의**(葬儀)

영결식이 끝나면 상주는 영위를 봉안(奉安)하고 영구와함께 장지로 행한다.

친척, 각별(恪別)한 친지 및 장지의 실무에 필요한자에 한하여 장지까지 수행한다.

매장(埋葬)의 경우에는 성분(成墳)후에 위령제(慰靈祭)를 지내며 화장의 경우에는 화장장에서 분향 합동경례 한다.

一二. **우제**(虞祭)

상주는 영위(靈位)를 봉안 귀가한 후 가내의 적당한 장소에 임시 영위를 모시고 우제를 지내되 혼백을 베풀어 사당을 모시거나 삭망상식(朔望床食)은 이를 폐지한다.

一三. **상기**(喪期)

집상기간(執喪期間)은 장후 부모상은 七일간 기타 상은 三일간으로 한다. 탈상기(脫喪期)는 부모상은 一주년 기타상은 百일로 한다. 단, 상주는 상기 완료일에 영위를 모시고 탈상제를 지낸다.

一四. **조위**(弔慰)

친지는 상가에 대하여 애모(哀慕)의 뜻을 표하고 생전에 친교가 있던자는 영전에 분향단배(焚香單拜)한다.

一五. **호곡**(號哭)

상례에 있어서 허식적인 방성호곡(放聲號哭)은 一체 이를 폐지한다.

부록 5

## 〈표준의례〉[299], 『한글해석 혼상제례절요』 부록, 의례보급회, 1958년

### 상례편

**1. 임종**

병세(病勢)가 위독(危篤)에 빠진 때는 근친자(近親者)는 환자실(患者室)의 내외(內外)를 정숙(靜肅)히 하고 있다가 운명(殞命)하면 망인(亡人)의 시신(屍身)과 수족(手足)을 정제수시(整齊收屍)하고 애도근송(哀悼謹頌)하여야한다.

**2. 상주**

1. 망인(亡人)의 직계비속(直系卑屬)은 상주(喪主)가 된다.
2. 주상(主喪)은 장자(長子)가 되고 장자(長子)가 기몰(旣歿)했으면 장손(長孫)이 승중(承重)을 하여 주상(主喪)이 된다. 단(但) 장손(長孫)이 미성년(未成年)이면 차자(次子)가 주상(主喪)이 되다.
3. 무후(無後)한 친족(親族)은 최근친자(最近親者)가 상례(喪禮)를 주재(主宰)한다.

**3. 부고(訃告)**

1. 호상자(護喪者)의 명의(名義)로서 극히 가까운 친족(親族) 및 친지(親知)에게만 한다.
2. 관청(官廳) 및 일반직장명의(一般職場名義)나 공직(公職)에 관련(關聯)된 부고(訃告)는 일체(一切) 금(禁)한다.

**4. 입관(入棺)〈염습(斂襲)〉**

1. 운명후(殞命後) 이십사시간(二十四時間)이 경과(經過)하면 깨끗한 평상복(平常服)을 입히고 입관(入棺)한 후(後) 장일(葬日)까지 정결(淨潔)하고 소독(消毒)된 곳에 안치(安置)한다.
2. 성복제(成服祭)는 폐지(廢止)한다.

**5. 영좌(靈座)**

1. 입관후(入棺後)에는 망인(亡人)의 사진(寫眞)을 정결(淨潔)한 위치(位置)에 모신다.
2. 명정(銘旌)은 폐지(廢止)한다.

---

299) 김병준, 『(한글해석) 혼상제례절요』, 서울: 의식보급회, 1958, (우당도서관 본)

6. **상복**(喪服)

1. 남자(男子) : 망인(亡人)의 직계비속(直系卑屬)만 정결(淨潔)한 평상복(平常服)에 마포두건(麻布頭巾)을 쓴다. 단(但) 장일(葬日)까지만 한다.
2. 여자(女子) : 망인(亡人)의 직계비속(直系卑屬)만 정결(淨潔)한 평상복(平常服)에 마포대(麻布帶)를 허리에 두른다. 단(但) 장일(葬日)까지만 한다.
3. 복인(服人) : 망인(亡人)의 직계비속(直系卑屬)을 제외(除外)한 유복친(有服親)은 남녀 다 같이 흑포완장(黑布腕章)을 왼팔에 두른다.

7. **장일**(葬日)

삼일장(三日葬)을 원칙(原則)으로 한다.

8. **영결식**(永訣式)〈**발인제**(發靷祭)〉

간소(簡素)한 영결식(永訣式) 또는 발인제(發靷祭)를 지낼 수 있다.

9. **장지**(葬地)

1. 공동묘지(共同墓地) 또는 가족묘지(家族墓地)에 한다.
2. 성분(成墳) 또는 화장(火葬) 후에는 분향합동배례(焚香合同拜禮)한다.
3. 묘지선정(墓地選定)은 풍수설(風水說)에 구애(拘碍)됨이 없이 한다.

10. **상기중폐지사항**(喪期中廢止事項)

1. 상기(喪期)는 장일(葬日)까지를 한다.
2. 우제(虞祭) 및 졸곡(卒哭)은 폐지(廢止)한다.
3. 상식(上食) 및 삭망(朔望)은 폐지(廢止)한다.
4. 소상(小祥)·대상(大祥)·담사(禫祀)는 폐지(廢止)한다.

11. **조위**(吊慰) **및 호곡**(號哭)

1. 조객(吊客)은 망인(亡人)의 영좌(靈座)에 분향단배(焚香單拜)하고 상주(喪主)에게 조위(吊慰)한다.
2. 상주(喪主) 및 조객(吊客)은 호곡(號哭)을 없앤다.

## ※ 부록 6

# 〈표준의례〉[300], 재건국민운동본부, 1961년

제二장 상례(喪禮)

1. **임종**(臨終)

병세(病勢)가 위독(危篤)에 빠진 때는 근친자(近親者)는 환자실(患者室)의 내외(內外)를 정숙(靜肅)히 하고 있다가 운명(殞命)하면 망인(亡人)의 시신(屍身)과 수족(手足)을 정제수시(整齊收屍)하고 애도근신(哀悼謹愼)하여야한다.

2. **상주**(喪主)

1. 망인(亡人)의 직계비속(直系卑屬)은 상주(喪主)가 된다.
2. 주상(主喪)은 장자(長子)가 되고 장자(長子)가 기몰(旣歿)했으면 장손(長孫)이 승중(承重)을 하여 주상(主喪)이 된다. 단(但) 장손(長孫)이 미성년(未成年)이면 차자(次子)가 주상(主喪)이 되다.
3. 무후(無後)한 친족(親族)은 최근친자(最近親者)가 상례(喪禮)를 주재(主宰)한다.

3. **부고**(訃告)

1. 호상자(護喪者)의 명의(名義)로서 극히 가까운 친족(親族) 및 친지(親知)에게만 한다.
2. 관청(官廳) 및 일반직장명의(一般職場名義)나 공직(公職)에 관련(關聯)된 부고(訃告)는 일체(一切) 금(禁)한다.

4. **입관**(入棺) 〈**염습**(斂襲)〉

1. 운명후(殞命後) 이십사시간(二十四時間)이 경과(經過)하면 깨끗한 평상복(平常服)을 입히고 입관(入棺)한 후(後) 장일(葬日)까지 정결(淨潔)하고 소독(消毒)된 곳에 안치(安置)한다.
2. 성복제(成服祭)는 폐지(廢止)한다.

5. **영좌**(靈座)

1. 입관후(入棺後)에는 망인(亡人)의 사진(寫眞)을 정결(淨潔)한 위치(位置)에 모신다.
2. 명정(銘旌)은 폐지(廢止)한다.

---

300) 황기진, 『표준의례해설』, 1962. 8. 20. pp2~4

## 6. 상복(喪服)

1. 남자(男子) : 망인(亡人)의 직계비속(直系卑屬)만 정결(淨潔)한 평상복(平常服)에 마포두건(麻布頭巾)을 쓴다. 단(但) 장일(葬日)까지만 한다.

2. 여자(女子) : 망인(亡人)의 직계비속(直系卑屬)만 정결(淨潔)한 평상복(平常服)에 마포대(麻布帶)를 허리에 두른다. 단(但) 장일(葬日)까지만 한다.
3. 복인(服人) : 망인(亡人)의 직계비속(直系卑屬)을 제외(除外)한 유복친(有服親)은 남녀 다 같이 흑포완장(黑布腕章)을 왼팔에 두른다. 단(但) 장일(葬日)까지만 한다.

## 7. 장일(葬日)

삼일장(三日葬)을 원칙(原則)으로 한다.

## 8. 영결식(永訣式)〈발인제(發靷祭)〉

간소(簡素)한 영결식(永訣式) 또는 발인제(發靷祭)를 지낼 수 있다.

## 9. 장지(葬地)

1. 공동묘지(共同墓地) 또는 가족묘지(家族墓地)에 한다.
2. 성분(成墳) 또는 화장(火葬) 후에는 분향합동배례(焚香合同拜禮)한다.
3. 묘지선정(墓地選定)은 풍수설(風水說)에 구애(拘碍)됨이 없이 한다.

## 10. 상기중폐지사항(喪期中廢止事項)

1. 상기(喪期)는 장일(葬日)까지를 한다.
2. 우제(虞祭) 및 졸곡(卒哭)은 폐지(廢止)한다.
3. 상식(上食) 및 삭망(朔望)은 폐지(廢止)한다.
4. 소상(小祥)・대상(大祥)・담사(禫祀)는 폐지(廢止)한다.

## 11. 조위(弔慰) 및 호곡(號哭)

1. 조객(弔客)은 망인(亡人)의 영좌(靈座)에 분향단배(焚香單拜)하고 상주(喪主)에게 조위(弔慰)한다.
2. 상주(喪主) 및 조객(弔客)은 호곡(號哭)을 안 한다.

## ※ 부록 7

# 〈국민예절기준〉[301], 문교부, 1963년

### 제11장 상례와 제례

우리나라는 고래로 의례를 특히 성대히 하는 풍습이 있으나 이 상례, 제례는 고인에 대한 정성이어야 하며, 살아있는 자손의 체면을 위한 허례허식이어서는 안 된다. 따라서 앞으로는 돌아가신 다음에 상례, 제례에 필요 이상의 경비를 소비하지 말고, 살아생전에 맛있는 음식 한 가지라도 또는 옷 한 벌이라도 잘해 드리는 것이 자식의 도리라는 것을 명심하여야 된다.

예부터 전해 내려오는 일을 일시에 고치기는 어렵다고 하여 마지못해 형식에 따르는 것 보다, 지나치지 않는 한, 현대적으로 과감히 개선해 나가는 것이 오히려 고인에 대한 예가 된다는 것을 알아야 된다. 동시에 상을 당하였을 때 할 일들에 대한 방법, 예의를 대략이나마 알아야 하고, 정성없는 허례보다 정성들인 간소화가 우리가 바라는 바이며 도리라는 것을 깨달아야 된다.

### 1 상례

(1) 위독

- 병자의 증세가 짐점 위태로와 임종이 가까워 가면 가족들은 침착한 태도로 다음과 같은 일을 빠짐없이 하여야 된다.

① 의사에게 조용히 마지막이 되는가 아닌가를 묻는다.

② 말씨를 조용히 하고 행동을 침착히 하며 집안을 정리 정돈하여야 된다.

③ 직장에 나가는 사람은 대기 태세를 갖추고, 또 일단 직장에 나간 사람에게는 연락을 하여야 된다.

④ 부득이 외출할 경우에는 되도록 속히 돌아오도록 한다.

⑤ 병실은 잠시도 비우지 아니한다.

⑥ 병자에게 꼭 물어 둘 일이 있으면 내용을 간추려 병자가 대답하기 쉽게 묻고 대답을 기록한다.(유언을 들어 준다.)

(2) 이실

① 병자를 조용하며 장차 일을 치르기에 편리한 방으로 옮긴다.

---

301) 남수희, 박경자, 『예절기준에 따른 새로운 예절』, 문교부, 수학사, 1965. 3. 25.

② 미리 안팎을 깨끗이 청소하되 병자가 알아차리지 않도록 조용히 한다.
③ 벽이나 방바닥, 창문 등을 수리한다.
④ 병자의 옷은 될 수 있으면, 새것이나 또는 준비한 옷으로 갈아입힌다.
⑤ 병자의 이불, 요, 베개 등의 잇을 새것으로 간다.
⑥ 옮길 때는 병자에게 충격을 주지 않게 하고 병자가 원하지 않으면 구태여 옮길 필요가 없다.
⑦ 병실을 옮기지 않을 경우에는 그 병실을 끼끗하게 청소하고 정리정돈 하여야 한다.

(3) 운명
- 병자의 병세가 기울어지면 직계 자손, 특별한 친지에게 전화, 전보, 전신 등으로 기별하여야 된다.

(4) 임종
- 가족과 친지는 병실에 모여 환자의 마지막 숨 걷는 것을 지킨다. 이 때에 지나치게 울음소리를 내거나 하여 병자의 신경을 날카롭게 하여서는 안 된다.

(5) 신종
- 병자가 운명하면 애통하여 통곡하는 것이 인정이지만, 마음을 가다듬어 예의범절에 어긋남이 없도록 주의하여야 한다. 특히 마음속으로는 애통하여도 그것을 참으며 태도를 단정히 하여야 된다.

(6) 병자의 운명
- 운명이 분명하면 깨끗한 홑이불로 시체를 덮고 병풍으로 가린다.

(7) 발상
1) 대문에 상가라고 표시하여 초상을 알린다.
2) 수시
① 고인의 손발을 바로잡는다.
② 고인의 턱을 바로 하고 눈을 감기고 입을 다물게 한다.
③ 팔, 다리를 주물러 잘 펴지도록 한다.
3) 상주, 주부 : 망인의 장자가 상주가 되며, 장자가 없을 경우에는 장손이 승중(承重, 상주가 되는)하는 것을 원칙으로 한다.

(8) 전
① 식상에 주과포를 각각 한 그릇씩 놓는다.
② 상은 병풍 밖에 놓되 시체의 어깨 쪽에 위치한다.
③ 포과는 그냥 두고 제주는 매일 갈아 놓는다.
④ 전은 축이나 집사가 하는 것이 원칙이지만, 주상이나 주부가 하는 것이 더욱 고인

에게 정성스럽다.

(9) 호상소

– 장사가 끝날 때까지 초상에 관한 일을 보는 곳이며, 호상, 재무, 서기, 축, 집사, 산감 일을 본다.

(10) 발인기

– 초상집 대문에 써 붙여서 조문 온 분에게 알리는 것이다.

1. 영결식 :
2. 발 인 :
3. 하 관 :
4. 반 우 :
5. 장 지 :

(11) 부고

– 친척과 친지에게 되도록 빨리 알린다.

(12) 조객록과 부의록

① 조객록은 조상 오는 손님의 성명을 적는 책이며, 매일 날짜와 행사를 쓰고 조객이 올 때마다 기입한다.

② 부의록은 부의가 들어오는 대로 적는 책이며, 매일 날짜를 쓰고, 품명, 수량, 성명을 쓴다.

③ 조객록과 부의록은 백지로 책을 매어 먹으로 쓰는 것이 습관이나 공책에 잉크로 써도 무방하다.

(13) 관과 수의

1) 관은 치수가 망인에게 적합한 것을 택하여야 된다.
매장을 할 때는 오래 견디도록 튼튼하게 짠 것이 좋으나, 화장을 할 때는 假棺을 써도 무방하다.

2) 수의는 종래의 습관으로는 지방에 따라 삼베 또는 명주 기타 등으로 새로 만드나 고인의 유언이나 가세에 따라 평소에 입던 옷을 수의로 써도 무방하다.

3) 남녀공용
상의(저고리, 적삼), 하의(바지, 속바지), 허리띠, 멱목, 충이, 악수, 베개, 천금, 지요, 신

4) 남자 : 두루마기, 도포, 복건, 대님, 행전

5) 여자 : 치마, 비녀, 댕기

(14) 염과 입관

① 염은 시체에 수의를 입히는 것이며, 제구를 완전히 정비하고 순서에 따라 정숙하게 한다.

② 염이 끝나면 시체를 관 속에 모신다(입관). 관 속의 시체가 흔들리지 않게 백지나 초석 같은 것으로 빈 데를 메꾼다. 빈데를 완전히 메꾼 다음 이불로 덮는다.

(15) 명정

- 명정 감은 홍색으로 하고 폭은 온 폭으로, 길이는 신분에 따라 길고 짧게 하나 보통 여섯 자면 족하다.
- 통일 주식회사 사장 안동 김공의 영구 – 학생 전주 이씨의 영구
- 유인 전주 이씨의 영구 – 밀양 박천옥 여사의 영구
- 명정은 명좌의 오른쪽에 세웠다가 장일에 관 위에 덮고 그대로 묻는 것이다.

(16) 성복

성복은 보통은 24시간 지난 뒤에 복 입은 근친들이 모여 서로 조상하는 예이며, 손님의 조상을 받기 시작함을 원칙으로 한다.

(17) 상복

1) 상주의 상복

상주와 복인들의 상복은 대단히 복잡하고 또 보기에도 그리 좋아 보이지는 않는다. 그러나 다음에 정한 ㄱ과 ㄴ을 원칙으로 하며 우리가 상복을 입는 정신을 잊지 말아야 한다.

ㄱ) ① 깃두루마기(흰 두루마기가 있으면 그것을 쓴다) ② 베 두건 ③ 베 행전 ④ 짚신 또는 흰 고무신

ㄴ) ① 검은 양복(부득이한 경우는 가지고 있는 것에서 화려하지 아니한 양복으로 한다) ② 검은 넥타이 ③ 검은 양말 ④ 검은 구두 ⑤ 흰색 상장(喪章)

2) 여자

여 상주의 상복은 ㄱ을 원칙으로 하되 ㄴ으로 할 수도 있다.

ㄱ) ① 흰 댕기 ② 깃저고리와 치마(가지고 있는 흰치마 저고리) ③ 버선 ④ 짚신, 흰 고무신 또는 검정 고무신

ㄴ) ① 검은색 양장 ② 흰색 상장(喪章)

3) 일반 복인의 복장

남녀를 막론하고 평소에 입던 한복과 양복 중에서 화려한 것만을 피하고, 상장을 베 또는 깃 광목으로 만들어 남자는 왼쪽가슴에 달고, 여자는 오른쪽 머리에 단다.

4) 상제의 출입복

ㄱ) 한복의 경우 : 남녀를 막론하고 흰색 또는 검은색을 원칙으로 하고, 화려하지 않은 옷이면 입어도 무방하다.

ㄴ) 양복의 경우 : 남녀를 막론하고 검은색을 주로 하되 화려하지 않은 옷이면 무방하나, 남자는 검은색 넥타이를 원칙으로 한다.

5) 복 기간

복 입는 기간은 100일간, 초상에서 장례 후 3일까지, 초상에서 장례일까지의 세 가지로 한다. 이 복 기간에 해당하는 친족 관계는 다음과 같다.

① 100일간 : 부모와 성년 된 자녀 및 자부, 부부 간의 복 기간을 말한다.

② 장례 후 3일까지 : 조부모나 성년 된 손자녀 및 손부, 성년된 형제자매, 성년 된 숙질(고모 포함) 간을 말한다.

③ 초상에서 장례일까지 : 사촌부터 모든 친척간의 복 기간을 말한다.

(18) 장사절차

집안 형편에 따라 매장 또는 화장으로 하되 삼일장을 원칙으로 한다.

1) 준비

① 산역을 정중히 한다.

② 지석을 마련한다. 지석은 망인의 성명, 사망일, 출생연월일, 상주 성명, 묘의 좌향을 돌에 새겨 묘의 앞에 세워두는 것이다.

③ 사당이 있는 집에서는 발인을 고하기도 한다.

2) 영결식

영결식은 자택 또는 다른 고장에서 비종교적으로 거행 할 때는 먼저 상주의 견전이 끝난 뒤에 조객 일돌이 함께 배례하고 분향을 한다.

종교식으로 할 때에는 그 종교의 예절에 따른다. 영결식을 다른 장소에서 거행할 때에는 영구를 모시고 그 앞에 사진, 그 옆에 명정을 세우고 그 주위를 꽃으로 꾸미고 향안을 시설하는 것이 보통이다.

① 식순 : 식순은 먼저 개식을 고하고 망인의 약력 보고, 식사, 조사 또는 조사가 있고 다음에 조객들의 분향 또는 배례가 있은 다음에 끝난다.

② 진설과 서립의 예

3) 발인

발인은 상주가 상여를 모시고 장지로 떠나는 일인데, 이 때에 조객도 각자의 형편에 따라 같이 산지까지 따라간다.

(주의) 장사 행렬에 참가한 모든 사람은 정숙함 빛으로 행동하야야 된다. 길에서 장사 행렬을 만났을 경우에는 누구든지 모자를 벗고 조의를 표하며, 차를 탄 사람은 차를 멈추고 조의를 표하는 것이 예의이다.

4) 삼우제

장사 지낸 뒤 사흘만에 산소에 가서 간단한 제를 지내고 산소를 살핀다.

5) 탈상제

돌아가신지 100일에 탈상하며 제사를 지낸다.

6) 기제

해마다 돌아가신 날 저녁에 지내는 제사이다.

(주의) 소상, 대상, 삭망 등의 제사는 일체 폐지한다. 미리 국민운동본부에서 상례, 제례에 대한 법이 제정되어 있기 때문에 국민은 그것에 준하여 일을 할 것이나, 여기서는 좀 더 그것을 상세히 설명하고 재래 습관을 일시에 없애기 어려운 것만을 첨가하였을 따름이니, 장차는 국민운동본부에서 제정된 법을 전적으로 따라야 될 것이다.

## 부록 8

## 〈가정의례준칙〉, 대통령고시 15호, 1969. 3. 5

### 제1장 총칙

**제1조 (목적)**

이 준칙은 가정의례준칙에 관한 법률 제3조 제 2항의 규정에 의하여 가정의례의 의식·절차에 관한 기준을 정함을 목적으로 한다.

**제2조 (정의)**

3. 상례라 함은 임종에서 탈상까지의 의식절차를 말한다.
4. 제례라 함은 기제(忌祭)·절사(節祀) 및 연시제(年始祭)의 의식·절차를 말한다.

### 제3장 상례

**제15조 (임종)**

병자가 위독상태에 빠지면 가족들은 침착한 태도로 다음 일을 진행한다.

1. 병자에게 꼭 물어 둘 일이 있으면 내용을 간추려 병자가 대답하기 쉽게 묻고 대답을 기록한다.
2. 가족은 속히 존·비속 및 특별한 친지에게 기별하고 병실에 모여 병자의 마지막 운명을 지킨다. 다만, 어린이의 병실출입은 삼가하게 한다.

**제16조 (수시收屍)**

병자가 운명하면 지체없이 다음과 같이 수시한다.

1. 깨끗한 백지나 햇솜으로 코와 귀를 막는다.
2. 눈을 감기고 입을 다물게 한 뒤 머리를 높게 하여 괴고 손발을 바로 잡는다.
3. 나무관 위에 시체를 뉘고 홑이불로 덮은 뒤에 시상으로 옮겨 병풍이나 가리개로 병풍이나 가리개로 가리고 그 앞에 고인의 사진을 모시고 촛불을 밝히며 향을 피운다.

**제17조 (발상發喪)**

수시가 끝나면 가족은 검소한 옷으로 갈아입고 근신하며 애도하되 맨발이나 머리 푸는 것은 아니하고 호곡은 삼간다.

**제18조 (상제)**

1. 고인의 배우자와 직계비속은 상제가 된다.

2. 주상은 장자가 되고 장자가 없을 경우에는 장손이 승중(承重)하여 주상이 된다. 다만 상처한 경우에는 남편이 주상이 된다.
3. 고인이 무후(無後)한 경우에는 최근친자가 상례를 주재한다.

**제19조 (복인)**

복인의 범위는 고인의 8촌이내 친족으로 한다.

**제20조 (호상(護喪))**

상가에는 호상소를 마련하고 주상은 친족간이나 친지중에서 상례에 밝고 경험이 많은 사람을 호상(護喪)으로 정하여 부고와 장례에 관한 안내, 연락, 조객록, 부의록, 사망신고, 매(화)장허가신청 등을 다루도록 한다.

**제21조 (부고)**

1. 장일과 장지가 결정되는 대로 호상은 가까운 친척 및 친지에게 별지 제4호서식에 의하여 부고한다.
2. 관공서 및 일반 직장이나 단체 명의에 관련된 부고는 하지 아니한다.

**제22조 (입관入棺)**

운명 후 24시간이 지나면 다음과 같이 입관한다.

1. 깨끗한 수건으로 시체를 닦아낸 다음 고인의 깨끗한 평상복 중에서 식물성 의복 또는 수의(壽衣)를 갈아입히고 입관한다.
2. 입관할 때에는 관벽과 시체사이의 공간을 깨끗한 백지나 마포로 채워 시체가 관속에서 흔들리지 아니하도록 한다.

**제23조 (영좌靈座)**

1. 입관한 후에는 병풍이나 가리개로 가려놓고 따로 정결한 위치에 영좌를 마련하여 고인의 사진을 모신 다음 촛불을 밝히고 향을 피운다.
2. 영좌의 오른쪽에는 명정(銘旌)을 만들어 세운다.

**제24조 (명정)**

명정은 한글로 홍포(紅布)에 흰색으로 "OO OO OOO의 구"라 쓰며
직함 본관 성 명
그 크기는 온폭에 길이 2미터 정도로 한다.

**제25조 (성복成服)**

입관이 끝나면 상제와 복인은 성복하되, 성복제는 지내지 아니한다.

**제26조 (상복)**

1. 상제 복장은 다음과 같다. 다만, 부득이한 경우에는 화려하지 아니한 평상복의 정

상으로 한다.

① 남자상복

가. 한복일 경우에는 흰옷, 흰 두루마기에 마포두건을 쓰거나 마포상장(麻布喪章)을 가슴에 달고 흰 고무신을 신는다.

나. 양복일 경우에는 검은 양복, 검은 넥타이, 검은 양말에 검은 구두를 신고 마포상장을 가슴에 단다.

② 여자상복

가. 한복일 경우에는 흰 치마저고리에 흰 버선, 흰 고무신을 신고 마포상장을 가슴에 단다.

나. 양복일 경우에는 검은 양복에 검은 구두를 신고 마포상장을 가슴에 단다.

2. 복인의 복장은 남녀 다 같이 화려하지 아니한 평상복에 검은 상장(喪章)을 가슴에 단다.
3. 상복을 입는 기간은 장일까지로 하되 상제의 상장은 탈상시까지 다는 것을 원칙으로 한다.
4. 상장의 크기와 모양은 부도(附圖) 제1에 의한다.

**제27조 (조문)**

1. 상제는 성복이 끝나면 조문을 받는다.
2. 조객에 대한 음식 접대는 하지 아니한다.
3. 조객은 조화를 보내지 아니한다.

**제28조 (장일)** 장례는 5일이내에 지낸다.

**제29조 (장사)** 장사는 매장 또는 화장으로 한다.

**제30조 (장지)** 장지는 공공묘지 또는 공공납골당으로 함을 원칙으로 한다.

**제31조 (천광)**

1. 천광은 깊이 1.5미터정도로 한다.
2. 합장하는 경우에는 남좌여우(男左女右)로 한다.

**제32조 (횡대橫帶 및 지석誌石)**

1. 횡대는 나무관 또는 대나무로 한다.
2. 지석은 돌 회벽돌 또는 사발로 하고 부도 제2에 의하여 글자를 새기거나 적어 넣는다.

**제33조 (영결식)**

1. 영결식장은 상가 또는 기타 편리한 장소에 마련한다.

2. 예정된 시간에 영구를 식상에 옮기고 그 옆에 명정을 세우며 제상에는 사진을 놓고 촛대・향로(香爐) 및 향합(香盒)을 준비한다.
3. 영결식순은 다음과 같다.
   ① 개 식
   ② 주상 및 상제들의 분향 배례
   ③ 고인의 약력보고
   ④ 조 사
   ⑤ 조객분향
   ⑥ 호상인사
   ⑦ 폐 식

**제34조 (운구)**

1. 운구는 영구차 또는 영구수레로 한다. 다만, 부득이한 경우에는 상여로 운구한다.
2. 행렬을 지어 운구할 때는 사진 명정 영구 상제 및 조객의 순으로 한다.
3. 노제(路祭)는 지내지 아니한다.

**제35조 (하관 및 성분)**

1. 영구가 장지에 도착하면 묘역을 다시 살피고 곧 하관한다.
2. 하관 후 명정을 영구 위에 펴놓고 횡대를 덮은 다음 회격(灰隔)하고 평토(平土)한다.
3. 평토가 끝나면 준비한 지석을 오른편 아래쪽에 묻고 성분한다.
4. 정상제(停喪祭)와 하관시의 폐백등은 하지 아니한다.

**제36조 (위령제)**

1. 성분이 끝나면 영좌를 분묘 앞에 옮겨 간소한 제수(祭羞)를 진설하고 분향 헌작(獻爵) 독축(讀祝) 및 배례한다.
2. 위령제의 축문(祝文)은 별지 제5호 서식에 의한다.
3. 반우제(返虞祭)는 지내지 아니한다.

**제37조 (첫 성묘)**

장례를 지낸 사흘만에 성묘하되 재우(再虞)와 삼우제(三虞祭)는 지내지 아니한다.

**제38조 (탈상)**

1. 부모 조부모와 배우자 상기(喪期)는 운명한 날로부터 100일로 하되, 기타의 경우에는 장일까지로 한다.
2. 상기 중 궤연(几筵)은 설치하지 아니한다.
3. 탈상제는 기제(忌祭)에 준한다.
4. 탈상제의 축문은 별지 제6호서식에 의한다.

※ 부록 9

## 〈가정의례준칙〉, 대통령고시 6680호, 1973. 5. 17

### 제1장 총칙

**제1조 (목적)**

이 영은 가정의례에 관한 법률(이하 "법"이라 한다) 제3조 제 2항의 규정에 의하여 가정의례의 의식절차에 관한 기준을 정함을 목적으로 한다.

**제2조 (용어의 정의)**

이 영에서 사용하는 용어의 정의는 다음과 같다.

3. "상례"라 함은 임종에서 탈상까지의 의식 절차를 말한다.
4. "제례"라 함은 기제, 절사, 연시제의 의식절차를 말한다.
5. "주상"이라 함은 상례의 의식제전을 주관하는 사람을 말한다.
6. "제주"라 함은 제사의 의식절차를 주관하는 사람을 말한다.

**제3조 (만장의 사용)**

법 제4조 제1항 제5호에서 "만장의 사용"이라 함은 죽은 사람을 슬퍼하여 지은 글을 비단이나 종이 등에 적어서 기를 만들어 상여를 따르게 하는 것을 말한다.

**제4조 (종교의식의 특례)**

종교의식에 따른 가정의례를 행하는 경우에는 이 준칙에 위해되지 아니하는 범위내에서 그 종교 고유의 의식절차에 따라 진행할 수 있다.

### 제3장 상례

**제7조 (장례제식)**

사망 후 매장완료 또는 화장완료시까지 행하는 제식(이하 "장례제식"이라 한다)은 발인제와 위령제만을 행하고 그 이외의 노제·반우제·삼우제 등의 제식은 행자히 아니한다.

a) 영업장소의 면적을 16평방미터 이상으로 할 것.

b) 장의 물품 및 기구의 보관에 필요한 위생시설을 갖출 것.

**제8조 (발인제)**

① 발인제는 영구가 상가 또는 장례식장을 떠나기 직전에 그 상가 또는 장례식장에서 행한다.

② 발인제의 식장에 영구를 모시고 그 옆에 명정을 세우며 제상에는 사진 또는 위패를 모시고 촛대·향로 및 향합을 준비한다.

**제9조 (위령제)**

① 매장의 경우에 있어서의 위령제는 무덤 쌓기가 끝난 후 그 무덤 앞으로 혼령자리를 옮기고 간소한 제수를 차려놓고 분향·잔올리기·축문읽기 및 배례로써 행한다.

② 화장의 경우에 있어서의 위령제는 화장이 끝난 후 혼령자리를 유골함으로 대신하고 제1항에 준하는 절차로써 행한다.

**제10조 (장일)**

장일은 부득이한 경우를 제외하고는 사망한 날로부터 3일이 되는 날로 한다.

**제11조 (상기)**

① 부모·조부모와 배우자의 상기는 사망한 날로부터 100일까지로 하고, 기타 자의 상기는 장일까지로 한다.

② 상기 중 신위를 모셔두는 궤연은 설치하지 아니하고 탈상제는 기제에 준하여 행한다.

**제12조 (상복 등)**

① 상복은 따로 마련하지 아니하고 한복일 경우에는 백색 또는 흑색복장으로, 양복일 경우에는 흑색 복장으로 하고, 왼쪽 흉부에 상장 또는 흰 꽃을 달거나 두건을 쓴다. 다만, 부득이한 경우에는 그 복장을 평상복으로 할 수 있다.

② 상복을 입는 기간은 장일까지로 하고 상장을 다는 기간은 탈상시까지로 한다.

**제13조 (상제)**

① 사망자의 배우자와 직계비속은 상제가 된다.

② 주상은 장자가 되고 장자가 없을 경우에는 장손이 된다.

③ 사망자의 자손이 없는 경우에는 최근친자가 상례를 주관한다.

**제14조 (부고)**

신문에 부고를 게재하는 경우에는 행정기관, 기업체 기타 직장이나 단체의 명의를 사용하지 못한다.

**제15조 (관 나르기)**

① 관 나르기는 영구차 또는 영구수레로 한다. 다만 부득이한 경우에는 상여로 하되 상여에는 과분한 장식을 하여서는 안 된다.

② 관 나르기의 행렬순서는 사진·명정·영구·상제 및 조객의 순으로 한다.

**제16조 (상례의 식순 등)**

상례에 있어서의 식순·상장의 규격은 별지 3에 의한다.

**부칙**

① (시행일) 이 영은 1973년 6월 1일부터 시행한다.

② (구 준칙의 폐지) 종전의 가정의례준칙은 이를 폐지한다.

이 영은 공포한 날로부터 시행한다.

# 〈건전가정의례준칙〉, 대통령령 제16544호, 1999. 8. 31.

## 제1장 총칙

**제1조 (목적)**

이 영은 건전가정의례의 정착 및 지원에 관한 법률 제5조제4항의 규정에 의하여 건전가정의례준칙의 내용과 그 보급 및 실천에 관한 사항을 규정함을 목적으로 한다.

**제2조 (정의)** 이 영에서 사용하는 용어의 정의는 다음과 같다.

1. "성년례"라 함은 성인으로서의 사회적 책무를 일깨워 주기 위하여 행하는 의식절차를 말한다.
2. "혼례"라 함은 약혼 또는 혼인에서 신행까지의 의식절차를 말한다.
3. "상례"라 함은 임종에서 탈상까지의 의식절차를 말한다.
4. "제례"라 함은 기제 및 명절차례의 의식절차를 말한다.
5. "수연례"라 함은 60세 이후의 생일을 기념하기 위하여 행하는 의식절차를 말한다.
6. "주상"이라 함은 상례의 의식절차를 주관하는 사람을 말한다.
7. "제주"라 함은 제례의 의식절차를 주관하는 사람을 말한다.

**제3조** (종교의식의 특례)

종교의식에 따라 가정의례를 행하는 경우에는 이 건전가정의례준칙의 범위내에서 그 종교 고유의 의식절차에 따라 행할 수 있다.

**제4조** (건전가정의례준칙의 보급 및 실천)

국가기관, 지방자치단체, 공공기관·단체 및 기업체등의 장은 소속공무원 및 임·직원등에게 건전가정의례준칙의 실천을 권장하거나 건전가정의례준칙의 실천사항을 정하여 보급할 수 있다.

## 제4장 상례

**제9조 (상례)**

사망 후 매장완료 또는 화장완료시까지 행하는 예식은 발인제와 위령제를 행하되, 그 외의 노제·반우제 및 삼우제의 예식은 이를 생략할 수 있다.

**제10조 (발인제)**

① 발인제는 영구가 상가 또는 장례식장을 떠나기 직전에 그 상가 또는 장례식장에서 행한다.

② 발인제의 식장에는 영구를 모시고 촛대·향로 및 향합과 기타 이에 준하는 준비를 한다.

**제11조 (위령제)**

위령제는 다음 각 호의 구분에 따라 행한다.

1. 매장의 경우 : 성분이 끝난 후 영정을 모시고 간소한 제수를 차려놓고 분향·헌주·축문읽기 및 배례의 순으로 행한다.
2. 화장의 경우 : 화장이 끝난 후 유해함을 모시고 제1호의 규정에 준하는 절차로 행한다.

**제12조 (장일)**

장일은 부득이한 경우를 제외하고는 사망한 날부터 3일이 되는 날로 한다.

**제13조 (상기)**

① 부모·조부모와 배우자의 상기는 사망한 날부터 100일까지로 하고, 기타의 자의 상기는 장일까지로 한다.

② 상기 중 신위를 모셔두는 궤연은 설치하지 아니하고, 탈상제는 기제에 준하여 행한다.

**제14조 (상복 등)**

① 상복은 따로 마련하지 아니하되, 한복일 경우에는 백색 복장, 양복일 경우에는 흑색 복장으로 하고, 가슴에 상장을 달거나 두건을 쓴다. 다만, 부득이한 경우에는 평상복으로 할 수 있다.

② 상복을 입는 기간은 장일까지로 하고, 상장을 다는 기간은 탈상 시까지로 한다.

**제15조 (상제)**

① 사망자의 배우자와 직계비속은 상제가 된다.

② 주상은 배우자나 장자가 된다.

③ 사망자의 자손이 없는 경우에는 최근친자가 상례를 주관한다.

**제16조 (부고)**

신문에 부고를 게재하는 경우에는 행정기관 및 공공기관·단체의 명의를 사용하지 않는다.

**제17조 (운구)**

운구의 행렬순서는 명정 · 영정 · 영구 · 상제 및 조객의 순으로 하되, 상여로 할 경우 과다한 장식을 하지 아니한다.

**제18조 (발인제의 식순 등)**

발인제의 식순 및 상장의 규격은 별표 4와 같다.

## 부록 11

# 〈건전가정의례준칙〉, 대통령령 제21083호, 2008. 10. 14.

### 제1장 총칙

**제2조** (용어의 정의)

3. "상례(喪禮)"란 임종에서 탈상까지의 의식절차를 말한다.
4. "제례(祭禮)"란 기제사 및 명절에 지내는 차례(이하 "차례" 라 한다)의 의식절차를 말한다.
5. "수연례(壽宴禮)"란 60세 이후의 생일을 기념하기 위하여 하는 의식절차를 말한다.
6. "주상(主喪)"이란 상례의 의식절차를 주관하는 사람을 말한다.
7. "제주(祭主)"란 제례의 의식절차를 주관하는 사람을 말한다.

### 제4장 상례

**제9조** (상례)

사망 후 매장 또는 화장이 끝날 때까지 하는 예식은 발인제(發靷祭)와 위령제를 하되, 그 외의 노제(路祭)·반우제 및 삼우제(三虞祭)의 예식은 생략할 수 있다.

**제10조** (발인제)

① 발인제는 영구(靈柩)가 상가나 장례식장을 떠나기 직전에 그 상가나 장례식장에서 한다.

② 발인제의 식장에서는 영구를 모시고 촛대, 향로, 향합, 그 밖에 이에 준하는 준비를 한다.

**제11조** (위령제)

위령제는 다음 각 호의 구분에 따라 한다.

1. 매장의 경우: 성분(成墳)이 끝난 후 영정을 모시고 간소한 제수(祭需)를 차려놓고 분향, 헌주 축문 읽기 및 배례(拜禮)의 순서로 한다.
2. 화장의 경우: 화장이 끝난 후 유해함(遺骸函)을 모시고 제1호에 준하는 절차로 한다.

**제12조** (장일)

장일(葬日)은 부득이한 경우를 제외하고는 사망한 날부터 3일이 되는 날로 한다.

**제13조** (상기)

① 부모·조부모와 배우자의 상기(喪期)는 사망한 날부터 100일까지로 하고, 그 밖의 사람의 상기는 장일까지로 한다.

② 상기 중 신위(神位)를 모셔두는 궤연(几筵)은 설치하지 아니하고, 탈상제는 기제사에 준하여 한다.

**제14조** (상복 등)

① 상복은 따로 마련하지 아니하되, 한복일 경우에는 흰색으로, 양복일 경우에는 검은 색으로 하고, 가슴에 상장(喪章)을 달거나 두건을 쓴다. 다만, 부득이한 경우에는 평상복으로 할 수 있다.

② 상복을 입는 기간은 장일까지로 하고, 상장을 다는 기간은 탈상할 때까지로 한다.

**제15조** (상제)

① 사망자의 배우자와 직계비속은 상제(喪制)가 된다.

② 주상은 배우자나 장자가 된다.

③ 사망자의 자손이 없는 경우에는 최근친자(最近親子)가 상례를 주관한다.

**제16조** (부고)

신문에 부고를 게재할 때에는 행정기관 및 공공기관·단체의 명의를 사용하지 아니한다.

**제17조** (운구)

운구(運柩)의 행렬순서는 명정(명정), 영정, 영구, 상제 및 조객의 순서로 하되, 상여로 할 경우 너무 많은 장식을 하지 아니한다.

**제18조** (발인제의 식순 등)

발인제의 식순 및 상장의 규격은 별표 4와 같다.

※ 부록 12

## 〈건전가정의례준칙〉, 대통령령 제26774호, 2015. 12. 30.

### 제1장 총칙

**제1조** (목적)

이 영은 「건전가정의례의 정착 및 지원에 관한 법률」 제5조제4항에 따라 건전가정의례준칙의 내용과 그 보급 및 실천에 관한 사항을 규정함을 목적으로 한다.

**제2조** (정의)

이 영에서 사용하는 용어의 뜻은 다음과 같다.

1. "성년례(成年禮)"란 성인으로서의 사회적 책무를 일깨워 주기 위하여 하는 의식절차를 말한다.
2. "혼례(婚禮)"란 약혼 또는 혼인에서 신행(新行)까지의 의식절차를 말한다.
3. "상례(喪禮)"란 임종에서 탈상까지의 의식절차를 말한다.
4. "제례(祭禮)"란 기제사(忌祭祀) 및 명절에 지내는 차례(이하 "차례"라 한다)의 의식절차를 말한다.
5. "수연례(壽宴禮)"란 60세 이후의 생일을 기념하기 위하여 하는 의식절차를 말한다.
6. "주상(主喪)"이란 상례의 의식절차를 주관하는 사람을 말한다.
7. "제주(祭主)"란 제례의 의식절차를 주관하는 사람을 말한다.

**제3조** (종교의식의 특례)

종교의식에 따라 가정의례를 하는 경우에는 이 영에서 정하는 건전가정의례준칙의 범위에서 해당 종교 고유의 의식절차에 따라 할 수 있다.

**제4조**(건전가정의례준칙의 보급 및 실천)

국가기관, 지방자치단체, 공공기관·단체 및 기업체 등의 장은 소속 공무원 및 임직원 등에게 건전가정의례준칙을 실천하도록 권장하거나 그 실천사항을 정하여 보급할 수 있다.

### 제4장 상례

**제9조** (상례)

사망 후 매장 또는 화장이 끝날 때까지 하는 예식은 발인제(發靷祭)와 위령제를 하되, 그 외의 노제(路祭)·반우제(返虞祭) 및 삼우제(三虞祭)의 예식은 생략할 수 있다.

**제10조** (발인제)

① 발인제는 영구(靈柩)가 상가나 장례식장을 떠나기 직전에 그 상가나 장례식장에서 한다.

② 발인제의 식장에서는 영구를 모시고 촛대, 향로, 향합, 그 밖에 이에 준하는 준비를 한다.

**제11조** (위령제)

위령제는 다음 각 호의 구분에 따라 한다.

1. 매장의 경우: 성분(成墳)이 끝난 후 영정을 모시고 간소한 제수(祭需)를 차려놓고 분향, 헌주(獻酒), 축문 읽기 및 배례(拜禮)의 순서로 한다.
2. 화장의 경우: 화장이 끝난 후 유해함(遺骸函)을 모시고 제1호에 준하는 절차로 한다.

**제12조** (장일)

장일(葬日)은 부득이한 경우를 제외하고는 사망한 날부터 3일이 되는 날로 한다.

**제13조** (상기)

① 부모・조부모와 배우자의 상기(喪期)는 사망한 날부터 100일까지로 하고, 그 밖의 사람의 상기는 장일까지로 한다.

② 상기 중 신위(神位)를 모셔두는 궤연(几筵)은 설치하지 아니하고, 탈상제는 기제사에 준하여 한다.

**제14조** (상복 등)

① 상복은 따로 마련하지 아니하되, 한복일 경우에는 흰색으로, 양복일 경우에는 검은색으로 하고, 가슴에 상장(喪章)을 달거나 두건을 쓴다. 다만, 부득이한 경우에는 평상복으로 할 수 있다.

② 상복을 입는 기간은 장일까지로 하고, 상장을 다는 기간은 탈상할 때까지로 한다.

**제15조** (상제)

① 사망자의 배우자와 직계비속은 상제(喪制)가 된다.

② 주상은 배우자나 장자가 된다.

③ 사망자의 자손이 없는 경우에는 최근친자(最近親子)가 상례를 주관한다.

**제16조** (부고)

신문에 부고를 게재할 때에는 행정기관 및 공공기관・단체의 명의를 사용하지 아니한다.

**제17조** (운구)

운구(運柩)의 행렬순서는 명정(銘旌), 영정, 영구, 상제 및 조객의 순서로 하되, 상여로 할 경우 너무 많은 장식을 하지 아니한다.

**제18조** (발인제의 식순 등)

발인제의 식순 및 상장의 규격은 별표 4와 같다.

# 근대 이후 유교식 상례의 변화 이해

2020년 03월 25일 초판 인쇄
2020년 04월 08일 초판 발행

저 자 이철영
발행인 이주현
발행처 도서출판 해조음
등 록 2002. 3. 15. 제 2-3500호
서울중구 필동로1길 14-6 리앤리하우스 203호
전화 02-2279-2343
전송 02-2279-2406
전송 haejoum@naver.com

값 26,000원

ISBN 979-11-970082-0-7 13380